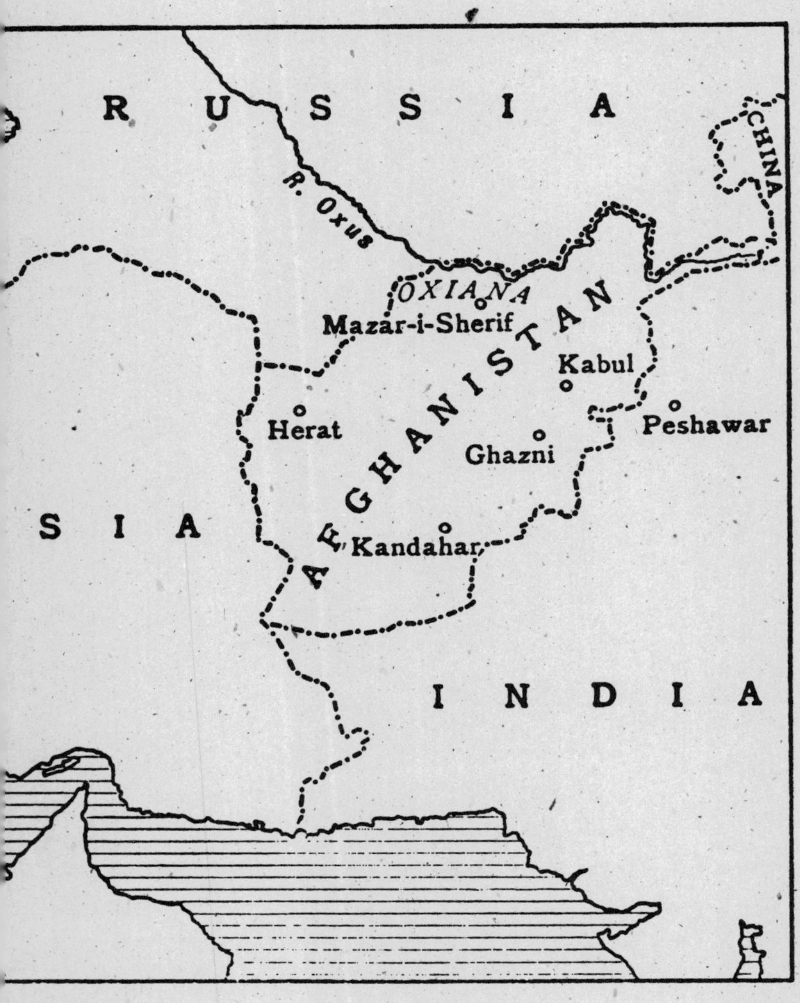

RUSSIA
R. Oxus
CHINA
OXIANA
Mazar-i-Sherif
AFGHANISTAN
Kabul
Herat
Peshawar
Ghazni
SIA
Kandahar
INDIA

ROBERT BYRON

DER WEG NACH OXIANA

DIE ANDERE BIBLIOTHEK

Herausgegeben von HANS MAGNUS ENZENSBERGER

ROBERT

BYRON

DER WEG NACH OXIANA

Mit einem Vorwort
von BRUCE CHATWIN

Aus dem Englischen
von MATTHIAS FIENBORK

Eichborn Verlag
Frankfurt am Main 2004

Die Übersetzung wurde aus Mitteln des Deutschen Übersetzerfonds e. V. gefördert.

ISBN 3-8218-4520-1
Originaltitel: *The Road to Oxiana*

VORWORT

Wer sich in der Reiseliteratur der dreißiger Jahre umschaut, wird am Ende feststellen müssen, daß Robert Byrons *Der Weg nach Oxiana* das Meisterwerk ist. Byron, Gentleman, Gelehrter und Dandy, ertrank 1941, als sein Schiff auf dem Weg ins Mittelmeer von einem Torpedo getroffen wurde. In seinem kurzen Leben reiste er bis nach China und Tibet und in die meisten Länder im näheren Umkreis seiner Heimat. 1928 veröffentlichte er *The Station,* einen Reisebericht vom Berg Athos, und anschließend zwei bahnbrechende Studien über die byzantinische Kultur, die in den akademischen Kreisen seiner Zeit kaum beachtet wurden. Byron hatte handfeste Vorurteile. Abfällig äußerte er sich, unter anderem, über die katholische Kirche (nicht die orthodoxe), die Kunst des klassischen Griechenlands, über Rembrandt und Shakespeare. Auf den Einwand eines Intourist-Führers, daß ein Krämer aus Stratford-upon-Avon nie und nimmer solche Stücke habe schreiben können, meinte er nur: »Genau solche Stücke erwarte ich von einem Krämer.« 1932 beschloß er, fasziniert von der Fotografie eines seldschukischen Grabturms in der turkmenischen Steppe, sich auf die Suche nach den Ursprüngen der islamischen Architektur zu machen.

Und wenn man Byrons frühe Werke als Arbeiten eines erstaunlich begabten jungen Amateurs ansehen kann, so darf *Der Weg nach Oxiana* als das Werk eines Genies bezeichnet werden.

Ich schreibe als Bewunderer, nicht als Kritiker. Vor langer Zeit habe ich das Buch zu einem »heiligen Text« erklärt und damit über jede Kritik erhoben. Mein eigenes Exemplar, nach vier Reisen nach Zentralasien zerfleddert und fleckig, begleitet mich seit meinem fünfzehnten Lebensjahr. Ich verstehe daher nicht ganz, wenn behauptet wird, das Buch sei »in Vergessenheit geraten« oder müsse »den Bibliotheken entrissen« werden. Ich hatte Glück, für mich war es nie in Vergessenheit geraten.

Weil mir Robert Byrons Ende sehr naheging, bat ich seine Freunde, mir von ihm zu erzählen. »Furchtbar mürrisch«, sagten sie. »Ein übler Spötter.« – »Erstaunlich zäh.« – »Schroff.« – »Unglaublich witzig.« – »Dick.« – »Ziemlich häßlich … Augen wie ein Fisch.« – »Wunderbare Imitation von Königin Victoria.« Mit zweiundzwanzig hatte ich alles von ihm und über ihn gelesen, und im Sommer brach ich selbst zu einer Reise nach Afghanistan auf.

1962 – sechs Jahre bevor die Hippies das Land ruinierten (indem sie gebildete Afghanen den Marxisten in die Arme trieben) – konnte man mit der Vorfreude etwa eines Delacroix aufbrechen, der nach Algerien reist. In Herat sah man Männer Hand in Hand daherschlendern, Turbanberge auf dem Kopf, eine Rose im Mund, das Gewehr in bunten Chintz gehüllt. In Badakhschan konnte man auf chinesischen Teppichen picknicken und der Nachtigall lauschen. In Balch, der Mutter aller Städte, fragte ich einen Fakir nach dem Weg zum Grabmal des Hadschi Piardeh. »Kenne

ich nicht«, sagte er. »Dschingis Khan muß es zerstört haben.«

Schon in der afghanischen Botschaft in London begegnete man einer verrückten und fremdartigen Welt. Chef der Visa-Abteilung war ein zerzauster russischer Emigrant, der das Futter seiner Jacke aufgetrennt hatte, so daß es herunterhing und wie ein Vorhang die Löcher seines Hosenbodens verbarg. Wenn das Büro öffnete, wirbelte er mit einem Besen Wolken von Staub auf, der sich sofort wieder auf dem altersschwachen Mobiliar niederließ. Als ich ihm einmal zehn Shilling Trinkgeld gab, umarmte er mich, hob mich hoch und brüllte: »Ich hoffe, Sie haben eine UNFALLFREIE Reise nach Afghanistan!«

Nein. Unsere Reisen waren nie ganz unfallfrei: Einmal warf ein Soldat eine Axt auf das Auto, einmal rutschte unser Lastwagen würdevoll und schicksalsergeben in den Abgrund (wir hatten Zeit, abzuspringen), einmal wurden wir ausgepeitscht, weil wir uns in militärisches Sperrgebiet verirrt hatten; Ruhr, Sepsis, Hornissenstiche, Flöhe – aber zum Glück keine Hepatitis.

Manchmal begegneten wir anspruchsvolleren Reisenden, die auf den Spuren Alexanders des Großen oder Marco Polos waren. Wir folgten viel lieber den Wegen Robert Byrons. Ich habe noch die Notizbücher, aus denen hervorgeht, wie sklavisch ich nicht nur den Ablauf seiner Reise, sondern auch (als ob das möglich wäre) seinen Stil nachäffte. Man vergleiche nur meine Tagebucheintragung vom 5. Juli 1962 mit derjenigen Byrons vom 21. September 1933:

Nachmittags besuchten wir Monsieur Alouf, den Kunsthändler. Er ging mit uns zu einer Wohnung, in der lauter französisch-polierte »französische« Möbel

herumstanden, das meiste wurmstichig und auf den Kopf gestellt. Monsieur Alouf, der kürzlich zum Katholizismus übergetreten war, zeigte uns ein signiertes Foto von Papst Pius XII. und bekreuzigte sich dabei leidenschaftlich und klapperte mit dem Gebiß.

Aus einer Vitrine holte er:

Eine goldene römische Pektorale, mit blauen Glassteinen besetzt. Eine Fälschung.

Einen neolithischen Marmorgötzen mit erigiertem Phallus auf einem dazugehörigen Thron. Der Thron war echt, die Figur nicht.

Dreißig syrisch-phönizische Grabpuppen aus Bein.

Eine »hethitische« Figur mit goldenen Attributen, vielleicht diejenige, die Byron 1933 gesehen hat. Eine Fälschung.

Mehrere verwirrende Gegenstände aus Gold.

Eine Kollektion frühchristlicher Gläser (echt). »Ich habe viele Gläser mit Kreuzen«, sagte Monsieur Alouf und bekreuzigte sich. »Aber sie sind in der Bank.«

Schließlich eine Marmorbüste Alexanders des Großen. »Ich habe zwanzigtausend Dollar für dieses Stück ausgeschlagen. ZWANZIGTAUSEND DOLLAR! Alle Archäologen sagen, daß dies der einzige echte Kopf von Alexander ist. Schauen Sie! Der Hals! Die Ohren!« Vielleicht – aber vom Gesicht war überhaupt nichts mehr übrig.

Von der Levante fuhren wir weiter nach Teheran. Man begegnete mehr Geld als zu Byrons Zeit und sehr viel mehr Europäern, die hinter diesem Geld her waren. Der Schah war aber nur ein blasser Abklatsch seines Vaters, und auch er sah schon ziemlich töricht aus und seine Umgebung abstoßend. Eines Tages besuchten wir S. E. Amir Abbas Hoveyda (er war noch nicht

Premierminister) in seinem Büro der Iranischen Erdölgesellschaft : »Ein Mann mit großen Augen und verzweifelten Gesten. Er schien wie gefangen hinter seinem riesigen Schreibtisch. Er bot uns die Benutzung seines Helikopters an, falls wir ihn benötigen sollten.«

Kaum in Iran, macht sich Byron tatsächlich auf die Suche nach den Ursprüngen der islamischen Architektur. Aus Steinen und Ziegeln und Fliesen eine Prosa zu bauen, die nicht nur lesbar ist, sondern den Leser fesselt, verlangt jedoch Talente allerhöchsten Rangs. Das ist Byrons Leistung. Sein Loblied auf die Scheich-Lutfullah-Moschee in Isfahan ist mindestens eines Ruskin ebenbürtig. Um es mit eigenen Augen zu überprüfen, ging ich eines Nachmittags mit Byrons *Weg nach Oxiana* in die Moschee, saß mit untergeschlagenen Beinen da und bewunderte die Fliesenpracht und die Art und Weise, wie Byron sie beschrieben hatte.

Nun werden die »Experten« einwenden, daß Byron bei aller Poesie seiner Beschreibungen kein Gelehrter war – natürlich war er kein Gelehrter in ihrem Sinne. Aber immer wieder punktet er gegenüber der nüchternen Wissenschaft mit seiner unheimlichen Fähigkeit, die Ethik einer Kultur aus ihrer Architektur abzuleiten und antike Bauwerke und heutige Menschen als zwei Facetten einer kontinuierlichen Geschichte zu betrachten.

Schon in *The Byzantine Achievement*, das er mit fünfundzwanzig schrieb, findet sich eine atemberaubende Passage, vier Sätze, aus denen man genauso viel über die Spaltung zwischen West- und Ostkirche erfährt wie aus zahllosen gelehrten Abhandlungen:

Die Hagia Sofia ist atmosphärisch, der Petersdom überwältigend, unmittelbar konkret. Das eine ist eine Kirche für

Gott, das andere ein Saal für seine Repräsentanten. Das eine ist der Realität geweiht, das andere der Illusion. Die Hagia Sofia ist wirklich groß, der Petersdom tragisch klein.

Über Iran schreibt Byron noch scharfsinniger. Der Leser von *Der Weg nach Oxiana* gewinnt den Eindruck, als sei die iranische Hochebene eine »Cremefüllung«, die den Appetit größenwahnsinniger Herrscher weckt, ihnen aber nicht gut bekommt.

Der letzte Schahinschah betrachtete die Ruinen von Persepolis bekanntlich als Spiegelbild seines eigenen Ruhms, und ebendeswegen inszenierte er sein Krönungsgelage einen Kilometer von diesen Ruinenfeldern entfernt in Zelten des Pariser Designers Jansen, in denen eine Bande gekrönter Häupter mit den Geistern seiner angeblichen Vorgänger speisen konnte.

Byrons Kommentar zu Persepolis lese man daher im Licht der Ambitionen und des Sturzes der Pahlewi-Dynastie:

Ihr Stein hat sich dank seiner außerordentlichen Härte als witterungsresistent erwiesen – er ist noch immer von einem hellen, glatten Grau, eben wie ein Aluminiumtopf. Diese Reinheit wirkt hier wie Sonnenlicht auf einem gefälschten alten Meister; sie verrät nicht, wie man erwarten würde, das Genie, sondern eine irritierende Leere … Als Herzfeld mir die neue Treppe zeigte, dachte ich unwillkürlich: »Wieviel hat das gekostet? Wurde es in einer Fabrik angefertigt? Nein, natürlich nicht. Aber wie viele Handwerker haben wie viele Jahre lang an diesen endlosen Figuren gemeißelt und sie poliert?« Gewiß, die Figuren sind nicht mechanisch gearbeitet, ihre Perfektion ist kein Selbstzweck, und sie sind auch nicht billig in dem Sinn, daß sie technisch mangelhaft ausgeführt wären, aber sie sind das, was die Franzosen als *faux bons* bezeichnen. Ihre Kunst ist keine natürliche Kunst und gewiß keine große Kunst.

Statt Geist oder Gefühl strahlen sie seelenloses Raffinement aus, das die Asiaten entwickelten, deren Kunstsinn durch die Berührung mit der mediterranen Kultur gefesselt und geschwächt wurde.

Verfolgt man diese Überlegungen weiter, so wird man feststellen, daß Byron unter seinen Bravourpassagen eine seriöse Theorie entwickelt – eine Theorie, die auch für das Verständnis unserer Zeit wesentlich ist. Alle großen Zeugnisse persischer Kunst – der Grabturm von Gumbad-i-Qabus, die seldschukische Moschee in Isfahan, das unvergleichliche Mausoleum des Mongolenfürsten Uljaitu oder die Bauwerke der Gouhar Schad – sind für ihn das Ergebnis einer Verschmelzung (gewissermaßen einer chemischen Verbindung) zwischen der altiranischen Kultur und den transoxanischen Nomadenvölkern. Selbst Byrons Lieblingsfigur, Schir Ahmad Khan, der afghanische Botschafter in Teheran, scheint zu diesen herausragenden Monumenten zu gehören. Anders gesagt: das Genie kommt von Nordosten nach Iran.

Und in der Tat, wer nach dem dumpfen Fanatismus in Meschhed die afghanische Grenze überquerte, fühlte sich, zu Byrons und auch zu meiner Zeit, wie befreit. »Hier zeigt sich Asien endlich ohne Minderwertigkeitskomplex«, schrieb er in Herat. Es ist diese moralische Überlegenheit der Afghanen, neben der Furcht vor den zentrifugalen Kräften Zentralasiens, die den Russen angst macht und den miesen Verrätern, die ihr Land verkauft haben. (Mögen sie in der Dschehenna schmoren!)

Als ich las, die Heratis hätten den Feiglingen von Kandahar Frauenkleider und Kosmetikartikel geschickt, dachte ich an ein Kleid zurück, das ich einmal im alten Trödelmarkt von Herat wehen sah – ein Gewand

aus zartrosa Crêpe mit applizierten Schmetterlingen und dem Etikett einer Boutique in Beverly Hills.

Selbst in Kabul war das Unwahrscheinliche immer vorhersehbar: der Anblick von Prinz Daud, dem Cousin des Königs, diesem alten Schwarzhemd-»Mussolini« mit seinem vagen Lächeln, der polierten Glatze und den ebenso polierten Stiefeln, im Gespräch mit – Duke Ellington, wem sonst. Duke im blau-weiß gepunkteten Hemd mit weiß-blau gepunkteter Krawatte war auf seiner letzten großen Tour. Und wir wissen, was mit Daud passierte – erschossen, zusammen mit seiner Familie, in dem Palast, den er okkupiert hatte.

Ich kann mir vorstellen, was aus dem verkrüppelten jungen Nuristani wurde, der uns aus seinem Bergdorf das Abendessen herunterbrachte. Wir kampierten am Fluß, er kam die Felswand heruntergestiegen, seine Krücke und das verkümmerte Bein schlenkernd, und gleichzeitig umklammerte er irgendwie die Schüssel und eine brennende Fackel. Er sang, während wir aßen – aber sie haben sein Dorf bombardiert und gegen die Bevölkerung Gas eingesetzt.

Ich ahne auch, was aus Wali Djaan wurde. Er brachte mich in Sicherheit, als ich mir eine Blutvergiftung zugezogen hatte. Er trug mich Huckepack durch den Fluß, wusch meinen Kopf und bereitete mir unter den Steineichen ein Lager. Als wir ihn fünf Jahre später wiedersahen, hustete er ganz erbärmlich und sah aus, als würde er es nicht mehr lange machen.

Und was haben sie mit Gul Amir, dem Tadschiken, angestellt? Er war potthäßlich mit seiner endlosen Nase und den silbernen Ohrringen. Nie hat man einen frommeren Menschen gesehen. Jedesmal wollte er eine Pause einlegen, »Es gibt keinen Gott außer Gott …«, doch während er sich gen Mekka verneigte, schielte er

herüber, und wenn ich bei dem Versuch, eine Forelle zu angeln, in den Bach fiel, brach er in mädchenhaftes Gekicher aus, und Gott war vergessen.

Wo mag jetzt der Hakim von Kande sein? Wir wohnten in seinem Sommerhaus unter glänzendem Schiefergeröll und sahen den sahneweichen Wolken zu, die sich über den Berg schoben. Am Abend bemerkten wir, wie sich ein Mädchen in Rot aus einem Maisfeld stahl. »Der Mais steht hoch«, sagte er, »in neun Monaten wird es viele Babys geben.«

Was ist aus dem Lastwagenfahrer geworden, der meine Ohrläppchen bewunderte? Wir ließen ihn auf halber Strecke stehen. Sein Vergaser war verstopft, seine Haschischpfeife war verstopft, alles lag kreuz und quer auf der Straße, und wir hatten es eilig.

Oder der Boy im Park Hotel in Herat. Er trug einen zartrosafarbenen Turban, und als wir Mittag essen wollten, rief er:

»*Sir?* Was wünschen? Alles da!«

»Was gibt es denn?«

»Kein Drink. Kein Eis. Kein Brot. Kein Obst. Kein Fleisch. Kein Reis. Kein Fisch. Eier. Eins. Vielleicht. Morgen. *YES!*«

Oder der Mann in Taschkurgan, der mir seinen Garten zeigte. Es war ein heißer und staubiger Nachmittag, und Peter war auf der Suche nach Spuren der baktrischen Griechen. »Such du deine Griechen«, sagte ich. »Laß mir deinen Marvell da, ich werde einen Garten finden« – wo ich dann wirklich über Melonen stolperte und frische Gedanken in frischem Schatten hatte.

Oder die Verrückte am Grabmal Mahmuds in Ghazni. Die Frau war groß und hübsch und starrte zu Boden und schüttelte ihre Armreifen. Als man ihr öffnete, stürzte sie zur Holzbalustrade, ließ ihr karminrotes

Kleid flattern und krächzte wie ein verwundeter Vogel. Erst als man ihr erlaubte, das Grabmal zu küssen, beruhigte sie sich. Und sie küßte die Inschrift, als enthielte jeder weißmarmorne Buchstabe das Heilmittel für ihre Krankheit.

Wie konnte sie wissen, was Byron über kufische Inschriften geschrieben hatte?

»Ich habe viele Beispiele in den letzten zehn Monaten gesehen. Aber keines kann es mit diesen hohen, rhythmischen, mit tanzenden Ranken untermalten Chiffren aufnehmen, die noch neun Jahrhunderte später in der Hauptstadt, in der er regierte, den Tod Mahmuds betrauern, des Eroberers von Indien, Persien und Oxanien.«

In diesem Jahr, vor allem in diesem, sollte man Robert Byrons gedenken, jenes erbitterten Gegners der Appeasement-Politik, der ausrief: »Ich werde Kriegstreiber in meinen Paß eintragen lassen«, als er erkannte, was die Nazis vorhatten. Lebte er heute noch, würde er wohl auch sagen, daß die Afghanen mit der Zeit (alles braucht seine Zeit in Afghanistan) den Invasoren ziemlich übel mitspielen, vielleicht sogar die schlafenden Giganten Zentralasiens wecken werden.

Doch das wird all die Dinge nicht zurückbringen, die uns lieb waren: die klaren Tage, der hohe Himmel, die blauen Eiskuppen auf den Bergen, die weißen Pappeln, die der Wind bewegt, die langen weißen Gebetsfahnen, die Narzissen, die den Tulpen folgten, oder die Fettschwanzschafe auf den Bergen über Chakcharan und der Steinbock, dessen Schwanz so groß war, daß er an einen Karren festgebunden werden mußte. Wir werden nicht in der Roten Zitadelle auf dem Rücken liegen und die Geier beobachten, die über dem Tal ihre Kreise ziehen, in dem der Enkel Dschingis Khans

ermordet wurde. Wir werden nicht Baburs Lebenserinnerungen in seinem Garten in Istalif lesen und den Blinden sehen, der sich an den Rosenbüschen entlangschnuppert. Oder bei den Bettlern von Gazar Gah im Frieden des Islam sitzen. Wir werden nicht auf den Kopf des Buddha von Bamyan klettern, der aufrecht in seiner Felsnische steht wie ein Wal im Trockendock. Wir werden nicht im Nomadenzelt schlafen und nicht das Minarett von Dscham besteigen. Und wir werden vergessen, wie alles schmeckte: das warme, grobe, bittere Brot, der grüne, mit Kardamom gewürzte Tee, die Weintrauben, die wir in geschmolzenem Schnee kühlten, die Nüsse und die getrockneten Maulbeeren, die wir gegen die Höhenkrankheit aßen. Und nie wieder wird uns der Geruch der Bohnenfelder begegnen, das harzig-süße Aroma von brennendem Deodara-Zedernholz oder die Duftmarke eines Schneeleoparden in viertausend Meter Höhe. Nie, nie, nie.

Bruce Chatwin
August 1980

»Robert Byrons Buch gehört zu den ganz großen Ungezogenheiten des 20. Jahrhunderts – es spendet absonderlichen, fast kindlichen Trost, Lachen und Fortschritt. Die Freude, die es beim Lesen auslöst, geht gegen Unendlich.«

CHRISTIAN KRACHT

DER WEG NACH OXIANA

ERSTER TEIL

Venedig, 20. August 1933. – Werde die Zeit hier genießen: eine erfreuliche Verbesserung nach der Pension auf der Giudecca vor zwei Jahren. Heute vormittag fuhren wir zum Lido, vom Motorboot aus bot der Dogenpalast einen viel schöneren Anblick als sonst von einer Gondel. Nirgends in Europa dürfte das Baden an einem ruhigen Tag so schlimm sein wie hier: Wasser wie warme Spucke, Zigarrenstummel, die einem in den Mund gespült werden, und Unmengen von Quallen.

Lifar kam zum Essen. Bertie meinte, alle Wale hätten Syphilis.

Venedig, 21. August. – Nachdem wir zwei Palazzi besichtigt hatten, den Labia mit Tiepolos Kleopatra-Fresko und den Papadopoli, ein beklemmendes Labyrinth aus Plüsch und edlen Fotografien, flüchteten wir uns vor der Kultur in Harry's Bar. Ominöses Geplapper, ein Schnellfeuer von Begrüßungen: die Engländer kommen.

Am Abend gingen wir wieder in Harry's Bar, wo uns unser Gastgeber einen Cocktail aus Champagner und Kirschlikör spendierte. »Es wirkt nur, wenn man den

schlechtesten Kirschlikör nimmt«, vertraute Harry uns an. In der Tat.

Unseren Gastgeber kannte ich bislang nur von Jagdgesellschaften her. In grünem Hemd und weißer Kasinojacke sah er ganz ungewohnt aus.

Venedig, 22. August. – Per Gondel nach San Rocco, wo Tintorettos *Kreuzigung* mir wieder den Atem verschlug. Ich hatte es vergessen. Das alte Besucherbuch mit Lenins Namen war verschwunden. Am Lido ging ein Wind. Das Meer war rauh, kühl und frei von Unrat.

Zum Tee fuhren wir nach Malcontenta, auf der neuen Straße, die parallel zur Bahnlinie über die Lagune führt. Landsberg hatte Malcontenta, das in jedem Buch über Palladio erwähnt wird, vor neun Jahren halb verfallen vorgefunden, ohne Türen und Fenster, es diente als Speicher für irgendwelche landwirtschaftlichen Erzeugnisse. Er hat ein bewohnbares Anwesen daraus gemacht. Die Proportionen der großen Halle und der Salons sind ein mathematisches Wunder. Ein anderer hätte sie mit sogenannten italienischen Möbeln vollgestellt, vergoldeten Pseudoantiquitäten. Landsberg ließ die Möbel im Dorf aus einfachem Holz anfertigen. Nichts ist »antik«, nur die Kerzen, die aber notwendig sind, weil es keinen Strom gibt.

Draußen diskutieren die Leute über die Fassaden und beklagen die Rückseite. Die Vorderfront ist über jeden Zweifel erhaben. Sie ist ein Vorbild, ein Maßstab. Man kann sie analysieren, etwas Luzideres gibt es nicht, aber man kann sie nicht in Frage stellen. Ich stand mit Diane auf dem Rasen unter dem Portikus, während das Abendlicht für einen Moment jedes

einzelne Detail deutlich nachzeichnete. Europa hätte mir keinen schöneren Abschiedsgruß entbieten können als diesen nachdrücklichen Triumph abendländischen Geistes. »Man sollte die zivilisierte Welt nicht verlassen«, sagte Diane, in dem Bewußtsein, daß ihre eigene Existenz Beweis genug war. Ich versank in trüben Gedanken.

Drinnen wurden die Kerzen angezündet, und Lifar tanzte. Wir fuhren bei heftigem Regen zurück, ich ging mit einem Wecker zu Bett.

MS Italia, 26. August. – Der schnurrbärtige und korpulente Gondoliere, ein Angestellter des Hauses, erwartete mich um fünf. Frühmorgens sehen alle Städte gleich aus; so wie selbst eine menschenleere Oxford Street schön aussehen kann, so wirkte Venedig um diese Stunde nicht ganz so unglaublich malerisch. Man gebe mir Venedig, wie Ruskin es sah, ohne Eisenbahn, ohne Motorboote und die internationale Hautevolee. Die Menschengalerie ist schrecklich, genau wie diese Inseln vor der holländischen Küste, wo die Leute Volkstracht tragen.

Die Abfahrt in Triest spielte sich unter alttestamentarischen Szenen ab. Jüdische Flüchtlinge aus Deutschland schifften sich mit Ziel Palästina ein. Hier ein altehrwürdiger Wunderrabbi mit rundem Hut und orthodoxen Schläfenlocken, der seinen Schülern, bis hinunter zum Achtjährigen, modisches Vorbild war. Dort eine lärmende Schar sportlich gekleideter Jungen und Mädchen, die ihre Gefühle mit Gesang erstickten. Eine Menschenmenge hatte sich zu ihrer Verabschiedung eingefunden. Kaum hatte das Schiff abgelegt, waren alle privaten Kümmernisse, der ver-

lorene Koffer, der inzwischen besetzte Platz, vergessen. Der Wunderrabbi und seine Begleiter brachen in schlaffes, haltloses Winken aus. Die Jungen und Mädchen stimmten einen feierlichen Choral an, in dem das Wort Jerusalem gleichsam triumphierend wiederholt wurde. Die Menge am Ufer fiel ein, begleitete uns bis ans Ende des Kais, wo alle stehenblieben, bis das Schiff den Horizont erreichte. In diesem Moment traf Ralph Stockley, der Adjutant des Hochkommissars in Palästina, am Kai ein und stellte fest, daß er das Schiff verpaßt hatte. Seine Aufregung und die anschließende Verfolgungsjagd in einer Barkasse lenkten von der Anspannung ab.

Ein nördlicher Wind sprenkelt das saphirblaue Meer mit weißen Tupfen und hat die ausgelassenen Juden unter Deck zum Verstummen gebracht. Gestern fuhren wir an den Ionischen Inseln vorbei. Die vertraute Küste schien ausgedörrt und unbewohnt, sah durch die rosige Luft aber unbeschreiblich schön aus. Wir bogen um den Südwestzipfel Griechenlands nach Osten, passierten die Bucht von Kalamata und kamen zum Kap Matapan, das ich zum letzten Mal vom Taygetos aus gesehen hatte, wie auf einer Landkarte hatte es sich vor dem fernen Meer abgezeichnet. Die Felsen verfärbten sich rotgolden, die Schatten zartblau. Die Sonne versank im Meer, Griechenland verwandelte sich in eine zerklüftete Silhouette, und der südlichste Leuchtturm Europas begann zu blinken. In der nächsten Bucht funkelten die Lichter von Githion.

Stockley erzählte die Geschichte von seinem Chef, der während des Burenkriegs mit einer Schußwunde in den Beinen sechsunddreißig Stunden liegen mußte, bevor Hilfe kam. Andere hatte es ähnlich erwischt,

denn die Buren hatten flach gezielt. Manche waren tot, und die Aasgeier versammelten sich schon. Solange die Verwundeten sich bewegen konnten, und sei es noch so schwach, wahrten die Vögel Distanz. Doch als sie das nicht mehr konnten, wurden ihnen bei lebendigem Leibe die Augen herausgepickt. Stockleys Chef hatte beschrieben, was er, während die Geier nur einen Meter über ihm kreisten, bei der Aussicht auf dieses Schicksal empfunden hatte.

Heute früh stießen die Doppelspitzen von Santorin durch das rote Morgenlicht. Rhodos ist in Sicht. Morgen mittag werden wir Zypern erreichen. Dort werde ich eine Woche für mich haben, bevor die Holzkohlewagen am 6. September in Beirut eintreffen.

ZYPERN: Kyrenia, 29. August. – Auf dieser Insel ertrinkt man geradezu in Geschichte. Man holt sich eine Art intellektuelle Verdauungsstörung. Den alten Regierungssitz in Nikosia, der bei den Unruhen von 1931 zerstört wurde, hat man durch ein neues Gebäude ersetzt. Davor steht eine Kanone, die Heinrich VIII. anno 1527 dem Johanniterorden geschenkt hat. Sie trägt das Wappen der Tudor. Aber die Münzen, die 1928 zur Erinnerung an den Beginn der britischen Herrschaft geprägt wurden, tragen das Wappen von Richard Löwenherz, der die Insel eroberte und 1191 dort heiratete. Ich ging in Larnaka an Land. Ein paar Kilometer weiter waren Paul und Barnabas im Jahr 45 n. Chr. an Land gegangen. Lazarus ist in Larnaka begraben, ebenfalls die beiden Neffen von Bischof Ken, Ion und William, die 1693 und 1707 dort starben. Die früheste geschichtliche Erwähnung

findet sich in ägyptischen Quellen um 1450 v. Chr. Gegen Ende des zwölften Jahrhunderts, mit der Herrschaft und Kultur der Lusignans, begann eine Zeit des Ruhms: so unterschiedliche Autoren wie Boccaccio und Thomas von Aquin widmeten König Peter I. Werke. 1489 trat Königin Caterina Cornaro ihre Souveränität an die Venezianer ab, und achtzig Jahre später wurde der letzte venezianische Kommandant von den Türken bei lebendigem Leib gehäutet. Die anschließenden drei Jahrhunderte Vergessenheit endeten mit dem Vertrag von Berlin, der Zypern den Engländern als Mandatsgebiet zusprach. 1914 haben wir die Insel annektiert.

Die Landschaft erinnert eher an Asien als an die anderen griechischen Inseln. Die Erde ist ausgebleicht, nur ein grünes Stückchen Weinberg oder eine Herde schwarzer und brauner Ziegen sorgen für Abwechslung in der unfruchtbaren Ödnis. Entlang der makellos asphaltierten Straße zwischen Larnaka und Nikosia wurden Bäume gepflanzt, Kasuarinen und Zypressen, aber der Wind hat sie besiegt, ein heftiger, heißer Luftstoß, der nachmittags vom Meer heranweht und die unzähligen Wasserräder antreibt. Diese dürren Eisenskelette stehen draußen vor den Ortschaften, ihr gemeinsames Scheppern ist das große Lied der Insel. Immer sieht man Berge in der Ferne. Und über der ganzen Landschaft liegt ein eigentümliches Licht, ein lila-metallischer Schimmer, der die Konturen und Perspektiven hervorhebt, so daß jede herumirrende Ziege, jeder einsame Johannisbrotbaum auf der weißen Erde gestochen scharf wie durch ein Fernglas zu sehen ist.

Zypern ist in einem abstrakten Sinne schön, aber aggressiv und unwirtlich als menschliche Wohnung.

Nicht einmal Blumen gibt es in dieser Jahreszeit, abgesehen von einer kleinen *grauen* Narzisse, die gespenstisch nickt. Auf griechisch heißt sie »Kerzenblume«. Auf der Nordseite des Gebirges, zwischen Nikosia und der Küste, ist es freundlicher. Hier ist die Erde rot, als wäre sie auch fruchtbarer, und auf den terrassierten Feldern stehen Johannisbrotbäume. Die Johannisbrot-ernte war in vollem Gang, als ich vorbeikam; Männer schlugen mit langen Stöcken die Früchte ab, Frauen füllten sie in Säcke und luden sie auf Esel. Die exportierten Früchte dienen als Viehfutter. Sie sehen aus wie schrumpelige Bananen und schmecken, finde ich, wie ein zuckerhaltiger Fußabtreter.

Ich suchte den Erzbischof von Nikosia auf, um ihn zu bitten, mir ein Schreiben an die Geistlichen von Kiti mitzugeben. Seine Sekretäre reagierten unwillig. Die Kirche steht an der Spitze des Widerstands gegen die Engländer, und sie konnten kaum wissen, daß ich mich in der englischen Presse für ihre Sache ausgesprochen hatte. Aber der Erzbischof, obschon alt und schwerhörig, schien erfreut, Besuch zu bekommen, und bat einen Sekretär, den Brief zu tippen. Als das geschehen war, brachte man dem Erzbischof eine in rote Tinte getauchte Feder, und dann unterzeichnete er – aufgrund eines von Kaiser Zenon im fünften Jahrhundert verliehenen Privilegs – mit »† Kyrill von Zypern«. Die weltlichen Beherrscher der Insel haben sich später dieses Privileg angeeignet – die Türken, um zu provozieren, die Engländer, weil sie es pittoresk fanden.

Heute morgen fuhr ich nach Bellapaisa, um das Kloster zu besichtigen. Mein Chauffeur besuchte derweil seine Verlobte, die im Nachbardorf wohnt. Sie und

ihre Tante boten mir Kaffee und kandierte Walnüsse an. Wir saßen auf einer Terrasse, umgeben von den üblichen Basilikum- und Nelkentöpfen, und schauten über die Dächer aufs Meer. Der zweijährige Sohn der Tante schob dauernd Stühle umher und brüllte dabei: »Ich bin ein Dampfer, ich bin ein Auto.« Als dann das echte Auto mit mir abfuhr, brach er enttäuscht in lautes Geheul aus, das mich bis zum Berg begleitete.

Am Nachmittag, in der Festung, wurde ich auf einen Herrn mit weißem Tropenhelm und weißem Bart aufmerksam gemacht, einen Mr. Jeffery. Da er für die antiken Stätten Zyperns zuständig ist, stellte ich mich vor. Er wich zurück. Daraufhin erwähnte ich sein Buch über die Belagerungen von Kyrenia. »Ich habe vieles geschrieben«, antwortete er. »Ich kann mich unmöglich an alles erinnern. Aber wissen Sie, manchmal lese ich sie und finde sie wirklich interessant.«

Wir gingen zur Festung, wo wir einige lustlose Häftlinge bei Ausgrabungsarbeiten fanden. Als wir näher kamen, warfen sie die Schaufeln weg, zogen sich ihre Sachen aus und liefen durch eine Seitentür zum Meer, um ihr nachmittägliches Bad zu nehmen. »Ein angenehmes Leben«, sagte Mr. Jeffery. »Sie kommen nur, wenn sie ausruhen wollen.« Er holte einen Plan der siebenhundert Jahre alten Anlage, die die Gefangenen freigelegt hatten. Aber in der Hitze war er ganz durstig geworden, so daß wir in sein Büro gingen, um dort etwas Wasser zu trinken. »Das Dumme am Wasser ist«, sagte er, »daß man davon so durstig wird.«

Kyrenia, 30. August. – Ritt auf einem schokoladebraunen Esel, dessen Ohren einen halben Meter lang waren, zur Festung St. Hilarion hinauf. An der Mauer

banden wir den Esel fest und auch seinen Gefährten, ein graues Maultier, das kaltes Wasser in einer großen, mit Johannisbrotblättern abgedeckten Tonamphore trug. Über steile Wege und Treppen, durch Kapellen, Säle, Zisternen und Verliese gelangten wir hinauf zur Dachterrasse und dem Wachturm. Unterhalb der silbrig schimmernden Felsen und verkümmerten Kiefern fiel der Berg tausend Meter in die Küstenebene hinunter, ein unendliches Panorama in Rostrot, gesprenkelt mit unzähligen kleinen Bäumen und deren Schatten, dahinter das blaue Meer, und in der Ferne zeichneten sich die kleinasiatische Küste und das Taurusgebirge ab. Selbst Belagerungen müssen ertragbar gewesen sein, wenn man von einem solchen Ausblick getröstet wurde.

Nikosia (140 m), 31. August. – »Eine Woche Verspätung wegen technischer Schwierigkeiten ankomme Beirut vierzehnter stop Christopher informiert stop Problem Auto nicht Apparat.«

Ich habe also eine zusätzliche Woche, die ich in Jerusalem verbringen werde. Mit »Apparat« ist offenbar der Holzkohlenmotor gemeint. Angesichts der Telegrammkosten kann ich nur annehmen, daß er nicht funktioniert. Warum es sonst leugnen?

Vor längerer Zeit wurde ich in der griechischen Gesandtschaft in London einem nervösen jungen Mann in langem Gewand vorgestellt, der ein Glas Limonade in der Hand hielt. Das war Seine Seligkeit Mar Schimun, der Patriarch der assyrischen Kirche; und da er inzwischen im Exil auf Zypern lebt, machte ich ihm am Vormittag im Crescent Hotel meine Auf-

wartung. Ein kräftiger, bärtiger Mann in Flanellhosen begrüßte mich in einem Tonfall, wie er an englischen Universitäten gepflegt wird (in seinem Fall war es Cambridge).

Ich versicherte ihn meines Mitgefühls. Er kam auf die jüngsten Ereignisse zu sprechen. »Ech erklärte Sir Francis Humphreys, daß die Zeitungen in Bagdad schon seit Monaten zom Dschihäd gegen ons aufrufen. Ech fragte ihn, ob er onsere Sicherheit garantieren könne, was er bejahte ond so weiter ond so fort. Vor vier Monaten worde ech verhaftet – aber noch immer unternahm er nichts, obwohl jedermann wußte, was passieren würde. Ech werde nach Genf reisen, om onsere Sache vorzutragen ond so weiter ond so fort. Sie haben mich gegen meinen Willen in einem Flugzeug fortgeschafft, aber was aus meinem armen Volk wird, vergewaltigt, mit Maschinengewehren dahingemetzelt ond so weiter ond so fort – ech weiß es nicht.« Ond so weiter ond so fort.

Ein weiterer Meilenstein im Zeitalter der britischen Außenpolitik, das den Namen Verrat trägt. Wird es nie aufhören? Gewiß waren die Assyrer halsstarrig. Aber der springende Punkt, auf den Mar Schimun (meiner Ansicht nach zu Recht) hingewiesen hat, ist der, daß die britischen Behörden wußten beziehungsweise sehr wohl wissen konnten, was die Iraker vorhatten, und nichts unternommen haben.

Famagusta, 2. September. – Der Ort besteht aus zwei Städten: Varosha, der griechische Teil, und Famagusta, der türkische Teil. Verbunden sind sie durch ein britisches Residenzviertel, in dem sich die Behörden befinden, der englische Club, ein öffentlicher Park,

zahlreiche Villen und das Savoy Hotel, in dem ich wohne. Famagusta ist die Altstadt, ihre Mauern rahmen den Hafen ein.

Wäre Zypern in französischem oder italienischem Besitz, würden in Famagusta genauso viele Touristendampfer anlegen wie in Rhodos. Unter englischer Herrschaft schlägt dem Reisenden vorsätzliches Banausentum entgegen. Die Mauer rings um den gotischen Stadtkern ist noch vollständig erhalten. Daß dieser Kern noch immer verschandelt wird, weil man nach Belieben irgendwelche Gebäude hinstellen darf, daß die neuen Häuser noch verwahrloster sind als die alten, daß in den Kirchen mittellose Familien hausen, daß die Bastionen Tag für Tag mit menschlichen Exkrementen bedeckt sind, daß die Zitadelle dem Ministerium für Öffentliche Arbeiten als Tischlerwerkstatt dient und daß der Palast nur über die Polizeiwache betreten werden kann – diese Demonstrationen britischer Fürsorge zeugen zwar nicht von Kunstsinn, haben aber zumindest den Vorteil, daß keine leblose Museumsatmosphäre aufkommt. Reizvoll ist auch die Abwesenheit von Touristenführern, Ansichtskartenverkäufern und ihresgleichen. Daß es aber in beiden Städten nur einen einzigen Menschen gibt, der auch nur die Namen der Kirchen kennt, und daß dieser Mann, ein griechischer Lehrer, derart schüchtern ist, daß eine vernünftige Unterhaltung mit ihm unmöglich wird; daß man das einzige Buch, das über Geschichte und Topographie des Ortes informiert, nämlich Mr. Jefferys Studie, nur im sechzig Kilometer entfernten Nikosia kaufen kann, daß die Kirchen, bis auf die Kathedrale, durchgehend geschlossen sind und der Schlüssel, wenn überhaupt auffindbar, von dem jeweiligen Wärter, Priester oder der

dort einquartierten Familie aufbewahrt wird, zumeist aber nicht in Famagusta, sondern in Varosha – das alles war selbst für mich zuviel, der ich, im Gegensatz zu den meisten Touristen, etwas Griechisch spreche. Es gelang mir nicht, innerhalb von drei Tagen alle Bauwerke zu besichtigen. Eine solche Gleichgültigkeit hat ihren eigenen Reiz für all jene, die sich für die englische Gesellschaft interessieren. Aber es ist nicht die Sorte Reiz, die Schiffsladungen gutbetuchter Touristen anlockt. Für die gibt es nur eine Attraktion, den »Othello-Turm«, eine absurde Erfindung, die aus der Zeit der englischen Besatzung datiert. Nicht nur Taxichauffeure halten an dieser Fiktion fest. Am Bauwerk selbst ist eine offizielle Tafel angebracht, als fände man dort »Toiletten« oder »Erfrischungen«. Diese Tafel ist das einzige an Information, wozu sich die Behörden oder sonst jemand aufraffen kann.

Ich stehe auf der Martinengo-Bastion, einer mächtigen, steinverkleideten Festungsschanze, davor ein zwölf Meter tiefer Graben, in dem früher Meerwasser floß. Aus dem Bauch dieser bergartigen Festung führen zwei Straßen in das Tageslicht zu meinen Füßen. Rechts und links verlaufen die Brustwehren, unterbrochen durch mehrere dicke Rundtürme. Im Vordergrund erstreckt sich unbebautes Land, Kamele ziehen darüber, angeführt von einem Türken in Pluderhose. In einer kleinen Senke sitzen zwei Türkinnen unter einem Feigenbaum und kochen irgendetwas. Hinter ihnen beginnt die Stadt, kleine Häuser, teils aus Lehm, teils aus Steinen, die von den historischen Bauwerken weggeschafft wurden, teils aus neuem weißen Putz und rot überdacht. Alles erscheint planlos, ohne Sinn für Ästhetik. Palmen stehen zwischen den Häusern, ringsum winzige Par-

zellen. Und aus diesem Wirrwarr erheben sich die Türme und Spitzen einer gotischen Kathedrale, deren orangefarbene Quadern die ferne Vereinigung von Himmel und Meer, türkis und saphirblau, durchkreuzen. Linker Hand, parallel zur Küste, verläuft ein fliederfarbener Höhenzug. Ein Schiff verläßt den Hafen in diese Richtung. Vor mir taucht ein Ochsenkarren auf. Die Kamele legen sich hin. Und vom übernächsten Turm schaut eine Frau in rosafarbenem Kleid und breitkrempigem Hut sentimental in Richtung Nikosia.

Larnaka, 3. September. – Das Hotel hier ist nicht besonders gut. Anderswo sind sie sauber, gepflegt und vor allem billig. Das Essen ist nicht atemberaubend, aber selbst die englische Besatzung konnte die griechische Küche nicht verschlechtern. Es gibt ein paar anständige Weine. Und das Wasser ist frisch.

Ich fuhr nach Kiti, zwölf Kilometer von hier, wo Priester und Sakristan, beide in weiter Hose und Stiefeln, den Brief des Erzbischofs respektvoll entgegennahmen. Sie führten mich zur Kirche, in der es ein wunderschönes Mosaik gibt; die Ausführung scheint mir auf das zehnte Jahrhundert zu verweisen, andere datieren es auf das sechste. Das Gewand der Maria ist von einem rauchigen Mauve, fast anthrazitgrau. Die Engel neben ihr sind weiß, grau und braun gekleidet. Und das Grün ihrer Pfauenflügel wiederholt sich in den grünen Kugeln, die sie in Händen halten. Gesichter, Hände und Füße sind in kleineren Steinen gearbeitet als der Rest. Die ganze Komposition besitzt einen ungewöhnlichen Rhythmus. Sie ist klein, die Figuren gerade mal lebensgroß, und die Kirche ist so

niedrig, daß man das Werk in seiner Nische aus nur drei Meter Entfernung betrachten kann.

MS Martha Washington, 4. September. – Ich fand Christopher am Pier, mit einem gepflegten, aber widerspenstigen Fünftagebart. Von den Holzkohleautos hat er nichts gehört, die Aussicht auf einen längeren Aufenthalt in Jerusalem scheint ihm aber zu gefallen.

An Bord sind 900 Passagiere. Christopher unternahm mit mir eine Runde durch die dritte Klasse. Wären dort Tiere untergebracht gewesen, hätte ein aufrechter Engländer den Tierschutzverein informiert. Aber die Überfahrt ist billig, und da es Juden sind, könnten sie bekanntlich alle mehr bezahlen, wenn sie wollten. Die erste Klasse ist nicht viel besser. Ich teile die Kabine mit einem französischen Anwalt, der so viel Krimskrams dabeihat, daß keine Stecknadel mehr Platz hätte. Er hielt mir einen Vortrag über englische Kathedralen. Durham sei sehenswert. »Der Rest, mein Lieber, nur Bleigießerarbeit.«

Beim Dinner saß ich neben einem Engländer. Ich eröffnete das Gespräch mit der Bemerkung, daß er hoffentlich eine gute Reise gehabt habe.

Er antwortete: »Durchaus, durchaus. Der Herr in Seiner Güte war die ganze Zeit mit uns.«

Eine erschöpfte Frau kam mit einem widerspenstigen Kind vorbei. Ich sagte: »Frauen, die mit Kindern reisen, tun mir immer sehr leid.«

»Da bin ich anderer Meinung. Für mich sind kleine Kinder wie Sonnenstrahlen.«

Später sah ich dieses Geschöpf in einem Liegestuhl in der Bibel lesen. Missionar heißt so jemand bei Protestanten.

PALÄSTINA: *Jerusalem (850 m), 6. September.* – Einen nikaraguanischen Leprakranken hätten die Hafenbehörden eines britischen Mandatsgebiets besser behandelt als uns. Die Beamten kamen gestern um fünf Uhr nachmittags an Bord. Nach zwei Stunden Warten in einer Schlange wurde ich gefragt, wie ich mir vorstellte, ohne Visum an Land gehen zu wollen, wo mein Paß nicht einmal für Palästina gültig sei. Ich sagte, ich könne ein Visum käuflich erwerben, und erklärte, daß das Prinzip zusätzlicher Gültigkeitsvermerke nur eine der kruderen Formen der Unehrlichkeit sei, wie sie das Foreign Office praktiziere. Die Gültigkeit eines Passes bleibe davon völlig unberührt. Ein anderer Wichtigtuer stellte sodann fest, daß ich in Rußland gewesen war. Wann? Und aus welchem Grund? Ach, zum Vergnügen? War es denn vergnüglich? Und was sei diesmal mein Reiseziel? Afghanistan? Warum? Wieder zum Vergnügen, interessant. Er wähnte mich wohl auf einer Vergnügungsreise rund um die Welt. Dann studierten sie so eingehend Christophers diplomatisches Visum, daß sie ganz vergaßen, ihm eine Einreisekarte zu geben.

Eine erregte Menschenmenge drängte sich am oberen Ende der Gangway. Juden können wie die feinsten, aber auch die übelsten Menschen der Welt aussehen. Dies waren die schlimmsten. Sie stanken, glotzten, drängelten und brüllten. Ein Mann, der schon fünf Stunden wartete, brach in Tränen aus. Als sein Rabbi ihn nicht beruhigen konnte, bot Christopher ihm durch das Barfenster einen Whisky-Soda an. Er lehnte ab. Unser Gepäck wurde Stück für Stück in ein Boot geladen. Ich stieg hinterher. Christopher mußte wegen seiner Einreisekarte umkehren. In starker Dünung passierten wir die brecherumtoste Reede, die den

»Hafen« von Jaffa darstellt. Eine Frau erbrach sich über meine Hand. Ihr Mann hielt in einem Arm ihr Kind, im anderen eine hohe Veronika-Topfpflanze.

»Nach oben, bitte!« Die schwitzende, unförmige Menge teilte sich in zwei Warteschlangen auf. Nach einer halben Stunde stand ich vor dem Arzt. Er entschuldigte sich für die Verzögerung und gab mir eine Bescheinigung, ohne mich untersucht zu haben. Die Bootsleute unten forderten lautstark ihr Geld. Das Anlandbringen mitsamt Gepäck kostete £1 2s. »Schreiben Sie Bücher?« fragte der Zollbeamte, der einen Verfasser zollpflichtiger Obszönitäten roch. Ich sagte, ich sei nicht Lord Byron, und bat ihn, mit der Revision fortzufahren. Schließlich fanden wir einen Wagen, klappten zu Ehren des Heiligen Landes das Verdeck zurück und fuhren los in Richtung Jerusalem.

Das King David Hotel ist das einzige anständige Hotel in Asien östlich von Schanghai. Wir genießen jeden Moment, den wir hier verbringen. Die Ausstattung ist generell harmonisch und dezent, fast streng – eher überraschend nach dem Hinweis, der in der Eingangshalle hängt:

Hinweis zur Inneneinrichtung
des King David Hotel, Jerusalem

Beabsichtigt war, durch Verwendung altsemitischer Stilelemente die Atmosphäre der Glanzzeit König Davids lebendig werden zu lassen.

Da eine exakte Kopie nicht möglich war, hat der Künstler verschiedene altjüdische Stile dem modernen Geschmack angepaßt.

Eingangshalle: Zeit König Davids (assyrische Elemente).

Großer Aufenthaltsraum: Zeit König Davids (hethitische Elemente).

Lesesaal: Zeit König Salomons.
Bar: Zeit König Salomons.
Restaurant: Griechisch-syrischer Stil.
Festsaal: Phönizischer Stil (assyrische Elemente) usw.

G. A. Hufschmid
Innenarchitekt, OEV & SWB
Genf

Die Schönheit Jerusalems und seiner landschaftlichen Umgebung kann man mit derjenigen Toledos vergleichen. Die Stadt, ein hoch gelegenes Panorama von Kuppeln und Türmen, eingefaßt von zinnenbewehrten Mauern, erhebt sich auf einem Felsplateau über einem tiefen Tal. Bis hin zu den fernen Bergen von Moab erinnert die Landschaft mit ihren gestaffelten Hügeln und steil abfallenden, in tiefem Schatten liegenden Tälern an die Konturen einer Reliefkarte. Erdboden und Felsgestein funkeln wie ein Feueropal. Hier ist, ob zufällig oder geplant, der Versuch einer städtischen Entwicklung zum Kunstwerk geraten.

Im Detail bietet aber nicht einmal Toledo derart steile, gewundene, gepflasterte Gassen, die so eng sind, daß ein einziges Kamel hier für ebenso viel Behinderung sorgt wie ein Omnibus auf einer englischen Landstraße. Die Menge, die sich von morgens bis abends auf der King David Street drängt, ist immer noch ein Bild des »Orients«, bislang immun gegen den Ansturm von Straßenanzügen und Hupkonzerten. Da kommt der Wüstenaraber mit furiosem Schnauzbart und wehendem Gewand aus goldgewirktem Kamelhaar; die Araberin mit tätowiertem Gesicht und besticktem Kleid, einen Korb auf dem Kopf; der islamische Prediger mit gepflegtem Bart und einem hübschen weißen Turban um den Fez; der orthodoxe Jude mit Schläfenlocken, Hut und schwarzem Kaftan; der

bärtige griechische Priester und griechische Mönch, den Haarknoten unter der hohen schwarzen Kappe; Priester und Mönche aus Ägypten, Abessinien und Armenien; der katholische Pater in braunem Habit und weißem Tropenhelm; die Frau aus Bethlehem, deren kegelförmige Haube mit weißem Schleier auf normannische Einflüsse zurückgehen soll; und dazwischen, als typischer Alltagshintergrund, der gelegentliche Straßenanzug, das Cretonnekleid, der Tourist mit der Kamera um den Hals.

Und doch ist Jerusalem nicht nur malerisch, nicht nur heruntergekommen wie so viele orientalische Städte. Man sieht Schmutz, aber es gibt keine Backsteine, keinen Putz, keinen Verfall, keine Verfärbung. Die Gebäude sind ganz aus Stein, einem weißlichen Stein, rein und leuchtend, der in der Sonne alle möglichen Rotgoldtöne annimmt. Für Anmut und Romantik ist hier kein Platz. Alles ist offen und harmonisch. Die historischen und religiösen Assoziationen, tief verwurzelt in den frühesten Kindheitserinnerungen, lösen sich beim Anblick der realen Objekte auf. Die Ausflüsse des Glaubens, die Klagen von Juden und Christen, die muslimischen Gebete am heiligen Felsen haben den *genius loci* nicht geheimnisvoll umwölkt. Dieser Geist ist ein gebieterisches Wesen, das abergläubisch verehrt wird und auf diese Weise sich vielleicht hält, aber unabhängig davon existiert. Er sympathisiert eher mit den Zenturionen als mit den Priestern. Und die Zenturionen sind wieder da. Sie tragen kurze Hosen und Tropenhelme und sprechen Yorkshire-Akzent.

Die Grabeskirche, die sich in dieser strahlenden Umgebung befindet, sieht sehr ärmlich aus. Ihre Dunkelheit scheint noch dunkler, als sie ist, ihre Architektur

schlimmer, der Gottesdienst würdeloser. Der Besucher kämpft mit sich. Unbeeindruckt zu tun, ist oberflächlich, ehrfürchtig zu tun, Heuchelei. Man entscheidet sich für etwas dazwischen. Mir selbst wurde diese Entscheidung freilich abgenommen. An der Tür begegnete ich einem alten Bekannten, der mir zeigte, wie man mit den heiligen Stätten umgeht.

Mein Freund war ein schwarzgewandeter Mönch, der einen kurzen Bart trug, langes Haar und eine hohe runde Kappe.

»Ich grüße Sie«, sagte ich auf griechisch. »Sie sind vom Berg Athos?«

»Jawohl«, sagte er. »Vom Kloster Dochiariou. Mein Name ist Gabriel.«

»Sind Sie der Bruder von Aristarchos?«

»Ja.«

»Und Aristarchos ist tot?«

»Ja. Aber woher wissen Sie das?«

Ich habe Aristarchos in einem anderen Buch beschrieben. Er war Mönch in Vatopediou, dem reichsten der Athos-Klöster, wo wir nach fünf Wochen auf dem Heiligen Berg müde und unterernährt eintrafen. Aristarchos kümmerte sich um uns. Er war einmal Butler auf einer englischen Jacht gewesen, und nun fragte er uns jeden Morgen: »Um wieviel Uhr möchten Sie heute zu Mittag speisen, Sir?« Er war jung, tüchtig und handfest, völlig ungeeignet für den Mönchsberuf und entschlossen, wenn irgend möglich genug Geld zu sparen, um nach Amerika auszuwandern. Er haßte die älteren Mönche, die ihn demütigten.

Ein, zwei Jahre nach unserem Besuch besorgte er sich eines Tages einen Revolver und erschoß ein paar dieser ehrwürdigen Tyrannen. So wurde es berichtet. Fest steht, daß er dann Selbstmord verübte. Nie hat

es einen, nach außen hin, vernünftigeren Menschen gegeben, es war eine Tragödie, auf die die Gemeinschaft der Athos-Mönche beschämt und mit Schweigen reagierte.

»Aristarchos war nicht ganz richtig im Kopf«, sagte Gabriel und tippte sich an den eigenen Kopf. Ich wußte, daß Gabriel glücklich in seinem Beruf war – Aristarchos hatte es mir berichtet – und er in der Tat seines Bruders nur eine Verirrung sehen konnte. Um das Thema zu wechseln, fragte er: »Ist dies Ihr erster Besuch in Jerusalem?«

»Wir sind heute morgen angekommen.«

»Ich werde Sie herumführen. Gestern war ich selber am Grab. Morgen um elf werde ich wieder da sein. Hier entlang.«

Wir befanden uns nun in einem runden Raum, so hoch wie eine Kathedrale, dessen flache Kuppel von mehreren massiven Pfeilern getragen wurde. In der Mitte stand der Schrein, eine Miniaturkirche, die wie eine altmodische Lokomotive aussah.

»Wann waren Sie zuletzt auf dem Berg Athos?« fragte Gabriel.

»1927.«

»Ich erinnere mich. Sie waren in Dochiariou.«

»Ja. Und wie geht es meinem Freund Synesios?«

»Sehr gut. Aber für das Amt eines Ältesten ist er noch zu jung. Hier entlang.«

Ich stand nun in einem kleinen türkisch-barocken Marmorgewölbe. Drei kniende Franziskaner versperrten den Zugang zum innersten Heiligtum.

»Wen kennen Sie denn sonst noch in Dochiariou?«

»Frankfurt. Wie geht es ihm?«

»Frankfurt?«

»Frankfurt, Synesios' Katze.«

»Ach so, seine Katze ... Beachten Sie diese Männer nicht, es sind Katholiken. Es ist eine schwarze Katze ...«

»Ja, und sie macht große Sprünge.«

»Ich weiß. Wir sind da. Achtung, stoßen Sie sich nicht den Kopf!«

Gabriel schob sich an den Franziskanern vorbei, als wären es Nesseln, und stieg durch eine meterhohe Öffnung, aus der helles Licht drang. Ich folgte. Der Innenraum war etwa zwei mal zwei Meter groß, vor einem niedrigen Stein kniete eine verzückte Französin, neben ihr stand ein zweiter griechischer Mönch.

»Dieser Herr war auf dem Berg Athos«, erklärte Gabriel seinem Genossen, der mir über die Französin hinweg die Hand reichte. »Vor sechs Jahren, und er erinnert sich noch an Synesios' Katze ... Das ist das Grab« – er deutete auf den Quaderstein – »Morgen bin ich den ganzen Tag hier. Sie müssen mich besuchen. Hier ist es wirklich ein bißchen eng, nicht? Wir gehen am besten wieder hinaus. Dann kann ich Ihnen die anderen Orte zeigen. Dort, dieser rote Stein, das ist der Ort, wo der Leichnam gewaschen wurde. Vier Lampen gehören den Griechen, die anderen den Katholiken und Armeniern. Golgatha ist oben. Sagen Sie Ihrem Freund, er soll heraufkommen. Dies ist der griechische Teil, das dort der katholische. Aber dort am Altar, das sind Katholiken, weil dort Golgatha war. Schauen Sie sich die Inschrift über dem Kreuz an. Sie ist in echten Diamanten gefaßt, ein Geschenk des Zaren. Und sehen Sie sich dieses Bild an. Katholiken kommen und schenken ihr diese Dinge.«

Gabriel zeigte auf eine Vitrine, in der ich eine wächserne Marienfigur sah, die mit einem Sammelsurium von Kettchen, Uhren und Anhängern bedeckt war.

»Mein Freund ist Katholik«, sagte ich maliziös zu Gabriel.

»Ach? Und was sind Sie? Protestant? Oder überhaupt nichts?«

»Für die Dauer meines Besuchs hier werde ich wohl ein Orthodoxer sein.«

»Ich werde Gott davon unterrichten. Sehen Sie diese zwei Löcher? Dort wurde Christus hineingesteckt, ein Loch für jeweils ein Bein.«

»Steht das in der Bibel?«

»Natürlich steht das in der Bibel. Dieses Gewölbe ist die Schädelstätte. Hier wurde der Felsen von dem Erdbeben gespalten. Meine Mutter auf Samos hatte dreizehn Kinder. Nun sind nur noch mein Bruder in Amerika, meine Schwester in Konstantinopel und ich selbst übrig. Das dort ist das Grabmal des Nikodemos, und dies das Grab des Joseph von Arimathia.«

»Ich dachte, Joseph von Arimathia ist in England begraben.«

Gabriel lächelte, als wollte er sagen: »Diesen Bären können Sie Ihrer Großmutter aufbinden.«

»Dieses Bild hier«, fuhr er fort, »zeigt Alexander den Großen, der während seines Jerusalembesuchs von einem der Propheten empfangen wird – ich weiß jetzt nicht mehr, von welchem.«

»War Alexander denn jemals in Jerusalem?«

»Gewiß. Ich sage nur die Wahrheit.«

»Entschuldigen Sie, ich dachte, es sei vielleicht eine Legende.«

Schließlich kamen wir wieder ans Tageslicht.

»Wenn Sie mich übermorgen besuchen, werde ich wieder hier vor dem Grabmal sein. Ich komme um elf nach draußen, nachdem ich die ganze Nacht im Innern verbracht habe.«

»Aber wollen Sie denn nicht schlafen?«
»Nein. Ich schlafe nicht gern.«

Die anderen heiligen Stätten sind die Klagemauer und der Felsendom. Die betenden Juden, die sich wiegend und wehklagend über ihre Bücher beugen und die Köpfe in die Spalten des mächtigen Mauerwerks zwängen, sind nicht viel besser als die Gläubigen in der Grabeskirche. Aber immerhin ist es hell, die Sonne scheint, und die Mauer braucht den Vergleich mit denen der Inkas nicht zu scheuen. Der Felsendom erhebt sich über einem gigantischen Felsblock, von dem der Prophet Mohammed zu seinem Ritt in den Himmel aufstieg. Dies ist, von den Assoziationen abgesehen, endlich ein Bauwerk, das der Stadt Jerusalem würdig ist. Über acht durch Portalbogen hervorgehobene Treppen betritt man von mehreren Seiten eine großflächige weiße Marmorplattform, von der der Blick auf die Stadtmauer und den Ölberg geht. In der Mitte der Plattform, in dieser Weite erstaunlich klein wirkend, steht ein flaches, mit blauen Fliesen geschmücktes Oktogon, das einen blaugefliesten Tambour trägt, der nur etwa ein Drittel so breit ist wie der Unterbau. Auf diesem Tambour sitzt die leicht ausladende, vergoldete Kuppel. Daneben steht, wie eine Art Ableger, ein kleineres, säulengestütztes Oktogon, das ein Brunnenbecken enthält. Das Innere des Felsendoms mutet griechisch an: Marmorsäulen mit byzantinischen Kapitellen, Gewölbe mit Mosaiken auf Goldgrund, verziert mit Arabeskengirlanden, müssen die Arbeit griechischer Handwerker sein. Eisenschirme erinnern an eine christliche Phase, als die Moschee von den Kreuzfahrern in eine Kirche verwandelt wurde. Als Moschee wurde das Bauwerk im siebten Jahr-

Felsendom, Jerusalem

hundert errichtet, aber viele Epochen haben zu seiner gegenwärtigen Gestalt beigetragen. Der Goldauftrag der byzantinischen Kapitelle ist bei der jüngsten Restaurierung viel zu hell geraten, sie werden mit der Zeit nachdunkeln.

Wir kamen zu spät, um die Moschee zu besichtigen, konnten aber vom Eingang am unteren Ende der King David Street noch einen raschen Blick darauf werfen. Ein Araber baute sich vor uns auf und hob zu einem Vortrag an. Ich sagte, daß ich sie lieber sehen und mir den Vortrag am nächsten Tag anhören würde und ob er freundlicherweise aus dem Weg gehen könne. Darauf antwortete er: »Ich bin ein Araber, und ich werde mich aufhalten, wo ich will. Diese Moschee gehört mir, nicht Ihnen.« Soviel zur Liebenswürdigkeit der Araber.

Am Abend fuhren wir nach Bethlehem. Es dämmerte schon, so daß wir die prächtigen Säulen der Basilika kaum erkennen konnten. Die Fremdenführer waren fast noch anstrengender als die in der Grabeskirche. Ich ließ Christopher die Krippe, oder was immer dort gezeigt wird, allein besichtigen.

Jerusalem, 7. September. – Ich saß gerade im Hof des Felsendoms unter einem Olivenbaum, als ein arabischer Junge näher kam, sich zu mir in den Schatten setzte und laut englische Vokabeln übte. »Buchten und Vorgeeebirge, Buchten und Vorgeeebirge, Buchten und Vorgeeebirge«, wiederholte er.

»Es heißt nicht Vorgeeebirge«, unterbrach ich ihn, »sondern Voorgebirge.«

»Buchten und Voorgeeebirge, Buchten und Voorgeeebirge, Buchten und Voorgeeebirge. Rettet Mossul, rettet Mossul, rettet Mossul. Buchten und …« Er sei

der Beste in Zeichnen, sagte er, er wolle nach Kairo und an der Akademie studieren.

Stockley gab gestern eine Abendgesellschaft, auf der ich zwei sympathische arabische Gäste kennenlernte. Der eine, ehemaliger Beamter im türkischen Außenministerium, kannte Kemal und dessen Mutter, war während des Krieges Konsul in Saloniki gewesen und von Sarrail* nach Toulon deportiert worden – angesichts der nahen türkischen Grenze eine unnötig harte Maßnahme, die ihn um all sein Hab und Gut brachte. Das Gespräch wandte sich Arlosoroff zu, dem jüdischen Politiker, der in Jaffa, bei einem Spaziergang mit seiner Frau, erschossen worden war. Bei den Mördern soll es sich um jüdische Revisionisten handeln, eine extremistische Gruppierung, die die Engländer loswerden und einen jüdischen Staat errichten wollen. Was glauben sie wohl, wie lange die Araber nach einem Abzug der Engländer auch nur einen einzigen Juden dulden werden?

Auf Einladung von Mr. Joshua Gordon, dem führenden Propagandisten der Jewish Agency, fuhren wir heute vormittag nach Tel Aviv. Im Gebäude der Stadtverwaltung, wo Christopher als Sohn seines Vaters empfangen wurde, hingen Porträts der Apostel des Zionismus – Balfour, Samuel, Allenby, Einstein, Reading. Eine Karte zeigte die Entwicklung der Stadt, wie aus einem kämpfenden Utopia mit nur dreitausend Einwohnern im Laufe der Jahre ein blühendes Gemeinwesen mit siebzigtausend Einwohnern wurde. Bei einer Flasche Jaffa-Wein im Palestine Hotel hielt

* General Maurice Sarrail, 1915 bis 1917 Chef der alliierten Streitkräfte in Saloniki. (Anmerkung des Übersetzers.)

ich Mr. Gordon die arabischen Argumente entgegen. Er reagierte verächtlich. Man habe eine Kommission eingesetzt, die sich mit der Frage der landlosen Araber beschäftigen sollte. Gefunden habe sie nur ein paar hundert. Und die Araber Transjordaniens hätten die Juden übrigens gebeten, auch zu ihnen zu kommen und das Land zu entwickeln.

Ich fragte ihn, ob es sich für die Juden – in Hinblick auf eine friedliche Zukunft – nicht lohnen könnte, den Arabern entgegenzukommen, selbst wenn das mit Einschränkungen für sie selbst verbunden wäre. Mr. Gordon verneinte das. Die einzig mögliche Grundlage eines arabisch-jüdischen Einvernehmens sei ein gemeinsamer antibritischer Widerstand, aber darauf würden sich die jüdischen Anführer nicht einlassen. »Wenn das Land entwickelt werden soll, müssen die Araber es erdulden, denn sie sind entwicklungsfeindlich. Mehr gibt es dazu nicht zu sagen.« Die Wüstensöhne hatten genug Fürsprecher in der letzten Zeit. Ich finde es anregender, den wachsenden Haushalt zu studieren – gegenwärtig der einzige auf der ganzen Welt – und die Juden zu beglückwünschen.

Auch auf die Italiener war Mr. Gordon nicht gut zu sprechen. Vor einiger Zeit hatten er und andere versucht, eine anglo-palästinensische Reederei zu gründen, die anstelle der Italiener die Postbeförderung übernehmen sollte. Mangels englischen Interesses zerschlug sich diese Idee. Die Italiener bieten den Palästinensern ein kostenloses Studium in Rom und obendrein ermäßigte Schiffspassagen an. Zugegeben, pro Jahr fahren nur etwa zweihundert Personen, aber Mr. Gordon erinnerte verbittert an die Schwierigkeiten, die jeder Student hat, der in London sein Studium abschließen will, selbst wenn er für die Kosten selber aufkommt.

Nach einem Besuch des Orangengürtels und des Opernhauses gingen wir an den Strand, um zu baden. Aus der Menge trat plötzlich Mr. Aaranson von der *Italia* auf uns zu. »Hallo – Sie auch hier? Jerusalem ist in dieser Jahreszeit dermaßen öde, nicht wahr. Aber vielleicht fahre ich morgen kurz hin. Adieu!«

Läge Tel Aviv in Rußland, wäre alle Welt hingerissen von seiner Planung und Architektur, seinem ungezwungenen gesellschaftlichen Leben, seinen kulturellen Angeboten und seiner ausgesprochen jugendlichen Atmosphäre. Aber im Unterschied zu Rußland sind diese Dinge hier nicht bloß angestrebte Ziele, sondern reale Tatsachen.

Jerusalem, 10. September. – Gestern mittag trafen wir Colonel Kish zum Lunch. Obwohl Christopher vor mir den Raum betrat, begrüßte mich der Colonel mit den Worten: »Sie müssen der Sohn von Sir Mark Sykes sein« – offenbar ging er davon aus, daß ein Engländer aus einer solchen Familie nie und nimmer Bart trägt. Beim Essen berichtete er uns, daß König Feisal in der Schweiz gestorben sei. An der Wand hing ein schönes Jerusalem-Gemälde von Rubin, den wir auf Anraten Mr. Gordons in Tel Aviv hätten besuchen sollen, wenn er nicht verreist gewesen wäre.

Im YMCA, direkt gegenüber vom Hotel, wollte ich schwimmen. Dafür mußte ich zwei Shilling entrichten, mich von einer medizinischen Untersuchung befreien lassen, mich in Gegenwart vieler behaarter knoblauchstinkender Zwerge umkleiden und anschließend heiß duschen und gleichzeitig einen heftigen Streit führen,

weil ich mich nicht mit Insektizid-Seife schrubben wollte. Schließlich erreichte ich das Becken, schwamm ein paar Meter, umringt von Wasserballspielern, die von einem Sportlehrer herumkommandiert wurden, und roch beim Verlassen des Schwimmbeckens so stark nach Desinfektionsmittel, daß ich rasch zurückkehren und noch ein Bad nehmen mußte, bevor ich zum Abendessen gehen konnte.

Das Dinner beim Hochkommissar war wirklich angenehm. Ohne diese Förmlichkeiten, die bei großen Gesellschaften sinnvoll, bei kleinen eher peinlich sind. Wären die arabischen Bediensteten nicht gewesen, hätte man sich auf einem englischen Landsitz wähnen können. Ob Pontius Pilatus an einen italienischen Landadeligen erinnert hat?

Als wir ins Hotel zurückkehrten, war dort gerade Tanz. An der Bar stieß Christopher auf einen Schulfreund, der ihn im Namen der Alma mater bat, den Bart abzunehmen. »Sykes, altes Haus, hör mal, ich meine, es ist mir unangenehm, dir das zu sagen, wüürklich, na egal, hör mal, ich meine, die Sache ist die, wüürklich, wenn ich du wäre, würde ich mir den Bart abnehmen, man hält dich sonst, nein wüürklich, ich meine, also ehrlich, ich kann unmöglich, ich kann es wüürklich nicht aussprechen, das wär nicht gut, wüürklich, na ja, ich meine, aber wenn du es wüürklich wissen willst, du zwingst mich ja dazu, du läßt mir ja keine andere Wahl, also es ist so, ich meine, man könnte dich ein bißchen ordinär finden, weißt du.«

Nachdem alle zu Bett gegangen waren, ging ich in die Altstadt. Die Straßen waren nebelverhangen, es hätte auch London im November sein können. In der

Grabeskirche fand gerade ein orthodoxer Gottesdienst statt, begleitet von einem Chor russischer Bäuerinnen. Diese russischen Gesänge veränderten alles; und als der weißbärtige Bischof mit bauchiger Diamantentiara und besticktem Umhang in der Tür erschien und in das sanfte Kerzenlicht trat, bekam der Ort etwas Feierliches und Reales. Auch Gabriel war da. Nach dem Gottesdienst schob er mich in die Sakristei, wo ich mit dem alten Herrn und dem Schatzhüter Kaffee trank. Es war halb vier, als ich nach Hause kam.

SYRIEN: Damaskus (670 m), 12. September. – Hier zeigt sich der Orient in seinem urtümlichen Wirrwarr. Unter meinem Fenster verläuft eine schmale gepflasterte Straße, deren scharfe Essensgerüche eine kühle Brise vorübergehend vertrieben hat. Es ist früher Morgen. Die Leute rühren sich, geweckt vom unheimlichen Diskant des Muezzins von einem kleinen Minarett gegenüber und dem fernen Echo anderer. Bald wird das Geschrei der Straßenhändler und das Geklapper von Hufen einsetzen.

Ich bedauere, daß wir Palästina verlassen haben. Es tut gut, ein Land zu erleben, das eine große Schönheit der Natur besitzt, eine Hauptstadt, die ihres Ruhmes würdig ist, eine blühende Landwirtschaft und einen wundersam wachsenden Staatshaushalt, den Keim einer eigenen modernen Kultur in Gestalt von Malern, Musikern und Architekten und eine Regierung, deren Verhalten an das eines wohlmeinenden Gutsbesitzers gegenüber seinen Bediensteten erinnert. Man muß kein Zionist sein, um zu erkennen, daß diese Verhältnisse den Juden zu verdanken sind. Sie strömen

herein. Letztes Jahr wurde 6000 die Einreise erlaubt – es kamen 17 000, die zusätzlichen 11 000 über nicht bewachbare Grenzen. Kaum angekommen, werfen diese Leute ihre Pässe weg, so daß sie nicht mehr ausgewiesen werden können. Aber irgendwie schlagen sie sich durch. Sie besitzen Unternehmungsgeist, Beharrlichkeit, technische Fertigkeiten und Kapital.

Die Feindseligkeit der Araber ist die Wolke am Horizont. Bei oberflächlicher Betrachtung hat man den Eindruck, daß die Regierung Verständnis für die Empfindlichkeiten der Araber zeigt und auf diese Weise ihr Gefühl des Benachteiligtseins stärkt, dabei aber nicht ihre Freundschaft gewinnt. Die Araber hassen die Engländer und versäumen keine Gelegenheit, ihre Unarten an ihnen auszulassen. Ich wüßte nicht, warum dies ihrer Sache in den Augen der Regierung helfen sollte. Sie haben nicht den Entschuldigungsgrund der Inder, die Rassenschranke.

Als Christopher gestern beim Abendessen über Persien sprach, bemerkte er, daß eine Gruppe an unserem Tisch zu uns herübersah. Plötzlich hörte er sie Persisch sprechen. Flüsternd fragte er mich, ob er irgend etwas Abfälliges über den Schah oder das Land gesagt habe. Wir scheinen auf eine mittelalterliche Tyrannei von moderner Empfindsamkeit zuzusteuern. Als Mrs. Nicolson der englischen Öffentlichkeit berichtete, daß sie in Teheran keine Orangenmarmelade kaufen könne, kam es zu einem diplomatischen Eklat.

Damaskus, 13. September. – Die Omajjaden-Moschee, obschon nach einem Brand im Jahre 1893 weitgehend restauriert, datiert aus dem achten Jahrhundert. Die großartigen zweigeschossigen Arkaden sind so wohlpro-

portioniert und in ihrer strengen, islamischen Gestalt ebenso eindrucksvoll rhythmisiert wie die Biblioteca Marciana in Venedig. Ursprünglich war diese Strenge mit den prächtigsten Mosaiken verkleidet. Einige sind erhalten: die ersten Landschaftsdarstellungen der europäischen Tradition. Trotz ihrer pompejanisch-malerischen Art, trotz säulengeschmückter Paläste und schroffer Burgen ist dies nicht nur Dekoration, es sind reale Landschaften, die sich innerhalb formaler Grenzen mit dem Wesen eines Baumes oder der Kraft eines Flusses auseinandersetzen. Sie müssen von Griechen geschaffen worden sein, und sie verweisen bereits, kaum überraschend, auf die Toledaner Landschaften El Grecos. Und wenn die Sonne ein Fragment an der Außenmauer erfaßt, kann man sich heute noch die ursprüngliche Pracht aus Grün und Gold vorstellen, als der ganze Innenhof erleuchtet wurde von diesen märchenhaften Szenen, die die arabische Phantasie zur Entschädigung für die sengende Unendlichkeit der Wüste entworfen hatte.

Beirut, 14. September. – Für die Fahrt hierher nahmen wir ein Sammeltaxi. Neben uns, im Fond, saß ein außerordentlich korpulenter Araber, der ein wespenartig gelb-schwarz gestreiftes Gewand trug und einen Gemüsekorb zwischen den Knien hielt. Vorn saß eine verwitwete Araberin, die ebenfalls einen Gemüsekorb sowie einen kleinen Sohn dabeihatte. Alle zwanzig Minuten streckte sie den Kopf zum Fenster hinaus, um sich zu erbrechen. Wenn wir nicht gerade anhielten, flog das Erbrochene zum hinteren Fenster wieder ins Auto herein. Die drei Stunden waren nicht besonders angenehm.

Mit der Post kamen Zeitungsausschnitte mit Berichten über die Abfahrt der Holzkohlefahrzeuge. Selbst die *Times* bringt eine halbe Kolumne. Der *Daily Express* schreibt:

Gestern abend brachen fünf Männer von einem Londoner Hotel zu einer geheimen Expedition auf, womöglich der romantischsten Expedition, die je unternommen wurde.

Zunächst geht es nach Marseille, von dort aus in die Sahara. Nur wenige Personen wissen, was das eigentliche Ziel der Reise ist.

EINE VORZEITIGE BEKANNTGABE KÖNNTE ZU ERNSTEN POLITISCHEN VERWICKLUNGEN FÜHREN ...

Die fünf Männer reisen in zwei Lastwagen, die mit tragbaren Gasgeräten betrieben werden. Als Brennstoff wird gewöhnliche Holzkohle verwendet, nur alle achtzig oder neunzig Kilometer muß aufgetankt werden. Diese neue Erfindung wird hier zum ersten Mal eingesetzt, doch im Straßenverkehr der Zukunft dürfte sie breite Verwendung finden.

Es ist ärgerlich, mit derartigem Quatsch in Verbindung gebracht zu werden.

Wir warten nun auf die *Champollion* mit den Fahrzeugen und Passagieren an Bord.

Beirut, 16. September. – Meine dunklen Ahnungen haben sich bestätigt.

Bei Tagesanbruch ging ich an Bord der *Champollion*. Goldman? Henderson? Deux camions? Niemand hatte etwas gehört. Aber Rutter war da und berichtete von absurden Katastrophen.

Die Fahrzeuge gaben in Abbéville den Geist auf. Sie hätten mit Benzin weiterfahren können, wurden

aber heimlich nach England zurückgebracht, wo die Erfindung weiter vervollkommnet und in etwa einem Monat ein neuer Versuch gemacht werden soll, diesmal ohne Wissen der Presse. Damit ich nicht ebenfalls heimkehre und durch mein Auftauchen in London das Scheitern des Unternehmens verrate, sollte Rutter weiterreisen und mich sicher nach Persien geleiten. Völlig unverdient sind mir Fähigkeiten und Charakter eines Erpressers verliehen worden.

Wir haben den größten Teil des Tages am Meer zugebracht, um uns von dem Schock zu erholen, und für Dienstag Plätze im Bus der Firma Nairn nach Bagdad reserviert.

Heute abend kam Mr. Nairn persönlich auf einen Drink vorbei und erkundigte sich nach den Holzkohlefahrzeugen. Da er die Erfindung oder vergleichbare seit vielen Jahren kennt, war er skeptisch, aber wir konnten seinen Zweifeln auch mit bestem Willen nicht viel entgegensetzen. Die Fotos seines neuen Pullman-Busses, der im November eintreffen soll, haben ganz Syrien in Aufregung versetzt.

Damaskus, 18. September. – Christopher und ich haben seit unserer Ankunft in dieser Region gelernt, daß man für alles, ob für eine fürstliche Suite oder eine Flasche Wasser, nur die Hälfte des geforderten Preises bezahlen muß, indem man erklärt, daß man nur die Hälfte bezahlen werde. Diese einfache Methode leistete uns im Hotel in Baalbek gute Dienste.

»Vierhundert Piaster für *dieses* Zimmer? *Vierhundert* haben Sie gesagt? Großer Gott! Ausgeschlossen!

Rufen Sie den Wagen! Dreihundertfünfzig? Sie meinen einhundertundfünfzig. Dreihundert? Sind Sie schwerhörig, haben Sie nicht verstanden? Ich habe hundertfünfzig gesagt. Wir gehen, es gibt ja noch andere Hotels. Kommen Sie, bringen Sie das Gepäck. Wir werden überhaupt nicht in Baalbek bleiben.«

»Aber Monsieur, dies ist ein erstklassiges Hotel. Sie bekommen ein ausgezeichnetes Diner, fünf Gänge. Dies ist unser bestes Zimmer, Monsieur, mit Badezimmer und Blick auf die Ruinen, wunderbar.«

»Du lieber Himmel, gehören die Ruinen Ihnen? Müssen wir selbst für die Luft bezahlen? Ein fünfgängiges Diner ist zuviel, und ich nehme auch nicht an, daß das Bad funktioniert. Sie verlangen noch immer dreihundert? Kommen Sie uns entgegen, ein bißchen. Zweihundertfünfzig, das klingt schon besser. Ich habe hundertfünfzig gesagt. Meinetwegen, zweihundert. Die fehlenden fünfzig werden Sie aus der eigenen Tasche bezahlen. Ich bitte Sie. Es wird mir ein Vergnügen sein. Also zweihundert? Nein? Na schön. *(Wir laufen die Treppe hinunter und hinaus)*. Auf Wiedersehen. Was? Ich habe nicht verstanden. Zweihundert. Dachte ich mir.«

»Und jetzt einen Whisky-Soda. Was kostet der? Fünfzig Piaster. Fünfzig Piaster? Für wen halten Sie uns? Und überhaupt schenken Sie immer zu viel Whisky ein. Ich bezahle fünfzehn, nicht fünfzig. Lachen Sie nicht. Und bleiben Sie hier! Ich möchte genau so viel Whisky haben, nicht mehr, nicht weniger. Das ist nur die Hälfte einer ganzen Portion. Dreißig sagen Sie? Ist dreißig die Hälfte von fünfzig? Können Sie nicht rechnen? Sodawasser, ganz genau. Also gut, zwanzig. Nein, nicht fünfundzwanzig. Das ist ein Riesenunterschied, wenn Sie es doch nur verstehen

würden. Bringen Sie uns sofort die Flasche, und um Himmels willen keine Diskussionen.«

Während des Fünf-Gang-Diners beglückwünschten wir den Mann zu dem fleischigen Geflügel.

»Rebhühner, Monsieur«, erwiderte er, »fett gemacht in kleinen Häusern.«

Der Eintritt zu den Ruinen beträgt fünf Shilling pro Person. Nachdem wir mit Beirut telefoniert und auf diese Weise eine Ermäßigung erreicht hatten, begannen wir unsere Besichtigung.

»Guide, Monsieur?«

Schweigen.

»Guide, Monsieur?«

Schweigen.

»Qu'est-ce que vous désirez, Monsieur?«

Schweigen.

»D'où venez-vous, Monsieur?«

Schweigen.

»Où allez-vous, Monsieur?«

Schweigen.

»Vous avez des affaires ici, Monsieur?«

»Non.«

»Vous avez des affaires à Baghdad, Monsieur?«

»Non.«

»Vous avez des affaires à Téhéran, Monsieur?«

»Non.«

»Alors, qu'est-ce que vous faites, Monsieur?«

»Je fais un voyage en Syrie.«

»Vous êtes un officier naval, Monsieur?«

»Non.«

»Alors, qu'est-ce que vous êtes, Monsieur?«

»Je suis homme.«

»Quoi?«

»HOMME.«

»Je comprends. Touriste.«

Selbst »Voyageur« ist veraltet, zu Recht, in dem Ausdruck schwingt etwas Anerkennendes mit. Der Reisende früherer Zeiten war jemand, der Erkenntnis suchte und dem die Eingeborenen stolz ihre lokalen Gebräuche und Sehenswürdigkeiten vorführten. In Europa ist diese Haltung gegenseitigen Respekts schon lange verschwunden. Aber zumindest ist der »Tourist« dort kein Phänomen mehr. Er ist Teil der Landschaft, und in neun von zehn Fällen hat er, über die eigentlichen Reisekosten hinaus, nicht sehr viel Geld zu seiner Verfügung. Hier ist er noch immer eine Ausnahmeerscheinung. Wer als Geschäftsmann von London nach Syrien fahren kann, muß reich sein. Wer so weit reisen kann und kein Geschäftsmann ist, muß sehr reich sein. Es interessiert die Leute nicht, ob einem das Land gefällt oder nicht und warum. Man ist einfach ein Tourist, so wie ein Stinktier ein Stinktier ist, eine parasitäre Variante der Gattung Mensch, die nur dazu da ist, wie eine Kuh oder ein Gummibaum gemolken zu werden.

Am Kassenhäuschen, dieser größten Ungeheuerlichkeit, dauerte es zehn Minuten, bis ein debiler alter Mann uns zwei Billets ausgestellt hatte. Nach diesen Banalitäten flohen wir in die Pracht des Altertums.

Baalbek ist der Triumph des Steins, Triumph einer monumentalen Erhabenheit, deren Sprache, noch immer Sprache des Auges, New York zu einem Ameisenhaufen macht. Die Steine sind pfirsichfarben und rotgold getränkt, so wie die Säulen von St. Martin-in-the-Fields rußfarben getränkt sind. Sie sind von

marmorartiger Beschaffenheit, nicht transparent, sondern zart bestäubt wie Reif auf einer Pflaume. Man muß die sechs Säulen im Morgenlicht betrachten, wenn Pfirsichgold und blauer Himmel gleich intensiv leuchten und selbst die leeren, säulenlosen Sockel lebendig und sonnenverwöhnt vor dem Dunkelviolett des Firmaments bestehen können. Schau hinauf, schau hinauf, dieses steinerne Fleisch, diese dreimal enormen Schäfte, diese beschädigten Kapitelle und das haushohe Karnies, alles schwimmt in Blau. Richte den Blick über die Mauern zu den grünen Hainen mit ihren weißstämmigen Pappeln und bis zum Libanon, der mauve und blau und golden und rosa in der Ferne schimmert. Schau die Berge entlang in die Weite, in dieses steinerne, leere Wüstenmeer. Atme die gute Luft ein, streiche sanft über den Stein, sage dem Westen Adieu, wenn er dir gehört, und wende dich dann, *Tourist,* dem Orient zu.

Das taten wir, als das Gelände geschlossen wurde. Auf einer Wiese an einem Bach picknickten Damen und Herren in Grüppchen. Einige saßen auf Stühlen neben Marmorbrunnen und zogen an ihren Wasserpfeifen; andere, auf dem Gras unter vereinzelten Bäumen, aßen im Schein ihrer Laterne. Die Sterne zeigten sich, und die Berge wurden schwarz. Ich spürte den Frieden des Islam. Und wenn ich diese banale Erfahrung erwähne, so deshalb, weil dieser Frieden in Ägypten und der Türkei heute gefährdet ist, während der Islam in Indien, wie alles andere auch, ausschließlich und exklusiv indisch erscheint. In gewissem Sinne ist das unausweichlich, denn jeder Mensch und jede Institution verändert sich in der Begegnung mit diesem überwältigenden Land. Aber für mich kann ich sagen: Als ich im musli-

mischen Indien reiste, ohne Persien zu kennen, kam ich mir vor wie ein Inder, der sein Studium der europäischen Antike an der Ostsee statt am Mittelmeer begonnen hat.

Gestern nachmittag in Baalbek klagte Christopher über Mattigkeit und blieb im Bett, so daß wir erst loskamen, als es auf den Höhen des Libanon schon dunkel und bitterkalt war. In Damaskus ging er sofort mit zwei Chinintabletten ins Bett, bekam solche Kopfschmerzen, daß er träumte, er sei ein Rhinozeros mit Horn, und wachte heute morgen mit 39 Grad Fieber auf, aber die Krise ist überstanden. Wir haben die für morgen reservierten Plätze im Nairn-Bus auf Freitag umgebucht.

Damaskus, 21. September. – Ein junger Jude hat sich uns angeschlossen. Es gibt im Hotel nämlich einen Kellner, der Hitler zum Verwechseln ähnlich sieht. Als ich auf diesen Umstand hinwies, brachen der Jude, der Hoteldirektor und sogar der Kellner in solch unbändiges Gelächter aus, daß sie sich kaum noch auf den Beinen halten konnten.

Beim Überqueren eines öden, seit dem französischen Bombardement zerstörten Grundstücks bemerkten Rutter und ich einen Wahrsager, der Zeichen auf ein mit Sand bedecktes Tablett malte, beobachtet von einer armen Frau und ihrem abgemagerten Kind, die auf Hinweise warteten, was dem Kind bevorstand. In der Nähe war ein zweiter Wahrsager, ohne Kundschaft. Ich hockte mich hin. Er gab etwas Sand in meine Handfläche und bat mich, den Sand auf das Tablett zu streuen. Dann zog er drei Zeilen mit Schrift-

zeichen in den Sand, ging ein, zweimal darüber, als würde er Patiencekarten austeilen, hielt versonnen inne, zeichnete auf einmal eine tiefe Diagonale und sprach die Worte, die Rutter, der einmal, als Araber verkleidet, neun Monate in Mekka zugebracht hat, vermutlich einigermaßen richtig übersetzte:

»Sie haben einen Freund, den Sie sehr gern haben und der Sie sehr gern hat. In wenigen Tagen wird er Ihnen Geld für Ihre Reise schicken. Er wird später zu Ihnen stoßen. Es wird eine erfolgreiche Reise sein.«

Mein Erpressertalent funktioniert anscheinend von ganz allein.

Das Hotel gehört Monsieur Alouf, dessen Kinder die oberste Etage bewohnen. Eines Abends führte er uns in einen muffigen Keller, in dem ein Safe und mehrere Glasvitrinen standen, denen er die folgenden Objekte entnahm:

Zwei große Silberschalen, die mit christlichen Symbolen und einer Darstellung der Verkündigung Mariä versehen waren.

Ein handschriftliches Dokument aus braunem Stoff, etwa einen Meter lang und einen halben Meter breit, angeblich das Testament des ersten Kalifen Abu Bakr, das die Familie des Königs Hussein 1925 aus Medina mitgebracht haben soll.

Eine dunkelblaue byzantinische Glasflasche, dünn wie eine Eierschale, unbeschädigt, etwa fünfundzwanzig Zentimeter hoch.

Ein griechischer Kopf, golden, mit geöffneten Lippen, Glasaugen und hellblauen Augenbrauen.

Eine Goldmumie in einer Truhe.

Und eine Silberstatuette, knapp fünfundzwanzig Zentimeter hoch, die Monsieur Alouf in Ermangelung

vergleichbarer Objekte als hethitisch bezeichnete. Sie dürfte, sofern echt, eines der interessantesten Fundstücke sein, die in den letzten Jahren im Orient entdeckt wurde. Es handelt sich um die Figur eines Mannes mit breiten Schultern und schmalen Hüften. Auf dem Kopf trägt er eine spitze Mütze, die so hoch ist wie er selbst. Der linke Arm ist beschädigt, der rechte trägt einen gehörnten Ochsen und hält ein Szepter. Die Hüfte ist mit Bändern aus Draht umwickelt. Die Bänder, das Szepter, Schwanz und Hörner des Ochsen und die Mütze sind aus Gold. Und das Gold ist so weich, daß Monsieur Alouf das Szepter bedenkenlos verbog und dann wieder gerade richtete. Wie sehr ich ihm auch zuredete, er wollte mich die Statuette nicht fotografieren lassen. Man fragt sich, wann und wie sie aus diesem Keller gerettet wird.

Am Mittwoch stand Christopher wieder auf, und am Nachmittag fuhr Rutter mit uns zu El Hajj Mohammad Ibn el-Bassam, einem alten Mann, siebzig oder noch älter, der ein Beduinengewand trug. Seine Familie hatte sich mit Doughty* angefreundet, und unter Arabophilen ist er inzwischen berühmt. Nachdem er während des Krieges im Kamelhandel reich geworden war, verlor er anschließend £ 40 000 durch Spekulation mit Reichsmark. Wir tranken Tee an einem Marmortisch, die Stühle waren so niedrig, daß man mit dem Kinn bis zur Tischkante reichte. Die Lautstärke der arabischen Konversation, begleitet von Krächzern und Glucksern, erinnerte mich an Winston Churchill, wenn er eine Rede hält.

* Charles Montagu Doughty (1843–1926), Autor von *Travels in Arabia Deserta*. (A. d. Ü.)

Die Araber hassen die Franzosen noch mehr als uns. Da sie Grund dazu haben, sind sie um so höflicher. Mit anderen Worten: Sie haben gelernt, Europäer, denen sie begegnen, nicht übers Ohr zu hauen. Für Touristen ist Damaskus daher eine angenehme Stadt.

IRAK: *Bagdad (35 m), 27. September.* – Wenn diese Stadt durch irgendeinen Kontrast gewinnen könnte, dann wäre es die Reise hierher. Wir fuhren in einem bananenförmigen zweirädrigen Anhänger, der von einem Buick Zweisitzer gezogen wurde und die euphemistische Bezeichnung »Aero-Bus« trug. Ein größerer Bus, der Vater aller Omnibusse, folgte uns. Zum Schutz vor dem Wüstensand hermetisch verschlossen, wegen eines undichten Wassertanks aber voller Wasser, rumpelten wir mit sechzig Stundenkilometern durch die weglose Wüste, unter einer gleißenden Sonne, betäubt vom Lärm der Steine, die gegen den dünnen Boden schlugen, und ganz erschlagen vom Gestank fünf schwitzender Mitreisender. Mittags machten wir Pause für einen Imbiß, der von der Busgesellschaft in einer Pappschachtel mit der Aufschrift »Der freundliche Service« angeboten wurde. Sollten wir je den Omnibusverkehr in dieser Gegend betreiben, wird der Service eher unfreundlich sein. Butterbrotpapier und Eierschalen wehten davon und verschandelten die arabische Landschaft. Bei Sonnenuntergang erreichten wir Rutba, das, seit ich 1929 auf der Reise nach Indien dort zu Mittag gegessen hatte, wegen der Ölpipeline aus Mossul von Kulis und einem Camp umringt ist. Hier aßen wir zu Abend. Ein Whisky-Soda kostete sechs Shilling. Nachts besserte sich unsere Laune. Der Mond schien zum Fenster

herein; die fünf Iraker, angeführt von Mrs. Mullah, sangen. Wir passierten einen Konvoi gepanzerter Fahrzeuge, die Feisals Brüder, Exkönig Ali und den Emir Abdullah, vom Begräbnis Feisals zurückbegleiteten. Das Morgenlicht präsentierte uns nicht die goldene Wüste, sondern Lehm, endlosen Lehm. Je näher wir Bagdad kamen, desto trostloser wurde es. Die bislang so kokette Mrs. Mullah verbarg ihre Reize unter einem dichten schwarzen Schleier. Die Männer holten schwarze Feldmützen heraus. Und um neun Uhr, als die Stadt von Tausendundeiner Nacht ihren einsamen Boulevard darbot, glaubten wir uns an das trostlose Ende der Edgware Road versetzt.

Es ist kaum ein Trost, sich daran zu erinnern, daß Mesopotamien einst so reich war, so fruchtbar auf dem Gebiet der Künste und Erfindungen, so gastfreundlich gegenüber den Sumerern, Seleukiden und Sassaniden. Entscheidend für die mesopotamische Geschichte ist, daß Hülegü im dreizehnten Jahrhundert das Bewässerungssystem zerstörte. Und daß Mesopotamien seitdem, bis heute, ein Lehmland ist, dem der einzig mögliche Vorteil des Lehms abgeht: seine Fruchtbarkeit. Mesopotamien ist eine Lehmebene, so flach, daß ein einsamer Reiher, der auf einem Bein an einem der seltenen Rinnsale steht, wie eine hohe Radioantenne aussieht. Aus dieser Ebene erheben sich Dörfer aus Lehm und Städte aus Lehm. Die Wasserläufe bestehen aus flüssigem Lehm. Die Luft besteht aus Lehm, der zu Gas raffiniert wurde. Die Menschen sind lehmfarben, sie tragen lehmfarbene Kleidung, und ihre nationale Kopfbedeckung ist nicht mehr als ein in Form gebrachter Lehmkuchen. Bagdad ist die Hauptstadt, die man von diesem gottgesegneten Land

erwartet. Sie liegt verborgen in einem Lehmdunst; sobald das Thermometer unter 44 Grad fällt, klagen die Leute über die Kälte und holen ihre Pelze heraus. Heute ist die Stadt zu Recht nur wegen einer einzigen Sache berühmt: einer Art Wallung, die nach neun Monaten abklingt und eine Narbe hinterläßt.

Christopher, dem die Stadt noch weniger gefällt als mir, bezeichnet Bagdad, verglichen mit Teheran, als Paradies. Wenn ich alles glaubte, was er mir über Persien erzählt hat, würde mir unsere morgige Abreise wie ein Deportationsurteil erscheinen. Aber ich glaube ihm nicht alles. Christopher ist nämlich in Persien verliebt. Er redet wie ein wohlerzogener Chinese, der auf die Frage nach dem Befinden seiner Frau antwortet, daß dieses grauenhafte Weib leider noch nicht tot ist – womit er sagen will, daß seine hochverehrte und schöne Gemahlin bei allerbester Gesundheit ist.

Das Hotel wird von Assyrern geführt, bemitleidenswerten, kämpferischen liebenswürdigen Leuten, die noch immer um ihr Leben fürchten. Es gibt nur einen, den ich den Bagdadern überantworten würde, einen arroganten jungen Burschen namens Daud (David), der sämtliche Fahrpreise nach Teheran erhöht hat und den Bogen von Ktesiphon als »sehr schön, Sir, sehr hoch« anpreist.

Der Bogen ist 36 Meter hoch und 25 Meter breit. Auch er ist aus Lehm, hat aber immerhin tausendvierhundert Jahre überdauert. Es gibt Fotografien, die zwei Seiten statt einer und auch die Fassade zeigen. In dieser Masse sind die gebrannten Ziegel von einer

wunderschönen Farbe, einem sehr hellen Braungelb, vor einem Himmel, der hier, außerhalb von Bagdad, wieder blau ist. Die Basis wurde kürzlich ausgebessert, wahrscheinlich zum erstenmal überhaupt.

Das hiesige Museum wird bewacht, aber nicht etwa im Interesse der Sicherheit der Schätze von Ur, sondern damit das Messing der Vitrinen nicht durch die Berührungen der Besucher stumpf wird. Da die gezeigten Objekte bestenfalls fingerhutgroß sind, war es also unmöglich, die Schätze von Ur zu sehen. König Feisal hat am Gebäude eine Tafel zur Erinnerung an Gertrude Stein anbringen lassen. Da die Inschrift vermutlich auch zu lesen sein sollte, trat ich näher, um sie zu lesen. Woraufhin vier Polizisten ein großes Geschrei anstimmten und mich wegzerrten. Ich fragte den Direktor nach einem Grund dafür. »Wenn Sie kurzsichtig sind, können Sie eine Sondergenehmigung bekommen«, antwortete er barsch. Soviel ein zweites Mal zur arabischen Freundlichkeit.

Wir aßen mit Peter Scarlett zu Abend. Sein Freund Ward erzählte von Feisals Begräbnis. Es war ein furchtbar heißer Tag, ein hochgewachsener Neger hatte sich Zutritt zu dem abgesperrten Bereich für die Würdenträger verschafft. Nach einer Weile wurde er weggeführt. »Zum Teufel«, rief der Kommandeur der englischen Truppen, »man hat mir meinen Schatten weggenommen.«

Hier wartete Geld auf mich, wie der Wahrsager versprochen hatte.

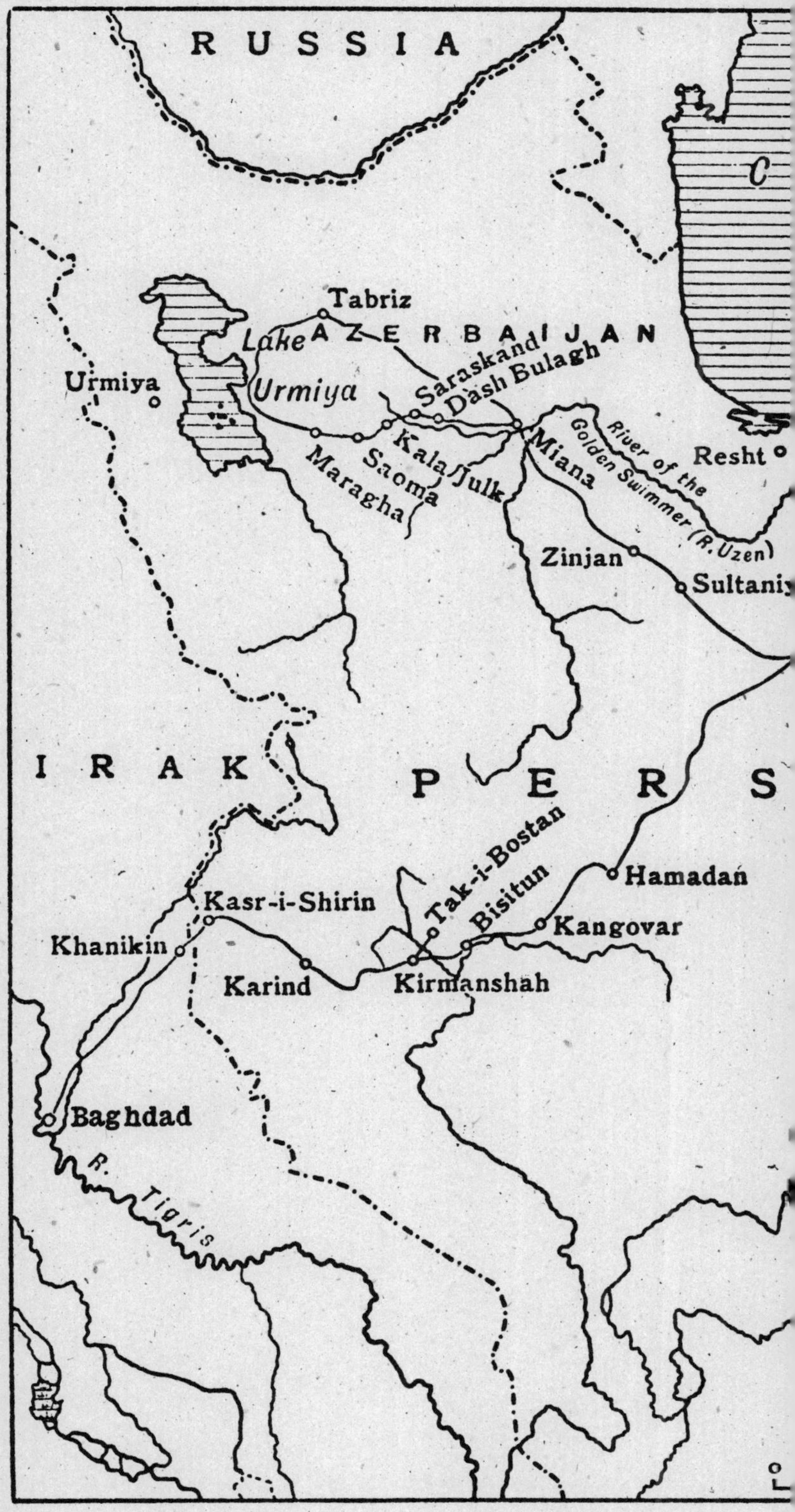
RUSSIA
C
Tabriz
Lake
AZERBAIJAN
Urmiya
Urmiya
Saraskand
Dash Bulagh
Kala
Saoma
Maragha
Julk
Miana
River of the
Golden Swimmer (R. Uzen)
Resht
Zinjan
Sultaniy
IRAK
PERS
Tak-i-Bostan
Bisitun
Hamadan
Kangovar
Kasr-i-Shirin
Khanikin
Karind
Kirmanshah
Baghdad
R. Tigris

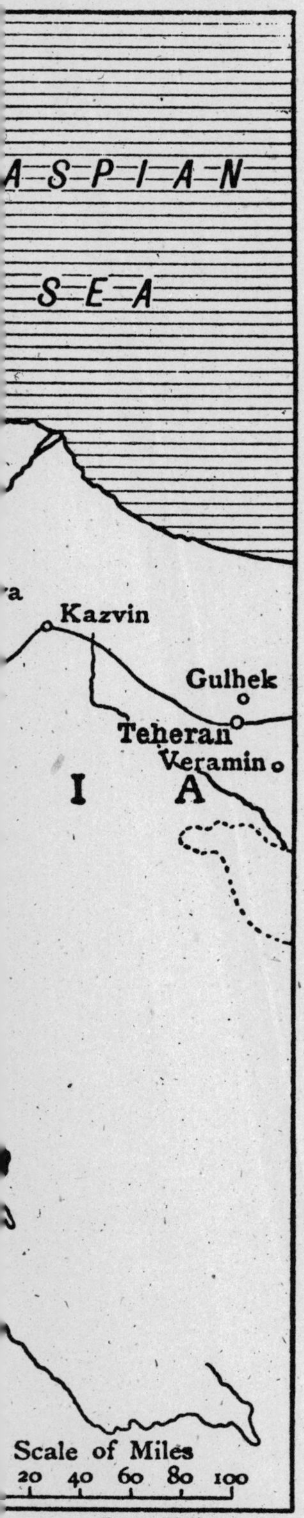
ASPIAN
SEA
a
Kazvin
Gulhek
Teheran
Veramin
I A
Scale of Miles
20 40 60 80 100
Emery Walker Ltd. sc.

ZWEITER TEIL

PERSIEN: *Kermanschah (1600 m), 29. September.* – Heute waren wir zwanzig Stunden unterwegs. Anstrengender als die Fahrt waren die Auseinandersetzungen.

Ein sengender Sandsturm fegte uns nach Khanikin. Im Dunst zeichnete sich ein Höhenzug ab. Christopher packte meinen Arm und verkündete feierlich: »Der iranische Verteidigungswall!« Wenig später fuhren wir eine kleine Anhöhe hinauf, dann ging es flach weiter. Dies wiederholte sich alle paar Kilometer, bis eine schwefelgrüne Oase die Stadt und Grenze anzeigte.

Dort stiegen wir in einen anderen Wagen um, da persische und irakische Chauffeure nicht in das jeweils andere Land einreisen dürfen. Im übrigen war es ein freundlicher Empfang. Die persischen Beamten bekundeten ihr Beileid zu dieser abscheulichen Zollangelegenheit und hielten uns drei Stunden auf. Den Betrag, den ich für ein paar Filme und Arzneien entrichten mußte, nahmen sie mit abgewandten Augen in Empfang, ganz so wie eine Gräfin Spenden für wohltätige Zwecke sammelt.

Ich bemerkte zu Christopher über die schmachvolle Kleidung der Leute: »Warum schreibt ihnen der Schah vor, diese Kappen zu tragen?«

»Psssst! Sprich nicht laut vom Schah! Nenn ihn Mr. Smith.«

»Mr. Smith habe ich schon für Mussolini in Italien.«

»Na, dann Mr. Brown.«

»Nein, so heißt Stalin in Rußland.«

»Dann Mr. Jones.«

»Geht auch nicht. Diesen Namen bekommt Hitler, nachdem Primo de Rivera tot ist. Und überhaupt verwechsle ich diese gewöhnlichen Namen dauernd. Wir sollten ihn Marjoribanks nennen, dann behalten wir ihn besser.«

»Na schön. Und du solltest diesen Namen auch beim Schreiben verwenden, für den Fall, daß sie dein Tagebuch beschlagnahmen.«

Das werde ich.

In Qasr-i-Schirin wurden wir noch einmal eine Stunde aufgehalten, bis die Polizei unsere Weiterreise nach Teheran genehmigt hatte. Und dann entfaltete sich tatsächlich die Pracht Irans. Vor uns erstreckte sich das weite Panorama eines Vorgebirges, von hinten beschienen durch die untergehende Sonne, von vorn durch den aufgehenden Mond, die sassanidischen Ruinen hinter sich lassend, hier und da funkelnde Lichter eines Dorfes, und weit in der Ferne erhob sich ein mächtiger Gebirgszug, das eigentliche Glacis. Auf und ab ging die Fahrt durch die frische, belebende Luft bis an den Fuß der Berge, einem Paß entgegen, vorbei an zerklüfteten kieferbestandenen Felsen, die sich in die Sternbilder fügten. Auf der anderen Seite lag Karind, wo wir zur Musik von Bächen und Grillen zu

Abend aßen, dabei auf einen mondbeschienenen Pappelhain blickten und süße Weintrauben verschlangen. An den Wänden hingen bedruckte Stoffe mit der Darstellung eines weiblichen Persiens in den Armen von Marjoribanks, auf den Dschamschid, Artaxerxes und Darius vom großen Bogen in Ktesiphon wohlgefällig herabblickten.

Teheran (1190 m), 2. Oktober. – In Kermanschah ließ der Chauffeur seinem Temperament freien Lauf. Er wollte die Nacht nicht in Hamadan, sondern in Kazvin verbringen. Einen Grund konnte er nicht nennen – und ich bezweifle, daß er einen hatte. Er glich einem Kind, das unbedingt diese und keine andere Puppe haben will. Um den Streit zu beenden, in den sich bereits das gesamte Hotelpersonal eingeschaltet hatte, verbrachte ich den Vormittag in Taq-i-Bostan. An diesem Tag schafften wir es daher nur bis Hamadan.

An den Grotten von Taq-i-Bostan müssen mehr als ein Bildhauer mitgewirkt haben. Die Engel über dem Bogen haben koptische Gesichter, und der Faltenwurf ihrer Gewänder ist fein und flach wie auf einem Bronzemedaillon aus der Renaissance. Die Reliefs an den Innenwänden treten stärker hervor, sind aber unterschiedlich ausgearbeitet: die linke Darstellung ist fein modelliert, die rechte – flache Felder, die wie angeklatscht aussehen und nicht aus dem Stein hervorgebracht – scheint unfertig. Weiter hinten, in deutlichem Kontrast zu diesen bewegten, fast kinematographisch anmutenden Jagd- und Hofszenen, steht die gigantische Figur eines Königs zu Pferde, dessen leere Arroganz an ein deutsches Kriegerdenkmal erinnert.

Dies ist typisch sassanidisch. Kaum zu glauben, daß die anderen Künstler überhaupt Perser waren.

Die in den Fuß eines mächtigen Felsens gehauenen Grotten spiegeln sich in einem Teich. Daneben steht ein verfallener Pavillon, in dem eine Gruppe von Damen gerade Picknick machte. Völlig romantisch wurde es, als ein Herr mit scharfgeschnittenem Gesicht hinzutrat, der ein schmutziges Hemd über der Hose trug, lila Satinknickerbocker und Wollstrümpfe an lila Strumpfhaltern.

In Bisitun mit seinen monumentalen Keilschriftreliefs, die wie gedruckte Buchseiten in den blutroten Felsen geschnitten sind, mußten wir kurz anhalten, desgleichen in Kangavar, einem verfallenen Ort, der eine hellenistische Tempelruine besitzt sowie eine Horde von Kindern, die uns mit Ziegelsteinen bewarfen. In Hamadan verzichteten wir auf die Gräber von Esther und Avicenna, besuchten aber den Gumbad-i-Alaviyan, ein seldschukisches Mausoleum aus dem zwölften Jahrhundert, dessen naturfarbene Stuckdekoration, in üppigen vegetabilen Mustern schwelgend, doch so formbewußt und prächtig ist wie Versailles – womöglich noch prächtiger, wenn man die Beschränktheit der Mittel bedenkt; wird Pracht durch Verwendung von Meißel und Gipsmasse erzielt und nicht durch den Reichtum der Welt, ist sie Ausdruck echter Kunst. Hier wird man, was die islamische Kunst angeht, endlich den Geschmack von Alhambra und Taj Mahal los. Aus diesem Grund bin ich nach Persien gefahren.

Heute hatten wir ein verrücktes Erlebnis. Bergauf und bergab ging die Fahrt und über schier endlose Ebenen. Die Sonne brannte. Mächtige Staubwolken,

die dämonengleich über der Wüste tanzten, hielten unseren schnittigen Chevrolet an und nahmen uns die Luft. Auf der anderen Seite eines weiten Tals, blitzte plötzlich ein türkisfarbener Krug, der auf einem Esel entlangschaukelte. Daneben ging der in dunklerem Blau gekleidete Besitzer. Und als ich die beiden sah, verloren in dieser gigantischen Steinödnis, begriff ich, warum Blau die Farbe Persiens ist und warum das persische Wort für »blau« zugleich Wasser bedeutet.

Nachts erreichten wir die Hauptstadt. Kein Licht am Horizont hatte uns darauf vorbereitet. Plötzlich umgaben uns Bäume, dann Häuser. Tagsüber hat die Stadt etwas Balkanisches, doch das Elburs-Gebirge, das den halben Himmel einnimmt, verleiht ihr einen überraschenden Reiz.

Teheran, 3. Oktober. – Im Englischen Club fanden wir Krefter, Herzfelds* Assistenten in Persepolis, in lebhaftem Gespräch mit Wadsworth, dem ersten Sekretär der amerikanischen Botschaft. Ihr Geheimnis, das sie vor lauter Aufregung nicht für sich behalten konnten, war, daß Krefter in Herzfelds Abwesenheit mehrere goldene und silberne Tafeln ausgegraben hatte, auf denen die Gründung von Persepolis durch Darius erwähnt wird. Krefter hatte sie mittels theoretischer Berechnungen lokalisiert und, nachdem die Löcher gegraben waren, in steinernen Behältern vorgefunden. Einigermaßen unwillig zeigte er uns Fotografien. Aus seinen Augen sprachen die Eifersucht und das Mißtrauen des Archäologen. Herzfeld, so scheint es, hat

* Ernst Herzfeld (1879–1948), dt. Archäologe, arbeitete von 1931 bis 1939 in Persepolis. (A. d. Ü.)

Persepolis zu seinem Privatreich gemacht, und niemand darf dort fotografieren.

Heute nachmittag besuchte ich Mirza Yantz, einen höflichen alten Herrn von schmaler Statur. Wir saßen in seinem Arbeitszimmer mit Blick auf einen runden Teich und einen Garten voller Geranien und Petunien, die er eigenhändig gepflanzt hat. Mirza Yantz vertritt die armenische Gemeinde von Julfa bei Isfahan und hat den *Korsaren* ins Armenische übersetzt, da Byron von dieser Nation wegen seines Berichts über das armenische Kloster in Venedig verehrt wird. Wir sprachen über den Krieg, bei dem die meisten Perser ihr Geld (im buchstäblichen und im übertragenen Sinn) auf die Mittelmächte gesetzt hatten. Da ihnen der Begriff Seemacht nichts sagte, konnten sie sich nicht vorstellen, welche Schäden England dem 200 Farsakh entfernten Deutschland beibringen konnte. Mirza Yantz war weitsichtiger:

»Ich habe den Leuten immer die folgende Geschichte erzählt. Ich reiste einmal von Basra nach Bagdad und verbrachte ein paar Tage bei einem Scheich, der mich nach besten Kräften unterhielt. Er war reich. Er ließ mich auf einer wunderschönen grauen Stute reiten, die tänzelte und bockte, während er auf einer schwarzen Stute, die überhaupt kein Feuer besaß, ruhig neben mir dahinzockelte. Ich fragte ihn also: ›Warum geben Sie mir dieses edle Tier, während Sie mit dieser langsamen schwarzen Mähre vorliebnehmen, die den Kopf hängen läßt?‹

›Glauben Sie, sie ist langsam?‹ sagte der Scheich. ›Dann wollen wir um die Wette reiten.‹

Anfangs war ich weit voraus. Nach ein paar hundert Metern sah ich mich um. ›Weiter, weiter‹, rief

der Scheich und gab mir ein Zeichen, so. Ich ritt also weiter. Nach einer Weile merkte ich, daß das schwarze Pferd aufholte. Ich trieb meins an. Es nützte nichts. Die Schwarze überholte mich, noch immer scheinbar ohne Feuer, noch immer mit hängendem Kopf.

Ich habe den Leuten gesagt, daß die graue Stute Deutschland und die schwarze England ist.«

Gulhek (1370 m), 5. Oktober. – Ein träger Morgen. Auf den Binsenjalousien der Loggia das Schattenspiel der Bäume. Berge und blauer Himmel schimmern durch die Zweige. Ein Gebirgsbach plätschert in ein blaugefliestes Wasserbecken. Vom Grammophon her die *Zauberflöte.*

Dies ist das Simla Teherans.

Diese Woche wurde die diplomatische Post aus Bagdad durch einen Offizier der Air Force überbracht, der bei der Evakuierung der Assyrer mitgeholfen hat. Er sagte, daß er und seine Kollegen den Dienst quittiert hätten, wenn man ihnen, wie schon erwogen, die Bombardierung der Assyrer befohlen hätte. Das in der Nähe von Mossul gelegene Flugfeld war übersät mit Leichen, die meisten mit zerschossenen Genitalien; die Briten mußten die Toten begraben. Aus dem Dorf wehte ein grauenhafter Gestank herüber, der die älteren Offiziere an den Krieg erinnerte. Sie fotografierten die Leichen, doch die Aufnahmen wurden bei ihrer Rückkehr nach Bagdad beschlagnahmt, und es erging Anweisung, kein Wort über das Gesehene zu verlieren. Der Mann war außer sich, wie es vermutlich jeder wäre, wenn Massaker vertuscht werden, weil Britanniens Gesicht gewahrt werden soll.

Beim Lunch begegneten wir Mr. Wylie, einem amerikanischen Großwildjäger, der in der Gegend von Isfahan hinter Wildeseln her ist. Das Gespräch wandte sich dem kaspischen Tiger und dem Seehund zu, dem Wildpferd und dem persischen Löwen. Tiger und Seehund sind ziemlich verbreitet. Ein Pferd soll vor zwei Jahren von einem Deutschen erlegt worden sein, die Diener verzehrten dummerweise aber nicht nur das Fleisch, sondern auch die Haut, so daß niemand außer ihnen es gesehen hat. Der letzte Löwe wurde während des Krieges bei Shushtar gesichtet.

Die Berge, denen wir durch Parks und Gärten bis in das kahle Vorgebirge entgegenritten, sahen wunderschön aus, klar und deutlich wie die Stimme eines Rufenden. Eine einsame Schneekuppe im Osten war der Demawend. Die Sonne ging unter. Unsere Schatten wurden immer länger, verschmolzen zu einem einzigen riesigen Schatten über der ganzen Ebene. Die niedrigeren Hügel, die höheren, selbst die Gipfel verschwanden. Nur der Demawend sah noch die Sonne, ein blaßrotes Kohlestück am sich verdunkelnden Himmel. Und als wir umkehrten, wiederholte sich die Transformation in umgekehrter Abfolge. Nun war die Sonne hinter einer Wolkenbank verschwunden und erschien wieder unter ihr. Der Demawend lag im Schatten, das Vorgebirge im Licht. Diesmal stiegen die Schatten schneller auf. Das Gebirge war dunkel. Das blaßrote Kohlestück glühte wieder – nur eine Minute. Und die Sterne traten hervor.

Heute abend erfuhren wir, daß Teimur Tash vorgestern abend um zehn Uhr im Gefängnis gestorben ist, nachdem man ihm alles, auch sein Bett, weggenommen

hatte. Selbst ich, der ich 1932 seinen Empfang in Moskau erlebt habe, bin betrübt. Alle, die ihn als allmächtigen Wesir kannten und mochten, sind sehr betroffen. Aber die Justiz hier ist eine persönliche Angelegenheit des Herrschers. Er hätte genausogut in der Öffentlichkeit zu Tode geprügelt werden können. Marjoribanks regiert dieses Land durch Angst, und die allergrößte Angst ist die vor dem Stiefel des Herrschers. In einem Zeitalter von Waffen, die über große Entfernung hinweg den Tod bringen, mag das sogar eine Leistung sein.

Teheran, 7. Oktober. – Um gewisse Erleichterungen für meine Reisen zu erlangen, stattete ich mehreren Leuten einen Besuch ab, darunter auch Innenminister Dscham, Mustafa Fateh, Direktor der Anglo-Persian Oil Company, und dem Inschriftenforscher Faradschollah Bazl. Dann zum Tee bei Mirza Yantz, wo die Konversation auf griechisch, englisch, armenisch, russisch und persisch geführt wurde. Wichtigster Gast war Emir-i-Dschang, der Bruder von Kriegsminister Sardar Assad und einer der großen Bachtiarenfürsten. Als Geschenk für die Tochter Mirza Yantz' hatte er vergoldete, plüschbezogene Puppenstubenmöbel mitgebracht. »Bah! Bah!« riefen die Anwesenden entzückt.

Schir Ahmad, der afghanische Botschafter, sieht aus wie ein als Jude verkleideter Tiger. Ich sagte: »Exzellenz, ich hoffe, mit Ihrer Erlaubnis Afghanistan besuchen zu können.«

»Sie hoffen? *(Brüllt)* SELBSTVERSTÄNDLICH werden Sie Afghanistan besuchen!«

Seinen Angaben zufolge gibt es tatsächlich eine Straßenverbindung zwischen Herat und Mazar-i-Scharif.

Teheran, 10. Oktober. – In Ray, etwa zehn Kilometer von hier, gibt es einen seldschukischen Grabturm mit Rundstabfassade, und auch in Veramin, etwas weiter weg, gibt es einen, der anmutiger, aber weniger monumental ist. Er hat ein Dach und beherbergte einen Opiumraucher, der uns beim Zubereiten seines Mittagessens erklärte, daß er in diesem dreitausend Jahre alten Turm wohne. Die Moschee in Veramin stammt aus dem vierzehnten Jahrhundert. Von weitem sieht sie wie eine verfallene Klosterkirche aus, Tintern Abbey etwa, aber statt Turm hat sie eine Kuppel, die sich auf einem oktogonalen Mittelgeschoß über dem Heiligtum im westlichen Teil erhebt. Das Ganze besteht aus schlichten, milchkaffeebraunen Ziegelsteinen, stark, unprätentiös und wohlproportioniert. Hier wird Inhalt ausgedrückt, wie das bei maurischer und indischer Fassadenarchitektur nie der Fall ist. Im Innern befindet sich ein stuckverzierter Mihrab, der technisch an den Gumbad-i-Alaviyan in Hamadan erinnert, aber in der Gestaltung, weil jünger, grob und unklar ist.

In der Moschee trat ein Mann auf uns zu, der, wie die meisten Perser unter den gegenwärtigen Luxusgesetzen, wie ein zerlumpter Bahnhofsgepäckträger aussah. Auf seinem Handgelenk saß ein grau-weiß gesprenkelter Falke mit einer Lederhaube über dem Kopf. Er hatte ihn aus dem Nest genommen.

Wir speisten mit Hannibal, der, wie Puschkin, von dem Neger Peters des Großen abstammt und daher ein Cousin von gewissen Mitgliedern des englischen Königshauses ist. Nach seiner Flucht vor den Bolschewiken hatte er die persische Staatsangehörigkeit angenommen, und jetzt lebt er persischer als die Perser.

Ein Diener geleitete uns mit einer meterhohen Papierlaterne durch das Labyrinth des alten Basars. Zu Gast waren auch ein Qadscharenprinz, der Sohn von Firman Firma*, und seine in Hongkong aufgewachsene Frau. Englischer als die Engländer, waren sie irritiert darüber, daß sie auf dem Boden essen mußten. Das Haus war winzig, besaß aber dank des kleinen Windturms und des tiefliegenden Innenhofs eine gewisse Atmosphäre. Hannibal richtet gerade eine Firdausi-Bibliothek zur Tausendjahrfeier des Dichters im nächsten Jahr ein.

Zinjan (1600 m), 12. Oktober. – Wir versuchen noch immer, per Lastwagen nach Täbris zu kommen. Bislang verläuft unsere Reise nicht nach Plan. Der Lastwagen sollte um vier abfahren. Um halb fünf schickte uns die Werkstatt in einem Taxi zu einer anderen Werkstatt vor dem Kazvin-Tor. Um fünf wollte uns die dortige Werkstatt in einem kaputten Bus losschicken, was bedeutete, daß gar kein Lastwagen zur Verfügung stand. Also mieteten wir ein Auto, beschlossen aber, bevor es losging, von der ersten Werkstatt das angezahlte Geld wieder zurückzuverlangen. Das führte zu einem Aufstand. Mittlerweile war ein Lastwagen vorhanden, woraufhin der Fahrer des Autos drohte, zur Polizei zu gehen, falls wir ihn sitzenließen. Wir hüteten uns.

In Kazvin mieteten wir am nächsten Morgen wieder einen Wagen, dessen Chauffeur sich weigerte, das Verdeck zu öffnen. Als er dann mit sechzig Stundenkilometern entlangschoß und ich mit dem Kopf an eine Holzverstrebung stieß, boxte ich ihm kräftig in die Rippen. Das Auto blieb sofort stehen. Wir forderten ihn auf, weiterzufahren. Mit zwanzig Stundenkilometern

* Persischer Premierminister während des Ersten Weltkriegs. (A. d. Ü.)

fuhr er weiter. Wir forderten ihn auf, schneller zu fahren. Das tat er auch, doch nach einer Weile schlich er wieder dahin.

Christopher: »Schneller, schneller!«
Chauffeur: »Wie kann ich fahren, wenn Sie mich schlagen?«
R.B.: »Weiter!«
Chauffeur: »Wie kann ich fahren, wenn der Aga mir nicht gesonnen ist?«
Christopher: »Fahren Sie vorsichtig. Wir haben nichts gegen Sie, wir haben nur etwas gegen unvorsichtiges Fahren.«
Chauffeur: »Aber wie kann ich fahren? Der Aga ist böse auf mich. Ich habe es sehr schwer.«
Christopher: »Der Aga mag Sie.«
Chauffeur: »Ausgeschlossen, wo ich doch seinen Kopf zerschmettert habe!«

Und immer so weiter, bis wir schließlich einen Gendarmerieposten erreichten. Der Fahrer hielt an und sagte, er müsse eine Beschwerde zu Protokoll geben. Uns blieb nur, ihm zuvorzukommen. Wir sprangen hinaus und liefen auf die Wache zu. Der Mann erschrak, denn es war klar, daß die Beamten, wenn wir so entschlossen aufträten, eher auf unserer als auf seiner Seite stehen würden. Er erklärte sich bereit, weiterzufahren. Wir waren einverstanden.

Diese Geschichte zeigte warnend deutlich, welch große Abscheu die Perser schon bei dem Gedanken an körperliche Gewalt erfüllt.

Kilometer über Kilometer fuhren wir auf einer schnurgeraden Straße zwischen parallel verlaufenden

Bergzügen. In der Wüste zeichnete sich die Kuppel von Sultaniya ab. Um dorthin zu gelangen, mußten wir eine Bewässerungsanlage überwinden. Dann stießen wir auf ein ganz anderes Persien. Obwohl nur wenige Kilometer abseits der Hauptstraße, trug man hier nicht den modernen Pahlewi-Hut, sondern die alte helmartige Kappe, wie sie auf den Reliefs von Persepolis dargestellt ist. Die meisten Dorfbewohner sprachen Türkisch. Nachdem wir uns im Teehaus eine Schüssel Joghurt und ein riesengroßes Fladenbrot besorgt hatten, betraten wir das Mausoleum.

Dieser bemerkenswerte Bau, errichtet von dem Mongolenfürsten Uljaitu, wurde 1313 vollendet. Auf einem großen Oktogon ruht eine eiförmige, etwa dreißig Meter hohe Kuppel, umringt von acht Minarettstümpfen auf den Gesimsecken. Die Ziegel sind rötlich. Ursprünglich waren die Minarette aber türkis, und Vierblätter in dieser Farbe, azurblau abgesetzt, schimmern auf der Kuppelbasis. Dieses gigantische Mongolendenkmal in der Wüstenebene, umgeben von armseligen Lehmbuden, zeugt von jener zentralasiatischen Vitalität, welche die persische Architektur unter Seldschuken, Mongolen und Timuriden auf das vorteilhafteste inspiriert hat. Gewiß, das Bauwerk ist Fassadenarchitektur, Prototyp des Taj und hundert anderer Grabmale. Doch es kündet noch immer von Macht und Inhalt, während seine Ableger nur szenisches Raffinement erreichen. Es besitzt die Kühnheit wahrer Neuerung; die Ornamentik ist der Idee unterworfen, und das Ergebnis, so unvollkommen es auch sein mag, repräsentiert den Sieg der Idee über die technischen Beschränkungen. Große Architektur ist oft von dieser Art. Man denkt an Brunelleschi.

Mausoleum des Uljaitu,
Sultaniya

Das hiesige Gasthaus heißt »Grand Hotel – Rathaus«. Wir sind nicht völlig auf diese Unterkunft angewiesen, da Hussein Mohammad Angorani, der Agent der Anglo-Persian Oil Company vor Ort, uns zum Abendessen eingeladen hat. Er empfing uns in einem langgestreckten weißen Raum mit blitzweißer Decke. Selbst Türen und Fenster waren mit weißem Musselin verhängt. Das Mobiliar bestand aus zwei satingepolsterten Messingbetten und weiß bezogenen Sofas, davor jeweils ein weiß gedecktes Tischchen, auf dem Teller mit Melone, Weintrauben und Süßigkeiten angerichtet waren. Mitten auf dem mit zwei Teppichschichten ausgelegten Boden standen drei hohe, schirmlose Öllampen. Bedient wurden wir von einem graubärtigen, braunberockten Diener, den unser Gastgeber mit »Aga« anredete.

In unserem Empfehlungsschreiben stand, daß wir Sultaniya besuchen wollten. Wenn wir, sagte unser Gastgeber, auf diesem Weg zurückkehrten, würde er uns in seinem Wagen hinbringen. Aufwendig? Er fahre täglich aus geschäftlichen Gründen oder des Sports wegen nach Sultaniya. Er habe sogar ein Haus dort, in dem er uns einquartieren könne. In meiner Naivität nahm ich ihm diese Höflichkeiten ab. Aber Christopher wußte es besser. Nach einer enormen Mahlzeit, die wir mit den Händen aßen, brachte uns der Diener wieder in unsere schlichte Zelle im »Grand Hotel – Rathaus« zurück.

Ich sitze vor unserem Gasthaus auf der Straße, denn einzig die Morgensonne spendet Wärme. Ein wichtigtuerischer Alter in kariertem Tweed, der aussieht wie Lloyd George, kommt daher und stellt sich als Reis-i-Schosseh vor. Das heißt Chef-der-Chausseen, mit

anderen Worten: Straßenmeister. Er begleitete die Engländer nach Baku, doch der Lohn für seine Hilfe war bolschewistisches Gefängnis.

Täbris (1400 m), 15. Oktober. – In Zinjan trieben wir schließlich einen Lastwagen auf. Christopher machte gerade ein Foto von mir auf der Ladefläche, als ein Polizist auftauchte und uns erklärte, daß Fotografieren verboten sei. Der Fahrer war ein Assyrer aus der Umgebung des Urmiya-Sees, neben ihm saß eine assyrische Lehrerin, die von einer Missionarskonferenz in Teheran zurückkehrte. Sie bot uns Quittenstückchen an. Die beiden fanden es sehr interessant, daß ich mit Mar Schimun bekannt war, und rieten mir, in Täbris nichts davon zu sagen, da Christen dort im Moment verfolgt würden und Mrs. Cochrans Frauenclub in Urmiya von der Polizei geschlossen worden sei. Bei diesem Gedanken sangen sie unisono »Lead, Kindly Light«. Die Lehrerin verriet mir, daß sie dem Fahrer dieses Lied beigebracht habe, damit er nicht die üblichen Fahrerlieder singt. Ich entgegnete, daß mir die Fahrerlieder lieber gewesen wären. Sie setzte hinzu, daß sie ihn außerdem überredet habe, die blauen Perlen von der Kühlerhaube zu entfernen, sie seien ein Aberglauben »dieser Muslime«. Als ich sagte, daß dies ein Aberglauben sei, der allgemein von Christen der orthodoxen Kirche praktiziert wird, guckte sie erstaunt. Dann räumte sie ein, daß Aberglauben manchmal funktioniere. So gebe es einen Teufel namens Mehmet, der eine Menschenfrau habe, durch die er im Haus ihres Schwiegervaters den Krieg vorhergesagt hatte. Die Lehrerin bezeichnete sich als Bibelarbeiterin und wollte wissen, ob die meisten Leute in England

rauchten oder nicht. Warum die Ärzte das Rauchen und Trinken nicht verbieten, sondern selbst rauchen und trinken, konnte sie nicht verstehen.

Ich empfand langsam Mitgefühl für die persischen Behörden. Missionare üben eine edle Tätigkeit aus. Sobald sie aber bekehren oder einheimische Christen finden, reduziert sich ihr Nutzen.

Christopher saß derweil mit einem Teherani, einem Isfahani, zwei Maultierführern und dem Helfer des Fahrers auf der Ladefläche des Lastwagens und las.

Teherani: »Was ist das für ein Buch?«
Christopher: »Ein Buch über Geschichte.«
Teherani: »Was für eine Geschichte?«
Christopher: »Die Geschichte von Rûm und den Nachbarländern, also Persien, Ägypten, Türkei und Frankistan.«
Helfer (schlägt das Buch auf): »Ya Ali! Was für Schriftzeichen!«
Teherani: »Können Sie das lesen?«
Christopher: »Natürlich, es ist meine Sprache.«
Teherani: »Lesen Sie etwas vor.«
Christopher: »Aber ihr versteht die Sprache doch nicht.«
Isfahani: »Egal, lesen Sie ein bißchen vor.«
Maultiertreiber: »Lesen Sie, lesen Sie!«
Christopher: »›Es mag erstaunen, daß der römische Pontifex im Herzen Frankreichs das Tribunal errichtete, von dem aus er dem König seinen Bannfluch entgegenschleuderte; doch unser Erstaunen wird sich legen, sobald wir uns ein getreuliches Bild von den französischen Königen im elften Jahrhundert machen.‹«

Teherani: »Worum geht es?«
Christopher: »Um den Papst.«
Teherani: »Babest? Wer ist das?«
Christopher: »Der Kalif von Rûm.«
Maultiertreiber: »Es ist eine Geschichte vom Kalifen von Rûm.«
Teherani: »Halt den Mund! Ist es ein neues Buch?«
Helfer: »Stehen nur saubere Gedanken darin?«
Christopher: »Religion kommt nicht vor. Der Mann, der es geschrieben hat, glaubte nicht an die Propheten.«
Teherani: »Hat er an Gott geglaubt?«
Christopher: »Vielleicht, aber die Propheten hat er verachtet. Er meinte, daß Jesus ein gewöhnlicher Mensch war *(allgemeine Zustimmung),* daß Muhammad ein gewöhnlicher Mensch war *(allgemeine Bedrücktheit)* und daß Zoroaster ein gewöhnlicher Mensch war.«
Maultiertreiber (spricht Türkisch und ist etwas schwerhörig): »Hieß er Zoroaster?«
Christopher: »Nein, Gibbon.«
Chor: »Ghibûn! Ghibûn!«
Teherani: »Gibt es eine Religion, die verkündet, daß es keinen Gott gibt?«
Christopher: »Ich glaube nicht. Aber in Afrika beten die Leute Götzen an.«
Teherani: »Gibt es viele Götzendiener in England?«

Die Straße führte in die Berge, und durch eine tiefe Schlucht gelangten wir zum Fluß des Goldenen Schwimmers. Ein Schäfer, ein Leander, war so lange zu seiner Geliebten hinübergeschwommen, bis sie schließlich die wahrhaft eindrucksvolle Brücke baute, über die auch wir fuhren. Eine Herde Gazellen flitzte

neben uns her. Schließlich erreichten wir die aserbeidschanische Hochebene, ein weites graubraunes Land, wie Spanien im Winter. Wir kamen durch Mianeh, das berühmt ist für seine Wanzen, die nur Fremde beißen, und verbrachten die Nacht in einer einsamen Karawanserei, in deren Innenhof ein Wolf angebunden war. In Täbris wollte die Polizei jeweils fünf Fotos von uns haben (die sie nicht bekamen) sowie die folgenden Angaben:

AVIS

Je soussigné	Robert Byron Christopher Sykes
Sujet	anglais anglais
et exerçant la profession de	peintre philosophe
déclare être arrivé en date du	13 octobre 13 octobre
accompagné de	un djinn un livre par Henry James

etc.

Die Hauptattraktionen von Täbris sind der Blick auf das pflaumenfarbene Gebirge, das zitronenfarbene Vorland, ein trinkbarer Weißwein und ein schauderhaftes Bier, ein unendlich großer Basar mit schönen Ziegelgewölben und ein neuer Stadtpark mit einer Bronzestatue von Marjoribanks, der einen Umhang trägt. Es gibt zwei sehenswerte Bauwerke: die Ruinen der berühmten Blauen Moschee mit einem Mosaik aus dem fünfzehnten Jahrhundert und den Ark (die Zitadelle), ein Berg aus kleinen rostbraunen, meister-

haft verbauten Ziegeln, der so aussieht, als wäre dies früher eine Moschee gewesen – wenn ja, eine der größten aller Zeiten. Hier wird, außer in Amtsstuben, nur Türkisch gesprochen. Die Kaufleute waren mal wohlhabend, sind aber durch Marjoribanks' Glauben an die Planwirtschaft in den Ruin getrieben worden.

Maragha (1500 m), 16. Oktober. – Die vierstündige Fahrt heute vormittag führte uns durch eine Landschaft, die mich an Donegal erinnerte. In der Ferne erschien der Urmiya-See, ein blau-silbriger Streifen vor hohen Bergen. Wuchtige Taubentürme, im oberen Teil mit kleinen Löchern versehen, gaben den Dörfern etwas Wehrhaftes. Ringsum waren Weinberge und Gärten mit Sandschuk-Bäumen (dies ist die türkische Bezeichnung; persisch: *sinjid* – ein Verwandter der Eberesche), die schmale graue Blätter haben und kleine gelbe doldenförmige Früchte tragen.

Maragha selbst ist nicht attraktiv. Breite, schnurgerade Straßen wurden durch den alten Basar gezogen, sie nehmen der Stadt ihren Charakter. Ein persisch sprechendes Kind mit Wimpern so lang wie Reiherfedern führte uns zu den unerläßlichen Beamten, die uns ihrerseits einen schönen polygonalen Grabturm aus dem zwölften Jahrhundert zeigten, das sogenannte Grabmal der Mutter Hulagus. Der Bau besteht aus pflaumenroten Ziegeln, die dekorative Muster und Schriftbänder bilden. Dieses altvertraute Material, sozusagen direkt aus einem englischen Gemüsegarten exportiert zur Gestaltung koranischer Texte und mit schimmerndem Blau abgesetzt, sieht

unglaublich schön aus. Im Innern ist ein kufischer Fries, die Wand darunter ist durchsetzt mit Taubenlöchern.

Wir haben uns überlegt, von hier aus direkt nach Mianeh zu reiten und auf diese Weise die beiden Seiten des Dreiecks mit der Spitze Täbris zu verbinden. Dies würde uns durch unbekanntes Land führen, unbekannt zumindest aus architekturhistorischer Sicht. Auf der Landkarte ist die Gegend jedenfalls leer. Das Problem sind Pferde. Wir akzeptierten den Preis des ersten Anbieters, der daraufhin sehr ratlos schien. Er hatte jüngst seine Frau verloren und hatte niemanden, der sich während seiner Abwesenheit um seine Kinder kümmern konnte. Wir verhandelten eine Stunde, dann war das Problem gelöst. Doch als wir die Pferde sahen, fingen wir noch einmal von vorne an, weil wir die Vereinbarung rückgängig machen wollten. Der Gasthausbesitzer sucht andere. Wir hoffen, daß wir morgen abend aufbrechen können. In Persien ist es üblich, abends loszureiten.

Tasr Kand (ca. 1500 m), 17. Oktober. – Ich habe mich bemüht, den Namen orthographisch korrekt wiederzugeben, aber der Ort ist winzig, besteht aus einem Haus und ist nur einen Farsakh von Maragha entfernt.

Der Farsakh (der Xenophonsche *parasang*) wird nun eine große Rolle spielen. Er hat sich bei sechs Kilometern »eingependelt«, schwankt aber im allgemeinen Sprachgebrauch zwischen viereinhalb und zehn Kilometern.

Unsere Schaffellmäntel und Schlafsäcke werden in einem der oberen Zimmer ausgebreitet. Durch das unverglaste Fenster sehen wir die Spitzen der Pappeln und den letzten Lichtschein am Himmel, der bedrohlich nach Winter aussieht … Ein Streichholz flammt auf, eine Laterne beleuchtet die rauhe Lehmwand; das Fenster wird schwarz. Polizist Abbas hockt vor einer Kohlenpfanne und hält mit einer Zange ein Stückchen Opium über die Glut. Er hat mich gerade einen Zug nehmen lassen, es schmeckte nach Kartoffel. Der Maultiertreiber in der Ecke heißt Hadschi Baba. Christopher liest noch immer in seinem Gibbon. In einem Topf schmort ein Hühnchen mit Zwiebeln. Und ich überlege, daß wir etwas Essen und auch Insektenpulver mitgebracht hätten, wenn dieser Ausflug absehbar gewesen wäre.

Die Beamten in Maragha hatten vom Rasadkhane, der Sternwarte, zwar gehört, aber keiner war schon mal dort gewesen. Errichtet wurde sie von Hulagu im dreizehnten Jahrhundert, und die Beobachtungen dort waren der letzte Beitrag des Islam zur Astronomie, bis Ulugh Beg zu Beginn des fünfzehnten Jahrhunderts einen neuen Kalender einführte. Wir brachen früh auf, ritten in vollem Galopp auf eine Berghöhe und fanden uns auf einer ebenen Fläche wieder. Zwischen mehreren Erderhebungen verliefen schnurgerade, gepflasterte Wege, die sich rechtwinklig kreuzten. Wahrscheinlich hatten diese Pfade astronomischen Berechnungen gedient. Die Erdhügel waren die Überreste des Bauwerks. Aber wenn diese Anlage unser Ziel war, wo waren dann unsere Begleiter, der Major, der Polizeichef, der Militärkommandant, die uns vorangeritten waren? Unsere Eskorte galoppierte hierhin und dorthin, hielt

Ausschau, während wir vom Rand des Plateaus weit über das Land schauten, in der Ferne den Urmiya-See sahen, und schon halb damit rechneten, daß eine Hundemeute aus einem Pappeldickicht am Fuß der Berge hervorstürzen werde. Plötzlich zeigte sich, daß die gesuchten Beamten ein Stück weiter unterhalb waren, buchstäblich unter uns; denn als wir, die Pferde an der Leine, zu ihnen hinunterstiegen, sahen wir eine halbrunde Öffnung im Fels, in deren Mitte sich der Eingang zu einem Höhlengewölbe befand. Ursprünglich war dies vielleicht eine natürliche Höhle gewesen, die aber zweifellos künstlich erweitert worden war.

Im Innern des Gewölbes fanden wir zwei Altäre, einen zum Eingang, nach Süden, den anderen rechts, nach Osten. Beide waren aus dem Felsgestein gehauen und befanden sich in einer Art erhöhtem Altarraum mit spitz zulaufendem Gewölbe. Hinter dem rechten Altar war ein grober Mihrab in die Wand gehauen, in eine Mekka abgewandte Richtung. Beiderseits des hinteren Altars öffneten sich zwei Gänge. Diese führten zu zwei kleinen Kammern, deren Wände kleine Aushöhlungen für Lampen aufwiesen, und gingen noch weiter, waren aber so mit Erde verstopft, daß wir dort nicht weiterkamen. Wir fragten uns, ob es mal eine Verbindung zwischen diesen Tunneln und der oberirdischen Sternwarte gegeben hatte und, wenn ja, ob bei Tageslicht beobachtet worden war. Man soll ja vom Grund eines Brunnens die Sterne sehen können, während die Sonne scheint.

Während ich das Innere der Höhle fotografierte und dabei dachte, daß andere Leute diese Bilder bestimmt uninteressant finden, hörte Christopher, wie der Polizeichef dem Militärkommandanten zuflüsterte: »Ich frage

mich, warum die britische Regierung Fotos von dieser Höhle haben will.« Gute Frage.

Die Pferde waren auf den Hinterbacken den Steilhang heruntergezerrt worden bis ins Dorf. Wir schlidderten ihnen hinterher. Im Haus des Dorfvorstehers wurden wir mit Früchten, Tee und Arrak begrüßt.

Als wir abends aufbrachen, erspähte ich am Ortsrand wieder einen Turm aus dem zwölften Jahrhundert, abermals aus alten erdbeerroten Ziegeln, aber eckig und auf einem Steinfundament errichtet. Drei Seiten bestanden aus jeweils zwei Bogenfeldern, in denen die Ziegel in Fischgratbindung gesetzt waren. Die Ecken waren mit halbrunden Säulen besetzt. Der Eingang auf der vierten Seite, blau glasiert und mit kufischer Schrift verziert, befand sich in einem großen, gerahmten Feld. Innen sah man eine flache Kuppel, die von vier breiten, aber sehr niedrigen Stützbogen getragen wurde. Hier war nichts mit Ornamenten versehen, zu Recht. Die Proportionen waren Schmuck genug. Eine so klassische, kubische Vollkommenheit, lyrisch und kraftvoll zugleich, führt dem Europäer eine neue Architekturwelt vor Augen. Diese Qualität hält er für seine Erfindung, welche Schönheiten die asiatische Baukunst auch sonst aufweisen mag. Daß er sie auch in Asien – und nicht nur dort – vorfindet, als Teil einer völlig anderen Architektursprache, erfüllt ihn mit Erstaunen.

Saoma (ca. 1600 m), 18. Oktober. – Abbas und die Maultiertreiber waren heute morgen noch so opiumumnebelt, daß an einen pünktlichen Aufbruch nicht zu

denken war. Auf unsere Beschwerde hin lachten sie uns nur ins Gesicht. Ihre Manieren sind wirklich übel, und in einem Land, wo so viel Wert auf gute Manieren gelegt wird, braucht man auf solche Dinge nicht freundlich zu reagieren. Als sie es sich heute abend in unserem Zimmer gemütlich machen wollten, verscheuchte ich sie daher, mit Samowar, Wasserpfeife und ihrem ganzen Krimskrams. Christopher zeigte sich irritiert und meinte, das verstoße gegen die Sitten, und illustrierte es mit einer Geschichte, wie einmal, als er bei einem Bachtiarenfürsten war und eine persönliche Bemerkung machen wollte, sein Gastgeber entgeistert war, weil er vorgeschlagen hatte, die Diener aus dem Zimmer zu schicken. Ich antwortete, daß ich ebenfalls Gepflogenheiten hätte, unter anderem die, mich von der Pfeife oder der Anwesenheit von Maultiertreibern, die in meinen Diensten stehen, nicht schikanieren zu lassen.

Heute ritten wir fünf Farsakh, ausgestattet mit nur einer Schüssel Joghurt Proviant und in Holzsätteln, die eine Tortur waren. Kurz hinter Tasr Kand ging es über eine schöne alte Brücke, deren drei Bögen, alternierend mit zwei kleinen über den Steinpfeilern, wiederum aus zartroten Ziegeln waren. Anschließend erreichten wir ein ausladendes, hügeliges Hochland, kahl und streng am Ende des Herbstes. Der Boden war hier und da gepflügt, die Erde ein sattes Dunkelbraun. Aber das ganze Land ist fruchtbar und könnte sehr viel mehr Menschen ernähren, als das gegenwärtig der Fall ist. Dies war das erste größere Dorf. In der Mitte steht eine primitive Steinpresse, mit der die Dorfbewohner ihr Öl gewinnen.

Wir bewohnen das beste Zimmer des Dorfvorstehers. Es liegt direkt über dem Stall und riecht auch so. Die Wände sind frisch getüncht. In der einen Ecke ist ein richtiger Kamin, in Wandnischen werden Haushaltsgegenstände aufbewahrt, Wasserkrüge, Schüsseln und Zinnbecher, manche mit getrockneten Rosenblüten und Kräutern. Teppiche sind das einzige Mobiliar. An den Wänden ringsum liegen Sitzkissen und Steppdecken, bezogen mit altmodischem Chintz. Diese Stoffe wurden vor dem Krieg in Rußland speziell für den zentralasiatischen Markt angefertigt. Ein Sitzpolster zeigt Dampfschiffe, frühe Automobile und das erste Luftfahrzeug, umgeben von Blumenvignetten, auf zinnoberrotem Hintergrund. Alles sieht bunt und sauber aus. Allerdings ist mir gerade ein Floh von der Hand gehüpft, so daß ich mit Sorge an die Nacht denke, nicht meinetwegen, ich werde nie gebissen, sondern wegen Christopher, für den Flöhe mehr als nur ein Witz sind.

Eine Schüssel warmer Milch wurde uns gebracht, frisch von der Kuh. Ihr zu Ehren haben wir die Whiskyflasche geöffnet.

Die Aserbeidschaner sprechen das persische *k* wie *tsch*, das *tsch* dagegen wie *ts* aus.

Qala Julk (ca. 1600 m), 19. Oktober. – Helle Wölkchen stehen am blauen Himmel. Über sanfte Hänge geht es immer höher, bis sich ein weites Panorama vor uns eröffnet, graubraunes Land, durchsetzt mit roten und schwarzen Feldern, graue Dörfer in den Erdfalten, blaßrot und zitronengelb gezeichnete Anhöhen, dahinter das Gebirge am Horizont, schroffe Bergzüge in Lila.

Die beiden Gipfel über Täbris begleiten uns. Auch ein Schwarm gelber Schmetterlinge. Ein Reiter kommt von unten näher. »Friede sei mit euch.« – »Friede sei mit dir.« Klipp-klapp, klipp-klapp, klipp-klapp … Wir sind wieder allein.

Gestern gab Christopher unserem Wirt einen Zwei-Toman-Schein, den er wechseln sollte. Abbas weigerte sich heute morgen, das gewechselte Geld herauszurücken. »Bist du ein Dieb?« fragte Christopher. »Jawohl«, antwortete Abbas. Er beklagte sich bitterlich über diese Beleidigung, erklärte, er habe tausend Toman in der Tasche, und sagte im selben Atemzug, daß er ohne ein kleines Geschenk ab und zu unmöglich leben könne. Unser Verhältnis zu ihm, ohnehin nicht das beste, wurde noch weiter belastet, als er das Geld einstecken wollte, das wir für ein Mittagessen in einem anderen Haus bezahlt hatten. Abbas erhob seine Peitsche gegen den Besitzer des Hauses, einen alten Mann, und hätte zugeschlagen, wenn ich die beiden nicht getrennt und Abbas als Sohn eines nichtsnutzigen Vaters bezeichnet hätte.

So war es denn demütigend, als wir, in einem einsamen, windstillen Tal einen Salzfluß entlangreitend, feststellen mußten, daß Christopher seine Brieftasche mit unserem Geld verloren hatte. Denn nun sind wir völlig darauf angewiesen, daß Abbas uns ein kostenloses Quartier besorgt. In diesem Moment war er hinter uns, er wollte ein abseits gelegenes Dorf besuchen, und wir hatten ihn im Verdacht, die Brieftasche gefunden und sich aus dem Staub gemacht zu haben. Doch wenig später tauchte er auf. Wir erklärten ihm unsere Lage. Er triumphierte ein wenig, schickte aber einen der Maultierführer zurück, nach der Brieftasche zu suchen.

Zum Ausgleich wurden wir vom Verwalter eines lokalen Großgrundbesitzers auf das freundlichste empfangen und sitzen nun an einem wohlriechenden Feuer bei einer Partie Zweier-Bridge. Das Singen des Samowars hat etwas Tröstliches. Hoffentlich war der Maultiertreiber erfolgreich – er ist gerade zurückgekommen. Nein, im Gegenteil, er ist noch gar nicht aufgebrochen, jetzt verlangt er, daß Hadschi Baba ihn begleitet. Ein Toman pro Kopf soll es kosten. Ich habe ihnen zwei Toman von meinen restlichen zwölf gegeben, und so sitzen wir im tiefsten Aserbeidschan und haben gerade mal ein Pfund Sterling, das für die Rückreise nach Teheran reichen muß.

Später. – Christopher hat die Brieftasche gefunden, sie steckte in seinem Hemd. Jetzt ist es zu spät, die Maultiertreiber aufzuhalten, aber wir haben Abbas zur Entschädigung für unseren – wenn auch unausgesprochenen – Verdacht zwei Toman gegeben.

Ak Bulagh (ca. 1600 m), 20. Oktober. – Christopher ging es schlecht, als er heute morgen aufwachte, wegen der Flöhe. Der Verwalter brachte ihm schwarzen Honig und meinte, wenn er vier Tage davon esse und in der Zeit auf Joghurt und Rogand verzichte, die ranzige Butter, in der hier alles zubereitet wird, dann würden ihn die Flöhe, genau wie mich, in Ruhe lassen. Während wir am Feuer ein Frühstück aus Milch und Eiern zu uns nahmen, kam ein etwa vierzehnjähriger Knabe herein, begleitet von einem alten Mann und mehreren Dienern. Es stellte sich heraus, daß dies der Landbesitzer war, dem wir so viel gutes Essen und freundliche Aufnahme zu verdanken hatten, und der alte

Mann war sein Onkel. Er heißt Mohammad Ali Khan, und für unseren Gastgeber ist er der »Herr aller Dörfer«.

Die Maultiertreiber marschierten dreißig Kilometer in der Dunkelheit in das Dorf, wo wir zu Mittag gegessen hatten, und wieder zurück. Heute waren sie so aktiv wie immer, vielleicht noch mehr, weil sie ohne Opium auskommen mußten.

Nach einem Farsakh kamen wir zur Ortschaft Saraskand, in der ein altes, aus Ziegeln gebautes Teehaus steht. Hier kauften wir Weintrauben in einem Laden, zu dessen Angebot außerdem bayrische Bleistifte, Stahlfedern und Chintzstoffe gehörten. Am Nachmittag kamen wir nach Dash Bulagh und ruhten an einem Flüßchen, um die grauen Lehmhäuser zu betrachten, die konischen Türme, die mit trocknendem Dung beworfen sind, und die hohen weißen Stämme goldgrüner Bäume, vor den kahlen, zartrosafarbenen Bergen.

Ak Bulagh liegt höher und ist exponierter. Schutz bietet hier nur ein verkümmerter, windzerzauster Baum. Die Sonne ist hinter den beiden Gipfeln untergegangen. In unserem fensterlosen, dreckigen Raum habe ich Christoph im Schein einer Laterne mit kaltem Wasser abgewaschen, denn von den Flohstichen hat er Fieber bekommen. Einige Wunden sind so entzündet, daß wir, in Ermangelung eines anderen Desinfektionsmittels, Whisky darübergeträufelt haben. Zum Glück ist Christopher nicht so krank, daß er die Höflichkeiten unseres Gastgebers nicht erwidern könnte.

»Friede sei mit Ihnen.«

»Friede sei mit Ihnen.«

»Gebe Gott, daß Sie guter Gesundheit sind.«

»Gepriesen sei Gott, meine Gesundheit ist außerordentlich gut, ich danke Ihnen.«

»Was immer Sie Ihrem untertänigsten Diener befehlen, wird geschehen. Dieses Haus ist Ihr Haus. Bestimmen Sie über mich.«

»Möge Euer Schatten niemals kleiner werden.«

Der Alte sitzt ernst und würdevoll nach traditioneller Art auf dem Boden, die Beine untergeschlagen, die Hände verborgen, die Augen geschlossen, während wir wie Kleinkinder auf den Teppichen herumkrabbeln. Vor siebzehn Jahren, sagt er, seien vier Russen dagewesen; vor ihnen und nach ihnen sei nie mehr ein Franke dagewesen. Neben ihm sitzt sein Sohn Ismail, ein feingliedriges Kind, das vor Jahren so krank war, daß sein Vater nach Meschhed pilgerte, um dort für ihn zu beten.

Christopher hat eine Dosis Opium und eine Schale flüssigen schwarzen Honig zu sich genommen. Mehr können wir nicht tun.

Zinjan, 22. Oktober. – Wieder im »Grand Hotel – Rathaus«.

Der lange Weg hinunter nach Mianeh wurde immer mühseliger, der Ort wollte einfach nicht auftauchen. Ein Schäferjunge, der wie Darius gekleidet war, bat uns um ein »Papyrus« – das russische Wort für Zigarette. In den Teehäusern wurden wir unterwegs oft auf russisch angesprochen, aber hier oben in den Bergen Russisch zu hören war seltsam. Die Maultiertreiber und Abbas rauchten ihre Mittagspfeife in einem einsamen Blockhaus, dem einzigen Haus auf dreißig Kilometer. Als Mianeh in Sicht kam, beschleunigten die Pferde,

obwohl es noch zwei Stunden bis dorthin waren. Nachdem wir ein breites Flußbett überquert hatten, betraten wir die Stadt von Westen her.

Wir hätten genausogut vom Himmel fallen können. Die Leute kamen aus den Häusern herbeigelaufen, umlagerten uns. Ich mußte mich hauptsächlich der Polizei erwehren. Christopher sprach bei der Gendarmerie vor, zu der Abbas gehört, und kehrte mit dem Hauptmann zurück. Der Mann war außerordentlich mißtrauisch.

»Haben Sie unterwegs irgend etwas fotografiert?«

»Ja«, sagte Christopher unverblümt. »Einen wunderschönen alten Stein, genauer gesagt einen Mühlstein, in Saoma. Wirklich, Aga, Sie sollten ihn sich mal ansehen.«

Sein Mißtrauen legte sich auch dann nicht, als Abbas diese Aussage bestätigte.

Die Maultiertreiber waren natürlich angewiesen, mehr Geld zu fordern, als ihnen zustand. Christopher gab einem der Männer seine persische Visitenkarte und schlug vor, sie sollten entweder ihren Arbeitgeber niederschlagen oder sich beim britischen Konsul in Täbris beschweren. Wir sprangen auf einen Lastwagen, kamen um ein Uhr nachts hier an und bekamen für die Nacht den Abstellraum zugewiesen. Heute morgen erwischte ich in meinem Schlafsack sechzehn Wanzen, fünf Flöhe und eine Laus.

Christophers Zustand ist bedauernswert. Seine Beine sind bis zu den Knien geschwollen und mit Wasserblasen bedeckt. Wir haben Plätze in einem Wagen reserviert, der heute nachmittag abfährt und um Mitternacht in Teheran sein soll.

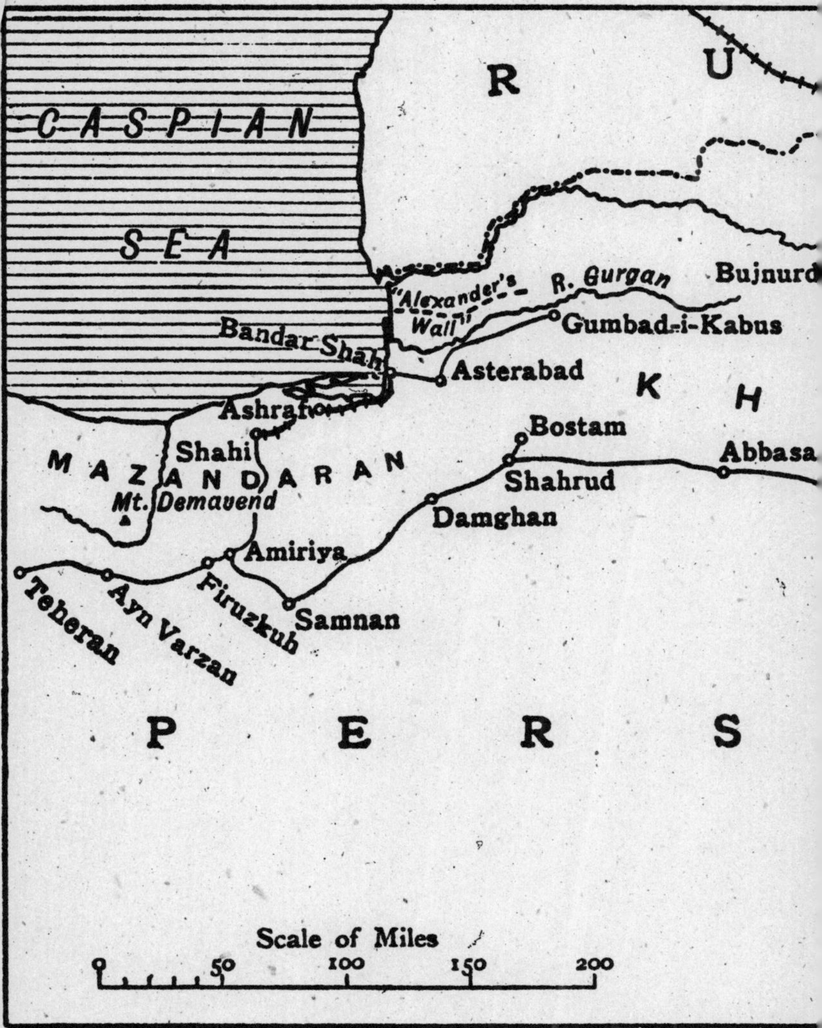

CASPIAN
SEA
R
U
"Alexander's
Wall"
R. Gurgan
Bujnurd
Bandar Shah
Gumbad-i-Kabus
Asterabad
K
H
Ashraf
Bostam
Shahi
Abbasa
MAZANDARAN
Shahrud
Mt. Demavend
Damghan
Amiriya
Teheran
Ayn Varzan
Firuzkuh
Samnan
P E R S
Scale of Miles
0
50
100
150
200

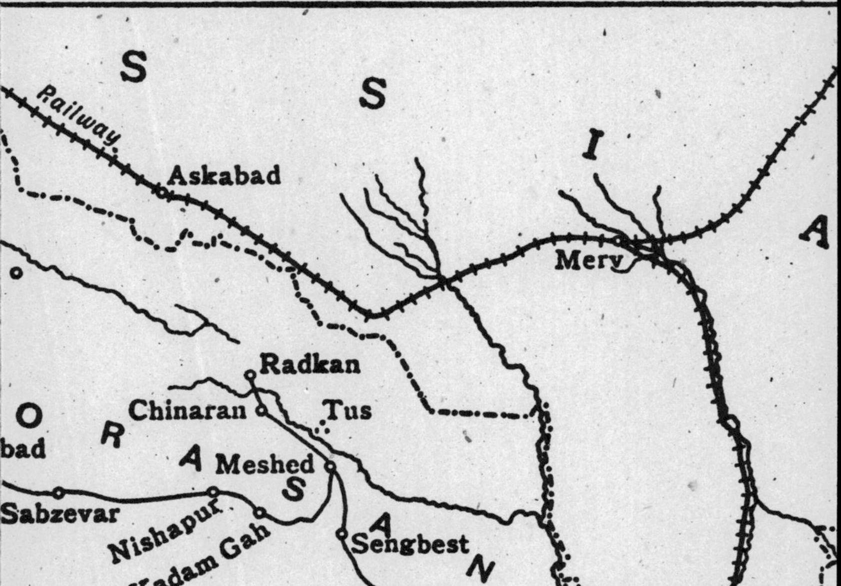

Emery Walker Ltd.

DRITTER TEIL

T*eheran, 25. Oktober.* – Fand ein Telegramm von Rutter vor, der mir mitteilte, daß die Holzkohlefahrzeuge Beirut am 21. verlassen haben. Da das Telegramm eine Woche vor dem 21. abgeschickt wurde, ist weiterhin unklar, ob sie es überhaupt bis nach Marseille geschafft haben. Vermutlich sollte ich jetzt hier bleiben, bis sie eintreffen oder gemeldet wird, daß sie überhaupt nicht kommen. Angesichts des nahenden Winters ist das eine quälende Zeitvergeudung.

Wir wohnen im Coq d'Or, einer Pension, die M. und Mme Pitrau gehört und von ihren Tieren in Beschlag genommen wird. Pitrau war früher Koch des japanischen Botschafters, seine Laufbahn begann als Küchenjunge bei Lord Derby in Paris. Auch de Bathes sind da, mit Karagozlu, ihrem türkischen Schäferhund.

Christopher liegt in einer Privatklinik, wo seine Beine mit Gipsbinden umwickelt wurden, die erst nach zehn Tage abgenommen werden dürfen. Und selbst dann dauert es vielleicht einen Monat, bis die Wunden verheilt sind. Die aserbeidschanischen Flöhe sind ein formidabler Feind.

Ich besichtigte den Gulistan-Palast, in welchem die Audienzen des Schahs stattfinden, ein Phantasiegebilde aus eigenwilligen modernen Fliesen und Glasstalaktiten. Der Pfauenthron paßt gut in diese Umgebung; nur das juwelenbesetzte und emaillierte Löwenrelief unterhalb der Sitzfläche sieht so alt aus, daß es Bestandteil des originalen Throns aus Delhi gewesen sein könnte. Ein zweiter Thron, von den Qadscharen aus Schiras herbeigeschafft, steht in einem zum Garten sich öffnenden Empfangssaal. Es handelt sich um eine von Figuren getragene Plattform aus durchscheinendem gelbgraugrünem Marmor oder Seifenstein, hier und da vergoldet. Vor dem Thron befindet sich ein kleines Wasserbecken.

Teheran, 6. November. – Noch immer nicht abgereist.

Keine Nachricht von den Holzkohlefahrzeugen. Der letzte Kurier aus Bagdad überbringt das Gerücht, daß die Wagen endgültig den Geist aufgegeben haben. Einem Ausschnitt aus der *Times* ist zu entnehmen, daß Colonel Noel in einem Rolls-Royce, der mit einem ähnlichen Holzkohlenapparat ausgestattet ist, von London in Richtung Indien aufgebrochen ist. Er muß den Bericht in der *Times* über die Abreise der ersten Expedition gelesen und als hinreichenden Beleg für die technische Zuverlässigkeit der Erfindung angesehen haben. Ich wünsche ihm viel Glück!

In meiner Verzweiflung wäre ich vor zwei Tagen beinahe allein nach Afghanistan aufgebrochen. Bin mit knapper Not davongekommen.

Wadsworth, der amerikanische Geschäftsträger in Teheran, machte mich mit Farquharson bekannt, einer wenig attraktiven Erscheinung, vorstehender Ober-

kiefer, ungepflegt, Haarwuchs bis tief in die Stirn, die Stimme weinerlich und monoton. Aber ich dachte, man muß kompromißbereit sein. Da Christopher nun das Bett hüten muß, dürfte ein anderer Reisebegleiter nur schwer zu finden sein.

RB: »Ich höre, Sie wollen nach Afghanistan. Vielleicht könnten wir uns ja zusammentun, wenn Sie wirklich …«

Farquharson: »Ich muß zunächst einmal sagen, daß ich *ganz* wenig Zeit habe. Ich habe schon zwei Tage in Teheran verbracht. Die Leute sagen, ich soll mir den Pfauenthron ansehen, was immer das ist. Ich glaube, das reizt mich nicht so. Besichtigungen interessieren mich ehrlich gesagt nicht. Ich interessiere mich für Geschichte. Für Freiheit. Selbst in Amerika ist Freiheit nicht mehr, was sie mal war. Sie müssen wissen, daß ich *ganz* wenig Zeit habe. Meine Eltern sind nicht sehr begeistert über meine Reise. Mein Vater hat kürzlich in Memphis ein Anzeigenbüro aufgemacht, er hofft, daß ich Weihnachten wieder zu Hause bin. Vielleicht bleibe ich bis Januar. Kommt darauf an, wie sich alles so entwickelt. Die Reise in den Süden, einen Tag in Isfahan, einen in Schiras. Dann Täbris. Und Afghanistan. Offen gestanden, wenn Afghanistan möglich ist, würde ich gern hinfahren. Ich habe keine festen Pläne. Als ich zu Hause losfuhr, war ich nicht einmal sicher, ob ich bis nach Persien komme. Die Leute in den Staaten meinten, es ist gefährlich. Hier sagen die Leute das gleiche über Afghanistan. Vielleicht haben sie recht. Ich bin da nicht so sicher. Ich bin viel herumgekommen in der Welt. Bis auf Ruß-

land habe ich jedes europäische Land besucht, einschließlich Island. In Albanien habe ich mal in einem Straßengraben geschlafen. Was ist schon dabei, aber in Memphis habe ich dann viel darüber erzählt. Also, wenn es möglich ist, würde ich gern nach Afghanistan fahren. Aber ich habe *ganz* wenig Zeit. Vielleicht kommen wir durch Kabul, vielleicht nicht. Wenn ja, würde ich für die Rückreise ein Flugzeug mieten. Indien reizt mich momentan nicht so sehr. Das Land ist so groß, ich hebe es mir für einen anderen Herbst auf. Ich habe schon zwei Tage in Teheran verbracht. Hauptsächlich Leute kennengelernt. Das war schön. Aber deswegen bin ich nicht gekommen. Ich habe ja, verstehen Sie, *ganz* wenig Zeit. Also, wenn Afghanistan möglich ist, würde ich morgen abreisen. Mr. Wadsworth, der auch aus Memphis kommt, gab mir einen Brief für den afghanischen Botschafter. Ich habe ihn verloren, bekam aber einen neuen. Heute vormittag war ich dort, aber der Botschafter konnte mich nicht empfangen. Er hatte ein paar Damen zu Besuch. Statt dessen empfing mich ein Sekretär, der aber kein Englisch sprach, und da ich selbst nur Schulfranzösisch spreche, sind wir nicht furchtbar weit gekommen. Vielleicht geben sie mir das Visum, vielleicht nicht. Wie auch immer, am liebsten würde ich gleich morgen aufbrechen. Ich habe nämlich *ganz* wenig Zeit.«

RB: »Ich wollte Ihnen schon vorschlagen, falls Sie einen Kompagnon suchen, könnten wir zusammen reisen und die Kosten teilen. Mir würde das gut passen, weil ein Wagen für mich allein zu teuer wäre.«

Farquharson: »Ich muß zugeben, ich bin nicht gerade knapp bei Kasse. Aber ich arbeite natürlich, wie jeder bei uns in den Staaten. Bei euch Europäern ist das anders. Wir haben keine Aristokraten. Jeder arbeitet, auch wenn er nicht muß. Man wäre sonst gesellschaftlich geächtet. Ich habe viertausend Dollar für die Reise beiseite gelegt. Aber das heißt noch lange nicht, daß ich bereit bin, mein Geld zum Fenster hinauszuwerfen. Eine Afghanistan-Reise kann ich mir vermutlich leisten, wenn ich die Zeit erübrigen kann. Es muß also eine *ganz* schnelle Reise sein.«

RB: »Wenn Sie mir sagen, wie lange genau Sie unterwegs sein wollen, könnten wir vielleicht einen Plan ausarbeiten.«

Farquharson: »Das kommt darauf an.« *(Wiederholt das bisher Gesagte in noch größerer Ausführlichkeit.)*

Schließlich ging ich selbst zur afghanischen Botschaft, um zu sehen, ob ich Farquharson behilflich sein konnte. Wir hatten vereinbart, uns am nächsten Tag zu treffen. Er erschien mittags im Coq d'Or, als Christopher und ich dort mit Herzfeld aßen, der gerade aus Europa zurückgekehrt war.

Farquharson (stürzt atemlos durch den Speisesaal): »Ich glaube, es sieht alles ganz gut aus. Das Visum habe ich noch nicht, aber es wird schon klappen. Aber es gibt ein paar Punkte, über die ich unbedingt mit Ihnen reden muß …«

RB: »Darf ich Sie mit Professor Herzfeld bekannt machen?«

Farquharson: »… sehr erfreut! Wissen Sie, ich habe *ganz* wenig Zeit für meine Reise, und ich wollte sagen …«

Christopher: »Setzen Sie sich doch!«

Farquharson: »Ich wollte nur sagen, daß ich, wenn es irgend geht, morgen früh aufbrechen würde. Vielleicht ist es nicht möglich, aber wenn, dann würde mein Plan jedenfalls so aussehen.«

Herzfeld (gelangweilt): »Hier draußen im Hof ist ja ein zahmer Fuchs.«

Christopher: »Früher gab es auch ein Wildschwein. Aber es mußte getötet werden, weil es nachts zu den Gästen ins Bett kroch. Madame Pitrau wußte gar nicht, was die Leute daran so schlimm finden. Das Tier wollte sich nur den Bauch kratzen lassen. Aber alle haben sich beschwert, und das war das Ende vom Lied.«

RB: »Auch der Fuchs steigt in die Betten und macht hinein.«

Farquharson: »Wirklich sehr komisch, aber ich muß sagen, ich verstehe nicht, was daran so witzig ist. Also, es gibt ein paar Dinge, die ich unbedingt mit Ihnen besprechen muß.«

Herzfeld: »In Persepolis habe ich ein Stachelschwein. Es ist sehr domestiziert. Wenn es den Tee eine Minute zu spät bekommt, wird es furchtbar wütend und stellt die Stacheln auf.«

Farquharson: »Es gibt ein paar Dinge, die ich unbedingt …«

Herzfeld: »Und es geht wie ein Mensch auf die Toilette. Jeden Morgen muß ich warten. Alle müssen warten.«

Farquharson (kraftlos): »Das ist überaus interessant, aber ich fürchte, ich verstehe nicht ganz. Also, es gibt ein paar Dinge …«

RB: »Wir sollten vielleicht auf mein Zimmer gehen.« *(Wir gehen ab.)*

Farquharson: »Es gibt ein paar Dinge, die ich unbedingt mit Ihnen besprechen muß. Ihnen muß klar sein, daß ich, wenn die Reise nach Afghanistan tatsächlich stattfinden soll, *ganz* wenig Zeit habe. Ich möchte ganz offen sein. Ich kenne Sie nicht, Sie kennen mich nicht. Ich glaube, wir werden miteinander auskommen. Ich hoffe es jedenfalls. Aber wir müssen ein paar Dinge vorher klären. Ich habe ein paar Punkte aufgeschrieben, die ich rasch mal vorlesen werde. Erstens unser Verhältnis. Ich bin viel herumgekommen. Ich weiß daher, daß sich beim Reisen die schlechtesten Seiten des Menschen zeigen. Beispielsweise habe ich einen Bruder in Memphis. Er hört furchtbar gern Musik. Ich nicht. Wir waren zusammen in Paris. Nach dem Essen mußte er ein Konzert besuchen. Ich nicht. Ich mag meinen Bruder, aber solche Schwierigkeiten sind trotzdem unvermeidlich. Also, ich kenne Sie nicht, Sie kennen mich nicht. Vielleicht gibt es Schwierigkeiten. Vielleicht werden wir krank. Von einem Kranken kann man keine gute Laune erwarten. Ansonsten sollten wir diesen Aspekt des persönlichen Verhältnisses einfach in Erinnerung behalten. Zweitens die Politik. Ich werde ganz offen sein. Ich habe *ganz* wenig Zeit, und wenn wir gemeinsam nach Afghanistan fahren, was ich hoffe, dann muß ich derjenige sein, der die Entscheidungen trifft. Das muß ganz klar sein. Deswegen dieser zweite Punkt, die Politik. Wenn ich nirgendwohin will, dann werden wir nirgendwohin fahren. Ich werde mich nach Kräften bemühen, Ihren Wünschen entgegenzukommen. Ich werde mich um Fairness bemühen. Ich glaube, ich werde fair sein. Mr. Wads-

worth, der ebenfalls aus Memphis kommt, kennt meine Familie, und er wird vermutlich bestätigen können, daß ich fair bin. Aber ich muß der Boss sein, ich habe das Kommando. Der dritte Punkt betrifft die Finanzen. Da ich der Boss bei dieser Reise bin, werde ich etwas mehr als die Hälfte der Kosten für den Wagen übernehmen. Aber wie Sie wissen, habe ich *ganz* wenig Zeit, ich muß die Reise sehr schnell machen, und vielleicht fahre ich direkt nach Indien weiter und nehme dort ein Schiff. Nun entnehme ich Ihren Worten, daß Sie knapp bei Kasse sind. Ich könnte einen Reisekompagnon nicht mittellos in Indien zurücklassen. Bevor wir also aufbrechen, muß ich unbedingt wissen, daß Sie genug Geld haben, um nach Persien zurückkehren zu können, ich muß die Geldscheine in Ihrer Hand sehen …«

RB: »Was?«

Farquharson: »Bevor wir aufbrechen, muß ich die Geldscheine konkret in Ihrer Hand sehen, damit …«

RB: »Adieu!«

Farquharson: »… ich sicher sein kann, daß Sie für sich sorgen können, falls es …«

RB: »VERSCHWINDEN SIE, hören Sie schlecht?«

Farquharson flüchtete. Draußen lief er Herzfeld und Christopher über den Weg und schüttelte ihnen eifrig die Hand.

»Ich bin so froh, Sie kennengelernt zu haben, auf Wiedersehen, ich muß weiter, ich habe *ganz* wenig Zeit …«

In der Tat. Ich war ihm dicht auf den Fersen. Nicht, daß ich ihn ohne Gummihandschuhe und Des-

infektionsmittel angefaßt hätte, aber er war jemand, den man gut bedrohen konnte. Ich hatte ihn tags zuvor beim Ankleiden gesehen und seine *ganz* dürftigen Muskeln bemerkt.

Teheran, 9. November. – Noch immer hier.

König Nadir Schah ist in Kabul ermordet worden.

Am Morgen erreichte die Bank das Basargerücht, daß der irakische König Ghazi gestorben sei. Um ein Uhr erfuhr die Gesandtschaft die Wahrheit. Am Abend kam die Bestätigung von Reuters. Die indische Regierung reagiert hysterisch. Aus Afghanistan selbst kommen überhaupt keine Nachrichten. Aber Unruhen hin, Unruhen her, ein solches Ereignis wird meine Reise kaum einfacher machen – falls ich je aufbreche.

Einer der Bachtiarenfürsten, ein alter Freund von Christopher, speiste mit uns in einem Privatzimmer. Er hatte vorab um Vertraulichkeit gebeten, weil es für Stammesfürsten gefährlich ist, Kontakt zu Ausländern zu haben. Faktisch werden sie alle von Marjoribanks als inoffizielle Gefangene gehalten. Sie können in Teheran wohnen und mit ihrem Geld nur so um sich werfen, dürfen aber nicht in das Bachtiarengebiet zurückkehren. Marjoribanks hat Angst vor den Stämmen und versucht, ihre Macht zu brechen, indem er sie in Dörfer umsiedelt, die von der Polizei kontrolliert werden, und ihnen die Führer wegnimmt. In der Vergangenheit waren diese Stammesfürsten allzuoft Königsmacher.

Unser Gast sprach düster über die Zukunft. Er habe sich damit abgefunden, sagte er. Persien sei immer so gewesen. Man könne nur Geduld haben und warten, bis der Tyrann gestorben sei.

Teheran, 11. November. – Samstag. Noch immer hier.

Ich habe beschlossen, am Dienstag abzureisen. Am Montag fand ich einen Morris, der für £30 angeboten wurde. Das erschien mir sehr günstig. Und ich sah mich schon am nächsten Tag abreisen.

Die anschließenden Formalitäten – den Kauf offiziell bestätigen zu lassen, einen Führerschein zu besorgen, die Genehmigung einzuholen, mich überhaupt in Persien aufzuhalten, und eine weitere Genehmigung, nach Meschhed zu fahren, ein Empfehlungsschreiben für den Gouverneur von Meschhed und die anderen Gouverneure entlang der Strecke zu besorgen – nahmen vier Tage in Anspruch. Man betrachtete mich als »recalcitrant de la loi«, da ich keinen Personalausweis besitze. Um einen zu bekommen, verriet ich dem Staatsarchiv in dreifacher Ausfertigung das Geheimnis des Geburtsortes meiner Mutter. Der Besitzer des Autos war unterdessen abgereist, hatte seine Vollmacht aber bei einem uralten Advokaten in blaßrotem Gehrock hinterlegt. Der Verkauf wurde besiegelt, Unterschriften wurden offiziell beglaubigt, doch die Polizei weigerte sich, die Transaktion zu registrieren, denn obwohl sich die Vollmacht des Anwalts auf alle weltlichen Besitztümer des Auftraggebers erstreckte, war in der Liste dieser Gegenstände kein Morris verzeichnet. Diese Entscheidung wurde nach Vorsprache bei einem höheren Polizeibeamten widerrufen, der den Untergebenen telefonisch darüber informierte. Doch als wir in das dreihundert Meter entfernte Büro zurückkehrten, hatte dort niemand etwas gehört. In benachbarten Büros wurde angefragt, ob jemand die Mitteilung erhalten habe. Schließlich erinnerte sich

jemand, daß der Betreffende, der den Anruf vermutlich entgegengenommen hatte, hinausgegangen war. Der Himmel meinte es gut mit uns, wir trafen den Mann auf der Straße und begleiteten ihn zurück an seinen Schreibtisch, worüber er ein wenig pikiert war. Ohne eine Kopie der Vollmacht des Anwalts, sagte er, werde er nichts unternehmen. Und solange die nicht vorliege, sollten wir ihn gütigerweise in Ruhe lassen. Der Anwalt schlurfte davon, um einen sauberen Bogen Papier zu kaufen. Wir, der Sohn des Autoverkäufers, der Werkstattbesitzer und ich, suchten Asyl auf dem großen Platz in der Stadtmitte, hockten um einen mürrischen alten Schreiber, dem die Brille von der Nase rutschte und der das Papier mit der Feder aufspießte, bis es wie eine Schablone aussah. Ein Satz war noch nicht beendet, als Polizisten kamen und uns verscheuchten, ein zweiter gerade begonnen, als sie uns abermals wegscheuchten. Wie ein Haufen aufgeschreckter Kröten liefen wir immer wieder um den Platz, der Schreiber ritzte hier und da ein Wort ein, während aus der Abenddämmerung tiefe Nacht wurde. Als die Abschrift fertig war, mußte sie im Büro abermals kopiert werden. Auf dem Platz war es angenehmer gewesen, denn im Büro war der Strom ausgefallen, und es mußten so viele Streichhölzer angezündet werden, daß unsere Finger ankokelten. Ich lachte, die anderen lachten, die Polizisten lachten wie verrückt, wurden plötzlich wieder ernst und sagten, die Bescheinigung des Verkaufs werde jedoch erst in drei Tagen fertig sein. Nach einer Stunde heftigem Hin und Her wurde uns der nächste Morgen zugesagt. Am nächsten Morgen wollte ich das Papier abholen. Wieder hieß es: in drei Tagen. Doch jetzt war ich gottlob allein, und ich sprach genug Persisch, um zu sagen, was ich wollte, aber nicht genug, um eine

Ablehnung zu verstehen. Erneut zogen wir los zu dem höheren Beamten auf der anderen Straßenseite. Männer eilten von Zimmer zu Zimmer. Das Telefon schnarrte. Das Dokument war geboren. Und all das, füge ich hinzu, war nur ein Bruchteil, eine kleine Kostprobe dessen, was mir das Schicksal in diesen letzten vier Tagen zugedacht hatte.

Das Auto ist Baujahr 1926, um den Motor muß man sich ein wenig kümmern. Nachdem ich den Wagen gestern ausprobiert hatte, wollte ich eigentlich heute früh um sechs aufbrechen. Doch am Ende der Probefahrt gab die Batterie ihren Geist auf. Ich werde heute mittag losfahren und am Abend hoffentlich in Amiriya ankommen. Dann habe ich nur noch einen schwierigen Paß vor mir.

Noel und seine Leute trafen gestern abend in zwei Rolls-Royce ein. Die Holzkohlenapparate haben sie in Dover weggeworfen. Unsere Holzkohlefahrzeuge, sagen sie, sollen fünf Nächte in der Wüste zwischen Damaskus und Bagdad verbracht haben, mit zwei gebrochenen Kurbelwellen, die im Moment repariert werden. Noch immer ist nicht klar, wann sie hier eintreffen. Dieses ungewisse Warten ist unmöglich. Nach dem fünfzehnten können die Pässe jederzeit gesperrt sein.

Ayn Varzan (ca. 1500 m), nach 19.30 Uhr. – Die Hinterachse ist gebrochen, hundert Kilometer von Teheran.

»Nach Chorasan! Nach Chorasan!« rief der Polizist am Stadttor. Eine große Begeisterung erfaßte mich, als wir durch die Schluchten des Elburs tuckerten, immer im ersten Gang, bergauf oder bergab, denn nur so

konnten wir verhindern, rückwärts oder vorwärts, je nachdem, über die Haarnadelkurven in den Abgrund zu stürzen.

Sieben singende Bauern schoben uns in ihr Dorf hinauf bis zu einem Schuppen. Das Auto ist völlig hinüber. Aber nach Teheran werde ich nicht mehr zurückkehren.

Schahrud (1300 m), 13. November. – Am nächsten Morgen traf in Ayn Varzan ein Omnibus voller Pilgerinnen ein, die unterwegs nach Meschhed waren. Ihre lauten Stimmen unten im Hof weckten mich. Fünf Minuten später saß ich neben dem Chauffeur, das Gepäck war unter den Frauen deponiert.

Vom Paß oberhalb von Amiriya blickten wir zurück über eine Phalanx sich auftürmender Gipfel, Bergkämme und Felsgrate bis zum weißen Kegel des Demawend am Himmel. Vor uns eine endlose Ebene, in der Ferne sanft gewellte Berge, bald dunkel, bald hell, während Licht und Schatten ihren Herren, den Wolken, über die irdische Arena folgten. Herbstgelbe Bäume verbargen einzelne Bauern. Ansonsten Wüste, die steinige, schwarz schimmernde Wüste Ostpersiens. In Samnan wurde mir, während die Damen in einer Karawanserei Tee tranken, von einem alten Minarett berichtet, das ich fand, bevor die Polizei mich fand. Als die Beamten auftauchten, zeigte ich mich bekümmert, nicht länger in ihrer schönen Stadt bleiben zu können, und dann fuhren wir in die Abenddämmerung hinein. »Kommen Sie mit uns nach Meschhed!« sagte der Fahrer, ein Neger, und nannte einen Preis, der Freundschaft signalisieren sollte. Doch ich stieg, unbelehrbar, in Damghan aus.

Es gibt zwei runde Grabtürme in Damghan, die aus schönen, aber locker verbundenen milchkaffeebraunen Ziegeln errichtet sind und deren Inschriften auf das elfte Jahrhundert verweisen. Noch älter ist eine verfallene Moschee, die unter dem Namen Tarikh-Khane oder »Haus der Geschichte« bekannt ist; die runden, gedrungenen Säulen erinnern an eine englische Dorfkirche aus der Normannenzeit, ihre unerwartet römische Form scheint auf sassanidische Tradition zurückzugehen. Die gesamte islamische Architektur wurde nach der Islamisierung Persiens von dieser Tradition beeinflußt. Aber es ist interessant, zu sehen, wie krude diese Entwicklung beginnt, bevor sie künstlerisches Niveau erreicht.

Den Polizisten, gutmütigen Burschen, war schon ganz schlecht vor Hunger, weil ich sie weit über ihre Mittagspause hinaus in Beschlag nahm. Am späten Nachmittag näherte sich von Westen ein Lastwagen. Sie schubsten mich hinauf, es war ihre einzige Chance, an diesem Tag etwas zu essen zu bekommen. Um acht erreichten wir Shahrud, um Mitternacht soll es weitergehen.

Die Karawanserei, diese bewundernswerte persische Einrichtung, weigert sich, dem modernen Straßenverkehr zu weichen. Natürlich gibt es überall Werkstätten. Aber man hält an dem alten Grundriß fest. Es ist ein Viereck, so groß wie ein College in Oxford und abgeschirmt hinter einem großen Eingangstor. Gleich daneben liegen Küchen, Eßräume, Schlafsäle und Räume für die Abwicklung von Geschäften. In den anderen drei Flügeln sind kleinere Räume, die an Mönchszellen erinnern, sowie Abstellräume für Pferde und Motorfahrzeuge. Der Komfort ist unterschiedlich.

Hier, in der Werkstatt Massis, habe ich ein Bett, einen Teppich und einen Ofen; ich habe ein zartes Hühnchen gegessen und als Nachtisch süße Weintrauben. In Damghan gab es überhaupt keine Möbelstücke, und zu essen gab es lauwarmen Reis.

Nishapur (1200 m), 14. November. – Man kann alles schätzen lernen. Nirgendwo in Persien war ein Lastwagen zu sehen, wie ich ihn in Damghan erwischte: ein nagelneuer Reo Speed Waggon auf Jungfernfahrt, mit einer Höchstgeschwindigkeit von knapp sechzig Stundenkilometern in ebenem Gelände, mit Doppelbereifung, Kühler und Licht im Führerhaus. Mahmud und Ismail wollen die Strecke von Teheran bis zur indischen Grenze in Rekordzeit zurücklegen. Sie erkundigen sich alle fünf Minuten nach meinem Befinden und wollen, daß ich bis Duzdab mitfahre.

Die Morgendämmerung drang wie ein Lächeln vom Galgen durch die stürmische, regennasse Nacht. Ich aß ein Stück Käse und die übriggebliebene Hälfte der Hühnerbrust aus Shahrud. Zwei verkümmerte Weiden und ein Teehaus zeichneten sich in der Dunkelheit ab. Mahmud und Ismail gingen hinein, um ihre Kollegen zu begrüßen. Ich döste auf meinem Platz.

In Abbasabad drängten wir uns um ein Feuer, während die Leute uns Perlen, Zigarettenspitzen und Würfel aus einem weichen graugrünen Stein verkaufen wollten. Sie trugen dunkelrote russische Kittel und stammen von georgischen Siedlern ab, die Schah Abbas ins Land geholt hatte. Dann weiter, gegen Wind und Regen, durch die graue, hügelige Ödnis. Graue Zeppelinwolken ziehen niedrig und schnell

dahin. Die grauen, einsamen Dörfer sind menschenleer. Diese alten Formen, bienenkorbförmige Kuppeln und Zikkurate, die sich um die verfallenen Zitadellen drängen, lösen sich im Regen auf. Seit dem Beginn der Geschichte lösen sie sich im Regen auf. Und wenn der Sommer kommt, werden sie aus neuen Lehmziegeln auferstehen, bis die Geschichte zu Ende geht. Angeschwollene Flüsse rauschen durch die engen Gassen auf die Felder und hinaus in die Wüste. Selbst die Piste verwandelt sich in einen Wasserlauf. Über Nacht haben die Pappeln ihre Blätter verloren, aber die Platanen behalten die ihren noch einen Tag. Kamele ziehen an uns vorbei – laut klingelt die Glocke des Leittiers – und sind schon wieder verschwunden. Schäfer in weißen Mänteln folgen im Sturm ihren Herden, die auf steinigem Boden grasen. Schwarze Zelte und schwarze Schaffellmützen künden von Turkmenen und dem nahen Zentralasien. Das also ist die Seidenstraße. Vor acht Jahrhunderten beobachtete das Minarett von Chosrougerd den Verkehr, so wie es uns beobachtet. Bis Sabsevar sind es noch drei Kilometer. In der Karawanserei gibt es Kebab, Joghurt, Granatäpfel und eine Flasche lokalen Rotwein.

Bald nach Einbruch der Dunkelheit gingen die Scheinwerfer des Lastwagens kaputt. Die nutzlosen Rekordjäger, Mahmud und Ismail, hatten weder Streichhölzer noch einen Docht dabei. Ich schon, aber der Defekt war nicht so rasch behoben, und statt Meschhed zu erreichen, mußten wir die Nacht im Freien verbringen.

Die Heimat von Omar Khayyam, verdammt.

Meschhed (1000 m), 16. November. – Von Nishapur nach Meschhed sind es hundertzwanzig Kilometer. Ich hatte gehofft, gegen Mittag anzukommen.

Doch mein wunderbarer Speed Waggon konnte nicht fahren, und es war schon neun Uhr, als ich einen Platz in einem Bedford-Pilgerbus fand. In Qadamgah, nach fünfundzwanzig Kilometern, machte der Fahrer freundlicherweise halt, so daß ich zum Grabmal wandern konnte. Dieses hübsche kleine überkuppelte Oktogon wurde in der Mitte des siebzehnten Jahrhunderts zur Erinnerung an den Imam Reza errichtet, der hier einmal Rast gemacht haben soll. Das Bauwerk steht unterhalb eines Felsens, umgeben von hohen Schirmpinien und glucksenden Bächen. Die Sonne fiel auf die Fliesen, die blau und zartrosa und gelb vor dem dunklen Laub und dem tiefen Himmel schimmerten. Ein bärtiger, schwarzbeturbanter Seyid bat mich um Geld, und bestürzend schnell strömten die Lahmen und Blinden zusammen. Ich floh zurück zum Bus.

Dieses Fahrzeug beförderte doppelt soviel Passagiere wie zugelassen und dazu noch ihr Gepäck. Der Fahrer, ganz beschwingt über das bevorstehende Ende der Tagesetappe, donnerte mit sechzig Stundenkilometern bergab, schlingerte durch ein Flußbett und hatte gerade den gegenüberliegenden Hang erklommen, als sich zu meiner großen Überraschung das rechte vordere Rad ablöste, krachend das Trittbrett rammte und in Richtung Wüste davonrollte. »Sind Sie Engländer?« fragte der Fahrer angewidert. »Sehen Sie sich das an!« Britischer Stahl, einen Zoll stark, einfach in der Mitte durchgebrochen.

Es dauerte anderthalb Stunden, um ein anderes Teil zu montieren. Die Pilger hockten auf der Erde, mit

dem Rücken zum Wind, die Männer unter ihren gelben Schaffellen, die Frauen schwarz verschleiert. Drei Hühner, an den Beinen zusammengebunden, erfreuten sich einer kurzen Freiheit, doch ihr Gegacker verhieß nichts Gutes. Dann ging es weiter, der Chauffeur fuhr, wie gelähmt vor Vorsicht, höchstens zehn Stundenkilometer und hielt an jeder Karawanserei, um seine Nerven mit einem Glas Tee zu beruhigen. Schließlich erreichten wir einen kleinen Paß und eine neue Aussicht.

Feuerrote Berge säumten den Horizont. Von Osten näherten sich die Nacht und eine Wolkenbank. Unter uns in der Ebene ein undeutlicher Fleck aus Rauch, Bäumen und Häusern – Meschhed, die heilige Stadt der Schiiten. Im kalten Herbstdunst blitzte eine goldene, schimmerte eine blaue Kuppel. Jahrhundertelang, seit Imam Reza an der Seite des Kalifen Harun al-Raschid begraben worden war, hat dieser Anblick wüstenmüde Pilger, Kaufleute, Armeen, Könige und Reisende gestärkt – und nun war er die letzte Hoffnung von ein paar Dutzend gereizten Passagieren in einem kaputten Omnibus.

Mehrere Steinhaufen markierten die vorgeschriebene Richtung. Die männlichen Pilger stiegen aus, um zu beten, wandten sich nicht mehr Meschhed, sondern Mekka zu. Der Fahrer stieg aus, um zu kassieren, und hielt sich, da die Männer nicht ansprechbar waren, natürlich an ihre Frauen. Deren Protest, der zu einem furiosen Crescendo anwuchs, sprengte den Moment der Einkehr. Doch die frommen Männer beteten weiter, schlugen die Köpfe auf die Steine, schnitten sich die bestrumpften Füße auf, schwer seufzend und die Augen zum Himmel gerichtet, fest entschlossen, die unaus-

weichliche Abrechnung hinauszuzögern. Der Fahrer und sein Helfer, abgewiesen von den verschleierten Harpyien in ihrem Drahtkäfig, tänzelten um den Bus herum. Einer nach dem anderen versuchten die Männer, sich unbemerkt zu ihren Plätzen zu schleichen, einer nach dem anderen wurden sie von den Fahrern erwischt. Jeder protestierte eine Viertelstunde lang. Aber nur drei weigerten sich schließlich zu bezahlen, sie schimpften und fluchten und wurden mit Stößen und Tritten ausgestoßen. Angeführt von einem weinerlichen Pharisäer, dem Frömmsten der Frommen, der im Bus neben mir gesessen hatte, stapften sie den Hügel hinunter.

Kaum hatte der Busfahrer begonnen, ihnen zu folgen, stimmten die Frauen im hinteren Teil ein dreifaches Geschrei an. Mit Fäusten und Haushaltsgegenständen hätten sie die dünne Abteilwand, die sie vom Fahrer und mir trennte, bald demoliert. Abermals hielten wir. Die schäumenden Weiber ließen den Schleier fallen und beschworen mich, ihre drei Männer zu retten. Inzwischen wollte ich nur eines – vor Einbruch der Dunkelheit ein Hotel erreichen. »Laß die Männer einsteigen oder fahr weiter«, sagte ich zum Fahrer. »Wenn wir hier noch länger stehenbleiben, werde ich mich ebenfalls weigern zu bezahlen.« Das überzeugte den Fahrer. Er holte die entlangtrottenden Männer ein und forderte sie auf einzusteigen. Sie weigerten sich. Sie zogen sich in den Straßengraben zurück und weigerten sich schlicht, dem Monster, das den heiligsten Moment ihres Lebens entehrt hatte, zu Gefallen zu sein. Wieder schrien und tobten die Frauen. Wieder ächzte die Trennwand. Der ganze Bus wankte hin und her. »FAHR WEITER!« brüllte ich und stampfte mit den Füßen, bis ich fast ein Loch in das Boden-

brett gerissen hatte. Der Fahrer sprang hinaus, packte die Deserteure und zerrte sie wieder in den Bus. Der Pharisäer suchte seinen alten Platz, vorn neben mir. Doch nun rastete ich meinerseits aus. Ich wollte den Mann nicht in meiner Nähe haben, rief ich. Er nahm meine Hand und drückte sie an seinen stacheligen, spucketropfenden Bart und bedeckte sie mit Küssen. Ich stieß ihn von mir, sprang auf der anderen Seite hinaus und erklärte dem mittlerweile benebelten, erschöpften und elenden Fahrer, daß ich eher zu Fuß nach Meschhed marschieren und das Fahrgeld behalten würde, als weiteren Kontakt mit diesem Mann zu erdulden. Daraufhin richteten die Frauen ihre Flüche gegen den Pharisäer. Das kriecherische Scheusal wurde nach hinten verfrachtet. Und in einem Tempo, das eine Geschützlafette nicht überstanden hätte, setzten wir unsere Fahrt nach der heiligen Stadt fort.

Der Fahrer und ich schauten uns an. Wir lachten.

Meschhed, 17. November. – Der heilige Bezirk beherrscht die Stadt. Turkmenen, Kasachen, Afghanen, Tadschiken und Hazara drängen sich auf den Straßen, neben verschmuddelten pseudoeuropäischen Persern. Der Polizei machen diese Fanatiker so sehr angst, daß Ungläubigen der Zutritt zum Heiligtum noch immer verboten ist, trotz der offiziell anti-klerikalen Haltung des Staates, der überall sonst für geöffnete Moscheen sorgt. »Wenn Sie wirklich hingehen wollen«, sagte der Mann im Hotel, »können Sie meinen Hut nehmen. Mehr brauchen Sie nicht.« Angewidert betrachtete ich dieses zerknautschte Symbol von Marjoribanks' Herrschaft, Parodie eines französischen *képi,* und sagte

mir, daß es mir bei meinen blauen Augen und dem blonden Schnurrbart kaum helfen würde.

Unlängst begab sich Marjoribanks zu einer ersten Visite nach Sistan. Um seinen Modernisierungsappetit nicht zu enttäuschen, errichteten die erschrockenen Stadtväter eine komplett neue Stadt à la Potemkin, deren Mauern, obschon mit Lichtergirlanden geschmückt, nur leeres Land umgaben. Einen Tag vorher traf ein mit Kindersachen beladener Lastwagen ein. Anderntags sah die Schule wie ein französischer Kindergarten aus. Der Monarch fuhr vor, stieg aus, entließ den Schuldirektor, weil die Kinder so rückständig gekleidet waren, und fuhr weiter. Aber nicht, bevor man ihnen die Sachen vom Leibe gerissen und wieder auf den Lastwagen geworfen hatte, um sie rechtzeitig zum nächsten Ort zu schaffen. Persien ist noch immer das Land von *Hadschi Baba**.

Gestern kam Noels Reisegruppe an. Ich habe mir einen Platz in einem vollständig mit Rosen bemalten afghanischen Lastwagen nach Herat gesichert. Übermorgen soll es losgehen.

Meschhed, 18. November. – Tus, die Heimatstadt Firdausis, existierte schon vor Meschhed, das um die Gebeine des Imam Reza anwuchs. Der Ort liegt fünfundzwanzig Kilometer nordwestlich, an der Straße nach Aschchabad hinter der russischen Grenze.

Erdwälle und Mauern verraten die Lage der Altstadt. Eine alte achtbogige Brücke spannt sich über den Fluß.

* Anspielung auf den 1824 erschienenen Roman *The Adventures of Hajji Baba of Ispahan* von James Morier. (A. d. Ü.)

Und ein monumentales, überkuppeltes Mausoleum, dessen Ziegel die Farbe von getrockneten Rosenblüten haben, erhebt sich vor den blauen Bergen. Niemand weiß, an wen es erinnern soll, aber die Ähnlichkeit mit dem Mausoleum des Sultan Sandschar in Merw läßt die Vermutung zu, daß es im zwölften Jahrhundert errichtet wurde. Von der einstigen Pracht der Stadt ist nur dieses Bauwerk erhalten.

Doch im nächsten Jahr wird die Tausendjahrfeier der Geburt Firdausis sein. Ausländer haben von Firdausi gehört. Sie verehren ihn, wie nur ein Dichter verehrt werden kann, den kein Mensch je gelesen hat. Und so ist zu erwarten, daß ihre Lobeshymnen weniger seinem Schaffen als seiner Nationalität gelten. Das hoffen jedenfalls die Perser. Ein Festprogramm wurde bereits bekanntgegeben. Regierungen, die durch Grenzen oder Interessen mit Persien verbunden sind, entsenden Delegationen, um Marjoribanks daran zu erinnern, daß man bei ihnen noch in den Wäldern lebte, während die Leute in seinem Land Gedichte schrieben. Und sie werden feststellen, daß dieser Vergleich auch für die heutige Zeit gelten kann. Marjoribanks' neue Eisenbahn, seine unparteiische und offene Justiz, seine Begeisterung für europäische Straßenanzüge erfüllen eine verwirrte Welt mit Hoffnung. Tatsächlich hat Schah Reza Pahlevi Firdausi stehen lassen.

Tus, das so lange zwischen den Bergen und der Wüste geschwiegen hat, wird Schauplatz dieser wohlklingenden Ansprachen sein. Dort, wo höchstwahrscheinlich der Dichter begraben liegt, wird ein Zenotaph enthüllt werden. Dieses schon fast fertiggebaute Objekt war eine angenehme Überraschung. Ein wuchtiger Kegel, später einmal mit weißen Steinen bedeckt, steht auf einer breiten Treppe. Davor liegt ein langes Wasser-

becken, gesäumt von Bäumen und zwei klassischen Pavillons. Angesichts der Beschränkungen, die der orientalische Geschmack im Umgang mit europäischen Ideen erkennen läßt, kann man von einem bewundernswerten Entwurf sprechen. Das europäische Element, der Zenotaph, ist denkbar schlicht, das persische Element, der Garten, wie immer wunderschön; und beide sind durch angenehme Proportionen miteinander verbunden. Wenn die Feierlichkeiten vorbei sind und nur mehr das Gebimmel der Ziegenglöckchen zu hören sein wird, mag der Verehrer Firdausis in diesem unprätentiösen Schrein beglückenden Frieden finden.

Im Konsulat fand heute nachmittag eine Teegesellschaft mit anschließenden Spielen statt. Der Polizeichef, der wie ein Scharfrichter aussieht und wohl auch auch einer ist, bot mit einer amerikanischen Missionarin am Arm ein kurioses Bild beim Hütchenspiel. Ich lernte Mr. Donaldson kennen, den Leiter der amerikanischen Mission, der, statt zu missionieren – oder vielleicht nebenher –, vor kurzem ein Buch über den schiitischen Islam geschrieben hat.

Ein Telegramm aus Teheran meldet, daß die Holzkohlefahrzeuge eingetroffen sind und weitertransportiert werden, sobald der Zoll sie freigegeben hat. Auf sie zu warten ist sinnlos. Wir werden uns, wenn überhaupt, in Mazar-i-Scharif sehen. Die Straße ist möglicherweise schon jetzt wegen Schnees unpassierbar.

Noel will sich nun ebenfalls um Visa für Afghanistan kümmern.

AFGHANISTAN: Herat (910m), 21. November. – Noel bekam seine Visa und fuhr mich hierher beziehungsweise ich ihn. Da er seit London die ganze Zeit gefahren war, freute er sich, das Steuer jemand anderem überlassen zu können. Er ist heute nachmittag auf der Südroute nach Kandahar abgereist.

Bis auf die Angehörigen des russischen Konsulats, die wie Gefangene leben, bin ich der einzige Europäer hier und achte auf tadelloses Verhalten. Die Blicke der Öffentlichkeit verlangen das. Im Hotel habe ich Gesellschaft in Gestalt von drei indischen Parsen, die auf Fahrrädern um die ganze Welt reisen wollen. Sie sind aus Mazar-i-Scharif auf der neuen Straße gekommen, die in diesem Sommer eröffnet wurde. Unterwegs begegneten sie mehreren Russen, die über den Oxus geflüchtet waren und von einer Eskorte über die Wakhan-Pamir-Straße nach Chinesisch-Turkestan begleitet wurden. Unter ihnen war auch ein Journalist, der ihnen einen Brief mitgab, in dem er seine Qualen schilderte. Seine Stiefel waren schon durchlöchert, aber er wollte bis Peking marschieren.

Herat hat einen eigenen Sekretär für Auswärtige Angelegenheiten, den Mudir-i-Kharidscha, der mir versichert, daß ich, sofern ich eine Transportmöglichkeit fände, nach Turkestan weiterreisen dürfe. Auch der Gouverneur hat mich schon empfangen, Abdul Rahmin Khan, ein gutaussehender alter Herr, der eine hohe schwarze Fellmütze und einen grauen Schnurrbart trug. Auch er ist bereit, mich überall hinfahren zu lassen, und will mir Empfehlungsbriefe für die Behörden unterwegs mitgeben.

Später besuchte ich den Muntazim-i-Telegraf, der Englisch spricht.

»Wo ist Amanullah Khan?« fragte er plötzlich und spähte aus dem Fenster, ob auch niemand in der Nähe war.

»Vermutlich in Rom.«

»Kommt er zurück?«

»Das wissen Sie besser als ich.«

»Ich weiß nichts.«

»Sein Bruder, Inayatullah, ist zur Zeit in Teheran.«

Der Muntazim richtete sich auf. »Wann ist er dort angekommen?«

»Er wohnt dort.«

»Was macht er?«

»Spielt Golf. Er spielt so schlecht, daß die ausländischen Diplomaten ihm aus dem Weg gehen. Aber sobald bekannt wurde, daß König Nadir Schah ermordet worden war, riefen sie ihn alle an und wollten mit ihm spielen.«

Der Muntazim schüttelte den Kopf ob dieser düsteren Information. »Was ist Golf?« fragte er.

Heute abend kam ein Herr von der Stadtverwaltung vorbei und erkundigte sich, ob ich bequem untergebracht sei. Ich bekannte, daß ich es noch angenehmer fände, wenn die Fenster in meinem Zimmer auch verglast wären. Besitzer des Hotels ist Seyid Mahmud, dem Aussehen nach ein Afridi, der in Karachi in einem Hotel gearbeitet hat. Er zeigte mir das Gästebuch, dem ich entnahm, daß Graf von Bassewitz, der deutsche Konsul in Kalkutta, im August auf dem Rückweg von seinem Urlaub hier übernachtet hat. Seit 1929 hatte ich nicht mehr von ihm gehört.

Herat, 22. November. – Herat liegt in einer fruchtbaren, in west-östlicher Richtung verlaufenden Ebene, jeweils fünf Kilometer entfernt vom Heri-Rud im Süden und von den Ausläufern der Paropamisos-Berge im Norden. Herat besteht aus zwei Städten. Die alte ist ein Gewirr aus engen, verwinkelten Gassen, umgeben von einer wuchtigen Verteidigungsanlage und durchzogen von der drei Kilometer langen Achse, die quer durch den großen Basar verläuft; im Norden erhebt sich auf einer Anhöhe die Zitadelle, eine imposante mittelalterliche Festung, die die ganze Ebene beherrscht. Gegenüber liegt die neue Stadt, bestehend aus einer breiten Straße, die vom Basareingang nach Norden führt, und einer ähnlichen Straße, die sie im rechten Winkel kreuzt. Diese beiden Straßen werden von offenen Läden gesäumt. Über ihnen liegt das Obergeschoß des Hotels, inmitten der Kupferschmiede, die von früh bis spät hämmern und die Gäste vom Faulsein abhalten. Ein paar Schritte weiter, an der Straßenkreuzung, liegt das Büro für Lastwagenreisende, die sich täglich inmitten von Stapeln von Handelswaren und Fässern russischen Benzins versammeln.

Fasziniert vom Unterschied zu Persien, erwidere ich den Blick der Leute. Das Erscheinungsbild des gewöhnlichen Persers, der sich an Marjoribanks' Kleidungsvorschriften hält, ist eine Schande für die Menschenwürde; diese armseligen Kreaturen, denkt man, können unmöglich das Volk sein, das mit seiner Höflichkeit, seinen Gärten, seiner Reitkunst und seiner Liebe zur Literatur so viele Reisende für sich eingenommen hat. Wie die Afghanen für sich einnehmen wollen, bleibt abzuwarten. Kleidung und Gang sind schon mal vertrauenerweckend. Einige, die Staats-

diener, tragen europäische Anzüge und eine elegante Lammfellmütze. Die Städter tragen gelegentlich auch eine Weste im viktorianischen Stil oder den hochgeschlossenen Gehrock der indischen Muslime. Gehen diese Importe jedoch mit einem mächtig aufgetürmten Turban einher, einem bunten Überwurf, einer weißen Pluderhose mit schmalen Beinen und goldbestickten Schnabelschuhen, so sind sie von exotischer Fröhlichkeit wie ein indischer Schal in der Oper. Das ist die Mode, wie sie die eigentlichen Afghanen im Süden bevorzugen. Die Tadschiken, das persische Element, bevorzugen den gesteppten Mantel Turkestans. Die Turkmenen tragen Schaftstiefel, lange rote Röcke und schwarze Kappen aus weichem Ziegenhaar. Am bemerkenswertesten ist die Tracht der Bergbewohner aus der Umgebung, die in Überziehern aus weißem Serge durch die Straßen segeln, mit wehenden Ärmeln, die ihnen wie Flügel bis in die Kniekehle hängen und mit Mustern wie Schablonen perforiert sind. Hin und wieder huscht ein baumwollener Bienenkorb mit Guckfenster vorbei. Das ist eine Frau.

Selbstbewußt und lässig schlendern diese dunklen, scharfäugigen und hakennasigen Männer durch den düsteren Basar. Beim Einkaufen haben sie ihr Gewehr dabei, wie der Londoner zum Einkaufen seinen Regenschirm mitnimmt. Diese Wildheit ist teilweise gespielt. Die Gewehre funktionieren vielleicht nicht. In einer engen Militäruniform mag die Statur nicht so eindrucksvoll sein. Selbst das Blitzen der Augen beruht oft auf Schminke. Doch das hat Tradition. In einem Land, in dem sich niemand auf das Gesetz verläßt, ist durch entschlossenes Auftreten schon viel gewonnen. Für den Staat mag diese Tradition lästig sein, aber den Menschen hat sie geholfen, ihre innere Ausgeglichen-

heit und den Glauben an sich selbst zu bewahren. Sie erwarten von Europäern, daß sie sich an ihre Gesetze halten, und nicht umgekehrt, was mir heute morgen klar wurde, als ich eine Flasche Arrak kaufen wollte. In ganz Herat bekommt man keinen einzigen Tropfen Alkohol. Hier zeigt sich Asien endlich ohne Minderwertigkeitskomplex. Amanullah soll sich gegenüber Marjoribanks damit gebrüstet haben, er werde Afghanistan schneller modernisieren als jener Persien. Damit war das Ende Amanullahs besiegelt, und mögen ähnliche Äußerungen ebenso das Ende seiner Nachfolger bedeuten.

Das letzte Stück der Fernstraße von Persien nach Herat verläuft dicht unterhalb der Berge, bis sie auf die Straße von Kuschk stößt. Von dort geht es dann bergab in Richtung Stadt. Als wir ankamen, war dunkle, aber sternenklare Nacht. Solche Nächte haben immer etwas Geheimnisvolles. In einem unbekannten Land, nach der Begegnung mit wilden Grenzwächtern, wurde ich von einer Erregung ergriffen, wie ich sie selten erlebt habe. Plötzlich führte die Straße an hohen Schloten vorbei, die sich schwarz vor dem Sternenhimmel abzeichneten. Zuerst war ich baff, denn eine Fabrik hätte ich hier am allerwenigsten erwartet. Doch dann tauchte, neben diesen riesigen Fingern eher klein, die Silhouette einer halb verfallenen Kuppel auf, eigentümlich gerippt wie eine Melone. Auf der ganzen Welt, dachte ich, ist nur eine solche Kuppel bekannt: das Grabmal Tamerlans in Samarkand. Bei den Schloten mußte es sich also um Minarette handeln. Ich ging zu Bett wie ein Kind einen Tag vor Weihnachten, gespannt und aufgeregt.

Der Tag bricht an. Ich trete hinaus auf ein Dach beim Hotel und sehe auf einem leeren Feld vor zartrosa

Bergen sieben himmelblaue Säulen, auf die das Morgenlicht blaßgoldene Reflexe wirft. In ihrer Mitte steht eine leuchtendblaue, oben abgeschnittene Melonenkuppel. Diese Schönheit ist nicht bloß malerisch, abhängig von Licht oder Landschaft. Bei näherer Betrachtung erkennt man, daß jede Fliese, jede Blume, jede Ranke des Mosaikdekors mit ihrem besonderen Charakter zum Ganzen beiträgt. Eine solche Architektur berichtet noch in verfallenem Zustand von einem Goldenen Zeitalter. Hat die Geschichte es vergessen?

Nicht ganz. Die Herater Miniaturen aus dem fünfzehnten Jahrhundert sind berühmt, nicht zuletzt wegen ihres Einflusses auf die persische und indoislamische Kunst. Das Zeitalter und die Menschen aber, die sie und auch diese Bauwerke geschaffen haben, hat die Welt weitgehend vergessen.

Das hat seinen Grund darin, daß Herat in Afghanistan liegt, während Samarkand, die Hauptstadt Timurs, aber nicht der Timuriden, eine Eisenbahnverbindung hat. Afghanistan war bis vor kurzem unzugänglich. Nach Samarkand aber zieht es Wissenschaftler, Maler und Fotografen schon seit fünfzig Jahren. Also wird das Zentrum der timuridischen Renaissance in Samarkand und Transoxanien vermutet, und ihre wahre Hauptstadt Herat ist weiterhin nur ein Name, ein Geist. Inzwischen ist es genau umgekehrt: Die Russen haben Turkestan geschlossen, die Afghanen haben ihr Land geöffnet. Nun bietet sich die Gelegenheit, die Verhältnisse zurechtzurücken. Auf dem Weg zu den Minaretten ist mir zumute, wie jemandem zumute sein mag, der auf einen verschollenen Livius-Text oder einen unbekannten Botticelli gestoßen ist. Ein solches Gefühl läßt sich nicht beschreiben. Die Timuriden

sind so fern, daß sie kaum jemanden ins Schwärmen bringen. Aber für mich ist das der Lohn meiner Reise.

Gleichwohl waren diese orientalischen Medici eine außergewöhnliche Dynastie. Mit Ausnahme von Schah Rukh, dem Sohn Timurs, und von Babur, der Indien eroberte, stellten sie ihre privaten Ambitionen über das Wohl des Staates; in der Politik waren sie alle, was Timur gewesen war: Freibeuter auf der Suche nach einem Königreich. Timur hatte ein Imperium errichtet, Oxanien von den Nomaden befreit und die zentralasiatischen Turkvölker unter den Einfluß der persischen Zivilisation gebracht. Seine Nachfolger, von dem gleichen Impuls getrieben wie er, zerstörten sein Werk und sich selbst. Für sie gab es kein Erbfolgegesetz. Sie meuchelten ihre Cousins, begingen sogar Vatermord, tranken sich reihenweise zu Tode. Doch wenn diese Prinzen nur für das Vergnügen lebten, so betrachteten sie die Künste als die höchste Form des Vergnügens, und ihre Untertanen eiferten ihnen nach. Wer etwas gelten wollte, mußte mindestens ein Freund der Kunst, wenn nicht gar ein Künstler sein. Am Ausspruch des berühmten Ministers Ali Schir Nevai, Schah Rukh habe selbst zwar keine Gedichte geschrieben, aber oft Gedichte zitiert, ist vor allem sein Erstaunen ob des ersten Teils der Aussage bemerkenswert. Die Timuriden besaßen Geschmack, waren aufgeschlossen für Neuerungen. Sie erkundigten sich in China nach neuen Ideen in der Malerei. Das klassische Persisch reichte ihnen nicht, sie bedienten sich auch des Türkischen, einer kraftvolleren Sprache, wie es für Dante, dem das Lateinische nicht mehr reichte, das Italienische war. Detaillierte Lebensbeschreibungen waren sehr beliebt. Unerträglich langweilig in ihrer

Aneinanderreihung von Intrigen und Kriegen, handeln sie doch von Menschen aus Fleisch und Blut. Ihre Charaktere entsprechen dem Bild, das wir von ihnen haben. Sehr oft wissen wir von Porträts, wie sie aussahen, sich kleideten, und ihre Bauwerke haben ein ähnliches, unverwechselbares Gepräge. Die Timuriden haben eine besondere persönliche Ausstrahlung, die von einem in der islamischen Geschichte seltenen Phänomen kündet – einem Zeitalter des Humanismus.

Aus europäischer Sicht war dieser Humanismus begrenzt. Die timuridische Renaissance fand, wie die unsere, im fünfzehnten Jahrhundert statt, sie wurde getragen von kunstbegeisterten Fürsten und ging dem Heraufkommen von Nationalstaaten voraus. Doch einen Unterschied gibt es. Während die europäische Renaissance weitgehend eine Bewegung der Aufklärung, der Hinwendung zur Vernunft war, fiel die timuridische Renaissance mit einer neuen Konsolidierung religiöser Macht zusammen. Die zentralasiatischen Turkvölker hatten die Verbindung zum chinesischen Materialismus schon verloren. Und Timur brachte ihnen den Islam, nicht nur als Religion, das war schon geschafft, sondern als Fundament der Gesellschaft. Für intellektuelle Grübeleien haben die Türken ohnehin nicht viel übrig. Die Nachkommen Timurs, die den Strom der persischen Kultur für sich selbst nutzbar machten, beschäftigten sich mit der Schönheit des Diesseits, nicht des Jenseits. Die Frage nach dem Sinn des Lebens überließen sie den Heiligen und den Theologen, die sie beschenkten und denen sie Denkmäler errichteten. Aber den praktischen Alltag gestalteten sie, obschon am Islam orientiert, nach dem gesunden Menschenverstand, vorurteilsfrei und unsentimental, nur einem rationalen Denken verpflichtet.

Diese Geisteshaltung ist in den Erinnerungen Baburs bewahrt, die zu Beginn des sechzehnten Jahrhunderts in Türkisch geschrieben wurden und von denen zwei englische Übersetzungen vorliegen.* Wir begegnen darin einem Mann, für den Alltagsangelegenheiten, Unterhaltungen, Kleider, Gesichter, Gesellschaften, Musik, Häuser und Gärten ebenso wichtig sind wie der Verlust eines Fürstentums in Oxanien und die Eroberung Indiens, einem Mann, der sich nicht nur für politische Dinge interessiert, sondern auch für die Natur – so berichtet er, wie weit indische Kröten hüpfen –, und der sich selbst ebenso ehrlich darstellt wie andere, so daß er uns in seinem realistisch gezeichneten Selbstporträt – noch in der Übersetzung glaubt man seine Stimme zu hören – ein Bild seiner ganzen Dynastie hinterlassen hat. Geboren in der sechsten Generation nach Timur, eroberte Babur erst gegen Ende seines Lebens Indien und wurde erster Mogulherrscher. Selbst das war für ihn nur zweite Wahl, nachdem er dreißig Jahre lang versucht hatte, seine Herrschaft in Oxanien neu zu errichten. Doch als Mann von Geschmack bemühte er sich nach Kräften, das Leben in einem so abscheulichen Land so erträglich wie möglich zu machen. Seine Ausführungen zeigen, welches Niveau er anstrebte. Von den Indern meinte er, sie seien ohne Anmut, führten kein geselliges Leben, besäßen keine guten Pferde und kein gutes Obst. »Im Handwerk und bei ihren Arbeiten zeigen sie weder Ordnung noch Sinn für Symmetrie, noch gibt es bei ihnen Waagrechte oder Senkrechte … Ihren Häusern fehlen Charme, Luftigkeit und schöne Proportionen.« Er äußerte sich abfällig über ihre

* Dt.: Zahiruddin Muhammad Babur, *Die Erinnerungen des ersten Großmoguls von Indien. Das Babur-nama.* Übers. von W. Stammler. Zürich, 1988.

Gewohnheiten, so wie Macaulay über ihre mangelhafte Bildung lästerte oder Gibbon über die Byzantiner lästerte – im Lichte einer klassischen Tradition. Und da diese Tradition nach der Eroberung Oxaniens und Herats durch die Usbeken auch anderswo ausgelöscht wurde, strebte er danach, ihr neue Impulse zu verleihen. Er und seine Nachfolger verwandelten das Antlitz Indiens. Sie gaben dem Land eine Lingua franca, einen neuen Stil in der Malerei und eine neue Architektur. Sie stärkten die Idee von der Einheit Indiens, die das Fundament der britischen Herrschaft werden sollte. Der letzte Mogulherrscher starb 1862 im Exil in Rangun. Damit war der Weg frei für Königin Victoria. Die Nachfolger Timurs leben heute, arm und stolz, im Gassengewirr von Delhi.

Zurück zu meinem Hotel im Basar der Kupferschmiede, zurück zu Babur, der in der Übersetzung von Mrs. Beveridge auf meinem Tisch liegt, während ich unter dem Moskitonetz auf der Erde liege. Herat liegt in der Mitte zwischen Persien und Oxanien, den beiden Teilen von Timurs Imperium. Und von den zwei Straßen, die sie verbinden, beherrscht Herat die einfachere. Diese Route werde ich nehmen, denn die andere, via Merw, führt durch Wüste. Aus geographischer Sicht war Herat also weitaus geeigneter als Samarkand, Hauptstadt des Reiches zu sein, und nach Timurs Tod im Jahr 1405 wurde Herat von Schah Rukh auch dazu gemacht. Herat entwickelte sich zur politischen, kulturellen und kommerziellen Metropole Zentralasiens. Aus Kairo, Konstantinopel und Peking kamen Gesandtschaften; Bretschneider macht in *Mediaeval Researches from Eastern Asiatic Sources* mit den chinesischen Beschreibungen bekannt. Nach den zwanzigjährigen

Wirren, die auf den Tod Schah Rukhs im Jahr 1447 folgten, wurde Herat von Hussein Baikara eingenommen, einem Nachkommen von Timurs Sohn Omar Scheikh. Unter ihm erlebte Herat noch einmal vierzig Jahre Frieden. Dies war der Sommer der Renaissance: Mirkhond und Khondemir verfaßten ihre Geschichtswerke, Dschami dichtete, Behzad malte, und Ali Schir Nevai war der Meister der türkischen Literatur. In seiner Jugend hatte Babur das Herat dieser Epoche erlebt, als die Usbeken auf dem Anmarsch, Samarkand schon gefallen war. »Im übrigen«, schrieb er später, »gibt es in der ganzen bewohnten Welt keine Stadt, die sich mit Herat hätte vergleichen können, so wie sie unter Sultan Hussein Mirza geworden war ... Chorasan und insbesondere Herat waren bevölkert von gebildeten und begabten Männern. Was auch angefangen oder unternommen wurde, alle waren sie bestrebt und entschlossen, ihr Werk zur Vollkommenheit zu führen.«

Im Herbst 1506 hielt sich Babur drei Wochen in Herat auf. Das Wetter war vielleicht ähnlich wie zur Zeit: klare, sonnige Tage, die allmählich kürzer und kälter wurden. Jeden Tag ritt er aus. Heute morgen folgte ich ihm, sah mir die Bauwerke an, die er sich angesehen hatte. Viel ist nicht mehr übrig. Sieben Minarette und ein verfallenes Mausoleum – das ist mein Bild von jener Zeit. Den Rest liefert ihre Geschichte, und dazu muß ich mich späteren Autoren, Soldaten und Archäologen zuwenden. Besonders zwei haben mir als Führer gedient.

Bis zu ihrer Ankunft verging viel Zeit. Denn das Licht der Timuriden-Renaissance erlosch 1507, als Herat von den Usbeken erobert wurde. Der ahnungs-

volle Babur hatte die Stadt bereits verlassen und gibt seiner Verärgerung Ausdruck, indem er berichtet, Schaibani, ihr Führer, sei so stolz auf seine eigene Kultur, daß er es wagte, die Werke des Behzad zu korrigieren. Drei Jahre später wurde Herat von Schah Ismail erobert und dessen neuem Persien einverleibt. Die Schatten werden länger. Ein letztes Aufflackern des alten Glanzes begrüßt Humayun, den Sohn Baburs, der 1544 aus Indien nach Isfahan reist, um Schah Tahmasp zu besuchen. Dreihundert Jahre später hebt sich der Vorhang, und wir sehen die Überreste von Nadir Schahs Reich und die reisenden Militärs des neunzehnten Jahrhunderts.

Mehrere britische Offiziere besuchten Herat in der ersten Hälfte des Jahrhunderts. Einer von ihnen, Eldred Pottinger, organisierte 1838 die Verteidigung der Stadt gegen einen persischen Angriff. Er avancierte zum Helden eines Romans von Maud Diver, der auch gar nicht so schlecht ist, wenn einem die Art von Flora Annie Steel gefällt. Ein weiterer war Burnes, der später in Kabul ermordet wurde und dessen indischer Sekretär, Mohun Lal, im *Journal of the Bengal Asiatic Society* (1834) einen Artikel über Herat veröffentlichte. Ferrier, ein französischer Söldner, unternahm 1845 zwei erfolglose Versuche, verkleidet nach Kabul zu gelangen. Auch sein Buch liegt auf meinem Tisch, aber das Gewicht dürfte kaum den Aufwand lohnen. In der Mitte des Jahrhunderts kamen zwei Forscher, der Ungar Vambéry und der Russe Khanikoff. Daß Vambéry die Reise nach Buchara tatsächlich unternommen hat, ist oft bezweifelt worden. Seine Beschreibung von Herat enthält jedenfalls nichts, was nicht bei Conolly oder Abbott abgeschaut sein könnte. Khanikoff ist fast ebenso enttäuschend. Obwohl er

einen ganzen Winter in Herat verbrachte, enthält sein Bericht im *Journal Asiatique* von 1860 nur einige wenige Inschriften und einen Stadtplan.

1885 kommen die Militärs dann doch zu Hilfe. Russische Truppen wurden an der afghanischen Nordwestgrenze zusammengezogen, doch die indische Regierung konnte sie nicht aufhalten, weil weder sie noch die Afghanen wußten, wo die Grenze verlief. Zur Beilegung des Streits setzten beide Mächte eine Kommission ein, der auf britischer Seite die Historiker A. C. und C. E. Yate angehörten. Die beiden Brüder bereisten ein damals praktisch unbekanntes Land und berichteten über alles mit militärischer Präzision. C. E. Yate widmet ein Kapitel den historischen Baudenkmälern von Herat, die er beschreibt, als handelte es sich um eine neue Artilleriewaffe – auch wenn er für ihre Schönheit keineswegs unempfänglich war. Er ist der eine meiner beiden hauptsächlichen Führer und liegt jetzt nicht mehr auf dem Tisch, sondern in meinem Schoß.

Der zweite ist ebenfalls ein Soldat, wenn diese Bezeichnung auf einen Mann zutrifft, der einen Einmannkrieg zu führen versucht. Im Herbst 1914 versammelte sich in Konstantinopel ein Trupp Deutscher, die den Engländern in Asien Schwierigkeiten bereiten wollten. Einige blieben in Persien, darunter auch Wassmuss, von dem Christopher schwärmt. Einige reisten nach Afghanistan weiter, und wie erfolgreich sie dort waren, bewies Amanullah 1919 mit seinem Angriff auf Indien, ein Jahr zu spät. Zu dieser Gruppe gehörte Oskar von Niedermayer. 1924 veröffentlichte er seine Reisefotografien in Buchform. Ernst Diez schrieb dazu ein Vorwort, in dem er die meisten der Herater Bauwerke anhand von historischen Schriften und Reiseberichten identifiziert und datiert. Professor Diez ist ein

alter Bekannter. Bei meiner Abreise aus Teheran hatte ich seine *Churasanischen Baudenkmäler* dabei, einen gewichtigen Band, der wahrscheinlich zum Achsbruch meines Morris geführt hatte. Niedermayer war mir kein Begriff. Durch Zufall fand ich sein Buch im Konsulat in Meschhed, als ich den anderen Diez dort deponierte, um Noels Rolls ein ähnliches Schicksal zu ersparen.

Das soll fürs erste reichen. Ich bekomme Besuch vom hiesigen Arzt.

Ein freundlicher Pandschabi im Dienst des afghanischen Gesundheitsministeriums. Er kam, um Neuigkeiten zu hören und Englisch zu üben. Ich erzählte ihm von meiner Unterhaltung mit dem Gouverneur und bemerkte, wie angenehm es sei, nach der Atmosphäre des Mißtrauens in Persien die freiere Luft hier zu atmen.

»Sie irren sich, wenn Sie glauben, daß es hier kein Mißtrauen gibt. Überall herrscht Mißtrauen. Persien kann es in dieser Hinsicht nicht mit Afghanistan aufnehmen. Zur Zeit befinden sich zwanzig Ausländer in der Stadt, Inder und Russen. Zu ihrer Überwachung sind etwa hundertzwanzig Agenten eingesetzt. Sie glauben, Sie werden nicht beobachtet? Unten auf der Straße stehen sie. Ich sehe sie. Sie sehen mich. Sie beobachten mich die ganze Zeit. Sie werden sofort melden, daß ich in Ihrem Zimmer bin. Vermutlich werden Sie auch von den Russen beobachtet. Sie wollen wissen, was Sie hier tun. Sie sind überall. Sie kontrollieren das Postamt, ich versichere es Ihnen. Anfang des Jahres schrieb ich an einen Verwandten in England einen Brief, in dem ich zufällig von der russischen Eisenbahn in Kuschk sprach und davon, wie weit es bis dorthin ist. Ja, nur hundertzwanzig Kilometer. Als ich das nächste Mal auf dem russischen Konsulat war,

dienstlich natürlich, sagte man mir sofort: ›Warum geben Sie diese Informationen weiter? Das geht Sie nichts an.‹ Sie verbargen überhaupt nicht, daß sie meinen Brief gelesen hatten. Seitdem habe ich keinen einzigen Brief mehr geschrieben.

Es ist keine gute Zeit für einen Aufenthalt in Afghanistan. Es wird Unruhen geben, jetzt wo König Nadir Schah ermordet wurde. In einem Monat werden Unruhen ausbrechen. Oder vielleicht im Frühling, wenn sich die Stämme besser in den Bergen bewegen können. Aber ich vermute, in einem Monat. Was immer Sie hier tun wollen, machen Sie schnell! Sehen Sie sich alles an. Und dann nichts wie weg! Ich mache jetzt Urlaub. Wenn ich einen Lastwagen finde, werde ich mit meiner Familie wegfahren. Nach Kandahar und von dort aus nach Lahore, wo ich zu Hause bin. Afghanistan ist ein schlechtes Land. Hoffentlich kehre ich nie wieder zurück.«

Herat, 23. November. – Ich ging, meine beiden Reiseführer im Kopf, die nördliche der vier Straßen der Neustadt hinauf zu einem mächtigen Erdwall von etwa 600 Meter Länge, der offenbar von Menschenhand angelegt ist und den Erhebungen bei Balch ähneln muß. Von hier aus kann man auf einen zweiten Wall hochklettern, eine vorgeschobene Verteidigungslinie, und die Lage der Musalla* studieren. Das ist der Name für den ganzen Komplex von Mausoleum und sieben Minaretten. Tatsächlich gehören sie jedoch zu verschiedenen Bauwerken, die zu verschiedenen Zeiten errichtet wurden, einige unter Schah Rukh, eines unter Hussein Baikara.

* Arab.: Ort des Gebets. (A. d. Ü.)

Die Minarette sind dreißig bis vierzig Meter hoch, alle stehen ein bißchen schief, die Spitzen sind abgebrochen, die Sockel beschädigt. Der weiteste Abstand zwischen ihnen, von Westsüdwest nach Ostnordost, beträgt etwa vierhundert Meter. Die beiden westlichen sind massiver als die anderen, aber wie die vier östlichen mit jeweils einem Balkon versehen. Das alleinstehende Minarett in der Mitte hat zwei Balkone. Das Mausoleum befindet sich etwas weiter nördlich zwischen den beiden westlichen Minaretten. Es ist nur halb so hoch wie sie, sieht von weitem aber größer aus.

Diese Ansammlung blauer Türme, die wie planlos auf einem Flickenteppich aus braunen Feldern und gelben Obstgärten aufragen, sieht ganz unnatürlich aus. Die frühen islamischen Herrscher pflegten isoliert stehende Minarette zu errichten, einzeln oder paarweise – man denke nur an den Qutb in Delhi und den Sockel seines Gefährten. Diese Gewohnheit hielt sich aber nicht bis ins fünfzehnte Jahrhundert, und nie waren es sieben. Aber im Innern dieser Minarette, dort wo die Fliesenverkleidung in etwa zwölf Meter Höhe endet, ist zu erkennen, daß sie ursprünglich durch Mauern oder Bögen miteinander verbunden waren und Teil eines Ensembles von Moscheen oder Schulen gewesen sein müssen. Was ist mit ihnen passiert? Bauwerke dieser Größe können einstürzen, aber sie hinterlassen Ruinen. Sie verschwinden nicht einfach spurlos, wie diese hier.

Es ist eine traurige Geschichte. Selbst Yate, der ein Augenzeuge war, stößt einen unsoldatischen Seufzer aus. Ferrier hielt diese Bauwerke, obwohl schon damals zerstört, für die schönsten in ganz Asien. Auch die anderen Reisenden schwärmen von der außergewöhnlichen Schönheit, den hinreißenden Mosaikarbeiten

und vergoldeten Schriftbändern. Wenn ich mich recht erinnere, spricht Conolly von dreißig Minaretten. Überhaupt kommt seine Beschreibung der des zeitgenössischen Historikers Khondemir ziemlich nahe – sieht man über den Unterschied zwischen englischer und persischer Ausdrucksweise einmal hinweg.

In den Siebzigern und Achtzigern des letzten Jahrhunderts war Herat in England in aller Munde. Herat erscheint sogar in der Korrespondenz von Königin Victoria. Wenn die Russen es eroberten, womit allgemein gerechnet wurde, wären sie imstande, entlang der Straße nach Kandahar eine Eisenbahn nach Indien zu bauen. 1885 ereignete sich der Vorfall von Pandschdeh. Obgleich St. Petersburg die gemeinsame Grenzkommission bereits akzeptiert hatte, griffen russische Truppen die Afghanen südöstlich von Merw an und trieben sie zurück. Da mit einem Vormarsch auf Herat täglich gerechnet wurde, befahl der Emir Abdurrahman, die Stadt entsprechend vorzubereiten. Der russische Angriff würde von Norden her erfolgen. Alle Gebäude, die ihnen auf jener Seite der Stadt Deckung böten, sollten also eingerissen werden. Jahrelang hatten Offiziere der indischen Armee solche Maßnahmen empfohlen. Ich vermute, daß dieser spezielle Befehl auf britischen Druck hin erteilt wurde, auch wenn der Beweis erst angetreten werden kann, wenn die Kriegsarchive in Delhi und London ihre Toten freigeben. Jedenfalls wurden die prächtigsten Bauwerke der islamischen Architektur des fünfzehnten Jahrhunderts, die vier Jahrhunderte Barbarei überstanden hatten, nunmehr unter den Augen und mit Billigung der englischen Kommissionsmitglieder dem Erdboden gleichgemacht. Neun Minarette und das Mausoleum kamen davon.

Selbst dieser Nachruf eines Nachrufs ist ungewiß. Schon zwei Minarette sind verschwunden, seit Niedermayer hier war. Sie stürzten 1931 bei einem Erdbeben ein, dem auch ein zweites überkuppeltes Mausoleum zum Opfer fiel, das er fotografiert hatte. Gestern habe ich den Ort besucht, an der Stelle, wo die Straße nach Kuschk von der Straße zur persischen Grenze abbiegt. Ein einziger Trümmerhaufen. Wenn nicht mit Restaurierungsarbeiten begonnen wird, dürften auch die anderen Bauwerke bald einstürzen.

Aber es ist noch genug da, und es gibt genügend Informationen, so daß man sich ein Bild vom Zustand der Bauwerke vor 1885 machen kann.

Die Minarette, die vor zwei Jahren einstürzten, bildeten mit den beiden massigeren im Westen zwei Paare. Gemeinsam markierten sie die vier Ecken einer Moschee. Das war die eigentliche Musalla. Laut einer Inschrift an einem Minarett, das Niedermayer fotografiert hat und das vermutlich bei dem Erdbeben einstürzte, wurde die Musalla zwischen 1417 und 1437 aus der Privatschatulle von Gouhar Schad Begum gebaut, der Gemahlin von Schah Rukh, dem Sohn Timurs. Architekt war höchstwahrscheinlich Qavam ad-Din aus Schiras, der Schah Rukh lange Jahre als Baumeister diente und von dem Historiker Daulat Schah als eine der vier großen Leuchten an dessen Hof bezeichnet wurde.

Diez, der sich auf diesem Gebiet wie kaum ein zweiter auskennt und, im Gegensatz zu mir, sich nicht zum Sklaven seiner Reiseeindrücke macht, schreibt, diese Minarette seien von so »märchenhafter Pracht und subtilem Geschmack« gewesen, daß es in der Geschichte der islamischen Architektur nichts Vergleichbares gebe.

Er stützt sein Urteil nur auf Fotografien. Aber keine Fotografie, keine Beschreibung kann einen Eindruck von der Farbe der Minarette vermitteln, einem azurblau überhauchten Traubenblau, oder von der raffinierten Technik, die diesem Blau eine solche Tiefe und ein solches Leuchten verleiht. Auf dem achteckigen Sockel, dessen weiße Marmorfelder mit barocken Kufibändern geschmückt sind, verbinden sich Gelb, Weiß, Olivgrün und Rostrot mit den beiden Blaus zu einem Labyrinth aus Blumen, Arabesken und Schriftzügen, zart wie die Bemalung einer Teetasse. Der Minarettschaft darüber ist mit kleinen blumengefüllten Rauten bedeckt, aber der Gesamteindruck ist auch hier überwiegend traubenblau. Jede Raute wird von reliefierten weißen Fayencen eingefaßt, so daß der Schaft wie in ein glitzerndes Netz eingewickelt scheint.

In puncto Dekoration sind Minarette meist die am unaufwendigsten ausgeführten Teile eines Gebäudes. Wenn der Rest der Musalla schöner war als die erhaltenen Minarette, auch nur ebenso schön wie sie, dann dürfte es bis heute keine prächtigere Moschee gegeben haben.

Aber ich bin mir nicht sicher. Gouhar Schad ließ noch eine andere Moschee errichten, im heiligen Bezirk von Meschhed. Diese Moschee ist erhalten. Ich muß sie mir unbedingt ansehen, wenn ich auf diesem Weg zurückkehre.

Im Detail reicht die Dekoration des Mausoleums nicht an die der beiden Minarette heran. Rings um den Tambour sind hohe rechteckige Felder angeordnet, die mit sechseckigen lilafarbigen Mosaikwaben gefüllt sind, aus denen sich jeweils ein weißer dreiflügeliger Stuckstern erhebt. Die Kuppel ist türkisfarben, und die

Rippen sind, wie die des Timur-Mausoleums in Samarkand, mit schwarzen und weißen Karos bedeckt. Jede Rippe ist dreiviertelrund und dick wie eine 64-Fuß-Orgelpfeife. Und bis auf einige wenige glasierte Ziegel und eine merkwürdige dreifenstrige Nische, die an eine Villa in Clapham erinnert, sind die Außenmauern schmucklos. Diese einzelnen Elemente mögen zuweilen etwas krude sein, aber die Schönheit ihrer Proportionen und die Solidität des Ganzen ist unübertroffen. Hinsichtlich purer monumentaler Pracht können es nur wenige architektonische Lösungen mit einer Rippenkuppel aufnehmen.

Auch dies scheint das Werk von Gouhar Schad gewesen zu sein. Babur spricht von ihren drei Bauwerken – ihrer Moschee, also der Musalla, ihrer Madrasa, der Schule, und ihrem Mausoleum. Und Khondemir weist mehrmals darauf hin, daß sich das Mausoleum im Innern der Schule befand. Gouhar Schad wurde zweifellos in dem Mausoleum beigesetzt. Yate berichtet von der Inschrift auf ihrem Grabstein. Er bemerkte auch fünf andere, alle von timuridischen Fürsten. Fünfundzwanzig Jahre zuvor hatte Khandikoff insgesamt neun Grabsteine gezählt. Heute sind es nur noch drei – aus mattem schwarzen Stein, in Form von länglichen Kisten, mit floralen Mustern verziert. Einer ist kleiner als die anderen.

Östlich des Mausoleums steht das einzelne Minarett mit zwei Balkonen. Sein Ursprung ist mir ein Rätsel. Die blauen Rauten, blumengeschmückt, aber mit schlichten Ziegeln eingefaßt, sind mit denen der Musalla-Minarette nicht zu vergleichen. Vielleicht gehörte es zu Gouhar Schads Schule. Eine Schule wäre sicherlich nüchterner als eine Moschee. Laut Babur

bildeten Schule, Moschee und Mausoleum offenbar eine Einheit.

Gouhar Schad macht mich neugierig, nicht als fromme Stifterin religiöser Einrichtungen, sondern als eine Frau von Geschmack. Entweder sie besaß Stilempfinden, oder sie verstand es, Menschen anzuziehen, die derlei besaßen. Das beweist Charakter. Außerdem war sie reich. Geschmack, Charakter und Reichtum bedeuten Macht, und mächtige Frauen, von Zauberinnen einmal abgesehen, sind in der islamischen Geschichte eine Seltenheit.

Bleiben noch die Minarette in der Nähe der Brücke über einen gewundenen Kanal. Auch sie sind wie mit einem weißen Netz überzogen, aber ihr Blau ist heller als das der Minarette der Musalla, so daß man aus der Nähe den Eindruck hat, als schaue man durch ein feines Haarnetz in einen Himmel, der plötzlich mit Blumen bepflanzt ist. Diese vier Minarette bezeichnen die Ecken der Schule des Hussein Baikara, der von 1469 bis 1506 in Herat regierte. In unmittelbarer Nähe befindet sich das Grab seines Großvaters, der Stein ähnelt denjenigen im Mausoleum, wird wegen seiner üppigeren Dekoration aber als Stein der Sieben Federn bezeichnet. Dieses Grabmal wird heute noch als Heiligtum verehrt.

Die lyrische und weniger majestätische Schönheit dieser Minarette ist Ausdruck der Epoche, in der sie entstanden. Anders als Gouhar Shad ist Hussein Baikara mehr als nur ein Name. Zumindest seine äußere Erscheinung ist bekannt. Bihzad hat ihn gezeichnet, Babur ihn und auch seine Eigenschaften beschrieben. Er hatte Schlitzaugen und einen weißen Bart und war von schlanker Gestalt. Er trug Gewänder aus hellroter

oder grüner Seide. Gewöhnlich trug er eine schwarze Schaffellmütze. Aber an Festtagen »trug er einen dreifach gefalteten Turban, der jedoch ziemlich locker und nachlässig gewickelt und vorne mit einer Reiherfeder geschmückt war. So begab er sich zum Gebet.« Das zumindest konnte er noch, denn gegen Ende seines Lebens war er durch Rheumatismus so verkrüppelt, daß er die Gebete nicht mehr in der vorgeschriebenen Form verrichten konnte. Nach Art des einfachen Volkes widmete er sich seinen Tauben, der Aufzucht von Kampfwiddern und veranstaltete Hahnenkämpfe. Er schrieb auch Gedichte, allerdings unter einem anderen Namen. Er war von liebenswürdiger und freundlicher Wesensart, aber unstet und maßlos in seinen Launen und seinen Worten. In der Liebe war er unersättlich. Er hatte unzählige Konkubinen und rechtmäßige und illegitime Kinder, die seinen Seelenfrieden und den Staat ruinierten. »In diesem Fürsten, seinen Söhnen, seinen Völkern und Horden wirkte ein mächtiger Geist der Sünde und der Schwelgerei.«

Babur war kein Puritaner. Aber die Würdenträger in Herat nötigten ihn, an Trinkgelagen teilzunehmen. Die Schilderung der ersten derartigen Veranstaltung in seinem Leben verrät, wie sich eine solche Atmosphäre auf die Psyche eines jungen Menschen auswirkt. Trotzdem verfaßt er, inzwischen selbst ein Herrscher, seinen Rückblick auf Herat mit Hochachtung, als jemand, der ein großes Zeitalter gesehen und dessen Untergang erlebt hat – wie Talleyrand. Der Humanismus dieser Epoche war sein Vorbild. Baburs geschichtliche Leistung bestand darin, diesen Geist in die Hitze und Ödnis Hindustans zu verpflanzen und ihn von seinen Nachkommen pflegen zu lassen.

Der Mudir-i-Kharidscha berichtet mir, daß in vier Tagen ein Lastwagen nach Andkoi abfährt. Das bedeutet, daß ich dort eine Transportmöglichkeit nach Mazar-i-Scharif finden muß. Er sagt auch, daß die Straße von Turkestan nach Kabul hervorragend ist und die Postlastwagen noch fahren.

Die persische Reichsbank in Meschhed hatte mir für Afghanistan Rupien-Schecks ihrer Bombayer Filiale mitgegeben. Heute vormittag begab ich mich zur Shirkat Asharmi, der neugegründeten staatlichen Handelsgesellschaft, um etwas Geld zu tauschen. Keiner der Angestellten dort konnte den Scheck oder gar die Zahlen lesen. Aber sie verließen sich auf mein Wort, daß er hundert Rupien wert sei, und nachdem man, offenbar durch Telepathie, den aktuellen Umtauschkurs in Kandahar herausgefunden hatte, wurden mir 672 Silbermünzen von der Größe eines Shillings ausbezahlt. Die füllte ich in zwei Säcke und stapfte damit durch das Basargewusel wie ein Millionär in einem Cartoon.

Herat, 24. November. – Heute zeigte sich das Mißtrauen auch hier in aller Offenheit.

Die Zitadelle Ikhtiyar ad-Dins nördlich der Stadtmauer habe ich schon erwähnt. Sie wurde im vierzehnten Jahrhundert von den Kartiden errichtet, wohl nachdem sie ihr Treueverhältnis zu den Mongolen aufgekündigt hatten. Das Wiederaufleben des persischen Nationalismus, das in diesem Akt zum Ausdruck kam, war von kurzer Dauer. Am Ende des Jahrhunderts brach abermals eine Welle aus Zentralasien herein,

die Armeen Timurs beseitigten die Kartiden und die Zitadelle. Später stellte Schah Rukh fest, daß er eine Festung brauchte. 1415 beauftragte er 7000 Mann, die alte Zitadelle wieder aufzubauen, und seitdem dreht sich die politische Geschichte Herats um dieses Bauwerk. Heute ist es Sitz des Oberbefehlshabers und der Garnison.

Die Nordseite besteht aus einer massiven, etwa vierhundert Meter langen Brustwehr, die sich in regelmäßigen Abständen zu halbrunden Türmen erweitert, deren westlichster ein Muster aus blauglasierten Ziegeln in der erdfarbenen Oberfläche aufweist – eine ungewöhnliche Materialkombination, die die Vermutung zuläßt, daß dieser Turm aus der Zeit der Restaurierung unter Schah Rukh stammen könnte. Nachdem ich ihn mir angesehen hatte, ging ich zur hintersten Ecke des eingefaßten Paradefelds, das die Zitadelle von der neuen Stadt trennt, um dort zu fotografieren. Ich kam zu einer Ansammlung von etwa zwanzig Kanonen, die man aus der Ferne für einen Haufen ausrangierter Kinderwagen hätte halten können. Anschließend kehrte ich ins Hotel zurück, um ein paar Stifte zu holen, weil ich die kufische Inschrift am Turm kopieren wollte. Der Alte, der mich im Auftrag des Mudir-i-Kharidscha nicht aus den Augen lassen sollte, verschwand zum Mittagessen.

Als er wieder auftauchte, erklärte ich ihm, daß wir wegen der Inschrift zur Zitadelle zurückkehren müßten. Er erwiderte, daß das Paradefeld geschlossen sei.

»Geschlossen? Wir waren doch vor einer Stunde dort.«

»Ja, aber jetzt ist es geschlossen.«

»Gut, dann gehen wir morgen.«

»Morgen ist es auch geschlossen.«

»Dann gehe ich sofort.«

Und ich lief los, während der Alte protestierend hinter mir herkam. Das Tor des Paradeplatzes stand, wie erwartet, noch weit offen. Doch auf ein leises Wort meines Aufpassers wies mich der Posten nach draußen. Ich machte ihn darauf aufmerksam, daß mir der Gouverneur höchstpersönlich den Besuch der Zitadelle erlaubt habe. Meinetwegen, sagte der Alte, trotzdem müsse ich den Anweisungen des Mudir Sahib folgen.

Wieder im Hotel, fand ich den Doktor. Er war auf dem Weg zur Zitadelle, um den Oberbefehlshaber zu behandeln. Eine halbe Stunde später kehrte er mit einem Offizier zurück, der erklärte, daß der Oberbefehlshaber nichts dagegen habe, wenn ich die Inschrift kopiere. Er werde mich begleiten.

Um ihn nicht in Verlegenheit zu bringen, wandte ich diesmal den Blick vom Geschützpark. Aber meine Phantasie war geweckt. Ich besaß das Geheimnis einer formidablen Verteidigungswaffe, die imstande wäre, einen sowjetischen Vormarsch auf Indien zu verhindern, schlimmer noch: zu beschleunigen. Ich würde davon berichten und sah mich schon mit dem Victoria Cross und möglicherweise einem Ministerposten belohnt.

Ich fand es interessant, persönlich erfahren zu haben, wie Spione zu ihrem Beruf finden.

Vor dem Paradeplatz ist ein Droschkenstand. Als wir das Gelände verließen, stürmten zwei junge Pferde heran, die keinen leichten Wagen zogen, sondern einen großen blauen Landauer, der das Wappen des Schahs trug und im Innern mit himmelblauem Satin ausgeschlagen war. In diesem Wagen fuhren der alte Mann und ich zum Schrein von Gazargah, der sich unweit der Gebirgsausläufer am nordöstlichen Stadtrand befindet.

Jeder besucht den Gazargah.* Auch Babur und Humayun sind dort gewesen. Schah Abbas verbesserte die Wasserversorgung. Der Gazargah ist heute noch das beliebteste Ausflugsziel der Herater, und sie zeigen es dem Fremden besonders stolz. Es gibt drei Höfe. Im ersten befindet sich eine Pinienanlage und ein zehneckiger, zweigeschossiger Pavillon für Picknicks. Der zweite ist von Gebäuden umgeben, in der Mitte ein Teich, auf den Maulbeerbäume und Rosenbüsche ihren Schatten werfen. Der dritte, von länglicher Form, enthält ausschließlich Gräber, darunter auch das Grab von Emir Dost Mohammad. Am hinteren Ende, in einer fünfundzwanzig Meter hohen Mauer, öffnet sich ein hoher Portalbogen, genaugenommen ein Iwan, dessen Mosaikschmuck chinesischen Einfluß verrät. Davor, unter einer alten Steineiche, befindet sich das Grabmal des Heiligen. Seine Lebensgeschichte, um Legenden erweitert, steht auf einem weißen Marmorstein zu lesen.

Khoja Abdullah Ansari starb 1088 im Alter von vierundachtzig Jahren, nachdem ein paar Jungen ihn bei der Andacht mit Steinen beworfen hatten. Man sympathisiert mit diesen Jungen. Selbst für einen Heiligen muß der Mann ein bemerkenswert begabter Langweiler gewesen sein. Er sprach in der Wiege, mit vierzehn predigte er bereits, im Laufe seines Lebens führte er Gespräche mit tausend Scheichs, er lernte hunderttausend Gedichte auswendig (manche sagen zwölfhunderttausend) und verfaßte ebenso viele. Er war ein Katzenfreund. Schah Rukh, der ihm besonders zugetan war, ließ den Schrein 1428 in seiner gegen-

* Der Name Gazargah (pers.: Wäscherei, Bleiche) geht auf folgende Grabinschrift zurück: »Dieses Grab ist eine Wäscherei, in der die Wolke der göttlichen Barmherzigkeit die schwarzen Missetaten des Menschen reinigt.« (A.d.Ü.)

Schrein des Khoja Abdullah Ansari,
Gazargah, Herat

wärtigen Form umbauen. Das war die Zeit der chinesischen Gesandtschaften, was die Gestaltung des Iwans erklären mag. Später wurden einige weniger bedeutende Timuriden hier begraben, für die kein Platz im Mausoleum war. Khanikoff bemerkte fünf Grabsteine, darunter den von Mohammad al-Muzaffar, Bruder von Hussein Baikara. Die Inschrift verrät, unter Verzicht auf die üblichen Trauerfloskeln, daß er von seinem Cousin Mohammad, Sohn des Baisanghor, ermordet wurde. In den Zellen, die die Arkaden säumen, fand ich einen eindrucksvollen schwarzen Grabstein, dessen drei Felder noch schöner gearbeitet waren als der Stein der Sieben Federn. Die anderen Gräber konnte ich nicht identifizieren.

In der Südostecke des mittleren Hofs steht ein überkuppelter Pavillon, der mit goldenen Blumen auf lapisblauem Grund ausgemalt ist. Hier entdeckte Ferrier die Signatur von Giraldi, einem italienischen Maler in Diensten von Schah Abbas. Auch sie konnte ich nicht finden.

Auf dem Rückweg hielt der Landauer am Takht-i-Safar, dem »Thron des Reisenden«, einem völlig verwahrlosten, terrassierten Garten, dessen natürliche Melancholie durch die anbrechende Dämmerung eines Herbsttages und den einsetzenden Nachtwind noch verstärkt wurde. Ausgetrocknete Wasserbecken und Kanäle verlaufen kaskadenartig von Terrasse zu Terrasse. Dieser Lustgarten des Hussein Baikara wurde von Zwangsarbeitern angelegt; denn all jene Untertanen, die die Grenzen sogar seiner großzügigen Moralbegriffe übertraten, wurden nicht ins Gefängnis gesteckt, sondern zur Arbeit in diesen Garten abkommandiert. Noch im letzten Jahrhundert stand hier ein Pavillon, und das

Wasser floß; Mohun Lal erwähnt einen »großen Springbrunnen, dessen Wasserpfeile mit dem höchsten Punkt des Gebäudes kämpfen«. Was für eine Formulierung! Mohun Lal entschuldigt sich zwar beim Herausgeber des *Bengal Journal* für sein Englisch, schreibt aber mitunter sehr schön. Was er über Jar Mohammad sagt, den damaligen Herrscher von Herat, dürfte kaum zu überbieten sein: »Er ist ein schwermütiger und gebrechlicher Fürst; er erregt das Mitleid der Menschheit.«

Ein Ungar ist hier angekommen. Er war einen Monat im Krankenhaus von Kandahar, und sein Magen ist noch immer so angegriffen, daß er nicht essen kann. Er verhungert quasi. Ich gab ihm etwas Suppe und Ovomaltine, woraufhin sich seine Stimmung etwas besserte und er in schlechtem Französisch zu sprechen begann.

»Fünf Jahre bin ich jetzt auf Reisen, Monsieur. Ich werde noch weitere fünf Jahre reisen und dann vielleicht etwas schreiben.«

»Sie reisen gern?«

»Wer reist in Asien schon gern, Monsieur! Ich komme aus einer besseren Familie. Was würden meine Eltern sagen, wenn sie mich hier sähen? Das ist nicht wie Europa. Beirut ist wie Europa. Beirut könnte ich ertragen. Aber dieses Land, diese Leute … was ich alles gesehen habe! Das kann ich unmöglich sagen, unmöglich. Aaaah!« Von der Erinnerung überwältigt, schlug er die Hände vor dem Kopf zusammen.

»Kommen Sie, Monsieur«, sagte ich und tätschelte ihn, »vertrauen Sie mir Ihre furchtbaren Erlebnisse an. Sie werden sich besser fühlen.«

»Ich bin keiner von diesen Leuten, die sich anderen überlegen fühlen, Monsieur. Ich bin nicht besser als

andere. Vielleicht sogar schlechter. Aber diese Leute hier, diese Afghanen, das sind keine Menschen. Es sind Hunde, wilde Tiere. Sie stehen unter den Tieren.«

»Warum sagen Sie das?«

»Wissen Sie das nicht, Monsieur? Haben Sie keine Augen? Sehen Sie, diese Männer dort! Sie essen mit den Händen! Mit den Händen! Furchtbar! Ich sage Ihnen, Monsieur, in einem Dorf habe ich einen Verrückten gesehen, er war nackt … nackt.«

Er schwieg eine Weile. Dann fragte er mich mit ernster Stimme: »Kennen Sie Stambul, Monsieur?«

»Ja.«

»Ich habe ein Jahr in Stambul gelebt, und ich sage Ihnen, Monsieur, es ist eine Hölle, aus der kein Weg führt.«

»Aha. Aber da Sie nun mal hier sind, haben Sie ja wohl einen Weg gefunden.«

»Ja, Monsieur. Gott sei Dank habe ich einen gefunden.«

Herat, 25. November. – Eigentlich hätte ich heute abreisen sollen.

In der Nacht regnete es, und am Morgen regnete es immer noch. Trotzdem packte ich und saß bis zwölf in meinem Zimmer, als nach allgemeiner Auffassung feststand, daß der Lastwagen nicht abfahren werde. Nachdem ich wieder ausgepackt hatte, ging ich zur Masjid-i-Juma.

Masjid-i-Juma heißt Freitagsmoschee. In jeder Stadt gibt es eine. Sie entspricht der Pfarrkirche oder Kathedrale, je nachdem, wie groß der jeweilige Ort ist, und

ist im allgemeinen das älteste und oft auch das größte Bauwerk. Wie in einer europäischen Stadt, deren Abtei oder Kathedrale noch immer das Mittelalter verkündet, während sich alles andere im Laufe der Zeit verändert hat, so brummt in Herat diese grämliche alte Moschee in der Altstadt eine würdige Begleitmelodie zur timuridischen Pracht der Vororte. Über Nacht entstanden die Zeugen dieser Pracht, zur Erinnerung an außergewöhnliche Menschen, sie blühten und verfielen. Die Freitagsmoschee war alt und schon verfallen, bevor man von den Timuriden hörte. Sie ist heute, da von den Timuriden nichts mehr zu hören ist, weniger verfallen. Sieben Jahrhunderte lang haben die Herater in ihr gebetet. Sie tun das noch heute, die Geschichte der Moschee ist die ihre.

Aus dem düsteren Gassengewirr der Altstadt trat ich in einen steinernen Arkadenhof, etwa hundert Meter lang und fünfundsechzig Meter breit. Vier Iwane, nach vorn geöffnete Gewölbe, gliedern die vier Seiten. Der Westiwan ist mit zwei massigen Türmen mit blauen Kuppeln versehen. Von ihnen und einer schiefen Schirmpinie abgesehen, gibt es keine Farbe hier, nur Kalkanstrich, schlechte Ziegel und vereinzelte Mosaikreste. Ein Mullah und seine Schüler, die in Weiß vorübergehen, spiegeln sich in einem Wasserbecken. Stille und Sonnenschein verleihen den ausgetretenen Steinplatten etwas Friedliches. Diesen Frieden hatte ich gesucht. Zum Teufel mit dem Lastwagen und meinen Zweifeln an der Reise. Ich vergaß alles.

Die Moschee wurde 1200 von dem Ghoriden Ghiyas ad-Din errichtet, der Herat nach dem Fall des Ghaznawidenreichs zu seiner Hauptstadt machte und an den die Inschrift im unteren Teil des Qutb Minar in

Delhi erinnert. Auf ihn gehen nicht nur die Arkaden mit ihren zehn oder mehr Spitzbögen zurück, sondern vermutlich auch eine dekorative Kufi-Inschrift – über einem Bogen in der Nordostecke –, die einen Hinweis auf die ursprüngliche Ausschmückung liefert. In der Nähe steht das Mausoleum des Ghiyas ad-Din, ein gedrungener Anbau mit eingestürzter Kuppel. Unter den Trümmern befinden sich Gräber, aber keine Steine und keine Inschriften.

Bis zum Eintreffen der Timuriden war dies das Herrschermausoleum. Hier wurden die Kartiden begraben. Im vierzehnten Jahrhundert wurden die Wände renoviert, mit Schnörkeln auf alt getrimmt, und im Hauptiwan wurde eine Inschrift in merkwürdig steifem Kufi angebracht, die man in einem weiteren Anfall von Altertumsbegeisterung anscheinend aus Ghazni entlehnt hat.

Hinter dem Hauptiwan befand sich, wie zu erwarten, das Heiligtum, dessen Gewölbe 1498 von Ali Schir Nevai wegen Baufälligkeit eingerissen wurde. Nach den Fürsten war Ali Shir in Denken und Handeln der Protagonist der timuridischen Renaissance. Als junger Mann hatte er Hussein Baikara beigestanden und war mit ihm zu Reichtum gelangt. Da er aber weder Frau noch Kinder hatte, die seinen Ehrgeiz angestachelt hätten, wandte er sich den Künsten zu. »Niemals«, sagt Babur, »haben befähigte und talentierte Männer einen Beschützer und Förderer wie ihn gefunden.« Ali Schir bewahrte Hussein Baikara vor dem schiitischen Islam, aber daß er ein rational denkender Mensch war, macht seine Verachtung für Astrologie und Aberglauben deutlich. Sein Vermögen steckte er in öffentliche Bauprojekte. Allein in Chorasan baute er 370 Moscheen, Schulen, Karawansereien, Krankenhäuser, Lesesäle und

Brücken. Er trug eine riesige Bibliothek zusammen, die er dem Historiker Mirkhond zur Verfügung stellte. »Auch die Musik verdankt ihm einige schöne Stücke«, fügt Babur hinzu, »schöne Melodien und Vorspiele.« Die Herater verehrten ihn dermaßen, daß sie Erfindungen nach ihm benannten, etwa einen neuartigen Sattel und ein Taschentuch, so wie Kekse nach Garibaldi benannt wurden. Unter Gelehrten wird sein Name mit seinem Eintreten für das Türkische als Literatursprache verbunden, das er gegen persischen Spott verteidigte. Ali Schir Nevai starb 1501. Fünf Jahre später hielt sich Babur in seinem Haus auf.

Als er gegen Ende seines Lebens die alte verfallene Freitagsmoschee sah, deren historische Bedeutung ihm bewußt war, bat er den Sultan um die Erlaubnis, sie wieder aufzubauen. Die Arbeit wurde in fieberhafter Eile ausgeführt, er selbst überwachte alles, die Ärmel seines Gewands hochgekrempelt und eine Maurerkelle in der Hand. Auf die Arkaden wurde ein zweites, passendes Bogengeschoß gesetzt und die Hoffassade der beiden einheitlich mit Mosaiken verkleidet. So war es zumindest geplant. Die Arbeit wurde nicht beendet, erhalten ist heute nur noch die Südwestecke. Auch ein neuer Mihrab wurde gebaut, der laut Khondemir in chinesischer Art geschmückt wurde. Davon ist überhaupt nichts mehr erhalten.

Noch ein anderes Überbleibsel der Timuriden wird in der Moschee aufbewahrt – ein Bronzekessel, etwa eins zwanzig im Durchmesser, mit Arabesken und reliefierten Inschriften versehen. Ein ähnlicher Kessel wurde auf Timurs Befehl für die Moschee Hazrat Yassawi in Turkestan angefertigt, der sich heute noch dort befindet. (Er wurde 1935 für die Persien-Ausstellung nach Leningrad gebracht und wird vermutlich dort bleiben.)

Der Herater Kessel, der in einem Kasten vor dem Hauptiwan steht, wird in den Berichten der chinesischen Gesandtschaften erwähnt.

Am Freitag, dem 21. Februar 1427, wurde in dieser Moschee ein Anschlag auf Schah Rukh verübt. Er überlebte, so daß sein Reich noch zwanzig Jahre fortbestand. Ebenfalls an einem Freitag und am selben Ort scheiterte soeben ein weiterer Versuch, die Regierung zu stürzen.

Vor zwei Tagen streuten Angehörige des russischen Konsulats im Basar das Gerücht, daß nach dem alten auch der neue König ermordet worden sei. Ihre Absicht war es, Unruhen zugunsten von Amanullah zu schüren. Doch sie haben nicht mit dem Gouverneur gerechnet, der Amanullah verabscheut und, nachdem er vor einem Jahr eine Meuterei in seinem Interesse unterdrückt hat, von den Soldaten dementsprechend respektiert wird. Die Russen hatten wohl angenommen, das Volk werde, wenn sie ihren Köder an einem Donnerstagnachmittag auswerfen, am Freitag in Feiertagslaune sein, ihn zu schlucken. Wie sich zeigte, schluckten die Leute statt dessen den Köder des Gouverneurs. Abdul Rahim Khan, der sich in der Freitagsmoschee an die Gläubigen wandte, bestritt das Gerücht und versicherte den Anwesenden, daß die Ordnung in jedem Fall aufrechterhalten werde. Dies bekümmerte die Leute. Der König war ihnen egal, aber sie hatten sich schon auf Unruhen gefreut, die ihnen Gelegenheit geboten hätten, ihre Streitigkeiten zu führen und die Geschäfte der schiitischen Händler zu plündern. Dieser herrliche Traum ist nun auf das Frühjahr verschoben.

Heute nachmittag stürzte eine Horde beturbanter Kinder in mein Zimmer, das eine mit einem Hammer,

das andere mit einem Nagel, ein drittes mit einem Meißel, und setzten Glasscheiben in die Fenster ein. Ich wünschte, sie wären früher gekommen. Wenn sich das schöne Wetter hält, wird der Lastwagen bestimmt morgen abfahren.

Von dem Ungarn traf die Nachricht ein, daß er krank sei. Gestern abend war er bleich wie ein Gespenst gewesen, jetzt fand ich ihn fiebrig heiß und elend. Er lag auf dem Fußboden, auf einer dünnen Matte unter einer dünnen Decke. Ich versorgte ihn, so gut ich konnte, gab ihm eine Zudecke und sagte, daß er einen Arzt brauche. Nach dreißigminütiger Debatte in der Küche wurde nach dem Doktor geschickt. Er schlafe, lautete die Antwort. Daraufhin ging ich selbst hin, betrat sein Haus, einigermaßen besorgt, ich könnte seine Frauen unverschleiert sehen, und überredete ihn, mitzukommen. Er diagnostizierte das Fieber als Malaria und sagte, daß der Patient ein Krankenhaus aufsuchen müsse. Daraufhin bezeichnete ihn der Patient als einen indischen Narren und sagte, er werde nicht in ein Krankenhaus gehen. Nach drei Stunden kam ein Mann, um ihn in ein Krankenhaus zu bringen. Im selben Moment traf die Anordnung des Mudir-i-Kharidscha ein, wonach der Ungar erst dann ein Krankenhaus aufsuchen dürfe, wenn ein offizieller schriftlicher Einweisungsantrag des Doktors vorliege. Ich schickte meinen Alten, dieses Schreiben abzuholen. Daraufhin erschien ein Türke und erklärte, daß eine Genehmigung erst morgen ausgestellt werden könne, da der Mudir-i-Kharidscha nicht mehr in seinem Büro sei. Ich gab es auf.

Die Parsen sagen, daß der Ungar völlig mittellos sei und daß die afghanischen Behörden ihn auf Staatskosten versorgen und transportieren müssen. Der Mann

ist wirklich undankbar. Die britische Gesandtschaft in Kabul hat ihm offenbar ein Visum für Indien verweigert – völlig zu Recht, wie die Parsen finden, die, ohnehin keine besonders loyalen Untertanen, »arme Weiße« verachten. Ich habe dem Mann eine Packung Suppenwürfel und etwas Schmelzkäse für die Rückreise nach Meschhed dagelassen.

Da ich das persische Wort für »Wärmflasche« nicht kannte, bat ich heute abend um meine Khanum* und löste damit in der Küche große Heiterkeit aus.

Herat, 26. November. – Der Tag begann wolkenlos und warm, ideales Wetter für diese Jahreszeit. Um neun erklärte mir der Lastwagenfahrer, er werde um elf abfahren. Um elf wurden Benzinfässer geladen, und der Beifahrer meinte, ich solle mich für ein Uhr bereithalten. Um eins stand ich mit meinem Gepäck da und hörte, daß wir an diesem Tag nicht abfahren würden. Die anderen Reisenden sind gestern wegen des Regens in ihre Dörfer zurückgekehrt und nicht wieder aufgetaucht.

Da ich wohl mein restliches Leben hier verbringen werde (kein sehr langes, wenn das so weitergeht), habe ich das Zimmer saubermachen lassen. Ich muß es einmal beschreiben und überhaupt das ganze Hotel. Die drei großen Zimmer im Erdgeschoß mit verglasten Fenstern liegen zur Straße. Das erste ist die Küche, deutlich zu erkennen an einer Blutlache und einem abgetrennten Hühnerkopf auf dem Trottoir. In den beiden anderen stehen Marmortische, an den

* Khanum (pers.): Frau (A. d. Ü.)

Wänden hängen europäische Ansichten, Glasmalereien eines Inders, der die frühen Ausgaben der *Illustrated London News* kennen muß. Hier findet sich außerdem Seyid Mahmuds Schreibtisch, ein hochbeiniges Grammophonschränkchen aus Bombay sowie ein Stapel indischer Schallplatten. Draußen gleich neben der Küche führt eine Stiege hinauf zu einem langen, mit Oberlichtern versehenen Korridor, von dem rechts und links Zimmer abgehen. Mein Zimmer ist ganz hinten, so daß es den Lärm der Kupferschmiede nur teilweise abbekommt: eine einfache Bude, rohe Bretter an der Decke, weiße Wände mit einem himmelblauen Paneel. Der Fußboden ist gefliest, aus den Fugen steigen Wolken aus Staub und Stroh auf; die eine Hälfte bedeckt ein Teppich, die andere zur Hälfte mein Bettzeug mit wasserdichten Laken. An Mobiliar gibt es zwei Windsor-Stühle und einen Tisch mit einer weißen Wachstuchdecke. Auf dem Tisch steht eine blau-weiß gestreifte Vase mit einer zartrosa Glasrose (wie man sie auf Jahrmärkten gewinnt), in die Seyid Mahmud ein Sträußchen aus einem Ring gelber Chrysanthemen gesteckt hat, gefüllt mit braunroten Chrysanthemen um einen Kern aus gelben Butterblumen. Eine Zinnschüssel und ein würdevoller Krug erlauben es mir, mich auf dem freien Teil des Fußbodens zu waschen. Mein Bettzeug besteht aus einem grünen Moskitonetz, einem gelben Schaffellmantel und einer afghanischen Steppdecke aus scharlachrotem Chintz. Auf einer Kiste gleich daneben, gut zu erreichen, befinden sich meine Lampe, der Boswell, meine Uhr, Zigaretten und ein Teller mit Weintrauben. Die Khanum wartet darauf, gefüllt zu werden. Ich habe einen Nagel für meine Krawatten einschlagen lassen, einen zweiten für meinen Hut und einen dritten für meinen Spiegel. Wenn

Tür und Fenster nicht einander gegenüberlägen, die Tür sich schließen ließe und das Fenster vollständig verglast wäre, hätte ich es wirklich komfortabel. Aber es zieht fürchterlich. Der ganze Müll fliegt aus dem Fenster in den Stadtpark.

Als ich eben auf den mondhellen Korridor hinaustrat, hielt ich den Atem an. Vier gespenstische, weißgewandete Figuren, die im Zimmer gegenüber hockten, zielten mit ihren Gewehren bedrohlich auf meinen Bauch. Ich sah das Funkeln in ihren Augen, dunkel unter den hellen Turbanen. Vier andere hatten mir den Rücken zugewandt, hielten die Gewehre aus dem Fenster. Es war sicher nur ein gemütliches Beisammensein. Der Muntazim-i-Telegraf hatte aber heute morgen schon wieder von dem bevorstehenden Umsturz gemurmelt, so daß ich kurz überlegte, ob Amanullah tatsächlich eingetroffen sei.

Ein Bauwerk hier ist noch älter als die Freitagsmoschee. Muqaddasi schreibt im zehnten Jahrhundert über die Brücke von Malan, sie sei von einem Magier erbaut worden. Seit tausend Jahren geht der Verkehr von und nach Indien an dieser Stelle über den Hari-Rud. Sie hat noch heute sechsundzwanzig Bögen (zu Khondemirs Zeit waren es achtundzwanzig) und ist breit genug für zwei Lastwagen. Die Bögen sind von unterschiedlicher Form, und da jedes Jahr meist ein, zwei Bögen in den reißenden Fluten einstürzen, dürfte die Brücke viele Male komplett erneuert worden sein. Aber das Fundament der Pfeiler ist wahrscheinlich alt.

Lohnenswert ist der Blick von Süden auf die Stadt. Als wir in dem blauen Landauer vom Fluß zurückkehrten, ragte ihre grimmig graue Befestigung über Ebene und Dörfer, als wäre die Kanone noch nicht er-

funden. Es gibt drei Wälle. Der höchste mißt fünfundzwanzig Meter und ist mit mehreren Bastionen versehen. Die beiden anderen sind mit schmalen Schießscharten übersät. Davor verläuft ein breiter schilfbestandener Graben. Konstantinopel hat das gleiche Verteidigungswerk auf der Landseite, das dort allerdings aus Stein, hier aus Lehm ist.

Auf der Straße am Graben kamen uns drei Männer hinter einem munter trabenden Pony entgegen. Sie hockten übereinander in einem kleinen braunen Karren, der mit so vielen Gewehren vollgestopft war, daß es für eine Jagdgesellschaft ausgereicht hätte.

Karuh (1300 m), 28. November. – Heute morgen habe ich nicht gepackt, sondern gelesen. Der Trick funktionierte: Um ein Uhr fuhr der Lastwagen ab. Fast hätte ich ihn verpaßt.

Eine breite Teerstraße verläuft in östlicher Richtung neben dem Hari-Rud durch das Tal, über das Gebirge nach Bamian – allerdings nicht ganz bis dorthin. Nach zwanzig Kilometern, in Pala Piri, bogen wir auf eine schmale Piste ab, die nach Norden führt. »Rah Turkestan! Rah Turkestan!« skandierten die Mitreisenden im Chor. Der Weg nach Turkestan! Es klang zu schön, um wahr zu sein.

Die nächsten dreißig Kilometer mußte wiederholt ein Fluß in einer Schlucht überquert werden, deren Steigungen bzw. nicht vorhandenen Steigungen zeigten, daß ein motorisiertes Fahrzeug mit einem umsichtigen Mann am Steuer genauso gut sein kann wie ein Maultier. Um halb vier hielten wir an einem Quartier

für die Nacht. Unweit der Straße stand ein Heiligtum, abgeschirmt von Pinien, deren süßer Duft mich an das Pinetum von Ravenna erinnerte. Wie lebendig meine Erinnerungen an Italien sind! Ohne diese erste Begegnung mit einer größeren Welt wäre ich jetzt vielleicht Zahnarzt oder ein Politiker. Im Innenhof wachsen die gleichen Bäume, *horhju* heißen sie hier. Ganz oben steht ein nüchterner Bogen, dessen messingschimmernde Kuppeln uns schon von weitem begrüßten. Dies ist das Grabmal eines Shaikh-ul-Islam, der 1807 im Kampf gegen die Perser fiel, geköpft wurde, wie es hier heißt. Sein Sohn Abul Qasim ließ den Bau errichten und die Bäume anpflanzen.

Mehrere Gebäude trennen die beiden Höfe, in denen wir im oberen Stockwerk ein Zimmer zugewiesen bekamen. Die anderen Reisenden, Soldaten, nutzten die Gelegenheit sofort, um ihre Uniformen gegen Turban, langen Rock und Pluderhosen einzutauschen. Irritiert durch diese Masse von Wickelgamaschen und Gewändern, verbarg ich mein Bettzeug auf einem Balkon und wollte es gerade aufrollen, als eine Prozession beleibter älterer Herren den Hof betrat. Sie blieben vor einem gespaltenen Baum stehen, legten Umhang und Turban ab und versuchten, sich der Reihe nach durch den Spalt zu zwängen. Wer es schaffte, so erfuhr ich, durfte mit Erlösung rechnen. Es waren die wenigsten.

»Haben Sie zufällig Arrak dabei?« flüsterte der Wärter, als sie gegangen waren.

Er führte mich zum Grabmal. Ich stand auf dem Dach des Bogens, beobachtete die Kraniche, die über mir ihre Kreise zogen, und den rotgoldenen Schein am Horizont über den schneebedeckten Bergen, als eine zweite Prozession noch beleibterer Herren heran-

kam. Allen voran eine würdevolle Gestalt in schwarzen Stiefeln, einem grünen gesteppten Umhang und einem riesigen Turban, unter dem ein weißer Bart waagerecht über einer mächtigen Brust stand. »Exzellenz«, versicherte der Wärter, »der Hazrat Sahib ist gekommen, den Reisenden aus Frankistan zu begrüßen.«

»Sie haben große Fische dort in dem Teich«, begann ich höflich.

»Ach die«, antwortete der Hazrat Sahib verächtlich. »Sie sollten die in der Madrasa sehen.«

Die Leute standen auf und verneigten sich, als wir uns in feierlicher Prozession zur Dorfschule begaben. Unter einer mit Korantexten geschmückten Veranda saß ein Mullah, umringt von kleinen Jungen, die alles wiederholten, was er ihnen vorsprach. Um den Teich standen Weiden und andere Bäume. Der Hazrat Sahib ließ sich Brot bringen, das er ins Wasser warf. Ein paar Enten rauschten herbei, doch ein Trupp mächtiger Karpfen schoß an die Oberfläche und verscheuchte sie. Die Enten blieben hungrig.

Die Stämme der Pinien werfen lange Schatten über die mondbeschienenen Wege. Die Flamme in der Sturmlaterne flackert im Wind. Nur Mohammad, ein Soldat, der sich an mich geheftet hat, schläft in einer Ecke der Terrasse, den Kopf auf seinem Gewehr, das auf meine Nase gerichtet ist. Eben hatten wir ein Festgelage. Der Hazrat Sahib kehrte nach dem Abendessen zurück, ihm voran ein Zinntablett mit Nüssen und Granatäpfeln, gefolgt von Tee, aber nicht in Gläsern, sondern in Schalen, so daß ich die Nähe zu China spürte.

»Welcher Regierung gehören Sie an?« fragte der Hazrat Sahib.

»Der Regierung von Inglistan.«
»Inglistan? Was ist das?«
»Das ist dasselbe wie Hindustan.«
»Gehört Inglistan zu Hindustan?«
»Ja.«

Eine Kamelkarawane kommt die Straße herauf. Bomm-bomm ertönt die Glocke des Leittiers durch die Nacht. Die helleren Glocken werden lauter, trotz Nur Mohammads Schnarchen. Mein Stift gehorcht mir nicht mehr. Es ist Zeit, schlafen zu gehen.

Kala Nao (900 m), 30. November. – Wir sind vormittags um halb zehn hier angekommen und machen jetzt Rast.

Ab Karuh verlief die Piste über hügeliges Weideland, dazwischen die Schlucht mit dem Fluß. Ein Kasachenstamm ritt vorüber, breitgesichtige Leute auf Pferden, Eseln und Ochsen. In einer einsamen Karawanserei informierten uns zwei Lastwagenfahrer, die aus Andkhoi kamen, über den Zustand der Straße. Es war nicht ermutigend. Der Fluß, inzwischen nur noch ein Rinnsal, führte uns schließlich in eines dieser endlos sich windenden Täler, dessen Linie an zwei ineinandergreifende Zahnräder erinnert. Nach dreißig Kilometern verließen wir dieses Tal nach Norden. Als wir die Schneegrenze erreichten, kam der Lastwagen nicht mehr weiter, die Räder drehten sich wie ein Quirl.
Wir waren gut vorbereitet. Diverse Ketten, drei Spaten, eine Axt und starke Seile, mit denen ein Abrutschen über den Abgrund verhindert werden sollte, kamen rasch zum Einsatz. Für die nächsten zwei Kilometer brauchten wir vier Stunden. Die einen gruben,

andere griffen in die Seile, andere warfen Zweige eines pfefferminzartig riechenden Strauchs wie vor den Esel des Heilands. Der Tag war schon fast vorbei, als wir mit einem Zickzackspurt und unter anfeuernden Rufen den schmalen Sattel des Sabzak-Passes erreichten.

Siebzig, achtzig Kilometer vor uns ragte im Dämmerlicht der Verteidigungswall des gelobten Landes auf – der Band-i-Turkestan, eine abgeflachte Bergkette, die sich in Richtung Hindukusch hinzog. Goldene Flaumwölkchen trieben am unruhigen Himmel. Kahle rote Felsgiebel bewachten den Paß. Wie feucht die Nordflanke war, konnte man an den Wacholderbäumen erkennen, einsamen verwitterten Wachposten, die sich weiter unten zu Wäldern vereinigten.

Diese Nässe war unser Verderben. Die Piste war glitschig wie Vaseline, steil wie eine Bergbahn und kaum breiter als der Lastwagen. Wir brachen Zweige ab, stemmten uns in die Seile und häuften an Spitzkehren Felsbrocken auf – vergeblich. Der Lastwagen suchte sich, unbeeindruckt von Bremse oder Lenkrad, seinen eigenen Weg, rutschte über die Kurven hinaus, daß die Räder über dem Abgrund standen, schoß von Felswand zu Felswand, und wir stolperten im Dämmerlicht durch den kalten Matsch hinterher. Weiter unten entbot uns ein Schäfer seinen Gruß. Neben ihm, im Mondlicht, lag ein umgestürzter Lastwagen, die Räder in der Luft. Das Licht der Scheinwerfer wurde immer schwächer. Als wir endlich offenes Gelände erreichten, konnte der Fahrer nicht mehr fahren, wir konnten keinen Schritt mehr gehen.

In einem schmalen Hohlweg, in dem der Wind heulte, machten die Soldaten Feuer. Wir hatten kein

Essen dabei und, noch schlimmer, kein Wasser. Ich war den ganzen Tag durstig gewesen und trank jetzt von der Mixtur aus weißer Erde, geschmolzenem Schnee und Öl, die in einem Benzinkanister für den Kühler mitgeführt wurde. Der Mond schien hell, der Boden war gefroren, der Wind wehte meine Decken fort. Die Soldaten hielten Wache, stapften dabei auf und ab und sangen zu ihrer Ermunterung. Ich beklagte noch diese schlafhemmenden Umstände, als ich bei Tageslicht aufwachte. Ich hatte zehn Stunden geschlafen.

Bis zu dem Dorf, das wir am Abend zu erreichen gehofft hatten, war es nur noch eine Viertelstunde. Hier trafen wir auf zwei weitere Lastwagen aus Andkhoi. Die Passagiere waren Juden, die ich an ihren ovalen, feingeschnittenen Gesichtern und den pelzbesetzten Mützen als Vettern der Buchara-Juden erkannte. Auch sie hatten im Freien übernachtet. Aber sie hatten Schlimmeres erlebt, eine Art Exodus; ein paar Frauen winkten mich beiseite und fingen an, auf russisch etwas zu erzählen. Als ich ihnen erklärte, daß ich ihre Sprache nicht verstünde, guckten sie ungläubig und zeigten auf mein blondes Haar, aus ihrer Sicht mußte ich ein Russe sein. Unser Bericht von der Paßüberquerung versetzte sie in große Erregung. Mütter packten ihre Kinder, die alten Männer riefen Klagegebete und fuhren sich mit dreckigen Fingern durch den Bart. Wenig später kamen uns in halsbrecherischem Tempo zwei weitere Lastwagen mit jüdischen Passagieren entgegen.

Kala Nao, übersetzt: »neue Festung«, ist ein kleines Städtchen mit ungefähr zweitausend Einwohnern. Am Ende der einzigen Straße fand ich den Gouverneur in einem verwahrlosten Garten sitzen, während sein Pferd,

ein grauer Hengst, etwa anderthalb Meter groß, auf den tristen Blumenbeeten herumscharrte. Ich zeigte den Brief des Mudir-i-Kharidscha in Herat vor, woraufhin mir der Gouverneur ein Zimmer mit Blick zur Straße gab. Nur Mohammad kümmert sich weiter um mich. »Seien Sie unbesorgt wegen des Preises von Hühnern«, sagte er. »Sie sind hier Gast.« Das ist höflich und freundlich, hindert mich aber daran, zwei Hühner einzukaufen, von denen ich eines für die morgige Reiseetappe brauche.

Heute nachmittag gingen Nur Mohammad und ich drei Kilometer auf der Straße zurück, die wir gekommen waren, um uns einige Berghöhlen anzusehen. Kurz vor dem Ziel wurde mir schwindelig, so daß ich wieder umkehren mußte. Nur Mohammad sah sich alles genau an und versicherte mir, daß in den Höhlen weder Bilder noch Inschriften sind.

Der Sekretär des Gouverneurs, eingehüllt in einen dunkelroten, pelzgefütterten Mantel, mit einer Taschenlampe in der Hand, war gerade hier. Er hat einen langen Satz in mein Tagebuch geschrieben, um die Ehre zu haben, wie er sagte, meinen wunderbaren Füllfederhalter benutzen zu dürfen.

Kala Nao, 1. Dezember. – Auch heute Ruhetag, aber nicht so erholsam. In der Nacht kam ein Sturm auf, der so heftig war, daß die beiden einander gegenüberliegenden Zimmertüren krachend aufflogen und ich fast davongeweht wurde. Derart aus dem Schlaf gerissen, stellte ich fest, daß ich Leibschmerzen hatte. In diesem Etablissement gibt es keinen Abort, dafür steht, für

Menschen und Tiere gleichermaßen, der hintere Teil des Hofes zur Verfügung. Draußen auf der Stiege rutschte ich aus, die Laterne verlöschte, der Regenmantel, mein einziges Kleidungsstück, flog mir über den Kopf. Ich lag nackt in einem Bett aus Schnee und Exkrementen, das in der Eiseskälte an meinem Körper festklebte. Zuerst war ich so benommen, daß ich mich nicht rühren konnte. Etwas war gebrochen: ich wußte nicht, ob es mein Schädel oder die unterste Stufe war. Als ich feststellte, daß es die Stufe war, mußte ich laut lachen.

Inzwischen schneit es so heftig, daß wir nicht weiterfahren können.

Heute morgen kam ein Bote vorbei, der mir nach vielem Drumherum bestellte, daß der Sekretär des Gouverneurs meinen Füller als Geschenk haben wolle. Das lehnte ich ab. Später kam er persönlich vorbei. Da mir klar war, daß ich ihm etwas geben mußte, bat ich ihn, Platz zu nehmen, und porträtierte ihn in Farbe. Er wies auf seinen pelzgefütterten Mantel hin, den ich mit gebührender Sorgfalt wiedergab. Nun war er zufrieden.

Die Juden sind alle wieder zurückgekehrt, vier Lastwagen, das sind mehr als sechzig Personen. Außerdem ist ein Trupp Turkmenen eingetroffen, deren Frauen hohe rote Kopfbedeckungen tragen, die mit karneolbesetzten Plättchen aus vergoldetem Silber geschmückt sind. Wegen dieses Menschenandrangs herrscht ein Mangel an Nahrungsmitteln. Es gibt keinen Brennstoff. Und da ich im Zimmer nur Licht habe, wenn ich die Türen öffne, muß ich mich warm halten, indem

ich alle meine Sachen anziehe und im Bett bleibe. In den Läden gibt es russische Zigaretten und Swan-Tinte, beides kein großer Trost. Ich habe aber ein paar selbstgestrickte Socken gekauft, die selbst dem Nordpol widerstehen würden.

Kala Nao, 2. Dezember. – Inzwischen sagen die Leute hier, daß, selbst wenn wir es tatsächlich bis nach Turkestan schaffen sollten, die Straße nach Kabul verschneit sein werde. Nach den Höhenangaben auf der Karte hätte ich es mir eigentlich denken können. Mit dem Pferd braucht man einen Monat für die Reise und wohl auch mehr Geld und Ausrüstung, als ich bei mir habe. Außerdem bedrückt mich die Aussicht, zu Weihnachten kein Telegramm nach Hause schicken zu können. Es schneit ununterbrochen. Man will aus Herat Pferde kommen lassen, die die Juden abholen sollen. Vielleicht sollte ich mit ihnen zurückreisen.

Selbst Nur Mohammad ist niedergeschlagen. Er betet ständig, und wenn ich im Weg bin, wirft er sich über mir zu Boden.

Kala Nao, 3. Dezember. – Aus dem Durchfall ist Dysenterie geworden. Ich muß umkehren.

Vielleicht ist es Feigheit. Ich würde es eher als gesunden Menschenverstand bezeichnen. Ich bin so enttäuscht, daß der Unterschied ohnehin keine Rolle spielt. Aber ich habe festgestellt, daß die Reise möglich ist, was vorher niemand wußte.

Inzwischen hat es aufgeklart, so daß mein Entschluß brüchiger wird. Damit er nicht völlig zusammenbricht, habe ich eine ziemliche Dosis Whisky eingenommen

und schon früh den Gouverneur aufgesucht. Ich fand ihn in Konklave, am Ende eines langen Zimmers, neben einem Öfchen kauernd. Er fühlte meinen Puls und meinte, daß ich nicht krank sei, aber selbst wenn, müsse er erst nach Herat telefonieren, bevor er mir einen Paß ausstellen könne. Momentan sei das Telefon aber kaputt, und es gebe ohnehin keine Pferde. Heute abend wurde mir ausgerichtet, daß das Telefon repariert sei, daß der Paß bereitliege und mir morgen früh um acht ein paar Pferde vorgeführt würden.

Der Lastwagen fährt um vier Uhr früh. Ich werde vielleicht mitfahren, wenn ich mich nicht so schlapp fühlte.

Laman (1400 m), 4. Dezember. – Das Dorf unterhalb des Passes.

Die Pferde waren pünktlich. Das eine konnte das rechte Vorderbein nicht aufsetzen, und die beiden anderen sahen aus wie apokalyptische Rösser. Meine Proteste störten den Gouverneur auf, bevor er sich angekleidet hatte, und um sich weitere Unmanierlichkeiten meinerseits zu ersparen, bot er mir für fünf Pfund Sterling drei Regierungspferde und einen Führer an. Das Geld war gut angelegt. Trotz meiner schlechten Verfassung, die uns zwang, alle zwanzig Minuten haltzumachen, haben wir in einem Tag eine doppelte Tagesreise zurückgelegt und werden versuchen, morgen bis nach Karuh zu kommen, obwohl man für die Strecke angeblich dreizehn Stunden benötigt.

Weder mein afghanischer Sattel noch der quälende Hunger konnten der Schönheit unseres Ritts durch die silbrig glitzernde Berglandschaft etwas anhaben. Dort,

wo die Schluchten auf das Tal trafen, stießen wir auf Kasachen in Lehmhütten, die dort Jahr für Jahr ihr Winterquartier beziehen. Jedes Camp bestand aus einer Ansammlung kleiner schwarzer Kuppeln, die sich in der weißen Landschaft abzeichneten. Meist kam uns eine Horde wütender Hunde entgegen, unter denen die Salukis wie kunstvoll zerzauste Kandidaten für einen Schönheitswettbewerb aussahen. Doch in einem Camp wurden wir von zwei Männern angehalten.

»Wo ist deine Kibitka?« fragten sie.

»Meine was?«

»Deine Kibitka.«

»Ich verstehe nicht.«

Verächtlich und unwirsch zeigten sie auf ihre Filzjurten. »Deine Kibitka. Du mußt doch eine Kibitka haben. Wo ist sie?«

»In Inglistan.«

»Wo ist das?«

»In Hindustan.«

»Ist das in Rußland?«

»Ja.«

Die Bewohner dieses Dorfes sind bemerkenswert unfreundlich. Eier? Paraffin? Heu? Sie hatten nichts dergleichen. Ich erklärte, daß ich bezahlen würde. Da ich mich in Begleitung eines Staatsbediensteten befand, glaubten sie mir kein Wort. Die Autorität des Mannes sorgte dafür, daß wir am Ende bekamen, was wir haben wollten, und auch ein Haus für die Nacht, das aus vier Wänden und einem Dach mit einem Loch darin bestand. Leider zog der Rauch des Feuers in der Mitte des Zimmers nicht durch dieses Loch ab. Aber es ist schön, zur Abwechslung einmal nicht zu frieren. Wir waren zu siebt.

Mein Führer verdächtigt die Dorfbewohner übler Absichten. Ich selbst bin auch ein wenig nervös. In der Wand gibt es einen Spalt, der mit einer Decke verhängt war. Zu meiner Überraschung verschwand die Decke plötzlich, eine Hand erschien und näherte sich meinen Siebensachen. Ich sagte dem Führer Bescheid, der sein Gewehr schnappte und hinauslief. Aber es fielen keine Schüsse.

Wir haben das Loch mit einem Stein zugestopft. Ich muß schlafen. Mein Kopf schwirrt vor Plänen, diese Reise im Sommer zu machen. Vielleicht kann Christopher dann mitkommen.

Karuh, 6. Dezember, 2.30 Uhr nachts. – Heute sind wir knapp hundert Kilometer geritten, eben habe ich mich mit einer Tasse Suppe ins Bett gelegt. Der erste Hahn kräht.

Herat, 8. Dezember. – Was für ein Tag! Gott bewahre mich vor weiteren Unternehmungen mit einem leeren Magen.

Bei Tagesanbruch verließen wir Laman in Richtung Paß. Die gespenstischen Schatten der Wacholderbäume tauchten auf und verschwanden im grauen Dunst. Der Schnee dämpfte die Schritte der Pferde. Schließlich erschienen die Bergspitzen oberhalb des Passes in der Sonne, vor einem blauen Himmel und einer weißen Welt um so röter. Ich warf dem Band-i-Turkestan einen Abschiedsblick zu, dachte an den Lastwagen, der dort vielleicht schon eingetroffen war, und bedauerte meine Entschlußlosigkeit. Bergab trab-

ten die Pferde nun. Vergeblich versuchte ich, das meine zu einem gemächlichen Trott zu bringen. Entweder es konnte das nicht, oder ich wußte nicht, wie man es anstellte. Wenn ich mich in den Steigbügeln aufrichtete, scheuerte der Holzsattel an meinen Beinen, trotz der quastenverzierten dunkelroten Schabracke. Wenn ich nach orientalischer Art steif sitzen blieb und mich durchrütteln ließ, war die Pein für meine Gedärme fast unerträglich. Ich versuchte das eine, dann das andere. Ich beugte mich über den Sattelknauf, ich lehnte mich gegen die Pausche. Ich setze mich seitlich, ich erwog, mich umgekehrt zu setzen, in Richtung Schweif. Aber Schmerzen hin, Schmerzen her, in dieser Nacht wollte ich unbedingt bis nach Karuh kommen, und mein Führer auch, denn in Laman war uns prophezeit worden, daß wir das nie schaffen würden. Nachdem wir angehalten hatten, um die Pferde grasen zu lassen, ritten wir den ganzen Nachmittag das endlose Tal entlang. Hinter jedem Ausläufer hoffte ich grünes Hochland zu sehen, und jedesmal erwartete mich nur ein weiterer Ausläufer, und Karuh, das wußte ich, war weit entfernt vom Taleingang. Bei Sonnenuntergang tauschten wir die Pferde, denn das des Führers war mit einem weichen Packsattel ausgestattet. Und endlich kamen wir ins Freie. Drüben, auf der anderen Seite der Schlucht, erstreckte sich das gelbbraune Hochland bis hin zu den tintenblauen, schneegeäderten Bergen, über denen bleierne Wolken hingen. Ein Schäfer in weißem Mantel mit seiner Herde und die Rauchfahnen eines fernen Dorfes gaben dieser unwirtlichen Weite etwas Menschliches. Die Schlucht hinunter und wieder hinauf. Hinunter und wieder hinauf. Nervös beschwor mich der Führer, zu galoppieren.

Der letzte Lichtschimmer war verschwunden, als wir zum dritten Mal den Fluß durchquerten. Weder Mond noch Sterne schienen. Während wir die Laternen anzündeten, hörten wir Schritte. Der Führer zuckte zusammen, doch als sich zeigte, daß es nur eine Person war, stürmte er mit seinem Gewehr los und drohte dem Mann, er werde ihn erschießen, weil er nach Einbruch der Dunkelheit unterwegs sei. Schließlich kamen wir zu einem Dorf. Es war nicht Karuh, sondern Karuh Sar, und hier, meinte der Führer, kenne er eine Abkürzung. Der Weg wurde immer schmaler. Wir ritten hierhin und dorthin. Wir ritten denselben Weg wieder zurück. Schließlich befanden wir uns auf einem besseren Kaninchenpfad.

»Ist das wirklich der Weg nach Karuh?« fragte ich zum zehnten Mal.

»Ja. Ich hab's Ihnen schon so oft gesagt. Können Sie kein Persisch?«

»Woher wollen Sie wissen, daß das der richtige Weg ist?«

»Ich weiß es eben.«

»Das ist keine Antwort. Sie sind es, der kein Persisch kann.«

»Ach, ich kann kein Persisch, ja? Ich bin ganz unwissend. Ich weiß nicht, wohin dieser Pfad führt.«

»Führt er nach Karuh oder nicht? Antworten Sie mir.«

»Das weiß ich nicht. Ich kann kein Persisch. Ich weiß nichts. Karuh, Karuh, Karuh, sagen Sie. Ich weiß nicht, wo Karuh ist.«

Und auf einmal sank er zu Boden, vergrub den Kopf in den Händen und stöhnte.

Wir hatten uns verirrt. Das war unangenehm in einem Land, in dem man mit Beginn der Ausgangssperre

nicht mehr sicher ist. Aber wie durch ein Wunder waren meine Schmerzen verschwunden. Ich überlegte eine Weile, ob mich der Führer mit einer bestimmten Absicht hierher gebracht hatte. Dem widersprach sein Stöhnen; er mochte ein Gauner sein, dachte ich hart, aber kein Schauspieler. Er half mir nicht einmal beim Abladen des Gepäcks. Schließlich schüttelte ich ihn aus seiner Verzweiflung. Er erklärte sich bereit, die Pferde anzubinden, und fiel anschließend wieder auf die Knie und schlug das Essen aus, das ich ihm anbot, und auch die Decke, bis ich sie ihm um die Schulter legte. Es war eisig kalt; wir waren wieder von einer undurchdringlichen feuchten Wolke umgeben. Ich breitete mein Bettzeug aus, aß ein Ei, etwas Wurst und Käse, trank Whisky, las ein wenig in meinem Boswell und schlief inmitten der würzigen Kräuter rasch ein, die Geldtaschen zwischen den Füßen und das große Jagdmesser in der Hand.

Um ein Uhr weckte mich der Mond, und ich sah, daß wir uns unmittelbar am Rand der Schlucht befanden. Tief unten schlängelte sich der silbrige Fluß. Vor uns, in etwa drei Kilometer Entfernung, sah ich einen dunklen Fleck, den ich als die Pinien von Karuh identifizierte.

Welches Glück! Kaum hatten wir die Pferde gefunden, schlossen sich die Wolken schon wieder. Aber der Führer hatte die Orientierung wiedergefunden, und eine Stunde später klopften wir an einer großen Karawanserei, von der er behauptete, sie sei bequemer als der Schrein. Und so war es auch. Mein Bett stand in einem großen, mit Teppichen ausgelegten Raum, und am nächsten Morgen wurde ich von drei bärtigen Weisen geweckt, die ihre Gebete sagten und sich von meinen neugierigen Blicken nicht abhalten ließen.

Um vier Uhr kamen wir in Herat an. Seyid Mahmud und das gesamte Personal begrüßten mich wie einen verlorenen Sohn. Der eine breitete Teppiche aus, ein anderer brachte Wasser zum Waschen. Die Nägel für Krawatten, Spiegel und Hut wurden wieder eingeschlagen, ohne daß ich darum gebeten hätte. Von der Marmelade, die mir so geschmeckt hatte, stand ein neues Glas da, und für morgen versprach mir Seyid Mahmud einen Biskuitkuchen.

Jawohl, die Inder seien abgereist, und der Ungar sei auch nicht mehr da. In der Zwischenzeit seien andere Franken gekommen, Freunde von mir, wie er glaube. Ah, da seien sie ja.

In der Tür standen die Holzkohlefahrer.

»Hallo«, rief ich ihnen aus meiner Ecke zu.
»Du? Äh … hallo.«
»Der Whisky ist leider alle.«
»Schon gut.«
»War eine Art Medizin.«
»Wir haben gehört, daß du krank warst.«
»Findet ihr es kalt in Afghanistan?«
»Der Regen war ein bißchen unangenehm.«
»Aber die Bauwerke gefallen euch hoffentlich.«
»Doch, reizend.«

Es war nicht das Wiedersehen, wie wir es uns vorgestellt hatten. Da sie für Turkestan zehn Tage zu spät sind, müssen sie jetzt die Südroute nach Kandahar nehmen. Sie gehen davon aus, daß ich mitkomme.

Ein Rebhuhn zum Abendessen hob die Stimmung.

Herat, 11. Dezember. – Sie sind ohne mich weitergefahren. Turkestan war mein Ziel, nicht die Demonstration eines Holzkohlemotors. Daran hat sich nichts geändert. Ich werde nach Persien zurückkehren und bis zum Frühling warten.

PERSIEN: *Meschhed, 17. Dezember.* – Eine grauenhafte Reise, ich bin fix und fertig. Deswegen die Pause.

Doch wir hatten Glück mit dem Wetter. Die Straße war trocken, so daß wir gut vorankamen. Hinten auf der Ladefläche saß eine Gruppe von Pilgern, die nach Nedschef wollten. Vorn neben mir saß ein junger, frömmelnder Seyid mit schwarzem Turban und einem Gewand aus Kamelhaar, der aus dem Irak kam und die Stätten des Islam bereiste. Er wollte über Duzdab und Quetta nach Indien fahren. Nachdem wir in Islam-Kala, dem Grenzort, übernachtet hatten, rumpelten wir über die zwanzig Kilometer Niemandsland zwischen den beiden Ländern, begleitet von Scharen von Marschvögeln und ihren düsteren Klagen. In Kariz sprach mich, während wir vom persischen Zoll aufgehalten wurden, ein Deutscher an. Er war aus Rußland geflohen, wo man ihn eingebürgert hatte, und wollte zu Fuß bis nach Indien wandern, die afghanischen Behörden hatten ihm aber die Einreise verweigert. Seine kranke Frau war im Dorf. Die beiden waren mittellos und verzweifelt. Ich wollte mich gerade anschicken, ihm etwas Geld zu geben, als er in einem Anfall von Stolz verschwand.

An meinem Schenkel hatte sich eine Pustel gebildet, die inzwischen so groß war, daß das ganze Bein vom Knöchel bis zur Lende geschwollen war. Ich konnte kaum noch gehen. Als Mittel gegen die Schmerzen

bestellte ich Arrak, woraufhin der Seyid in theatralischer Manier seinen Abscheu demonstrierte. Ich fand, daß ihn das hier nichts anging. Rasch entkorkte ich die Flasche und stieß sie ihm in den Bart. Er lief davon wie ein geschändete Nonne. Auf dem Lastwagen war jedoch kein Entkommen. Sooft die Flasche auftauchte, warf er sich wie in einem Ohnmachtsanfall über das Lenkrad und appellierte an Gott und den Fahrer, diese Sünde zu strafen. Der Fahrer lachte. Gott reagierte erst in Turbat-i-Scheich Jam, wo wir um Mitternacht eintrafen.

Während ich mein Gepäck in die Karawanserei schleppte, stahlen ein paar Soldaten meine Satteltaschen. In der Annahme, ihre Tür sei abgeschlossen, warf ich mich mit der ganzen Kraft meines gesunden Beins dagegen, doch meine Annahme war falsch, und durch die Wucht meines Eintretens stieß ich vier Leute zu Boden, auch denjenigen, der sich gerade über die Beute beugte und dessen Hintern unerwartet mein Knie traf. Die anderen, wutentbrannt, verfolgten mich – ich konnte mich nur hüpfend wie ein Heuschrecke fortbewegen – bis in die Küche, wo sie von den Anwesenden ausgelacht wurden. Dann fragte ich, wo ich schlafen könne, woraufhin man mir feierlich den Rand einer Matratze zeigte, neben dem Ofen, auf der schon fünf andere lagen. Ich nahm eine Teekanne mit heißem Wasser, ging hinaus in den Innenhof und bandagierte dort in Ruhe mein Bein. Der dreifach getränkte Verband klebte auf der Haut. »Ist es bequem hier?« fragte der Seyid, der mit einem weißen Bündel im Arm hinter mir aufgetaucht war. Ich verscheuchte ihn mit der Arrakflasche.

Kein Pilger dürfte beim Anblick der Kuppeln von Meschhed jemals eine so große Freude empfunden

haben wie ich. Mrs. Hamber vom Konsulat hatte mich eingeladen, ein paar Tage zu bleiben, falls ich auf dem Rückweg vorbeikäme. Ich besaß nicht die Kraft, den Unentschlossenen zu spielen. Im Amerikanischen Krankenhaus wurde mein Bein geschröpft. Als ich am nächsten Morgen aufwachte, bis zum Hals in frischer Bettwäsche, auf einem Tablett das Frühstück, staunte ich über eine Welt, die ich vergessen hatte.

Meschhed, 21. Dezember. – Energie und Lebensgeister kehren wieder zurück – vor allem dank *Anna Karenina,* einem Buch, das ich noch nicht gelesen hatte. Mein Bein ist so weit wiederhergestellt, daß ich es selber verbinden kann. Das erspart mir die Krankenhausintimitäten. Gestern wurden in meinem Beisein einem Patienten ohne Betäubung sieben Zähne gezogen, und ein anderer wurde auf Hodenkrebs untersucht.

Wer über Missionare schimpft, weiß nichts von ihrer Arbeit im Gesundheitswesen. Die gesamte medizinische Versorgung der Provinz Chorasan wird von ihnen gewährleistet. Deswegen, nicht wegen ihrer Missionstätigkeit, sind sie bei den Behörden so unbeliebt und werden behindert. Auf eine Religion, die hier ebenso wenig Anklang findet wie eine islamische Mission in Rom, braucht man nicht eifersüchtig zu sein. Die Perser haben großes Talent, sich ins eigene Fleisch zu schneiden. Sie haben den Junkers-Luftdienst verboten, weil er die Überlegenheit des Auslands demonstrierte. Sie bauen Straßen, aber wegen der hohen Zölle werden keine Autos importiert. Sie wollen Tourismus, verbieten aber das Fotografieren, weil irgendwann einmal das Foto eines iranischen Bettlers abgedruckt wurde. Die Einhaltung der polizeilichen Bestimmun-

gen ist ein Fachgebiet für sich, wie ich in den letzten Tagen feststellen konnte. Überhaupt ist Marjoribanks-Land, das sich so fortschrittlich gibt, im Vergleich zu Afghanistan recht deprimierend. Es erinnert mich an die Geschichte vom Hasen und der Schildkröte.

Meschhed, 24. Dezember. – Mrs. Hamber ist nach Indien abgereist. Hamber hat mich freundlicherweise eingeladen, ihm über Weihnachten Gesellschaft zu leisten.

Jeden Morgen lasse ich mich von einem Zweispänner zum Heiligtum von Khoja Rabi bringen, wo ich, in Frieden mit der Welt, sitze und zeichne, solange es die kurzen Wintertage erlauben. Der 1621 von Schah Abbas errichtete Schrein steht in einem Garten am Stadtrand. Inmitten der kahlen Bäume und der leeren, laubbedeckten Rabatten strahlen die fröhlichen Fliesen, türkis, lapislazuli, violett und gelb, eine bemerkenswerte Melancholie aus. Sie paßt gut zu meiner Stimmung.

An Denkmälern gibt es außerdem die Masjid-i-Schah, eine verfallene Moschee im Basar aus dem Jahr 1451, deren zwei blau und purpurn glitzernde Minarette an das zweibalkonige Minarett in Herat erinnern, die verfallene Musalla, einen später entstandenen Bogen mit feinen, aber nicht sehr schönen Mosaiken, sowie das große Heiligtum des Imam Reza.

Diese Ansammlung von Moscheen, Mausoleen, Pavillons, Basaren und verwinkelten Gassen ist der Mittelpunkt der Stadt. Um den heiligen Bezirk wurde kürzlich eine breite Ringstraße angelegt, von der andere Hauptstraßen sternförmig in alle Richtungen gehen, so daß sich immer wieder Blickachsen mit

Kuppeln und Minaretten ergeben. Als ich zum ersten Mal in der Dämmerung ankam, ragte eine mächtige türkisblaue Kuppel am dunstigen Himmel auf, daneben eine mattgolden schimmernde Kuppel, und zwischen den gespenstischen Minaretten zauberhafte Lichtergirlanden.

Zwei Todesfälle führten zu einer Verlagerung der Hauptstadt Chorasans von Tus nach Meschhed. Im Jahr 809 wurde Kalif Harun al-Raschid durch eine Rebellion in Transoxanien aufgeschreckt. Sein Sohn Ma'mun marschierte gegen Merw; der Kalif, der ihm gefolgt war, erkrankte in Tus, starb und wurde an einer heiligen Stätte, dreißig Kilometer entfernt begraben, dem heutigen Meschhed. Ma'mun blieb in Merw. 816 ließ er den achten Imam, Ali al-Riza, aus Medina kommen und ernannte ihn zum Nachfolger des Kalifen. Zwei Jahre später starb auch der Imam, ebenfalls in Tus, als er Ma'mun bei einem Besuch am Grab seines Vaters begleitete. Die Orthodoxen behaupten, er sei an übermäßigem Verzehr von Weintrauben gestorben, während die Schiiten überzeugt sind, Ma'mun habe ihn vergiften lassen. Jedenfalls wurde er neben Harun al-Raschid begraben, und sein Grab wurde, neben dem Grab Alis in Nedschef, die heiligste Stätte der Schiiten.

Und so wuchs das Heiligtum und mit ihm auch die Stadt. Pilger, die das Grab des Imams besuchen, spucken noch immer auf das Grab Harun al-Raschids. Wir assoziieren diesen Namen mit der ganzen Pracht des Orients. Die Schiiten erinnert er nur an den Vater eines Mörders eines Heiligen.

Begleitet von einem traurigen Polizisten, verbrachte ich den Vormittag damit, das Heiligtum von mehreren

Dächern jenseits der Ringstraße durch ein Fernglas zu studieren. Es gibt drei große Höfe mit jeweils vier Iwanen (kein anderes Wort beschreibt diese mächtigen, nach vorn geöffneten spitzbogigen Gewölbe mit hohen Fassaden, die ein typisches Element der persisch-islamischen Architektur sind). Zwei Höfe liegen in Nord-Süd-Richtung, leicht versetzt aneinander angrenzend. Die dort verwendeten Fliesen sehen aus der Ferne wie Chintz aus und müssen aus dem siebzehnten oder achtzehnten Jahrhundert stammen. Dazwischen erhebt sich eine 1607 von Schah Abbas errichtete helmförmige, goldene Kuppel, die das Grabmal des Imams überwölbt. Chardin beobachtete 1672 in Isfahan die Anfertigung von Goldplatten, die zur Restaurierung der Kuppel nach einem Erdbeben dienten. Neben dieser Kuppel steht ein goldenes Minarett, ein weiteres befindet sich östlich neben dem südlichen Hof.

Der dritte Hof, rechtwinklig zu diesen beiden Höfen angelegt, gehört zu der Moschee, die Gouhar Schad zwischen 1405 und 1418 errichten ließ. Über dem Heiligtum erhebt sich, flankiert von zwei Minaretten, die türkisblaue zwiebelförmige Kuppel, die mit dünnen gelben Ranken überzogen ist und am unteren Rand eine schwarze Kufi-Inschrift aufweist.

Der Mosaikschmuck des Hofes scheint völlig intakt zu sein. Noch aus vierhundert Meter Entfernung war der Qualitätsunterschied der Farben im Vergleich zu den anderen Höfen zu erkennen. Hier liegt der Schlüssel zur untergegangenen Pracht von Herat. Ich muß und werde diese Moschee besichtigen, bevor ich Persien verlasse. Aber nicht jetzt, dazu fehlt mir die Energie. Das hat Zeit bis zum Frühjahr, bis dahin habe ich vielleicht auch mehr über Gouhar Schad herausgefunden.

Meschhed, 1. Weihnachtstag. – Zum Lunch kamen Mr. und Mrs. Hart, ebenfalls vom Konsulat, und ihr kleiner Sohn Keith. Ich aß zuviel von dem Christmas Pudding, so daß mir schlecht war, wie immer am Weihnachtsnachmittag, aber zum Abendessen war ich wieder in Form. Hamber hatte die ganze amerikanische Mission eingeladen, die Harts und eine junge Deutsche aus Bolivien, die hier als Gouvernante tätig ist und etwas Teutonisch-Mondänes hatte. Anschließend wurde gespielt. Ich gewann einen Füllfederhalter, den Herren-Preis für das Dekorieren eines Damenhutes.

Teheran, 9. Januar. – Es war ein trauriger Moment, als ich Hambers gastfreundliches Haus wieder gegen die brutale Welt eintauschte.

Unterwegs machte ich in Schahrud halt. Es war früher Abend, und weil zur Zeit Ramadan ist, also niemand vor Mittag aufsteht, nahm ich mir ohne Erlaubnis ein Pferd und ritt nach Bostam, einem verschlafenen Nest in Richtung Asterabad. Der aus dem vierzehnten Jahrhundert stammende Schrein von Bayezid wirkte so friedlich, mit Türmen wie südenglische Darrhäuser, daß mich der prachtvolle Stuck des Mihrab im Innern dann doch sehr überraschte. Diese Stucktechnik ist überhaupt immer überraschend; ihre Wirkung steht in keinem Verhältnis zu dem schlichten Material. Hier ist der Effekt nicht so grandios wie in Hamadan, es geht mehr um die Linien als um das Relief. Aber auch dieses Werk zeichnet sich aus durch Pracht ohne Prunk, Kompliziertheit ohne Wirrwarr. Unweit der Moschee steht ein runder Grabturm aus dem frühen vierzehnten Jahrhundert, dessen

Schrein des Bayezid, Bostam

Mantel mit kleinen, vorspringenden Kanten bedeckt ist. Seine Oberfläche mit der dekorativ gemusterten Ziegelbindung weist eine feine Struktur auf.

Bei meiner Rückkehr nach Shahrud wurde ich verhaftet, doch der Polizeichef war sehr liebenswürdig, als ich meine Papiere vorzeigte. Sosehr ich Verständnis hätte, fügte ich hinzu, wenn während des Ramadan die Nacht zum Tag gemacht werde, bei meiner Suche nach Denkmälern sei es eher hinderlich, mich an diese Gepflogenheit zu halten. Er stimmte mir einigermaßen beschämt zu. Wahrscheinlich hat irgend jemand eine lächerliche Vorschrift erlassen, der zufolge der Ramadan etwas Rückschrittliches ist.

Nach dem Lastwagenlärm, der mir noch in den Ohren dröhnte, kam mir Teheran wie eine Stadt von Geistern vor, die sich auf Samtpfoten fortbewegten. Im Speiseraum der Anglo-Persian wurde ich in einen Abendanzug gesteckt und zum Silvesterball geschleppt. Da ich mit jener unverbindlichen Höflichkeit rechnete, die zu verhindern sucht, daß sich der Heimgekehrte in seinen Erinnerungen ergeht, rührte mich das Interesse der Leute an meinem Ausflug um so mehr. Plötzlich sah ich Busk, den neuen Gesandtschaftssekretär, und äußerte mein Erstaunen darüber, daß er größer war als ich. Auf der Schule – und seitdem hatten wir uns nicht mehr gesehen – war er nämlich einer der Kleinsten gewesen.

»Aber ich war kein *notorischer* Zwerg, oder?« fragte er wehmütig.

Grabturm in Bostam

VIERTER TEIL

T*eheran, 15. Januar.* – Diese verdammte Stadt.

Im November, kurz nach meiner Abreise, wähnte sich Marjoribanks durch einen Staatsstreich bedroht. Er war nach Asterabad* gereist, um seine neue Eisenbahnlinie zu besichtigen und den Turkmenen einen Besuch abzustatten. Begleitet wurde er von Kriegsminister Sardar Assad, dem obersten Bachtiarenfürsten. Der erste öffentliche Hinweis auf eine Verschwörung war der Umstand, daß Sardar Assad überraschend nach Teheran zurückkehrte, und zwar per Lastwagen, ein ungewöhnliches Verkehrsmittel für den reichsten und prominentesten Vertreter der Stammesaristokratie. Er und seine Brüder, darunter auch Sardar Bahadur und Emir-i-Dschang, dem wir bei Mirza Yantz begegnet waren, sind inzwischen im Gefängnis; Truppen und Flugzeuge sind in das Bachtiarenland südlich von Isfahan entsandt worden. Inzwischen wird auch Qavam al-Mulk verdächtigt, ein Qaschgai-Magnat aus Schiras, der bislang die riskante Ehre genoß, Marjoribanks' wichtigster Vertrauter zu sein. Er steht zur Zeit unter Hausarrest, und Miss Palmer-Smith, die Gesellschafterin

* Das heutige Gorgan. (A. d. Ü.)

seiner Töchter, ist außer sich vor Angst, es könnten ihnen vergiftete Nahrungsmittel geliefert werden.

Niemand weiß, ob es wirklich eine Verschwörung gab. Inzwischen ist aber jedermann überzeugt, daß es eine geben wird. Man hört Gerüchte, daß Marjoribanks Magenkrebs hat, daß der Kronprinz ermordet wird, wenn er aus seinem Schweizer Internat nach Hause zurückkehrt, daß sich die Stämme im Frühjahr erheben werden. Ich glaube nichts davon; Diktaturen bringen immer solche Gerüchte hervor. Mich ärgert die Fremdenfeindlichkeit, die sich offenbart. Daß die Bachtiaren in Ungnade gefallen sind, wird zum Teil ihrer englandfreundlichen Haltung zugeschrieben. Besucher, die ein kultivierteres Persien erleben möchten, sind immer durch ihr Land gefahren. Und so wenden sich alle Perser, ausgenommen jene, die sich in offiziellem Auftrag mit Ausländern abgeben, mit Schaudern ab wie von einem tollwütigen Hund.

Dieses Gefühl hat weitere Nahrung erhalten durch einen Artikel, den de Bathe nach seiner Rückkehr nach England für die *Times* schrieb. Darin schildert er, wie Marjoribanks seinen turkmenischen Burschen unter den Augen des diplomatischen Corps mißhandelte. Daraufhin berichtete die persische Presse, daß der englische König seinen Palast nur mit dreitausend Mann Bewachung verlasse und daß der Prince of Wales einhundert Hunde halte, die über eine besondere Stiege in sein Bett klettern und dort schlafen. Erschrocken über diese Ausbrüche, bat das Foreign Office die Redaktion der *Times,* sich in einem Leitartikel zu entschuldigen. Das moderne Persien wurde nun mit dem Tudor-England verglichen und Marjoribanks mit Heinrich VIII. Dies machte alles nur noch schlimmer, da die Tudors hier als rückschrittlich

gelten. Sein Einschreiten hat das Foreign Office etliche hundert Pfund für Telegramme gekostet und den Persern die Bestätigung für ihre (von unserem ehemaligen Gesandten präzis beobachtete) fixe Idee geliefert, daß Verstimmung ihrerseits für Unruhe in London sorgt und daß das Foreign Office die englische Presse beherrscht. In diesen Versicherungen bester englischer Absichten finden die Perser unerschöpfliche Antworten auf das Beben verletzter Würde. Gott sei Dank stammen meine Empfehlungsschreiben von Amerikanern.

Teheran, 17. Januar. – Eine andere fixe Idee der Perser ist ihr abgrundtiefer Argwohn, die Afghanen könnten sie in puncto Modernisierung überholen. Wenn gebildete Perser hören, daß ich in Afghanistan war, atmen sie tief durch, wie um sich zu beruhigen, äußern höfliches Interesse am afghanischen Wohlfahrtssystem und fragen sanft, ob ich dort Eisenbahnen, Krankenhäuser oder Schulen vorgefunden hätte. Selbstverständlich Krankenhäuser und Schulen, antworte ich. Die gibt es in allen islamischen Ländern, während Dampflokomotiven im Zeitalter des Automobils gewiß veraltet sein dürften. Auf meinen Hinweis, daß die Afghanen offen und nicht flüsternd wie die Perser über ihre politischen Probleme sprächen, antwortete Mirza Yantz: »Natürlich, sie sind ja auch nicht so kultiviert wie wir Perser.«

Die Afghanen erwidern diese Antipathie, aber auf andere Weise. Sie empfinden nicht Mißgunst, sondern nur Verachtung.

Gestern suchte ich den afghanischen Botschafter Schir Ahmad auf, um ihm von meiner Reise zu berichten. Er strich sich über den Bart, der an einen Eier-

wärmer erinnerte, und sah in seinem samtglänzenden Morgenmantel mehr denn je wie ein Tiger aus.

RB: »Wenn Sie gestatten, Exzellenz, würde ich im Frühjahr gern wieder nach Afghanistan reisen.«
Botschafter (p): »Nach Afghanistan? *(Donnernd, ff)* NATÜRLICH werden Sie reisen.«
RB: »Und Sykes hofft, daß er mich begleiten kann.«
Botschafter (m): »Hofft? Muß nicht hoffen. *(Donnernd, ff)* NATÜRLICH wird er Sie begleiten. *(pp)* Ich werde ihm Visum erteilen.«
RB: »Die Afghanen waren mir sehr sympathisch, weil sie laut sprechen und die Wahrheit sagen. Sie sind nicht hinterhältig.«
Botschafter (grinst, p): »Haha, Sie irren sich! Afghanen sind sehr hinterhältig, *(m)* sehr, *(cresc.)* sehr. Haben Sie das nicht bemerkt? *(p)* Sie sind nicht sehr klug.«
RB (kläglich): »Jedenfalls waren die Menschen gastfreundlich zu mir. Sollte ich je etwas über Afghanistan schreiben, Exzellenz, werde ich es zuerst Ihnen zeigen.«
Botschafter (ff): »WARUM?«
RB: »Ich möchte nicht, daß Sie beleidigt sind.«
Botschafter (m): »Das ist nicht notwendig. *(cresc.)* Nicht notwendig. Sie werden es mir nicht zeigen. Ich wünsche das nicht. Wenn Sie freundlich schreiben, wird uns das Lob eines Freundes freuen. Wenn Sie unfreundlich schreiben, wird uns der gute Rat eines Freundes freuen. Sie werden schreiben, was Sie wollen. *(p)* Sie sind Ehrenmann.«
RB: »Exzellenz, Sie sind zu gut.«
Botschafter (mf): »Ich bin gut, hahaha. Alle Afghanen sind gut. Sie haben gutes Leben. *(pp)* Kein

Wein, *(f)* keine Frauen von anderen Männern. *(mf)* Sie glauben an Gott und Religion. Alle Afghanen sind gut, alle fidel.«

RB: »Fidel?«

Botschafter (mp): »Fidel, nein? Französisches Wort? Rechtgläubig?«

RB: »Ganz anders als die Perser.«

Botschafter (mf): »Nicht anders. *(cresc.)* Nicht anders. Perser auch rechtgläubig. *(pp)* Werde Ihnen Geschichte erzählen:

(m) Wie Sie wissen, Perser sind Schiiten, Afghanen sind Sunniten. Perser lieben Ali. Afghanen glauben, Ali *(ff)* andersrum! *(m)* In Muharram Perser sich erinnern an Tod von Ali und feiern. Letztes Jahr wurde ich eingeladen zu Fest in Baladiyya, wie sagt man, in Stadtverwaltung. Ich gehe hin. *(cresc.)* Ich gehe hin. Ich stehe neben Bürgermeister. Um ihn lauter Mullahs. Viele Menschen. *(cresc.)* Sehr viele Menschen. *(m)* Alle Menschen, jawohl, alle, junge Männer, alte Männer, *(ff)* sogar Offiziere der persischen Armee, *(pp)* weinen und schlagen sich auf die Brust, so, zur Erinnerung an Tod von Ali. *(mp)* Alle fidel. Alle lieben Religion. Ich Sunnit. Mir gefällt das nicht, Männer weinen, Offiziere weinen. *(donnerndes ff)* MIR GEFÄLLT DAS NICHT. *(mp)* Mullahs sagen zu mir: ›Sie halten eine Rede, Exzellenz?‹ *(ff)* ›WARUM NICHT?‹ sage ich, *(pp)* ›Ich werde Rede halten.‹ *(mp)* Zuerst ich stelle eine Frage:

(pp) ›Ali Perser war?‹ frage ich.

(m) Mullahs glauben, ich dumm. Sie sagen *(f)*: ›Exzellenz sind gebildeter Mann. Sie wissen, daß Ali Araber war.‹

(mp) Ich stelle zweite Frage: *(pp)* ›Ali Arier war?‹

(m) Mullahs glauben, ich noch viel dümmer. Sie sagen *(f):* ›Exzellenz wissen, daß Araber keine Arier.‹

(mp) Ich stelle dritte Frage: *(pp)* ›Perser und Araber dasselbe Volk?‹

(m) Mullahs glauben jetzt, ich ganz dumm. Sie haben recht. *(cresc.)* Sie haben recht. Sagen *(f):* ›Exzellenz sind gebildeter Mann. Sie wissen, daß Perser Arier, daß Araber keine Arier.‹

(m) Ich bin dumm. Alle Mullahs, alle Anwesenden finden, ich sehr dumm. Ich frage sie:

(pp) ›Ali nicht mit Perser verwandt war?‹

(m) Mullahs antworten: *(f)* ›Nicht verwandt.‹

(m) Danke, sage ich. *(ff)* ›Vielen Dank!‹

(m) Dann frage ich, ob einige der Anwesenden während des Muharram in Arabistan waren. Einige sagen ja, ich frage: *(pp)* ›Araber um Ali weinen?‹

(m) Sie sagen nein.

(f) Da sage ich: ›Araber Verwandte von Ali, aber weinen nicht um ihn. Perser weinen, aber keine Verwandten von ihm.‹

(m) Mullahs sagen, daß ich die Wahrheit sage.

(ff) ›Das ist merkwürdig‹, sage ich. ›Sehr merkwürdig. Ich verstehe nicht, warum Perser weinen. *(Donnernd)* In Afghanistan, wenn Sechsjähriger weint, wir sagen WEIB zu ihm.‹

(m) Mullahs bedauern tief, sind sehr beschämt. Sie sagen: ›Exzellenz waren nicht vor zwanzig Jahren während des Muharram in Persien. Damals wir haben mehr geweint als heute. In Zukunft, in zehn Jahren, wird besser sein. Wir werden nicht mehr weinen und auf die Brust schlagen. Sie werden sehen, Exzellenz.‹

(mp) Eine Woche später habe ich Einladung für Palast des Schahs. Ich gehe. *(cresc.)* Ich

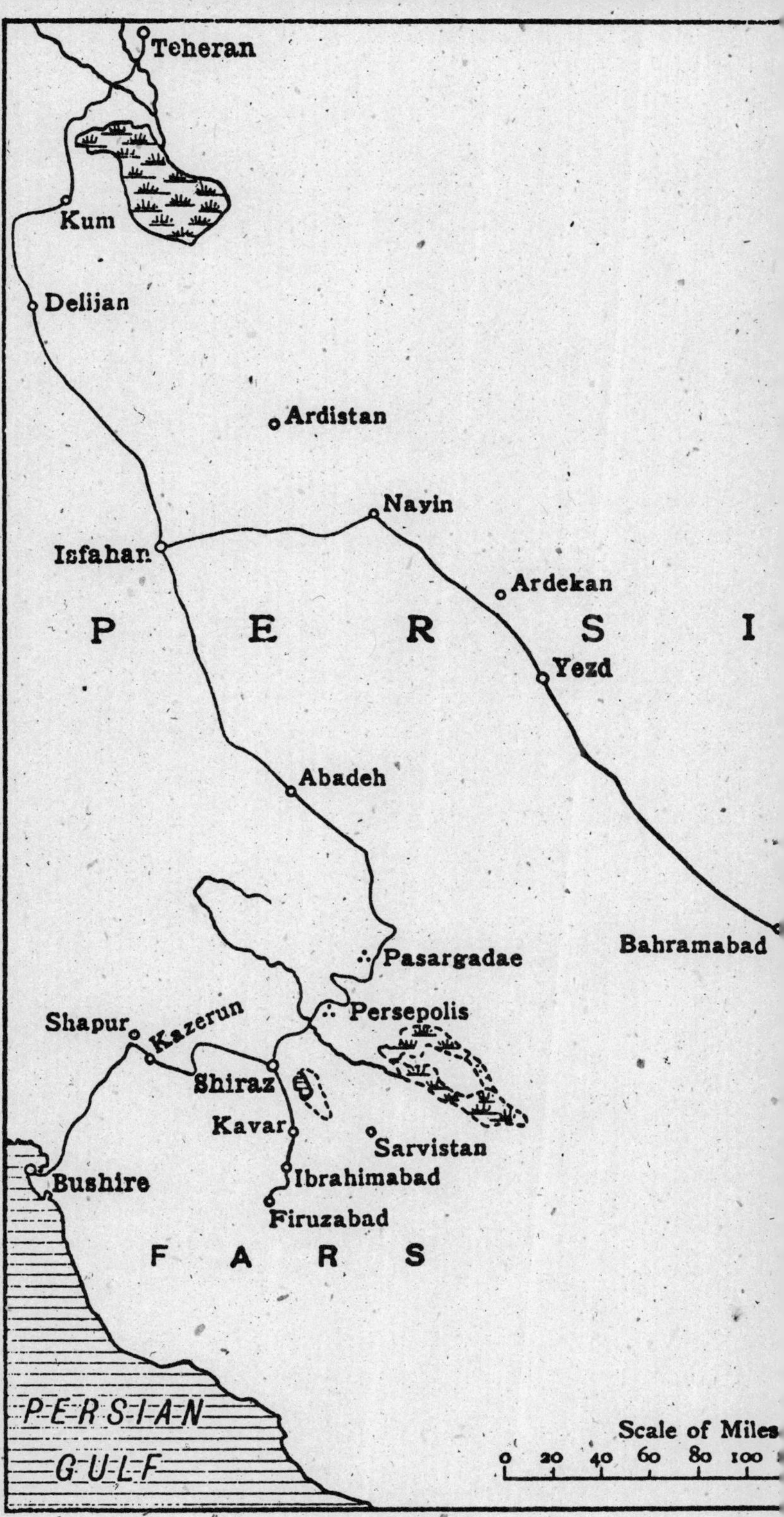
Teheran
Kum
Delijan
Ardistan
Nayin
Isfahan
Ardekan
P E R S I
Yezd
Abadeh
Bahramabad
Pasargadae
Persepolis
Shapur
Kazerun
Shiraz
Kavar
Sarvistan
Bushire
Ibrahimabad
Firuzabad
F A R S
PERSIAN
GULF
Scale of Miles
0 20 40 60 80 100

Emery Walker Ltd. sc.

gehe. Schah sagt: ›Exzellenz sind ein Freund Persiens.‹

Ich sage *(pp)*: ›Majestät sind zu gütig. Das habe ich nicht verdient. Natürlich Sie haben recht. Natürlich ich bin Freund Persiens. Aber gestatten Sie eine Frage: Woher wissen Sie, daß ich Freund von Persien bin?'

(mf) ›Exzellenz‹, sagt Schah, *(cresc.)* ›Sie haben Persern verboten, an Muharram zu weinen. Ich verbiete auch. *(Donnernd ff)* Nächstes Jahr NIEMAND wird weinen. Ich habe Order erteilt.‹

(pp) Jetzt kommt wieder Muharram. Wir werden sehen. *(cresc.)* Wir werden sehen.«

Teheran, 18. Januar. – Madame Nasr al-Mulk gab gestern einen Empfang im Hause Qaragozlu. Die Qaragozlu sind ebenfalls eine Stammesfamilie, aus Hamadan, sind bislang aber nicht in allerhöchste Ungnade gefallen. Madame Nasr al-Mulk soll überhaupt der einzige Mensch sein, der Marjoribanks gelegentlich die Meinung sagt. Das glaube ich gern. Sie sagte mir die Meinung, als sie den Eindruck hatte, ich würde Limonade über einen der Brokatsessel schütten.

Der Empfang dauerte von fünf bis acht. Etwa dreihundert Leute waren da und eine Jazzkapelle. Das Gerücht machte die Runde, daß Sardar Assad im Gefängnis »gestorben« sei.

Ein russischer Architekt namens Markow hat hier ein Heim für russische Flüchtlinge eröffnet. In einem kleinen Haus am Meschhed-Tor fanden wir etwa fünfzig Personen, die den altvertrauten russischen Geruch verströmten – woher er wohl rührt? Bis auf zwei kleine

armselige Mädchen sahen alle recht gesund aus; alte Kleider und Spielsachen waren aus verschiedenen Quellen gesammelt worden. Einer der Flüchtlinge war ein Priester aus Samara, der im Laufe von drei Jahren immerfort den Arbeitsplatz gewechselt hatte, bis er so nahe an die Grenze herangekommen war, daß er hinüberschleichen konnte. Er hatte eine wunderschöne alte Ikone dabei, doch die der anderen Familien, die sie mit soviel Mühe mitgebracht hatten, waren schrecklich und wertlos.

In diesem Aufnahmeheim sollen die Flüchtlinge erst einmal ausruhen, etwas Anständiges zu essen bekommen und mit Stiefeln und Kleidung ausgestattet werden, bevor sie nach Isfahan, Kerman und an andere Orte im Landesinnern kommen. Abgesehen von Turkmenen, von denen allein im letzten Jahr 25 000 über die Grenze kamen, fliehen im Jahresdurchschnitt etwa tausend Personen aus Rußland nach Persien. Die meisten sind keine Antibolschewisten, sie fliehen einfach vor dem Hungertod. Wenn es stimmt, was sie von den Schildkrötenpanzern berichten, die mancherorts haufenweise vor den Häusern der Arbeiter herumliegen, weil Schildkröten deren Grundnahrungsmittel sind, ist es kein Wunder, daß Ausländern von einem Besuch der zentralasiatischen Regionen Rußlands abgeraten wird.

Um herauszufinden, ob dieses Abraten auf ein Verbot hinausläuft, habe ich mit dem russischen Konsul gesprochen. Monsieur Datijew ist nicht so asketisch wie manche Genossen, er trägt knalligen Tweed wie ein Bloomsburianer auf dem Lande und Hut statt Schirmmütze. Beim ersten Mal bewirtete er mich mit Kirschtorte, beim zweiten Mal gab es Crème de Menthe.

Teheran, 22. Januar. – Christopher hat ein Auto gekauft, und eigentlich wollten wir gestern schon nach Isfahan aufbrechen, aber die Straße ist wegen Schnees gesperrt. Die Botschaftspost mitsamt Überbringer ist irgendwo zwischen hier und Hamadan verschollen.

Zur Steigerung der Langeweile gab es eine Aufführung des *Othello* in armenischer Sprache. In der Hauptrolle trat Papatzian auf, ein Moskauer Star, der das Ansehen des Moskauer Theaters zweifellos hochhielt. Ansonsten wirkten nur lokale Amateure mit, die sich, ohne Kenntnis europäischer Kostüme vergangener Zeiten, an den Figuren auf den Isfahaner Fresken orientiert hatten.

Außerdem gab der deutsche Gesandte Blücher einen Empfang anläßlich der Vorführung des Nazi-Propagandafilms *Deutschland erwacht.* Hitler, Goebbels und die anderen brüllten dauernd. In der Pause Tee und Gebäck. Datijew mit Hut, sein Botschafter mit Mütze. Blücher tat mir leid, und ich war dankbar, kein Deutscher zu sein.

Teheran, 25. Januar. – Noch immer da. Noch immer Schnee. Die Post und ihr Überbringer noch immer verschollen.

Als ich ein Schreibwarengeschäft betrat, um Zeichenpapier zu kaufen, sah ich den apostolischen Nuntius am Ladentisch. Mir fiel nichts ein, was außerhalb meiner eigenen Gedankenwelt lag.

»Bonjour, Monseigneur.«

»Bonjour, Monsieur.«

Schweigen.

»Vous êtes artiste, Monseigneur?«

»Quoi?«

»Vous êtes peintre? Vous achetez des crayons, des couleurs?«

Abscheu erfaßte sein frommes Gesicht.

»Certainement non. J'achète des cartes d'invitation.«

Schir Ahmad und Tommy Jacks, der hiesige Direktor der Anglo-Persian Oil Company, kamen zum Dinner in den Club. Das Essen war ausgezeichnet: Kaviar, rote Bete, Borschtsch, gegrillter Lachs, Rebhuhn mit Pilzen, Röstkartoffeln und Salat, warme Baisers mit Eiscremefüllung und Glühwein.

Schir Ahmad (mf): »Wo ist Madame Jacks, wo ist? *(leise)* Sie ist hübsche Frau.«

Jacks: »Sie konnte nicht kommen.«

Schir Ahmad (dröhnend, ff): »WARUM NICHT? *(säuselnd, mf)* Ich bin sehr böse, *(cresc.)* sehr böse.«

Anschließend spielten wir Bridge, aber die entscheidende Partie konnten wir nicht beenden, da Schir Ahmad immer wieder aufstand, um seine Erzählungen schauspielerisch auszuschmücken. Die Geschichte der afghanischen Königsfamilie dauerte eine halbe Stunde, wobei sich herausstellte, daß Schir Ahmads Verwandtschaft mit Amanullah und dem gegenwärtigen König auf einen Stammvater zurückzuführen ist, der einhundertzwanzig Kinder hatte. Nach dem nächsten Stich ging es um Amanullahs Europareise. Man saß, begleitet von einigen italienischen Aristokraten, in einer Loge der römischen Oper.

»*(m)* Neben mir sitzt italienische Dame, *(funkelnd, ff)* große Dame, ja! Hochgewachsen? Nein,

dick. *(mf)* Noch dicker als Madame Ägypten [die Frau des ägyptischen Gesandten], Brust *(cresc.)* soo groß, *(mf)*, hängt über Loge, so. Viele Diamanten und Gold daran. *(pp)* Ich habe Angst. Wenn ihre Brust in meinem Gesicht, ich keine Luft mehr bekomme.«

Dann war das Bankett im Buckingham-Palast an der Reihe:

»*(m)* Prince of Wales redet mit mir. *(p)* Ich sage: ›Königliche Hoheit, *(ff)* Sie sind dumm! *(dröhnend)* Sie sind dumm!‹ *(m)* Prince of Wales sagt: *(p)* ›Wieso?‹ *(m)* Ich sage: ›Sir, weil Sie Springreiter sind. Ist gefährlich, *(cresc.)* gefährlich. *(p)* Engländer nicht erfreut, wenn Königliche Hoheit sterben.‹ *(m)* König hört. Sagt zu Königin: ›Mary, Botschafter sagt, unser Sohn dumm.‹ König sehr zornig, *(cresc.)* sehr zornig. Königin fragt mich, warum ihr Sohn dumm. Ich sage, weil Springreiter. Königin sagt: *(schwach)* ›Exzellenz, Sie haben recht, *(cresc.)* Exzellenz, Sie haben recht.‹ Königin dankt mir, König dankt mir.«

Teheran, 29. Januar. – Noch immer hier.

Gestern morgen standen wir um drei auf und hatten die Stadt um sechs verlassen, weil wir es an dem Tag bis Isfahan schaffen wollten. Nach fünfzehn Kilometern verwandelte sich die Straße in eine Eisbahn; eine Schneewehe war getaut und wieder gefroren. Ich beschleunigte. Wir schlitterten noch etwa dreißig Meter, hätten uns fast überschlagen und fanden ein betrübliches Ende. In diesem Moment ging die Sonne

auf, ein Feuerschein ließ die schneebedeckte Ebene funkeln, tauchte das weiße Elburs-Gebirge in Blau und Gold, und in den eisigen Wind schmeichelte sich ein Hauch von Wärme ein. Erfüllt von der Schönheit der Landschaft, kehrten wir in die Hauptstadt zurück.

Um der Klaustrophobie zu entgehen, verbrachten wir den Tag in den Bergen oberhalb von Darbend, wo Marjoribanks einen Palast hat. Christopher kam dort mit einem der königlichen Gärtner ins Gespräch. Marjoribanks scheint ein Blumenliebhaber zu sein.

Teheran, 6. Februar. – Noch immer hier.

Christopher ist am Dritten abgereist. In der Nacht zuvor erwischte mich wieder die gleiche afghanische Infektion, und ich fuhr nicht nach Isfahan, sondern in die Klinik, wo ich hundertmal am Tag gepikst und geschröpft, mit Wickeln und Abführmitteln traktiert wurde. Die Klinik ist eine englische Einrichtung, und sie gereicht der Kolonie zur Ehre, aber sie ist ein solcher Zankapfel zwischen Gesandtschaft und Anglo-Persian Oil Company, daß sie vielleicht nicht überleben wird.

Nach Ansicht des Arztes kann ich übermorgen aufbrechen.

Qom (975 m), 8. Februar. – Ich bin abgereist.

Mr. und Mrs. Hoyland nehmen mich mit. Er war Konsul in Kermanschah, wurde nach Schiras versetzt, also ziehen sie mit zwei Autos und einem schwarzen Spaniel um. Vor unserer Abreise hat es vierundzwanzig

Stunden geregnet, und wir sind kaum vorangekommen. Ein Schiff wäre heute praktischer gewesen als ein Auto.

Der hiesige Schrein, im frühen neunzehnten Jahrhundert allerdings umgebaut, bildet mit seiner hohen goldenen Kuppel und den vier blauen Minaretten ein hübsches Ensemble.

Delijan (1500 m), 9. Februar. – Sitzen wieder fest.

Wir hofften schon, am späten Nachmittag in Isfahan zu sein, als wir hinter einer Kurve zwei Lastwagen und einen Ford sahen, die in einem reißenden, fünfzig Meter breiten Strom festsaßen. Uns blieb nichts anderes übrig, als wieder umzukehren. Hier in diesem Dorf haben wir im größten Haus Quartier genommen. Es hat zwei Windtürme, die über Schächte mit unterirdischen Kammern verbunden sind, welche im Sommer geöffnet werden, so daß ein kühler Luftzug entsteht. In einem großen Raum hängen unter einem dekorativ verspiegelten Wandfries Kabinettfotografien von Herren in Norfolk-Jacken, aufgenommen im Bombay der achtziger Jahre. Als Mrs. Hoyland ihren Spaniel über die Schwelle führte, brach eine schielende Hexe in lauten Protest aus, denn diesen Ort, wo ein heiliger Mann einmal übernachtet hatte, sollte kein unreines Tier entweihen. Die Brüder, Besitzer des Hauses, das sie uns unbedingt vermieten wollten, brachten sie zum Schweigen.

Am Nachmittag zeichnete ich den Hof: ein gestutzter Baumstumpf, ein leeres Wasserbecken und eine Leine mit regennasser Wäsche vermitteln eine neue Auffassung vom persischen Garten. Am hinteren Ende

stand ein überwölbtes Sommerhaus, doch in dem Moment, als ich es zeichnen wollte, stürzte das Ding ein. Seitdem hat es mehrere Einstürze in der Umgebung gegeben. Als Baumaterial ist der Lehm von Delijan ungeeignet für schlechtes Wetter.

Ich sitze in meinem kleinen Zimmer an einem lodernden Holzfeuer, während Aga Mahmud, der älteste der Brüder, mir aus den schiitischen Schriften über Hazrat Hassan vorliest. Von Zeit zu Zeit hält er inne und flüstert, daß das Haus ihm gehöre und die Miete ausschließlich an ihn zu bezahlen sei.

Delijan, 10. Februar. – Wir fuhren zum Fluß. Der Wasserstand ist höher denn je. Aber die Sonne scheint, und wir sind zuversichtlich.

Die ganze Nacht hindurch war das Krachen einstürzender Häuser zu hören. Hier im Dorf ist kaum ein Dach intakt.

Isfahan (1600 m), 11. Februar. – Heute nachmittag trafen wir ein, wetter- und krankheitsbedingt genau drei Wochen später als vorgesehen, in meinem Fall.

In Delijan regnete es auch die zweite Nacht. Wir kleideten uns deprimiert an und frühstückten in aller Ruhe, als gemeldet wurde, daß der Fluß zurückgegangen sei, jetzt aber rasch wieder ansteige. Fünf Minuten später brausten wir, jeweils begleitet von zwei Bauern mit Schippe, die Straße entlang, als ginge es um unser Leben. Hoyland pflügte in kühnem Zickzack durch den Strom und erreichte wohlbehalten die

andere Seite. Mrs. Hoyland und ich blieben stecken, bis zwanzig Mann uns schließlich herausholten.

Vor Einbruch der Dunkelheit war noch Zeit, in Isfahan ein wenig herumzufahren. Am Chihil Sutun, der mir so vertraut war von Fotos der eindrucksvollen Säulenhalle und der Pinien, die sich im Wasserbecken spiegeln, betrat ich den Maidan. Zweigeschossige weißgetünchte Blendarkaden säumen den 500 Meter langen und 150 Meter breiten Platz. An der einen Schmalseite steht die Ruine des Basartors, an der anderen das blaue Portal der Masjid-i-Schah, mitsamt Kuppel, Iwan und Minaretten im schrägen Winkel zur Hauptachse, entsprechend der Ausrichtung nach Mekka. An beiden Enden Polotore aus Marmor. Rechter Hand steht ein gemauerter Schuhkarton, der Ali Qapu, gegenüber die mit floralen Motiven überzogene Flachkuppel der Scheich-Lutfullah-Moschee, leicht nach rechts versetzt hinter einem blauen Portal. Symmetrie, aber nicht im Übermaß. Der Reiz ergibt sich aus dem Kontrast zwischen der formalen Strenge des Platzes und der romantischen Verschiedenartigkeit der einzelnen Gebäude. Um dem entgegenzuwirken und um zu demonstrieren, daß Bachtiarenfürsten hier nicht mehr Polo spielen oder ihre Pferde trainieren dürfen, legte der Fortschritt in der Mitte des Platzes ein hübsches Wasserbecken an, das von einem gotischen Eisengitter und jungen Petunienbeeten eingefaßt wird.

Der Maidan und seine Bauwerke datieren aus dem siebzehnten Jahrhundert. Die Freitagsmoschee im Herzen der Stadt ist älter, sie stammt aus dem elften. Hier, wie in ihrem Gegenstück in Herat, spiegelt sich die gesamte Stadtgeschichte in einem einzigen Bauwerk

und seinen Erweiterungen; der Charme safawidischer Farben, wie auch der timuridischen, tritt zurück vor seiner eindrucksvollen Größe. Vieles ist plump, manches häßlich, aber in bezug auf die Ziellosigkeit des Ausdrucks, dieses Charakteristikum islamischer Kuppeln, ist die eiförmige, von dem Seldschuken Malik-Schah errichtete Ziegelkuppel ziemlich einzigartig.

Es dämmerte schon, als ich die Madrasa der Mutter des Schahs erreichte, gebaut 1710 von dem safawidischen Schah Sultan Hussein. Durch den Eingang führte ein schmaler Kanal zu einem schwarzen Bogen, der sich im unbewegten Wasser spiegelte wie eine besondere Spielkarte des Architekten. Die alten weißstämmigen Pappeln waren unlängst gestutzt worden, überall lagen Zweige und Äste auf dem Boden. Ich gelangte auf den Char Bagh, die von Schah Abbas angelegte Allee, und fuhr hinunter zur Allahverdi-Khan-Brücke, die zu den königlichen Palastanlagen und weiter in Richtung Schiras führt. Fußgängerarkaden säumen die Fahrbahn auf beiden Seiten. Es wimmelte von Menschen, die ganze Stadt schien auf den Beinen zu sein, es war ein nie gekannter Strom. Die Lichter gingen an. Ein leichte Brise wehte, der erste Wind seit vier Monaten, der nichts Kühlendes hatte. Ich spürte den Frühling und die steigenden Säfte. Es war einer dieser seltenen Momente völligen Friedens, wenn der Körper entspannt ist, der Verstand keine Fragen stellt und die Welt ein Triumph ist. So viel bedeutete es mir, aus Teheran entkommen zu sein.

Isfahan, 13. Februar. – Hier begegnet man missionarischem Eifer der muskulösen, Rauchen-und-Trinken-ist-schlecht-Sorte. Auf dem Char Bagh laufen,

begleitet von kleinen Jungen, bebrillte Männer in Tweedjacke und Flanellhose, unverkennbar englische Lehrer, den Hintern herausgestreckt, kerzengerade vor lauter Rechtschaffenheit. Hinter der ganzen Sache steckt ein anglikanischer Bischof, der seit kurzem ein Apostel der Oxfordbewegung ist. Buchmanisten in Isfahan! Welch grausame Rache für die Bahais in Chicago.

Ein humanerer Vertreter englischer Moral war der Archidiakon Garland, der dreißig Jahre hier lebte. In dieser Zeit, erzählte er gern, habe er einen einzigen Menschen bekehrt – eine alte Frau, die für ihren Verrat geächtet wurde, so daß sie auf dem Sterbebett nur ihn, den Archidiakon, rufen konnte. Eine letzte Bitte habe sie.

»Und das wäre?« fragte er teilnahmsvoll, um seinem Schäfchen die letzten Momente zu erleichtern.

»Lassen Sie einen Mullah kommen.«

Er tat, wie ihm geheißen, und später gab er diese Geschichte immer wieder zum besten.

Heute nachmittag ein wunderbarer Spaziergang im Regen, dessen Krönung die Begegnung mit einer zupackenden Leiche war. Sie kam auf einer Trage vorbei, die Straße war ein einziger Morastsee, wir stießen zusammen, Hände und Füße rutschten unter einer karierten Decke hervor und fuchtelten wild.

In Dschulfa auf dem anderen Flußufer gibt es eine armenische Kathedrale, die aussieht wie ein muslimischer Schrein aus dem siebzehnten Jahrhundert. Die Wände sind voller Ölgemälde im italienischen Stil jener Epoche. Gleich neben der Kirche ist ein Museum, die Exponate sind aber eher unter historischem als unter künstlerischem Aspekt interessant.

Abadeh (1850 m), 14. Februar. – Wenn die persischen Beamten ihrer natürlichen Liebenswürdigkeit freien Lauf lassen, kann das Land sehr schön sein.

Hoylands und ich kamen früh an; als ich auf der Straße ein gutes Pferd sah, fragte ich den Chef der Polizei, ob er mir für eine Stunde ein Pferd besorgen könne. Im Handumdrehen standen zwei schnaubende Rösser vor dem Gasthaus. Wir ritten in scharfem Galopp querfeldein, der untergehenden Sonne entgegen, so daß ich weder Gräben noch Bäche sah, über die das Pferd hinwegsetzte. Unser Ziel war ein einsamer Garten. Habibullah, der Polizist, saß schweigend eine Weile da, verzaubert vom Murmeln eines Bachs. »Sie sollten im Sommer kommen«, sagte er sentimental. Und dann, als sei ihm dieser Gefühlsausbruch peinlich, sprach er von der Jagd, von Gazellen und Mufflons.

Da das braune Pferd, auf dem ich geritten war, ihm gehörte, gab ich ihm zehn Kran*. Abends brachte er mir auf Anordnung seines Chefs das Geld zurück. Wenn ich mich erkenntlich zeigen wolle, möge ich ihn dem Polizeichef von Schiras empfehlen.

Abadeh ist ein anmutiger Ort. Die Hauptstraße ist gepflegt, den Einwohnern geht es gut – sie machen die besten Schuhe in Persien. Es ist sehr trocken. Selbst jetzt, wo überall Hochwasser ist, hat es hier nicht geregnet.

Der rote Wein von Dschulfa schmeckt wie ein griechischer Burgunder. Jeder von uns hat heute eine Flasche geleert.

* Kran: Silbermünze, entspricht 1 Rial. (A. d. Ü.)

Schiras (1500m), 17. Februar. – Der Süden, der zauberhafte Süden! Mich erfaßt die gleiche Beschwingtheit wie am ersten Morgen am Mittelmeer. Keine Wolke steht am Himmel. Schwarz zeichnen sich die Zypressen vor den eierschalenfarbenen Hügeln und dem schneebedeckten Purpur ferner Berge ab. Türkisblaue tulpenförmige Kuppeln ragen wie auf hohen Stengeln aus einem Meer flacher Lehmdächer auf. Die Bäume im Hotelgarten hängen voller Mandarinen. Ich schreibe im Bett, die Fenster sind geöffnet, und die sanfte Frühlingsluft weht einen Paradieshauch in die stickige Kammer.

Unterwegs hielten wir für ein paar Minuten in Persepolis, liefen die große Ballsaal-Freitreppe zur Terrasse hinauf. Ich war schon immer neugierig auf die Beschaffenheit der hier verwendeten Steine. Die Säulen sind aus weißem Marmor, der im Laufe der Zeit beige, braun und schwarz geworden ist; er schimmert zartrosa, ist aber kreidiger und lichtundurchlässiger als der von Pentelikon, weniger sonnendurchtränkt als der Parthenon. Die Reliefs sind in mattgrauem Stein gearbeitet, der opak und von sehr feiner Textur ist und sich mit der Zeit in ein gesprenkeltes Schwarz verwandelt hat.

Wir hatten keine Zeit, die neue Treppe zu besichtigen, ließen Herzfeld aber unsere Karten da, auf denen wir einen längeren Besuch ankündigten.

Die Ankunft im Konsulat war ein wichtiger Moment für die Hoylands, die dort die nächsten drei Jahre verbringen müssen. Als wir beim Tee saßen, kam Christopher herein, hoch erfreut über seine Entdeckungen betreffend die Schurkereien von Wassmuss, diesem geheimnisvollen Agenten der persischen Stämme, der, hätten die Deutschen den Krieg gewonnen, heute

den Platz von Colonel Lawrence einnnehmen würde. Wir werden gemeinsam nach Firuzabad fahren, wo Christopher sich mit der Topographie einer Schlacht zwischen britischen Soldaten und aufgewiegelten Stämmen beschäftigen wird und ich mich mit dem Palast von Ardeschir.

Hier stößt man noch immer auf Relikte der britischen Besatzung. Die Droschken sind mit Reklame für Tennant's Beer versehen, und zum Abendessen im Hotel gab es »Tschieps«. Die Natur stellte vor dem Krieg einen bemerkenswerten Berg in die Nähe, der von der Hauptstraße aus wie ein von Lysipp geschaffener Lord Balfour in Rückenlage aussieht. Er heißt Kuh-i-Barfi, Berg des Schnees. Das könnte ein sinnvoller Name sein, wenn dort oben jemals Schnee läge, was aber nicht der Fall ist. In Wahrheit heißt der Berg Kuh-i-Balfour, und Barfi ist die persische Verballhornung.

Als ich zur englischen Mission ging, um mir eine Spritze geben zu lassen, bot mir die Ärztin, Dr. Mess, eine Zigarette an und nahm selber eine. Wieder der Süden!

Die Baudenkmäler von Schiras sind eher kurios als bedeutsam, wenngleich der Verputz des Innenhofs der Freitagsmoschee, die selber verfallen ist, sehr altes Mauerwerk zu bedecken scheint. In der Mitte des Hofs steht eine Art Steintabernakel, flankiert von vier dicken Steinsäulen. Diese Säulen, die jetzt nichts mehr tragen, sind oben mit Schriftfriesen in Stein auf blauem Untergrund geschmückt. Dies ist der einzige Fall einer gleichzeitigen Verwendung von Stein und Fayence, den ich gesehen habe. Die Kombination ist

Eckturm der Freitagsmoschee, Schiras

nicht sehr befriedigend, was man auf den Sarreschen Reproduktionen von Konya deutlich erkennen kann.

Der Hof der Medrese ist ebenfalls verfallen, was dem Fliesendekor, rosa und gelbe florale Muster, aus dem achtzehnten Jahrhundert stammend, entgegenkommt. Hauptornament ist ein ausladender Feigenbaum neben einem oktogonalen Wasserbecken. Man betritt den Hof durch ein hübsches oktogonales Vestibül, das von einer flachen Stalaktitenkuppel überwölbt wird, deren wabenförmige Zellen mit prächtigen kalten Mosaiken aus dem siebzehnten Jahrhundert geschmückt sind.

Am Stadtrand steht ein hohes, einst überkuppeltes Bauwerk, das sogenannte Khatun, bei dem es sich um das Mausoleum der Tochter eines Muzaffaridenkönigs handeln soll, allerdings sieht der Bau jünger aus. Die Fassade ist eingefallen, die drei anderen Seiten, aus schlichten Ziegeln gemauert, weisen zweigeschossige Bogenfelder auf, deren Zwickel mit Mosaiken geschmückt sind. Die Ziegeln sind aus einem hellen Rotbraun, wie die Berge.

Dahinter befinden sich die Gärten mit den Mausoleen von Hafiz und Saadi und viele andere, nicht minder schön, mit Zypressen, Pinien und Orangenbäumen, auf denen weiße Tauben und ganze Sperlingsorchester hockten. Davor lagen Lammfelle zum Trocknen auf der Erde oder wurden zu Bündeln zusammengepackt; so früh beginnt hier im Süden die Lammsaison.

Heute abend besuchte ich Bergner, einen von Herzfelds Mitarbeitern, um mit ihm über das Fotografieren in Persepolis zu sprechen. Auf seinen Rat hin schrieb ich ein paar Zeilen, in denen ich Herzfeld formell um Erlaubnis bat und zugleich ausdrücklich darauf hinwies, daß ich keineswegs die Absicht hätte, ihm seine

neuen Entdeckungen abspenstig zu machen. Bergners Quartier befand sich in der Nähe des Allah-o-Akbar-Tors, und da gestern Freitag war, war ganz Schiras unterwegs. Die einen gingen spazieren, besuchten Freunde, flanierten in der Stadt, andere kehrten von einem Picknick zurück, und viele waren beritten. Die hiesigen Pferde sind eine wahre Augenweide, es sind hauptsächlich Araber, allerdings nicht so rassig wie Beduinenpferde, aber sie haben nicht diese ärmliche Erscheinung, die durch Kreuzung mit turkmenischen Rassen entsteht. Sie sind gepflegt, haben oft eine mit Monogramm versehene Schabracke. Selbst die Esel, große weiße Tiere, beladen mit Kissen, Fransen und Troddeln, haben etwas Vornehmes, so daß Pferde- und Eselreiter in der bunten Parade gewissermaßen gleichberechtigt nebeneinanderher trotten. Auf Eseln reiten die Älteren, auf den jüngsten Pferden die ganz jungen Burschen, die außerordentlich sicher sitzen. Zu Pferde gewinnen die Perser ihre Würde zurück – selbst der Pahlewi-Hut kann daran nichts ändern. Sie reiten so selbstverständlich, als wären sie auf dem Pferderücken geboren. Laut Christopher, der in seiner Attachézeit mit ihnen Polo spielte, haben sie keinen Sattelknopf und halten sich ausschließlich durch Körperbeherrschung im Sattel.

Auch die Weine sind ein Geschenk des persischen Südens. Sie sind berühmt, und unter Etymologen ist umstritten, ob der Name Sherry auf Jerez oder Schiras zurückgeht. Bislang haben wir drei Sorten entdeckt: einen ganz trockenen, goldenen, den ich jedem Sherry vorziehe, auch wenn sein Geschmack nicht so dicht ist, einen trockenen roten Wein, anfänglich nichtssagend, aber zum Essen nicht schlecht, sowie einen lieblicheren Rosé, der ein angenehm wohliges Gefühl

hinterläßt. Wenn die Weinberge Namen und die Winzer Korken hätten, so daß man die verschiedenen Weine separat abfüllen und lagern könnte, wäre Schiras vielleicht sogar imstande, richtig gute Weine zu produzieren; aber die Perser, in Religionsdingen so liberal, trinken in erster Linie, weil es so sündig ist, und geben wenig auf den Geschmack. Wenn Ausländer diese neuen Methoden einführen, werden sie aber zwangsläufig ihre eigenen Sorten imitieren, wie beispielsweise die Deutschen in Täbris. Zweitklassiger Riesling ist trinkbar, aber uninteressant – ich ziehe einen schlechteren Wein mit eigener Note vor. Mr. und Mrs. Hoyland, die lange Zeit am Mittelmeer gelebt haben, wollen die Weinberge in diesem Herbst einer systematischen Prüfung unterziehen.

Schiras, 18. Februar. – Der Charme von Schiras ist verflogen.

Christopher und ich waren beim Polizeikommandanten, um die üblichen Formalitäten zu erledigen und um die Genehmigung für eine Reise nach Firuzabad einzuholen, die wegen der Gesetzlosigkeit der Qaschgais meist nicht erteilt wird. Offenbar sind Herzfeld und Aurel Stein die einzigen, die sich seit Dieulafoys Aufenthalt in den Achtzigern dort umgeschaut haben.

Der Polizeichef musterte mich scharf und sagte: »Sie können fahren, aber nur Sie.«

»Das verstehe ich nicht. Soll das heißen, ich darf fahren und Mr. Sykes nicht?«

»Genau das heißt es.«

Das war schon ärgerlich genug. Aber es kam noch schlimmer. Als wir die Stadt verlassen wollten, um ein

Im Basar von Schiras

wenig Bergluft zu schnuppern, wurde unser Auto am Allah-o-Akbar-Tor angehalten, wir durften nur zu Fuß weiter.

Später sprach ich beim Gouverneur vor, einem gebildeten Menschen. Das Übersetzen, sagte er, sei eine Kunst, bei seinen Übertragungen von Platon und Oscar Wilde ins Persische sei ihm das klargeworden. Als ich ihm von unseren Problemen mit der Polizei berichtete, telefonierte er mit dem Chef, der die Auskunft noch einmal bestätigte.

Daraufhin ging Christopher wieder zur Polizeiwache und bat um eine Erklärung. Solcherart bedrängt, ließ der Chef durchblicken, daß Teheran ihm befohlen habe, Christopher am Verlassen der Stadt zu hindern. Nein, Christopher dürfe nicht nach Firuzabad fahren, auch nicht nach Buschehr, er dürfe nicht auf die Jagd gehen und in Zukunft nicht einmal einen Spaziergang vor den Toren der Stadt unternehmen.

Von allen Ausländern, denen ich in Persien begegnet bin, Diplomaten, Geschäftsleuten und Archäologen, die aus den verschiedensten Ländern kommen und sich unterschiedlich lange im Land aufhalten, ist Christopher der einzige, der die Perser in sein Herz geschlossen hat, Sympathie für ihre nationalistischen Kinderkrankheiten aufbringt und unbeirrbar an ihre Tugenden glaubt, mitunter gegen alle Vernunft. Ihn hätten sich die persischen Behörden in ihrem gegenwärtigen Anfall von Xenophobie zuallerletzt herauspicken sollen. Der arme alte Marjoribanks reagiert so empfindlich auf europäische Äußerungen, daß Revanche ein leichtes ist. Aber die Genugtuung, einen senilen Größenwahnsinnigen zu einem Wutanfall zu provozieren, entschädigt kaum für die Umstände, die einen angenehmen Aufenthalt im Land verhindern.

Kavar (ca. 1600 m), 20. Februar. – In Persien auf Reisen zu gehen ist wie eine mathematische Gleichung: man weiß vorher nie, ob alles aufgeht. Gestern habe ich mich den ganzen Tag darum gekümmert, und heute früh um sechs kamen wir schließlich los, aber den Rest des Tages habe ich hier auf Kavallerie und Pferde gewartet.

Es gibt zweierlei Sorten Polizei, die Nazmiya, die für die Städte zuständig ist, und die Amniya, die die Fernstraßen und, soweit überhaupt möglich, das Hinterland überwacht. Auf Empfehlung des Chefs der Nazmiya besuchte ich den Chef der Amniya, in deren Zuständigkeit meine Reise nach Firuzabad ja wohl fällt. Der Mann, ein korpulenter und jovialer Bursche, war sofort bereit, mir zu helfen.

Der Gouverneur hatte ihn schon telefonisch über meine Person und mein Vorhaben in Kenntnis gesetzt. Also griff er als erstes zum Telefon, um sich beim Gouverneur über meine Person und mein Vorhaben zu erkundigen. Nachdem er eine zufriedenstellende Antwort erhalten hatte, überlegte er, und wurde darin vom Gouverneur bestärkt, daß es die Dinge erheblich vereinfachen würde, wenn der Gouverneur die Angaben über meine Person und mein Vorhaben schriftlich darlegte.

Bevor ich mich aufmachte, um dieses Schreiben abzuholen, fragte ich den Polizeikommandanten, ob eventuell eine Eskorte ratsam wäre, da von Straßenräubern gemunkelt werde. Ganz unnötig, antwortete der Polizeikommandant, ganz unnötig. Ich ließ mich also von einer Droschke eilig zum Arq bringen, ratterte die Höflichkeitsfloskeln herunter, beglückwünschte den Gouverneur zu seinen Orangenbäumen und fragte, ob der Brief fertig sei.

»Was meinen Sie«, sagte er nachdenklich, »sollten Sie für Ihre Reise nicht eine Eskorte mitnehmen?«

»Exzellenz, diese Entscheidung liegt bei Ihnen! Der Rais-i-Amniya sagt, eine Eskorte sei nicht notwendig.«

»Ich werde ihn anrufen ...«

»Gewiß«, rief der Rais-i-Amniya durch die Leitung, »gewiß braucht er eine Eskorte. Ohne Eskorte kann er unmöglich reisen.« Leider gebe es nur ein kleines Problem. Der lokale Finanzminister sei gerade zu einer Landinspektion aufgebrochen (unter anderem zur Inspektion des Grundbesitzes von Qavam al-Mulk) und werde von hundert Mann Reitereskorte begleitet, so daß kein Pferd mehr vorhanden sei. Wenn ich also eine Eskorte wollte, müßten die Betreffenden zu Fuß gehen.

»In dem Fall werde ich Pferde mieten«, sagte ich.

Der Gouverneur und der Rais-i-Amniya hielten das für eine ausgezeichnete Idee.

Unterdessen schrieb der Sekretär im Nebenzimmer den Brief des Gouverneurs an den Rais-i-Amniya. Als der Gouverneur den Entwurf genehmigt hatte, wurde der Text ins reine geschrieben. Dieses Dokument unterzeichnete er, versah es mit seinem Siegel und überreichte es mir. Ich sprang in die Droschke und war zwei Stunden später auf der Amniya.

»Was meinen Sie«, sagte der Rais-i-Amniya, »sollten Sie vielleicht eine Eskorte nach Firuzabad mitnehmen?«

»Eminenz, diese Entscheidung liegt bei Ihnen!«

»Ich finde ja. Würde ein Mann genügen?«

»Gewiß. Ich bin schließlich kein Millionär, der Pferde für ein ganzes Bataillon mieten kann.«

»Natürlich nicht. Wer ist das schon. Fünf Mann dürften wohl reichen. Selbstverständlich werden wir die Pferde zur Verfügung stellen, wir haben ja reichlich. Und es würde die Dinge erleichtern, wenn Sie einen Offizier im Automobil nach Kavar mitnehmen. Er wird sich dort um Ihre Pferde kümmern. Ich werde

ihm sagen, er soll um fünf Uhr bei Ihnen im Hotel sein, dann können Sie alles mit ihm besprechen.«

»Eminenz, Sie sind zu liebenswürdig. Könnte der Mann vielleicht um acht kommen, denn ich bin zum Tee eingeladen.«

»Wie Sie wünschen. Ich werde ihm sagen, er soll um sieben kommen.«

Wir fuhren in einem Ford los. Unsere Gruppe bestand aus Ali Asgar, meinem neuen Diener, dem Sultan, das heißt Hauptmann, dem Chauffeur, seinem Beifahrer und mir, sowie Gepäck, Proviant und Wein. Dieses eine Mal reise ich aus Gründen der Zeitersparnis wie ein Fürst. Ohne Diener verbringt man jeden Tag die Hälfte der Zeit mit Ein- und Auspacken.

Als wir uns dem Stammesland näherten, ließ der Sultan anhalten, um die Posten der Amniya zu inspizieren, schmucklose befestigte Wachen. Es war interessant, das Instrumentarium der Stammesunterdrückung zu sehen und die Amniya bei der Arbeit zu beobachten. Diese feine Truppe zählt zu den besten von Marjoribanks' Neuerungen.

Wachposten und Straße endeten in Kavar, einem Dorf, das Hadschi Abdul Karim Schirazi gehört, der sich gerade ein neues Haus gebaut hat. Ich fühle mich außerordentlich wohl darin, auch wenn die Lehmwände noch feucht sind. Aus einem steinernen Speier sprudelt klares Wasser in das Bassin im Innenhof.

Schirazi besitzt am Dorfrand einen etwa fünf Hektar großen alten Garten. Der Gärtner ließ mich durch ein Türchen herein, und ich wanderte den ganzen Nachmittag die geraden Pfade entlang, die den persischen Garten in Quadrate und Rechtecke teilen. Jeder Pfad wird von Pappeln oder Platanen gesäumt

und parallel dazu verlaufen Bewässerungsgräben; jede einzelne Fläche enthält Obstbäume oder Ackerland. Fläche klingt nichtssagend, in Wahrheit sind es Plantagen oder Felder. An diesem Nachmittag waren sich Winter und Frühling begegnet. Ein starker warmer Wind trug ein Geräusch mit sich, das nach Holzhacken klang und nach raschelndem Platanenlaub. Durch die Blätter guckten junge grüne Farnspitzen. Hier und da hatten sich zu früh gesprossene Rosenblätter durch den Frost schwarz verfärbt. In den kahlen Apfelbäumen hing ein Gewirr aus toten Mistelzweigen. Ein Mistelzweig in der Gabel einer ausladenden, etwa hundertjährigen Kastanie war nach Auskunft des Gärtners das Nest eines *Palamdars*. War damit nun Elster oder Eichhörnchen gemeint? Der Bau konnte beides sein. Die ersten Schmetterlinge zeigten sich, eine mir unbekannte Sorte, dunkelweiß, gerade geschlüpft, sie flogen etwas irritiert umher, als wäre ihnen die Welt noch nicht grün genug. Und ein gerade erwachter Distelfalter hüpfte hierhin und dorthin, um den Garten, den er vom September her kannte, in Augenschein zu nehmen. Für ihn gab es ein paar Blumen. Ein Pfirsichbaum (oder war es ein Pflaumenbaum?) mit atemberaubend roten Knospen, durchsichtig weißen Blütenblättern und schwarzen Stengeln, die sich vor dem blau schimmernden Himmel abzeichneten. In der Ferne hinter der Mauer erhoben sich, mauve und löwenfarben, die endlosen Berge, tödlich unfruchtbar. Das Plärren von Lämmern und Zicken lockte mich wieder zum Türchen. Ein kleines Mädchen hütete die Tiere neben dem Dorffriedhof, wo drei gigantische Koniferen der Zypressenfamilie standen. »Sie heißen *Karj*«, sagte der Sultan. »Und die bezeichnen Sie als groß? Sie haben die in Burujird in Luristan noch nicht

gesehen!« Aus der einen flog eine Eule hervor, die dort ein Loch inspiziert hatte. Auf einem sumpfigen Gewässer, gesprenkelt mit knospenden gelben Wasserlilien, brüteten schon die Moorhühner.

Ich liege mit einer Flasche Rosé auf dem Bett. Ali Asgar, der während des Kriegs Koch bei einem britischen Regiment war, brät ein Rebhuhn. Die Kavallerie hat sich eingefunden und ihre Pferde vorgeführt. Sie sagen, bis Firuzabad seien es zwei Tage, aber ich hoffe, es in einem zu schaffen.

Firuzabad (1300 m), 22. Februar. – Geschafft, mit einiger Mühe, auch wenn es für die anderen recht anstrengend war. In Kavar wurde die Entfernung mit neun Farakh angegeben, also etwa vierundfünfzig Kilometer. Ich bin elf Stunden geritten, eine Stunde Mittagspause nicht mitgerechnet, und da die guten und die schlechten Abschnitte der Strecke etwa gleich waren, dürfte ich kaum weniger als sechs Kilometer in der Stunde geschafft haben. Es müssen mehr als sechzig Kilometer gewesen sein.

Nach den üblichen Pannen – ein Packgurt war gerissen, ein störrisches Pferd hatte das Gepäck abgeworfen – kamen wir schließlich um sieben los. Ein Rudel Schweine lief uns über den Weg, eines hinter dem anderen, schön ordentlich der Größe nach. Der Boden war zu steinig, als daß wir sie hätten einfangen können, obwohl einer unserer Begleiter es versuchte; aber nach kurzem Galopp hatten wir sie eingeholt, und der Mann rief: »Wollen Sie eins haben?« Doch mir war nicht danach zumute, und eine gewisse Hemmung, die wohl auf die englischen Jagdgesetze zurück-

zuführen war, ließ mich zögern. Die Schweine rannten davon, und die Chance, einen Perser in vollem Galopp schießen zu sehen, war vorbei.

Die Berglandschaft war mit Büschen und zartrosa blühenden wilden Obstbäumen bedeckt. Unter einem Baum lag ein toter Wolf. Nach einem für die Pferde mühsamen Anstieg, zum Schluß war es die reinste Schlitterpartie auf Schieferstein, erreichten wir den Muk-Paß. Von dort folgten wir einem Fluß, dessen Ufer tiefblaue Weinhyazinthen sprenkelten. Bald kamen wir zur Zanjiran-Schlucht, einem schmalen Durchlaß zwischen zwei vorkragenden Felsen, einem berüchtigten Treffpunkt von Räubern. Der Pfad verschwand. Platz war nur noch für den Bach, der durch ein Wirrwarr von Klippen, Baumwurzeln und Dornengestrüpp ungewöhnlich tief versperrt wurde, so daß die Pferde kaum vorwärts kamen. Gleich anschließend wurde das Wasser in Bewässerungsgräben geleitet, die in unterschiedlicher Höhe hierhin und dorthin führten.

Nun kamen wir in eine heiße, gestrüppreiche Ebene, an die sich, etwa dreißig Meter höher, eine zweite anschloß, von deren Rand wir in der Ferne Dörfer sahen. Ein schwarzer Spalt in den Bergen gegenüber war unser Ziel: der Tang-e Ab oder Wasserpaß. In Ismailabad saß ich unter einem Baum, auf einem smaragdgrünen Grasstück, das mit Rinderknochen übersät war, und aß eine Schüssel Joghurt.

Der Ort machte einen verwahrlosten Eindruck, und der Anführer unserer Gruppe hatte ziemliche Angst, denn in dieser Gegend läßt sich die Polizei nur selten blicken. »Sie hätten lieber nach Ibrahimabad gehen sollen, dort drüben«, sagte er kleinlaut. Als ich ihn bat, mein Pferd zu holen, verstand er, daß ich ein neues Pferd haben wollte, das er dann auch besorgte. Auf

dieses verlockende Angebot mochte ich nicht verzichten. Ich gab ihm fünf Kran, die er nicht annehmen wollte, bis ich schließlich die übliche Formel verwendete: »Für deine Kinder.«

Die Felsen des Wasserpasses sind diagonal geschichtet, als wäre der Berg mit einer Axt gespalten und würde, wenn man ihn schöbe, wieder zusammenpassen. So etwas und auch die sich anschließende Schlucht habe ich seit Agia Rumeli an der kretischen Südküste nicht mehr gesehen. Ein Fluß, der am Fuß der Berge aus östlicher Richtung herankam, bog plötzlich in rechtem Winkel in die Pforte ein und schien nun rasch bergauf zu fließen, eine optische Täuschung, die die ganzen sechs Kilometer der Schlucht andauerte. Dieses außergewöhnliche Gebilde ist zwischen hundert und achthundert Meter breit, die Felsen sind zwischen einhundertfünfzig und zweihundertfünfzig Meter hoch. Der Pfad führt hin und her über den sich dahinschlängelnden Fluß. Etwa in der Mitte sah ich die ersten Hinweise auf Überreste historischer Bauwerke: auf der östlichen Seite thronte hoch oben eine sassanidische Festung, von der eine Mauer zu einer kleineren Festung führte. Es sind dies die Qala-i-Dukhtar beziehungsweise Qala-i-Pisa. *Qala* bedeutet Festung und *Dukhtar* Mädchen (übrigens das gleiche Wort wie unser »Tochter«), aber irgendwie war mir das entfallen, und als ich Ali Asgar fragte, antwortete er: »Dukhtar, Sahib? Dukhtar ist Baby-Frau.«

Phantastische Formationen türmten sich hier auf, mächtige Felsplatten, zehn Meter lang und sechs Meter breit; zuerst dachte ich, es seien künstlich angelegte Wege, wie sie die Inkas nach Cusco gebaut haben. Inzwischen dämmerte es. Ali Asgar und das Gepäck waren meilenweit zurück. Er selbst hatte drei Mann

Eskorte dabei, aber meine beiden Begleiter machten immer besorgtere Gesichter.

»Was ist los?« fragte ich.

»Räuber.«

»Aber der große Reza Schahinschah hat alle Räuber in Persien vernichtet.«

»Ach ja? Letzten Monat haben sie mir vier Pferde unter dem Sattel weggeschossen und mich am Kopf verwundet. Und Sie würden sie für eine Silbermünze ermorden.«

Schließlich kamen wir durch die Südpforte auf dem Ostufer des Flusses heraus. Im Dämmerlicht sahen wir gerade noch, einen Kilometer entfernt auf der anderen Flußseite, die phantomartige Erscheinung des großen Palastes von Ardeschir, den meine Männer als Atesch-Khane oder Feuertempel bezeichneten. Später, auf den offenen Feldern, war im Sternenlicht ein unglaublich dickes Minarett zu erkennen. Die Männer hatten keine Ahnung, wo die Stadt war, aber in einem Dorf, wo sie haltmachen wollten, zeigte man ihnen den Weg, um uns loszuwerden. Nach einer halben Stunde fanden wir uns auf lautlosen Straßen zwischen mondhellen Mauern wieder. Eine vorbeikommende Erscheinung wies uns den Weg zum Haus des Gouverneurs.

Ich stieg die Treppe hinauf.

Das Zimmer war gänzlich unmöbliert. Auf dem Fußboden stand eine hohe Messinglampe, die ein kaltes, weißes Licht über die roten Teppiche und die kahlen weißen Wände warf. Sie stand zwischen zwei Zinnschalen, die eine mit rosa Obstblüten gefüllt, die andere mit einem Strauß großer gelber Narzissen, die um ein Bund Veilchen gewickelt waren. Neben den Narzissen saß der Gouverneur im Schneidersitz, die Hände in

den Ärmeln vergraben. Neben den Obstblüten saß sein junger Sohn, dessen ovales Gesicht mit den schwarzen Augen und geschwungenen Wimpern dem Schönheitsideal der persischen Miniaturisten entsprach. Für Vater und Sohn gab es nichts, was ihre Aufmerksamkeit beanspruchte, weder Buch noch Feder, weder Essen noch Trinken. Beide waren versunken in den Anblick und den Duft des Frühlings.

Das Hereinbrechen eines verdreckten, unrasierten und vor Erschöpfung wankenden Barbaren war eine Prüfung, der sie sich stellten, nicht ohne Verwunderung, aber mit einer bereitwilligen Geschäftigkeit, die sie in ihrer poetischen Kontemplation verletzt haben muß. Während ich ächzend auf den Boden sank und mich ausstreckte wie ein Hund in einer Puppenstube, wurde Feuer gemacht, der Samowar wieder angeworfen und schwerer Rotwein eingeschenkt; der Gouverneur hackte eigenhändig Fleisch, spießte die Stücke auf und grillte mein Kebab in der Holzkohlenasche; für den Nachtisch schälte und zuckerte er Mandarinen. Schließlich bot er mir sogar sein eigenes Bett an. Ich erklärte, daß meines gebracht würde, und bat darum, es im Erdgeschoß aufstellen zu dürfen.

In dieser kleinen Stadt gibt es keine Polizei, weder Amniya noch Nazmiya; dem Gouverneur stehen zu seiner Sicherheit nur ein paar Soldaten zur Verfügung. Die Leute kleiden sich nach Lust und Laune. Die Männer tragen gestreifte Gewänder, um die Hüfte eine lockere Schärpe, in der Waffen stecken, und schwarze, randlose Kopfbedeckungen. Den Pahlewi-Hut sieht man nur selten. Hier ist endlich jenes andere Persien, in das sich so viele Reisende verliebt haben, und nachdem ich es gefunden habe, würde ich sofort eine Woche bleiben,

sofern ich es nur einrichten könnte. Wenn Christopher und ich aber rechtzeitig in Afghanistan sein wollen, noch vor den allenthalben prophezeiten »Unruhen im Frühling«, sollten wir Teheran spätestens Mitte April verlassen, und deswegen kann ich nicht groß herumtrödeln. Nicht, daß mit Unruhen ernsthaft zu rechnen wäre, aber schon beim bloßen Gerücht würden die Grenzen für Ausländer für ein, zwei Monate gesperrt.

Also machte ich mich heute morgen mit einer Energie, die meinen Neigungen ganz und gar zuwiderlief, auf den Weg zu den Ruinen. Der Gouverneur bot mir ein Pferd an, er ahnte, daß meines müde sein mußte. Ich lehnte dankend ab, mit dem Hinweis, daß ich schon bei dem Wort Sattel nur aufstöhnen konnte, und zog zu Fuß los. Firuzabad liegt südlicher als Buschehr. Es war sehr heiß. Am Stadtrand sah ich wogende Palmen über den flachen Dächern. Ich hatte die vier Kilometer nach Gur zurückgelegt, der Stadt, die Ardeschir um 220 n. Chr. gegründet hatte, und bedauerte schon, das Reittier abgelehnt zu haben, als ich Hufgeklapper hinter mir hörte. Allen voran ritt der Gouverneur auf einem ungestümen braunen Hengst, gefolgt von seinem Sohn auf einem widerspenstigen Grauen, dann der Ortsvorsteher und andere Männer sowie ein Trupp bewaffneter Soldaten, von denen einer einen Rotschimmel ritt. Inmitten dieser Kavalkade tänzelte ein großer weißer Esel, der einen Berg Teppiche, aber keinen Reiter trug. »Der ist für Sie«, sagte der Gouverneur. »Bei uns gehen Gäste nicht zu Fuß.«

Das »Minarett« vom Vorabend stellte sich als massiver wuchtiger Turm heraus, fünfundzwanzig, dreißig Meter hoch, sechs Meter breit, ein grob gemauertes sassanidisches Bauwerk ohne Eingang oder die Spur

eines solchen. Die Zeichnung des Mauerwerks deutet auf eine Treppe hin, die sich spiralförmig um den Schaft gewunden haben muß. Jetzt fällt mir ein, daß Herzfeld in seinem *Reisebericht* von einem Turm mit geschlossenem Innenaufgang spricht, von dem nur der Kern erhalten sei. Dieulafoy dagegen hat die pittoreskere Vorstellung eines Feueraltars und sieht quasi die Priester vor versammelter Menge diese Treppe emporschreiten wie auf einen aztekischen Teocalli. Beide Theorien erklären indes nicht, welchem Zweck, wenn nicht Größenwahn, die Aufschichtung von tausend Kubikmetern Stein in dieser Form gedient haben mag. Selbst in den Pyramiden gab es Kammern.

Der Turm hat keinen Namen, soll aber an einem Ort stehen, wo ein Stein vom Himmel fiel. Im Umkreis von etwa achthundert Metern sind auf der Erde die Konturen von Ardeschirs Metropole zu erkennen. Fundamente oder eingestürzte Mauern liegen oft nur einen halben Meter unter der Erdoberfläche, und es existiert noch eine oberirdische Terrasse. Diese besteht aus rechteckigen Quadern, nach achämenidischer Art sauber gehauen und gefugt, ganz anders als der Turm, bei dem die verschiedensten Steine jedweder Form in einem Meer von Mörtel eingebettet sind. Hier würde ich gern graben; es dürfte der reichste bislang unberührte Ort in Persien sein. Sassanidische Fragmente sind selten schön, aber sie dokumentieren eine wenig bekannte Phase der Geschichte am Übergang zwischen Antike und Neuzeit.

Die anderen stiegen auf ihre Pferde, ich auf meinen Esel, der den Hengst des Gouverneurs an jeder Ecke um eine Nasenlänge schlug, mit den Ohren zuckte und über die Gräben flog, als könne er jedes lebende Pferd besiegen. Auf dem Rückweg hielten wir an einem Gar-

ten an, machten Rast, tranken unter Orangenbäumen Joghurt mit Muskat. Vor der Stadt begrüßten drei abgerissene Steppkes auf einem Kamel den Gouverneur, der seinen Hengst zügelte und formvollendet erwiderte: »Friede sei mit euch. Mögen die Herrschaften, so Gott will, bei guter Gesundheit sein!« Fast fühlte man sich in das Jahr 1520 versetzt, als Zeuge der Begegnung zwischen Heinrich VIII. und Franz I. von Frankreich. Es war außerordentlich komisch, alle lachten, die Kinder auch. Doch die freundliche Geste des Gouverneurs von Firuzabad war aufrichtig, Hadschi Seyid Mansur Abtahi Shirazi wurde mir sympathisch.

Ibrahimabad (ca. 1350 m), 23. Februar. – Dieser reizende Mensch hatte mich ursprünglich in die Schlucht begleiten wollen, war aber verhindert, da heute Freitag ist und er die Angehörigen der Stadtverwaltung zu einem Picknick im Garten von Nasrabad einladen wollte. Er hatte nicht erwartet, daß ich so rasch wieder abreisen würde, und ebenfalls mit meinem Erscheinen bei dem Picknick gerechnet. Er war geradezu beleidigt. Ich konnte ihm aber versichern, dieses eine Mal durchaus wahrheitsgemäß, daß sein Kummer nicht im entferntesten an meinen heranreichte.

Heute war ein wunderbarer Tag, genau der Tag, um dessentwillen, selbst wenn es keinen zweiten dieser Art geben wird, sich die ganze Reise gelohnt hat.

Es begann nicht sehr vielversprechend. Gestern abend hatte sich mein Pferd während des Beschlagens im Basar von Ismailabad losgerissen und war davongeprescht. Die Männer meiner Eskorte versprachen mir eines der ihren, ließen sich heute morgen aber Zeit, dachten wohl, daß sie mir gegenüber nun im Vorteil

seien. Draußen vor der Stadt entdeckten wir den Ausreißer, was uns weiter aufhielt. Es suchte die Straße nach etwas Eßbarem ab, mit dieser hoffnungslosen Unentschlossenheit, die für Pferde, die sich verirrt haben, charakteristisch ist. Geistesabwesend blickte es ab und zu auf, als suche es jemanden, der es freundlicherweise nach Hause bringt. Nachdem wir eine halbe Stunde damit vergeudet hatten, diese Freundlichkeit zur Schau zu stellen, während unsere eigenen Pferde zu schäumen begannen, der Ausreißer aber so kühl, so geistesabwesend und so hilflos unschuldig blieb wie zuvor, trieben wir das Tier in die Schlucht. Ein Mann der Eskorte hielt an unserem Ende Wache, so daß der Gaul, falls er am anderen Ende entwischte, an seinem Heimatort ankommen mußte.

Der Palast von Ardeschir nahm enorme Dimensionen an, als wir den Fluß überquerten und zwei kleine Qaschgai-Zelte auf der Wiese davor erblickten. Diese schwarzen, länglichen Zelte erstreckten sich über niedrige Steinmäuerchen. Hunde, Kinder, Lämmer und Hühner liefen auf dem Gras herum, so daß das über ihnen aufragende Skelett noch riesiger schien. Zwei Frauen mit schweren Faltenröcken mahlten Korn auf einer Decke mit Mörsern, die an langen Stangen befestigt waren.

Wir hatten keine Zeit, den Palast richtig zu vermessen. Aber ich stellte bald fest, daß die von Dieulafoy angegebene Höhe nicht stimmte. Das ist interessant, wenn man bedenkt, welch bedeutende Rolle dieses Bauwerk in der Architekturgeschichte spielt und daß bislang nur Dieulafoys Angaben dazu vorliegen.

Der Eingang, ein großer Iwan in Form eines Tonnengewölbes, lag ursprünglich nach Süden. Heute scheint

die Hauptfassade nach Osten zu liegen, sie schaut über den Fluß hinweg in Richtung Schlucht. Dahinter schließen sich zwei Höfe an, wobei der südliche etwa zweitausend Quadratmeter mißt, der nördliche ist deutlich kleiner. Dazwischen befinden sich drei überkuppelte Säle, die sich, einer nach dem anderen, über den ganzen Palast erstrecken. Erhalten ist nur noch der halbe Ostsaal mit halber Kuppel, so daß man zunächst glaubt, die Fassade sei durch ein offenes, zehn Meter breites und fünfzehn Meter hohes Vestibül unterbrochen. Doch man erkennt bald, daß es im Grunde gar keine Fassade gibt – ich verwende diesen Begriff nur der Einfachheit halber – und daß die ganze Ostwand, die am Saum des Wiesenhangs stand, wo nun die Zelte der Qaschgais stehen, im Laufe der Zeit eingefallen ist und dabei die Vorderseite des ersten Saals mitgerissen hat.

Die beiden Innenräume messen etwa zehn mal zehn Meter, und ihre Kuppeln, die unmittelbar auf einfachen Trompen ruhen, weisen den gleichen Durchmesser auf. Im Scheitel jeder Kuppel befindet sich eine Öffnung, durch die, nirgends sonst, Licht einfällt. Wenn diese Öffnungen ursprünglich geschlossen waren, mußten die Säle wohl künstlich beleuchtet sein. Jede Kuppel dürfte mit einem kleinen Aufsatz versehen gewesen sein, so daß hier vielleicht ein Vorläufer jener ungewöhnlichen *Nippel* auf den Kuppeln der romanischen Kathedrale von Perigueux zu entdecken wäre. Die Kuppel des mittleren Saals ist etwa fünf Meter höher als die beiden anderen. Noch höher ist die elliptische Wölbung, die jene von der vorderen Kuppel trennt und den Gang zwischen dem mittleren und dem äußeren, verfallenen Raum überdacht. Dieser Gang ist zweigeschossig, aber durch eine Öffnung im Boden des oberen Geschosses fällt das Licht bis nach unten. Ein

ähnlicher Gang trennt den mittleren und den hinteren Saal. Er wird überdacht von einem massiven Tonnengewölbe, das keinerlei Licht hereinläßt.

Laut Dieulafoy sind alle drei Kuppeln gleich hoch, und die Überwölbungen der Gänge werden bei ihm überhaupt nicht erwähnt.

Aus den labyrinthartigen Gängen und Innenräumen und den Trümmern, die in den beiden Höfen herumliegen, wird man nicht so schnell schlau. Man sieht aber, daß neben den überkuppelten Räumen im Norden ein oder mehrere Gewölbehallen lagen. Das Gewölbe selbst ist verschwunden, aber es stehen noch zwei tragende Mauern. Ganz unten sind darin niedrige, an Brückenbögen erinnernde Öffnungen eingelassen, die, weniger stark gekrümmt als das obere Gewölbe, durch einen Stützpfeiler, der das Gewicht der Mauer trägt, nicht unbedingt gewinnen.

Die Mauern sind meist etwa anderthalb Meter dick, die Steine unbehauen, die Lücken mit Mörtel gefüllt. Die drei Säle waren mit Stuckdekoration versehen, die zwei unterschiedlichen Stilrichtungen zuzuordnen sind. Die eine könnte man als romanisch bezeichnen – die Trompen ruhen auf einem Hundszahnsims, die Türbögen weisen konzentrische Hohlkehlen auf, und bei einer Nische im Südhof sind diese Hohlkehlen ebenfalls mit Hundszahnornamenten versehen. Die andere wäre pseudoägyptisch, von Persepolis kopiert: Torbögen mit waagerecht aufgesetzten, fächerförmig verzierten Vordächern. Im eigenen Land und im originalen Stein ist diese Konvention bereits durchaus unschön, als Reminiszenz einer Reminiszenz, in billigerem Material ausgeführt, greift sie dem Geschmack der Londoner Stadtverwaltung im frühen zwanzigsten Jahrhundert vor.

Aber nur Archäologen können Schönheit in der sassanidischen Architektur erkennen. Interessant ist hier der historische Aspekt. Dieser Palast, errichtet im frühen dritten Jahrhundert, ist ein Markstein in der Entwicklung der Bautechnik. Zeitgleich mit der Trompe, einem einfachen Bogen übers Eck zweier Wände, taucht in Syrien das Pendentif auf, ein wabenförmiger, konkaver Zwickel auf einem Eckträger. Und von diesen beiden Erfindungen leiten sich, im Gefolge zweier Religionen, zwei hauptsächliche Architekturstile ab: der des mittelalterlichen Persiens, mit Abzweigungen nach Mesopotamien, Indien und der Levante, und der byzantinisch-romanische Stil, der sich bis nach Nordeuropa ausstreckt. Zuvor hatte man keine Möglichkeit, eine Kuppel auf einen Kubus zu setzen oder auf ein Gebäude mit beliebigem Grundriß, dessen Innenraum größer war als die Kuppel. Doch nun konnte man Gebäude jedweder Form und Größe überkuppeln. Die christliche Entwicklung dieser Technik erreichte ihren Höhepunkt mit der Hagia Sophia in Konstantinopel und ein zweites Mal mit Brunelleschis Kuppel in Florenz. Die muslimische harrt noch ihrer Erkundung durch jemanden, der sich von den Eifersüchteleien der zeitgenössischen Archäologie nicht beirren läßt. Eines steht jedoch fest: Ohne diese beiden Prinzipien, eine hat hier ihren Prototyp, hätte sich die Architektur, wie wir sie kennen, anders entwickelt, und viele weltbekannte Bauwerke, etwa der Petersdom, das Kapitol und der Taj Mahal, gäbe es nicht.

Wie gern würde ich nach Sarvistan fahren! Es liegt näher an Schiras als dieser Palast, und dort gibt es ebenfalls einen sassanidischen Palast, in dem mehrere aus der Wand springende Gewölbebögen von runden Säulen getragen werden. Hier liegt vielleicht der Keim

jenes anderen bedeutsamen Elements der islamischen Architektur, der Arkade. Säulen spielten gewiß eine Rolle in der sassanidischen Architektur, wie die Ausgrabungen in Damghan belegen, und in Anbetracht des sassanidischen Hangs zu Gewölben ist wahrscheinlich, daß diese Säulen in den meisten Fällen als Stütze von Bögen dienten.

Angeregt von diesen Überlegungen, stieg ich vom Dach herunter und stellte fest, daß die Qaschgais Tee für uns gemacht hatten. Ein alter Mann holte Ahle und Faden hervor, um das Querstück meiner Satteltaschen zu flicken. Einer der jüngeren Männer, der uns erklärt hatte, daß er den Weg zur Qala-i-Dukhtar wisse, war schon vorausgegangen und erwartete uns am Eingang der Schlucht. Er rief uns zu, als wir unter ihm vorbeiritten. Der Aufstieg war einfacher, als es aussah, aber immer noch unangenehm.

Die Burg steht auf einem vorspringenden Felsabsatz, auf drei Seiten quasi direkt am Abgrund, nahezu uneinnehmbar. Zuletzt mußten wir einen Sattel überwinden, der den Felsvorsprung mit dem Hauptfelsen verband. So gelangt man zu der nach Norden gelegenen Rückseite der Festung, einem mächtigen Verteidigungswall, ohne Portal oder Fenster und gebogen, als befände sich im Inneren ein Sportstadion. Hohe schmale Stützpfeiler, dicht aneinandergereiht, werden am oberen Ende durch Rundbogen verbunden.

Vorsichtig kroch ich um die Mauer, da ein heftiger Wind wehte, und gelangte in den Hauptraum.

Die Burg besteht aus drei Ebenen. Von der Schlucht aus sieht man einen klaffenden schwarzen Bogen, durch den man das Untergeschoß auf der Ostseite betritt. Doch ich kam nicht sehr weit, weil die Wendeltreppe dorthin blockiert war und ich keine Lust hatte, außen

herumzuklettern. Zwei solcher Rampen in eckigen Türmen führten ursprünglich vom unteren Teil des Gebäudes, vorbei an den Ostecken des Raums, in dem ich stand, zu einem dritten Geschoß.

Dieser Raum, rechteckig und überkuppelt, ähnelt im großen und ganzen denjenigen im Palast von Ardeschir. Der Stuck ist mit Einschußlöchern übersät, ansonsten aber sehr gut erhalten, auch wenn er keinerlei Ornamente aufweist. Von der Nordseite abgesehen, gibt es in jeder Außenmauer einen breiten Rundbogen, der ins Freie führt. Der Bogen der Nordseite ist zugemauert, das Mauerwerk mit einer Stuckschicht verkleidet, die Konturen sind aber deutlich zu sehen.

Diese, der Schlucht abgewandte, Seite wird von der gebogenen Mauer abgeschlossen. Und nun ergab sich ein Rätsel. Zwischen dem Raum und der Mauer liegt ein großes Areal, zu dem es offenbar keinen anderen Eingang gibt als den inzwischen zugemauerten Bogen oder einen Geheimgang, der durch den darunter befindlichen Felsen gehauen wurde. Von der Felsseite her konnte ich keine Spur eines solchen Gangs entdecken. Vielleicht gibt es einen vom Untergeschoß her. Aber ich glaube es eigentlich nicht. Denn ich sah dann, daß auch andere dieses Rätsel bemerkt und sich, um in den abgeschlossenen Bereich zu gelangen, tief in die Wand beiderseits des Bogens vorgegraben hatten. Grundlos hätte sich niemand diese Mühe gemacht. Der längere der Tunnel verlief sechs Meter in solidem Mauerwerk und endete plötzlich im Nirgendwo.

Durch den anderen Bogen auf der Südseite tritt man auf eine grasbestandene Terrasse zwischen hohen Mauern, die etwa zwanzig Meter weit bis zum Rand der Schlucht führen. Diese Mauern trugen, an dem halbrunden Schlußstück des inneren Teils gut zu erkennen,

ein ungefähr zwölf Meter breites Tonnengewölbe. Das andere Ende war offen. Also ist die Qala-i-Dukhtar bei Firuzabad ein weiterer sassanidischer Prototyp des (nach der Trompenkuppel) zweitwichtigsten persischen Beitrags zur islamischen Architektur: des Iwan, also der nach vorn geöffneten, überwölbten Halle. Dieses neue Bauelement veränderte den Charakter der frühen Moscheen mehr als jedes andere. Zunächst wurde es nur auf einer Seite zur Hervorhebung des Heiligtums und der Betrichtung gen Mekka angewendet, später auch, um die Monotonie der anderen Seiten zu unterbrechen. Der Iwan wurde immer größer. Seine flache, wandschirmartige Schauseite wurde ein Feld für alle Arten von Ornament und Inschriften. Ihm entsprossen dann Minarette, Arkaden und kleine Kuppeln. Seine Extravaganzen haben das Antlitz jeder Stadt des Islam verändert. Es war schön, dachte ich, dort, wo alles angefangen hatte, auf einem alten Nußbaum zu sitzen und eine Apfelsine zu essen.

Plötzlich sagte der Qaschgai-Führer: »Möchten Sie den Hammam sehen?«

Ich wollte wissen, was er meinte. Türkische Bäder befinden sich in der Regel nicht auf abgelegenen, schwer zugänglichen Bergen. Meine Eskorte griff zu den Gewehren, und wir folgten dem Mann einen gewundenen Pfad dicht am Abgrund. Nach einer Weile liefen die Männer mit dem Ruf »Nargiz! Nargiz!« davon. In der Annahme, sie hätten irgendein Tier erblickt, ging ich mit dem Führer weiter, vor dem, wenn überhaupt vor irgend jemandem, sie mich hätten schützen sollen. Schließlich kletterte er einen Felsen hinunter und winkte mir, ihm zu folgen. Wir standen vor dem farnüberwucherten Eingang eines Tunnels, dem ein scharfer Geruch entströmte, als wäre dort

der Bau eines wilden Tiers. Knochen- und Federreste sprachen für diese Annahme.

Nach zwölf Meter Tunnel öffnete sich eine Höhle vor uns. Es war praktisch stockfinster. Warme, feuchte Luft und ein Blubbergeräusch umfingen uns. Plötzlich hatten wir nicht mehr festen Felsboden unter den Füßen, sondern weichen Schlamm.

»Es ist besser, Sie gehen voran«, sagte ich.

»Nein, Sie«, sagte der Qaschgai.

Wir beschlossen, ein Feuer zu machen.

Aber noch immer war nicht zu erkennen, wo die Höhle aufhörte und dieses Blubbern herrührte. Gerade wollte ich mit meiner Fackel auf den nachgebenden Boden treten, als der Rauch eine Wolke von Fledermäusen aufscheuchte. Es gab nur einen Ausgang für sie, und ich stand ihnen im Weg. Ich lief, den Atem ihres Flatterns im Nacken, den Tunnel entlang, hinaus ins Tageslicht und beobachtete dort, wie sich diese ekelhaften Kreaturen in den Farnen verkrochen. Sie waren etwa spatzen- bis drosselgroß, hatten winzige Ohren und starrten mich mit kleinen rosafarbenen Gesichtern böse an.

Gelächter und zwei Beinpaare zeigten, daß die Eskorte uns gefunden hatte. Die beiden sprangen herunter, aber nicht mit dem erwarteten Fell, sondern mit einem Riesenstrauß Narzissen, doppelt so groß wie diejenigen im Haus des Gouverneurs. *Nargiz* waren also – Narzissen! (Diese Bezeichnung gibt es auch im Aramäischen und Armenischen, und bei den Chinesen heißen sie *nai-ki;* vgl. Berthold Lanfer, *Sino-Iranica,* Chicago 1919, S. 427.)

Als ich über den Felsrand blickte, um festzustellen, ob früher einmal ein Weg hier heraufgeführt hatte, entdeckte ich tatsächlich Spuren eines angelegten Pfads. Mörtel und Pflasterung waren sassanidisch. Die

Höhle mag also in jener Zeit als türkisches Bad gedient haben. Weshalb hätte man sonst einen Pfad angelegt. Die Dokumente des sassanidischen Königshauses sind sehr unpersönlich gehalten. Aber jetzt stelle ich mir die Herrscher sozusagen im Bademantel vor, wie sie das Wochenende in Qala-i-Dukhtar verbringen, wie die Rheumakranken morgens ein Bad nehmen und die Königinwitwen sich aus dem Schlamm eine Gesichtspackung machen lassen. Immerhin – wenn Mlle Geneviève Tabouis eine Nebukadnezar-Biographie schreiben kann, die so schwer ist, daß man sie kaum hochheben kann, könnte ich aus dem heutigen Material zwei solche Bände über Ardeschir schreiben.

Als wir wieder unten angekommen waren, sprang ich in den Fluß. Er war so tief, daß man gut darin schwimmen konnte, nicht zu kalt und nach dem heißen Vormittag außerordentlich erfrischend. Doch die Männer meiner Eskorte waren zu Tode erschrocken und begannen, ein Lagerfeuer anzuzünden, das mich wieder zum Leben bringen sollte, sobald ich aus dem Wasser steigen würde. Mit dem Qaschgai waren wir nun sechs Mann, aber dank Ali Asgars hervorragender Reiseplanung gaben meine Satteltaschen ein reichliches Mittagessen für alle her, und für mich selbst fand sich sogar eine Flasche Wein. Ein Eisvogel flatterte den Fluß auf und ab, schwarz und weiß gefleckt und deutlich größer als die europäische Variante, aber unverkennbar sein Cousin, mit dem gleichen großen Kopf, dem kurzen Schwanz und den blitzartigen Flugbewegungen. Am Ufer standen mauvefarbene Iris oder Lilien, blattlos, zehn Zentimeter groß.

In der Schlucht gibt es zwei sassanidische Felsreliefs, die Flandin und Coste gezeichnet haben, von denen bis-

lang aber keine Fotografien publiziert worden sind. Das interessantere zeigt Ardeschir im Kampf mit seinem Feind Ardawan V., dem letzten Arsakiden-Herrscher, den er mit der Lanze tötet. Diese Reliefs befinden sich in der Nähe von Firuzabad, leider hatte ich sie verpaßt, und nun war keine Zeit mehr, die ganze Strecke zurückzureiten. Ich sah mir aber das zweite Relief an, das mir der Qaschgai vom Felsplateau aus gezeigt hatte. Dargestellt ist der übliche Gott (Hormuzd) und ein König (hier ebenfalls Ardeschir), der einen Ring entgegennimmt; der von mehreren Dienern begleitete König trägt einen Ballon auf dem Kopf (nach Expertenansicht ein Haartuch) und nimmt eine defensive Haltung ein (wie ein Boxer), die vermutlich Ehrerbietung ausdrücken soll. Dieser Auftritt antiker Figuren in sprödem rötlichen Stein, klein und verloren in dieser hoch aufragenden Felsschlucht, in die einzig der Fluß, die Bäume und der Eisvogel Leben brachten, erinnerte weniger an den Triumph der Sassaniden als an die finsteren Zeiten, die sie überwanden. Diese Figuren haben sich ebensowenig verändert wie die Schlucht, aber es kommt selten jemand vorbei, und es ist nicht sehr zugänglich. In der Nähe des Reliefs gab es früher eine Brücke, und im Fluß stehen noch immer Reste eines steinernen Pfeilers, dessen Mörtel den Fluten von dreizehn Jahrhunderten widerstanden hat. Ich zwang mein Pferd durch das Schilf, bis ihm das Wasser zum Bauch reichte, und sah mich rasch, aber vergeblich, nach der von Herzfeld entdeckten Inschrift um, wonach die Brücke von Aprsam, Ardeschirs Minister, gebaut worden war.

Die Aussicht, in der Schlucht von der Nacht überrascht zu werden, fand meine Eskorte alles andere als

erbaulich. In wildem Galopp über Stock und Stein gelangten wir zum Wasserpaß, bevor die Dunkelheit hereinbrach und das Quaken der Frösche einsetzte. Von dort dirigierte uns ein Mond über die Felder nach Ibrahimabad, diesem eigenartigen Dorf, wo die Straßen, wie die Londoner U-Bahn, in einem Labyrinth von Tunneln unter den Häusern verlaufen.

Ali Asgar wartete auf einem Dach an einer geöffneten Tür. Auf einem Tablett waren Teesachen angerichtet, und auf einem Regal standen Bücher und Wein. »Was möchten Sie heute abend speisen?«

Der Duft der Nelken hat den Geruch von Ziegen, Pferdemist, Paraffin und Flit vertrieben.

Schiras, 25. Februar. – Christopher ist noch immer da, darf nun aber nach Buschehr reisen, unter der Bedingung, daß er das Land sofort verläßt. Dies ist das Ende unserer afghanischen Hoffnungen, sofern die Anordnung nicht widerrufen wird. Das ist nicht ausgeschlossen, da sich eine diplomatische Krise abzuzeichnen beginnt. Sir Reginald Hoare ist nicht der Typ, der Beleidigungen klaglos hinnimmt, wenn sie in Form eines versteckten Angriffs auf die Gesandtschaft daherkommen. Immerhin ist Christopher ein ehemaliger Attaché und sein Cousin. Die Behörden waren bislang nicht bereit, ihn durch Angabe von Gründen zu beschwichtigen, was aus ihrer Sicht durchaus vernünftig gewesen wäre. Ayrum, der Teheraner Polizeichef, wiederholt einfach, daß der Ausweisungsbefehl vom Generalstab kommt, also von Marjoribanks persönlich. Vielleicht wird sich der als Wurm verkleidete Löwe am Ende krümmen.

Ich sprach kurz mit Krefter, der mir versicherte, daß der Gouverneur von Schiras zu Unrecht behaupte, daß Herzfeld nicht befugt sei, Besuchern von Persepolis das Fotografieren der Ruinen zu verbieten. Der Informationsminister habe dieses Verbot ausdrücklich bestätigt. Ich muß daher erneut beim Gouverneur vorsprechen, für den Fall, daß dies ein Bluff ist. In dem Traum, den ich nach unserem Gespräch hatte, war Persepolis ein Zentrum der Kunstweberei, die Säulen waren mit jakobinischen Tweedvorhängen drapiert, denen nunmehr Herzfelds ganzes Interesse galt und auf die er Touristen aufmerksam machte.

Kazerun (880 m), 27. Februar. – Gestern war also mein Geburtstag.

Vom Pir-i-Zan geht es etwa tausendfünfhundert Meter hinunter, auf einer schmalen, meist sehr steilen Paßstraße, die zu den Errungenschaften gehört, die Persien dem Krieg zu verdanken hat. Westlich des Passes beginnt eine neue Farbe, das Stahlgrau des Persischen Golfs. In dieser Jahreszeit, wenn das smaragdgrüne Gras sprießt, erinnern die grauen Dörfer, die unregelmäßigen Felder, die sich windenden Wege und verfallenen Steinmauern im Kazerun-Tal an Irland. Selbst die Palmen sind bei diesem Vergleich nicht völlig deplaziert.

Die nahe gelegenen Ruinen von Schapur sind, obschon nicht weit von der Hauptstraße entfernt, archäologisch ebenso unberührt, wenn auch nicht so interessant, wie die von Firuzabad. Der Name des Ortes geht auf seinen Schöpfer Schapur I. zurück, dessen Beziehungen zu den Göttern, die zahlreichen Siege

und die Gefangennahme des römischen Kaisers Valerian hier auf Felsreliefs dargestellt sind. Als Dokumente zeichnen diese Reliefs ein detailliertes Bild der sassanidischen Mode in puncto Rüstung, Kopfbedeckung, Hosen, Schuhe und Waffen. Als Denkmal sind sie ein interessantes Beispiel jenes Impulses, der die frühen Herrscherdynastien von Ägypten, Mesopotamien und Iran dazu trieb, sich in Felsgestein zu verewigen. Als Kunstwerke lassen sie römische Einflüsse erkennen, möglicherweise durch römische Kriegsgefangene, und ihre barbarische Angeberei verschleiern sie mit einem Firnis mediterraner Pracht und Opulenz. Bewunderer von Macht ohne Kunst und von Form ohne Sinn kommen hier auf ihre Kosten.

Das Standbild Schapurs, eine Rundplastik in dreifacher Lebensgröße, übertrifft die Reliefs nur durch seine Lage am Eingang einer Höhle, fünf Kilometer hinter der Talschlucht. Ein Pfad führt dort hinauf in etwa zweihundert Meter Höhe. Das letzte Stück verlief fast senkrecht, so daß ich nicht mehr weiterkonnte, während das Tal unter mir verschwamm. Doch bevor ich mich versah, hatten mich die Dorfbewohner wie einen Sack geschultert, gleich dem Mittagessen und dem Wein. Die Statue muß etwa sechs Meter hoch gewesen sein, bis an den oberen Rand des Höhleneingangs. Heute liegt ein gekröntes Haupt mit Velazquez-Bart und der Lockenpracht einer spanischen Infantin auf dem Boden einer Grube, darüber ein Torso, bedeckt mit Musselintroddeln, die Schenkel abgebrochen. Ein Mr. Hyde hat sich 1821 darauf verewigt. Jamshid Taroporevala, unseren indischen Chauffeur, konnten wir gerade noch davon abhalten, seinen Namen hinzuzufügen. Auf dem Sockel stehen noch zwei Füße in eckigen Schuhen.

Am hinteren Ende der Höhle öffnen sich mehrere tiefe Gruben, die sich in undurchdringlichem Dunkel verzweigen. Wir hatten zwar eine Laterne dabei, die bei solchen Entfernungen aber nichts nützte und uns nur zeigte, daß in diesen Höhlen zu viel Wasser stand, als daß man sie hätte erforschen können.

Nachdem Christopher und ich wieder zur Schlucht zurückgekehrt waren, nahmen wir ein Bad im Fluß und mußten dabei an Beirut denken, wo wir zum letzten Mal gemeinsam gebadet hatten. Heute morgen verabschiedete ich mich von ihm, er ist nach Buschehr weitergereist. Wir werden uns zu unserer Afghanistan-Tour wiedersehen oder zum Lunch im Ritz.

Persepolis (1670 m), abends. – Unterwegs machte ich in Schiras halt, um einen Brief des Gouverneurs an Dr. Mostafavi abzuholen, der die Ausgrabungsarbeiten als Beobachter der persischen Regierung verfolgt. Beim Verlassen der Stadt stieß ich auf Krefter, der unterwegs war zu einer Tanzgesellschaft in der Bank. Er gab mir ebenfalls einen Brief mit.

Persepolis, Schiras
Persien-Expedition
des Orientalischen Instituts

Sehr geehrter Herr Byron,

verzeihen Sie, daß ich Ihnen erst jetzt antworte, ich habe es einfach vergessen. Die Situation ist die folgende: Da es in Persien kein Urheberrecht usw. gibt, kann nur ein generelles Fotografierverbot verhindern, daß jedermann hier Fotografien macht und sie verkauft und veröffentlicht. Sobald näm-

lich fotografierende Ausländer beobachtet werden, beklagt sich die hiesige Presse (wie schon dreimal geschehen), daß alle Leute die nationalen Denkmäler Persiens fotografieren dürfen, nur die Perser nicht. Ich habe diesbezüglich eine außerordentlich unangenehme Korrespondenz mit der Regierung geführt.

Daher haben wir folgende Regelung getroffen: Wer an einer Veröffentlichung von Fotos interessiert ist, kann die Aufnahmen über das Orientalische Institut der Universität Chicago beziehen und mit entsprechendem Quellenvermerk publizieren. Ausnahmen können leider nicht gemacht werden. Nicht betroffen von diesem Verbot sind Erinnerungsfotos, die man mit einer kleinen Kamera von sich selbst oder einer Gruppe macht. Aber auch diese dürfen *nicht* veröffentlicht werden.

Mit den besten Empfehlungen
Ihr Ernst Herzfeld

Krefter fügte hinzu: »Sie werden den Professor allein vorfinden. Er wird sich über Gesellschaft freuen.«

Wirklich? Vorerst schlafe ich im Stall eines Teehauses neben einem Misthaufen.

Persepolis, 1. März. – Das Teehaus ist drei Kilometer von Persepolis entfernt. Da es in Richtung Naqsch-i-Rustam liegt, beschloß ich, zuerst dorthin zu fahren, und wollte gerade aufbrechen, doch die Leute erklärten mir, daß wegen des Hochwassers kein Durchkommen sei. In diesem Moment kam ein Reiter vorbei, der hier frühstücken wollte. »Sie brauchen ein Auto für die Straße, ich brauche ein Pferd für die Felder, wollen wir tauschen?« Er war sofort einverstanden.

Die Entstehungszeit der Felsenreliefs von Naqsch-i-Rustam erstreckt sich über zweitausend Jahre, von den Elamern über die Achämeniden bis zu den Sassaniden. Außerdem gibt es noch zwei Feueraltäre ungewisser Datierung und ein achämenidisches Grabhaus. Schön ist nur das letztgenannte, alles übrige ist wenig anziehend oder gar abstoßend. Doch solange es diese Berge gibt, wird man sich an die Felsfanatiker erinnern, die diese Darstellungen anfertigen ließen. Die *Dankbarkeit* der Nachwelt interessierte sie nicht. Vergängliche Schönheit oder Mildtätigkeit – nicht für sie! Sie wollen nur Aufmerksamkeit, und die erreichen sie, wie ein Kind oder Hitler, durch gnadenloses Insistieren. In diesem einen Satz gigantischer Bilderschrift haben sie einen wichtigen Moment der Ideengeschichte festgehalten, als das Königstum von Gottes Gnaden aus der Prähistorie in die moderne Welt eintrat.

Den Akzent setzen die vier Grabkammern der achämenidischen Könige, regelrechte Wahrzeichen, kreuzförmig in den Felsen gehauen. Jedes ist mit langweilig gleichförmigen Basreliefs ausgestattet. Ganz oben sieht man den üblichen Pakt zwischen Gott und König – wobei Gott seinerzeit ein menschlicher Skarabäus war –, darunter zwei Liegestätten im Stile Tutenchamuns, auf zwei Ebenen, dazwischen Abgesandte der unterworfenen Völker, die Arme des Kreuzes füllt eine Pseudofassade aus halbrund aufgesetzten Säulen mit Stierkapitellen. Zwischen den Säulen ist Keilschrifttext zu sehen. An einem Ziegenhaarseil, das zwei dort wohnende Männer herunterließen, kletterte ich in eine Grabkammer hinauf, es war die zweite von Westen. Das Innere bestand aus drei Nischen, jede geteilt in drei Tonnen, einige davon mit konischem Deckel und aufgebrochen. Die ganze Kammer muß von einer beweglichen Steintür

verschlossen gewesen sein, unten und oben mit Zapfen versehen, die Lager sind noch zu erkennen.

Die Felsbilder von Naqsch-i-Rustam sind oft beschrieben worden. Der Felsen liegt nach Süden. Von Ost nach West sind mir folgende Dinge aufgefallen, die ich hier wiedergebe, ohne auf die historische Bedeutung einzugehen:

Zwischen rechtem Felsrand und zweitem Grab –

1. Ein leeres, unbearbeitetes Feld, das nur eine kleine Inschrift aus unseren Tagen aufweist.
2. Eine sassanidische Gruppe. Der König, der eine Musselin-Cowboyhose, eckige Schuhe mit flatternden Schnürsenkeln und einen Haarballon trägt, steht einer allegorischen Figur gegenüber, deren Krone, besetzt mit kleinen Wurstlocken, von Bernard Partridge entworfen sein könnte. Dieses Wesen unklaren Geschlechts hält den Ring, der den Pakt zwischen ihm und dem König bezeichnet. Zwischen ihnen steht ein Kind, hinter dem König ein Mann mit phrygischer Mütze. Die untere Zone des Reliefs ist freigelegt, sie reicht bis unter die Erdoberfläche.

Unterhalb des zweiten Grabs –

3. Ein sassanidischer König mit Haarballon, mit einem Feind ringend. Dieses Relief ist stark beschädigt.
4. Darunter das Brustbildnis zweier kämpfender Krieger. Hier ist der Boden nicht ausgegraben, der größte Teil des Reliefs verborgen.

Zwischen zweitem und drittem Grab –

5. Eine dreifach lebensgroße Darstellung des berittenen Schapur, der die Huldigung des knienden

Das achämenidische Grabhaus, Naqsch-i-Rustam

Kaisers Valerian entgegennimmt. Das Pferd läßt römischen Einfluß erkennen, besitzt aber keine Kraft. Es ist, wie alle sassanidischen Darstellungen, ohne Leben, eine ausgestopfte Puppe. Einer der Köpfe rechts sieht achämenidisch aus. War hier bereits früher ein Relief, das die Sassaniden zerstörten, um Platz zu haben für ihre eigene Reklame?

Unterhalb des vierten Grabs –

6. Ein sassanidischer König kämpft mit einem unterlegenen Feind. Sein Haarballon ist kleiner als die der anderen, zitronenförmig, und mit einem Stöckchen am Kopf befestigt. Diese Darstellung hat mehr Kraft, ist weniger römisch inspiriert. Die Figur kommt den auf silbernen Tafeln dargestellten Reiterfiguren nahe, die den wahren Geist der Epoche erkennen lassen.

Links neben dem vierten Grab –

7. Ein sassanidischer König und sein Hof auf einer Kanzel oder Galerie. Diese eigenartige Komposition ist in einen Felsvorsprung gehauen. Der König steht in der Mitte der Gruppe, durch eine Lücke in der Balustrade kann man ihn in voller Größe sehen. Rechts und links von ihm stehen drei Halblängen-Figuren und weitere zwei westlich des Felsvorsprungs. Auch diese Figuren muten achämenidisch an, auch wenn der Kopf des Königs typisch sassanidisch ist. Abermals überlege ich, ob es hier zuvor ein achämenidisches Relief gab oder ob dieses Aussehen das Ergebnis bewußter Geschichtspflege ist.
8. Was immer die Achämeniden an diesem Felsen schufen, vor den Sassaniden war hier jemand, der

ungefähr in der Mitte des zweiten vorchristlichen Jahrtausends lebte und daher den Elamern zugeordnet werden könnte. Östlich neben dem Felsvorsprung sieht man eine primitive vogelähnliche Figur in sehr flachem Relief, deren Konturen an eine mexikanische Hieroglyphe erinnern. Westlich, unter den beiden Halbfiguren, ist ein einzelner Kopf zu erkennen, der denselben Stil aufweist. Beide Köpfe sind im Profil, aber mit vollen Augen dargestellt, wie es ägyptischer Konvention entspricht. (Gerald Reitlinger beschreibt in seinem *A Tower of Skulls,* London 1932, S. 99, eine weitere Figur dieser Art zu Füßen des sassanidischen Königs, einen »König, der in einer Art enganliegendem Morgenmantel auf einem Schlangenthron sitzt«.)

9. Das westlichste Relief zeigt zwei Reiter, beide mit ausgestrecktem Arm nach dem symbolischen Ring greifend. Hier trägt der sassanidische König seinen Haarballon auf einer phrygischen Mütze, der Gott eine Krone. Die Pferde, die auf den Feinden der beiden Reiter herumtrampeln, bieten eine schöne Präsentation sassanidischen Sattelzeugs. Zwischen den Hinterbeinen beider Tiere baumelt eine lange, am Sattel befestigte Troddel.

Nach diesem Relief wendet sich der Felsen, allmählich flacher werdend, nach Norden. Die beiden Feueraltäre stehen hier um die Ecke. Sie sind knapp anderthalb Meter hoch und könnten, wenn man sie braun anmalte, als neugriechische Weinkühler durchgehen.

Das achämenidische Grabhaus, auch bekannt als das Grabmal des Zoroaster, steht isoliert gegenüber dem

vierten Grab. Sein Name wurde von Archäologen lange Zeit verspottet, bis Herzfeld entdeckte, daß er nicht völlig aus der Luft gegriffen ist.

Dies ist wahre Architektur. Oder vielleicht sollte man sagen, da seine Funktion keinen Bezug zur Form hat, daß es eine architektonische Tradition vertritt, von der wir ansonsten keine Kenntnis haben. Es ist die Kopie eines Hauses. Wo stand dieses Haus? In Persien? Nichts weist auf jenes exquisite, vielfältig inspirierte Raffinement hin, das in Persepolis erblühen sollte. Wenn es in einem mediterranen Land stünde, würde man es als den Prototyp der Profanarchitektur im Italien des Quattrocento und im georgianischen England preisen. Anders als der griechische Tempel, der sich aus einer Holzkonstruktion entwickelte, die eine Lösung für statische Probleme suchte, liegt diesem Grabhaus eine steinerne Form zugrunde, die eine Idee, einen Inhalt vermitteln wollte. Seine Schönheit liegt in der ästhetischen Gestaltung einer flachen Wand. Es ist erstaunlich, dieses Prinzip, auf dem alle gute Architektur seit der Renaissance gründet, im Persien des sechsten vorchristlichen Jahrhunderts vollständig formuliert zu finden. Ebenso erstaunlich ist unter diesem Aspekt, daß Besucher des Naqsch-i-Rustam dieses Grabhaus kaum würdigen.

Es ist etwa fünf Meter breit und acht Meter hoch über dem gegenwärtigen Bodenniveau; wie ein an der Nordseite lustlos gelegter Graben zeigt, muß es ursprünglich etwa drei Meter höher gewesen sein. Die Wände sind anderthalb Meter dick und bestehen aus großen weißen Marmorquadern, die ebenso sorgfältig zusammengefügt sind wie die der Goldenen Pforte in Konstantinopel. Die Ecken, zwischen denen eine kleine Randleiste verläuft, werden durch eine Vorlage ver-

stärkt. Das Flachdach besteht aus zwei großen Monolithen nebeneinander.

Die Ost-, Süd- und Westseite sind mit jeweils drei gerahmten Blendfensterpaaren aus dunklerem Stein versehen. Die unteren Fenster sind höher als breit, die mittleren quadratisch, die oberen entsprechen den unteren, sind aber kleiner und stoßen an die Randleiste – die architektonische Gliederung erinnert an Vitruv und Palladio. Der senkrechte Abstand zwischen den Fensterpaaren ist gleich, doch waagerecht beträgt der Abstand zwischen ihnen mehr als das Doppelte des Abstands zwischen Fenster und vorstehenden Ecken. Die Wände weisen, abgesehen von den Blendfenstern, kleine rechteckige Vertiefungen auf, die wie Klammern quer zu den Fugen stehen, allerdings im umgekehrten Verhältnis von Hell und Dunkel, wie auf einem Negativ.

Die zum Felsen liegende Nordseite hat keine Fenster, sondern nur eine einzige Öffnung, ziemlich weit oben, Schwelle und Fußboden befinden sich etwa in der Höhe der mittleren Fensterreihe. Über dem Eingang verläuft ein gehörnter Architrav, auf dem eine kleine ungerahmte Blendnische sitzt. Man kann hinaufklettern, da die Wand – offenbar auf der Suche nach einer unteren Kammer – aufgebrochen wurde.

Am Nachmittag fuhr ich nach Persepolis und übergab den Brief des Gouverneurs von Fars an Dr. Mostafavi.

Herzfeld kam hinzu. Äußerst liebenswürdig zeigte er mir die Ausgrabungen. Als er Bulbul, sein Wildschwein, von der Leine ließ, flitzte es mit einem Stein davon, der seinem Widersacher gehörte, einem mürrischen alten Airedale. Das Ergebnis war eine groteske Verfolgungsjagd in den Ruinen. Das Schwein schlidderte wie Charlie Chaplin über Treppen und Steinquadern, begleitet von den Rufen eines grunzenden,

knurrenden und brüllenden Professors. Schließlich gab es Tee in dem Haus, das Krefter für die Ausgräber gebaut hat. Was heißt Haus – es ist ein Palast aus Holz, errichtet am Ort und im Stil seines achämenidischen Vorgängers, dessen steinernes Portal und Fensterrahmen verwendet wurden. Das Geld stammte von Mrs. Moore und der Universität Chicago, und herausgekommen ist eine luxuriöse Mischung aus King David Hotel (Jerusalem) und Pergamon-Museum (Berlin).

So sollte es auch sein, denn das Haus wird, sobald die Ausgrabungsarbeiten beendet sind, dem Zweck beider Einrichtungen dienen müssen.

RB: »Vielleicht haben Sie meinen Brief ja falsch verstanden.«

Herzfeld: »Ich habe Sie genau verstanden. Sie können hier nichts fotografieren. Wenn die Perser Sie sähen, wäre die Hölle los.«

RB: »Mir scheint, Sie irren sich. Der Gouverneur von Fars möchte, daß ich hier fotografiere.«

Herzfeld: »Angesichts der Schwierigkeiten, die ich diesbezüglich hatte, kann ich mir das kaum vorstellen. In der Anfangszeit habe ich meine Bilder zum Entwickeln nach Schiras gegeben. Der Fotograf machte Abzüge von den Platten und verkaufte sie als seine eigenen. Dann kam während meiner Abwesenheit dieser schreckliche X. und machte hundert Aufnahmen von meinen Entdeckungen. Davon erfuhr ich aus der Zeitung. Jetzt hat Mr. Myron Smith um Genehmigung gebeten. Er hat Einfluß bei meinen Freunden in Amerika, und um ihn loszuwerden, habe ich meine gesamte Fotosammlung der Universität Chicago vermacht.

Ich mußte seinetwegen mindestens zwölf Briefe schreiben.«

RB: »Ich verstehe durchaus, daß der Ausgrabungsfonds geschädigt wird, wenn andere Leute Bilder von Ihren Entdeckungen verkaufen. Aber ich würde Ihnen gerne meinen Standpunkt darlegen. Ich bin kein Archäologe. Mit Ihren Entdeckungen habe ich nichts zu tun. Mich interessieren nur die architektonischen Formen, aber nicht, weil sie alt sind, sondern weil sie zum Welterbe der Architektur gehören. Diese Türen beispielsweise. Türen existieren nur im Verhältnis zum Menschen; man kann diese Türen und Türen aus der Renaissance und Corbusiersche Türen nach den gleichen Kriterien beurteilen. Um diesen Vergleich anstellen zu können, brauche ich nur ein paar Fotos von Dingen, die Menschen seit zweitausend Jahren sehen und schon hundertmal gezeichnet und fotografiert haben. Und ich möchte diese Bilder selbst aufnehmen, denn ich allein weiß, welche Details mir wichtig sind. Wenn Sie mir nicht trauen, daß ich Ihre Entdeckungen unberührt lasse, können Sie mir einen Begleiter mitgeben. Das ist doch vernünftig, nicht? Sie glauben vielleicht, Sie haben das Recht, mir das Fotografieren generell zu verbieten. Aber Sie müssen zugeben, daß es moralisch nicht zu vertreten ist. Das wäre so, als wäre das Parthenon auf einmal eine Privatvilla, die dem Rest der Welt fortan verschlossen bliebe.«

Herzfeld (beleidigt): »Keineswegs. In Europa hat es diese Vorschriften schon immer gegeben. In meiner Jugend durften wir bei Ausgrabungen überhaupt nichts fotografieren.«

RB: »Aber das ist doch kein Grund, warum Sie, älter geworden, an einem schlechten Beispiel festhalten sollten.«

Herzfeld (erregt an seiner Zigarette paffend): »Ich finde es völlig rrrichtig.«

Dieses deutsche Obrigkeitsdenken erstaunte mich bei einem Mann, der im Begriff war, von den Nazis aus seiner Heimat gejagt zu werden. Zum Glück hatte ich keine Möglichkeit mehr, ihm das zu sagen, denn Krefter trat ein, weshalb ich aufstand und mich verabschiedete.

»Wo ist Ihr Wagen?« fragte Herzfeld etwas milder. »Wir haben hinten eine Garage. Ich werde veranlassen, daß Ihr Gepäck hereingebracht wird.«

»Das ist sehr nett von Ihnen, aber ich habe mich schon im Teehaus hier in der Nähe einquartiert.«

»Das ist doch nicht bequem. Warum bleiben Sie nicht hier?«

Doch ich blieb bei meinem Nein. Die beiden machten ein langes Gesicht, aber nicht weil sie auf meine Gesellschaft verzichten mußten, sondern weil ich mich den Fesseln ihrer Gastfreundschaft entzog.

»Nun ja«, sagte Herzfeld munter, »vielleicht sehen wir Sie morgen.«

»Genau«, sagte ich strahlend. »Auf Wiedersehen und vielen Dank für Ihr freundliches Angebot. Ich wünschte nur, ich könnte es annehmen.«

Das entsprach der Wahrheit. Kein vernünftiger Mensch entscheidet sich freiwillig für einen Misthaufen und verzichtet auf Komfort und angenehme Gesellschaft.

Persepolis, 2. März mittags. – In aller Frühe übergab ich diesen Brief:

Sehr verehrter Herr Dr. Herzfeld,

da sowohl der Gouverneur von Fars als auch Dr. Mostafavi kategorisch erklärt haben, daß Sie mir nicht verbieten können, die oberirdischen Teile von Bögen und Säulen zu fotografieren, haben Sie nur zwei Möglichkeiten, mich daran zu hindern: Entweder Sie zeigen mir den Wortlaut Ihrer Konzession, wonach Ihnen dieses Recht zusteht, oder Sie wenden Gewalt an.

Die Entscheidung liegt bei Ihnen.

Während ich fotografierte, kam eine kleine dicke Gestalt über die Terrasse gesaust. »Ein so illoyales Verhalten habe ich noch nie erlebt«, sagte die Gestalt, vollführte eine Pirouette und sauste wieder davon.

Illoyal gegenüber wem, dachte ich.

Es war eine Frage des Prinzips. Ich machte meine Aufnahmen, und indem ich Herzfelds Behauptung als Bluff enttarnte, erwies ich anderen Touristen einen Dienst. Aber es war schade, ihn als Gesprächspartner zu verlieren.

Es gibt noch einiges zu Persepolis zu sagen.

In ihrer Blütezeit, als die Mauern aus Lehm und die Dächer aus Holz waren, mag die Anlage einigermaßen schäbig ausgesehen haben – ungefähr so, wie sie in einem Hollywoodstudio aussehen würde. Heute ist sie zumindest nicht schäbig. Nur die Steine sind erhalten, abgesehen von Alexanders Asche, von der hin und wieder etwas ausgegraben wird. Und so opulent und präzise gearbeitete Steine haben eine große Pracht, ganz gleich, wie man die Formen beurteilen mag. Verstärkt wird dieser Eindruck durch den Kontrast der verschiedenen Steine, das harte, opake Grau und

das lichtere Weiß. Einzelne Ornamente wurden auch in einem pechschwarzen, völlig ungeäderten, makellosen Marmor entdeckt.

Ist das alles?

Geduld! Früher traf man per Pferd ein. Man ritt die Stufen zur Terrasse hinauf. Man schlug dort sein Lager auf, während die Säulen und geflügelten Tiere einsam unter dem Firmament verharrten und kein Geräusch und keine Bewegung die leere mondbeschienene Ebene störte. Man dachte an Dareios und Xerxes und Alexander. Man war allein mit der antiken Welt. Man sah Asien mit den Augen der Griechen und spürte ihren magischen Atem, der bis nach China reichte. Solche Empfindungen ließen keinen Raum für ästhetische oder überhaupt irgendwelche Fragen.

Heute entsteigt man einem Automobil, während ein paar Lastwagen in einer Staubwolke vorbeirumpeln. Die Zufahrt wird bewacht. Man betritt das Gelände mit Genehmigung eines Aufpassers und wird, sobald man die Terrasse erreicht hat, von einer kleinen Eisenbahn, einer neugermanischen Herberge und einem Kodex akademischer Bosheit empfangen, den Chicago erlassen hat. Diese nützlichen Neuerungen schärfen den Blick. Man möchte sich trotzdem einer romantischen Stimmung hingeben, doch sie bewirken, daß man sich eher wie ein Kritiker bei einer Kunstausstellung fühlt. Das ist die Strafe für vermehrtes Wissen. Es ist nicht meine Schuld. Liebend gerne hätte ich mich einem Traum aus Geschichte und Landschaft und Licht und Wind und anderen wenig faßbaren Zufälligkeiten überlassen. Wenn mir aufgrund der Verhältnisse aber mehr gezeigt wird, als ich sehen will, muß ich auch nicht unwahre Dinge darüber schreiben.

Die Säulen können also in einem Wort abgetan werden. Sie sind überraschend, so wie Sir Gilbert Scotts Rathaus in Bombay überraschend ist, weil es hinduistische und gotische Themen verknüpft. Solche Kreuzungen sind genauso unfruchtbar wie Maultiere. Sie nehmen keinen Einfluß auf die allgemeine Entwicklung der Architektur und bieten keine Lösungen. Sie gefallen vielleicht auf beiläufige Weise, wenn sie gerade einer aktuellen Mode des Zeitgeschmacks entsprechen. Für die Säulen von Persepolis gilt das nicht.

Die Säulen springen zuerst ins Auge. Andere bemerkenswerte Elemente sind die Freitreppen, die Terrasse und die Palasttüren. Die Treppen sind eindrucksvoll, weil es so viele davon gibt. Die Terrasse ist eindrucksvoll, weil die massiven Quadersteine ein technisches Problem gestellt haben, das gelöst wurde. Nichts davon ist Kunst. Anders die Türrahmen. Sie allein strahlen wahren Schöpfergeist aus, künden von Ideen, sind ein Kommentar zu anderen Türen. Sie sind schmal und massiv, fordern also ein stetes Hindurchschreiten, während unsere Türen dazu einladen, innezuhalten und sich von ihnen einrahmen zu lassen. Sie sind, wie die Bögen von Stonehenge, aus Monolithen angefertigt, einer links, einer rechts und einer oben quer. Aber die Kanten und Ecken sind so präzise und sorgfältig, als wären sie mit einer Maschine geschnitten worden.

Dann die Verzierungen. Die Reliefs müssen jeden schockieren, der sie von Fotografien her kennt. Dort, wo sie dem Wetter ausgesetzt waren, ergeben sich Linien und Rhythmus poetisch aus dem schwarzgesprenkelten Stein. Die Reliefs in den Türrahmen und diejenigen, die Herzfeld ausgegraben hat, haben genau die gleichen Linien, den gleichen Rhythmus, aber ihr Stein hat sich dank seiner außerordentlichen Härte als witterungs-

resistent erwiesen – er ist noch immer von einem hellen, glatten Grau, eben wie ein Aluminiumtopf. Diese Reinheit wirkt hier wie Sonnenlicht auf einem gefälschten alten Meister; sie verrät nicht, wie man erwarten würde, das Genie, sondern eine irritierende Leere. Jetzt weiß ich, was Christopher meinte, als er sagte, die Skulpturen zeugten »weder von Gefühl noch von Intellekt«. Als Herzfeld mir die neue Treppe zeigte, dachte ich unwillkürlich: »Wieviel hat das gekostet? Wurde es in einer Fabrik angefertigt? Nein, natürlich nicht. Aber wie viele Handwerker haben wie viele Jahre lang an diesen endlosen Figuren gemeißelt und sie poliert?« Gewiß, die Figuren sind nicht mechanisch gearbeitet, ihre Perfektion ist kein Selbstzweck, und sie sind auch nicht billig in dem Sinn, daß sie technisch mangelhaft ausgeführt wären, aber sie sind das, was die Franzosen als *faux bons* bezeichnen. Ihre Kunst ist keine natürliche Kunst und gewiß keine große Kunst. Statt Geist oder Gefühl strahlen sie seelenloses Raffinement aus, das die Asiaten entwickelten, deren Kunstsinn durch die Berührung mit der mediterranen Kultur gefesselt und geschwächt wurde. Um zu sehen, wie dieses Bewußtsein ursprünglich beschaffen war und wie es sich von Persepolis unterscheidet, reicht ein Blick auf die assyrischen Reliefs im Britischen Museum.

Weniger schockierend sind die dreistufigen Krenellierungen von Balustrade und Treppenaufgängen. Herzfeld fand sie fast unversehrt vor; sie sehen aus wie zusammengesetzte Kinderbauklötze. Alle Paläste waren mit solchen Zinnen versehen. Krefter hat sie auf seiner Villa sorgfältig kopiert. Sie sind an sich schon häßlich genug, aber in ihrer Eckigkeit und aufdringlichen Aneinanderreihung erschlagen sie die

Feinheit der Reliefs. Herzfeld sagte: »Sie verleihen ihnen Leben.« Stimmt. Aber es ist kein schönes Leben, und es ruiniert alles andere.

Abadeh, 3. März. – Ali Asgar hielt es im Teehaus nicht mehr aus. Wir verließen Persepolis nach dem Mittagessen.

Von der Hauptstraße in Richtung Isfahan führte eine neuangelegte Straße zum Grabmal des Kyros, einem Sarkophag aus weißem Marmor, der auf einem hohen mehrstufigen Unterbau einsam auf einem Feld steht. Man sieht dieser Grabkammer ihr Alter an: jeder Stein wurde geküßt, jede Fuge ausgehöhlt wie von der Meeresbrandung. Kein Schmuck, nichts Protziges stört die stille Ruhe. Es reicht schon, daß Alexander der erste Besucher war. Früher stand hier ein Tempel. Säulenreste zeigen heute noch seine Lage an.

Inzwischen ist daraus das Grabmal der Mutter Salomos geworden. Zum Zeichen dessen wurden an einer Innenwand ein Miniaturmihrab und eine arabische Inschrift angebracht. Der Mihrab ist mit ein paar Decken und Glöckchen verhängt; auf der Erde flattern ein paar Seiten aus einem alten Koran. Das ganze Tempelareal dient heute als muslimischer Friedhof.

Ein paar hundert Meter weiter befand sich eine Terrasse wie in Persepolis, auf der eine schmucklose weiße Säule stand. Und gleich in der Nähe die Ruinen einer Grabkammer wie die von Naqsch-i-Rustam. Während aus dunklen Regenwolken die letzten Sonnenstrahlen hervorbrachen, schlenderte ich über das Feld zu jener einsamen Marmorstele, welche das viergeflügelte Bildnis von Kyros zeigt. Nun konnte ich mir wirklich vorstellen, wie sich frühere Besucher in Persepolis

fühlten. Und so träumte ich, versunken in der Dunkelheit, aus der mich erst das aufflammende Scheinwerferlicht unseres Autos herausriß.

Isfahan, 5. März. – Einquartiert bei Wishaw, dem »Hauptmann-des-Öls«, mit anderen Worten: dem Direktor des hiesigen Büros der Anglo-Persian Oil Company.

Der Gouverneur von Isfahan heißt Posaune-von-Raffael*. Bevor ich ihn aufsuchte, ließ ich mir von einem der Angestellten Wishaws mein Empfehlungsschreiben übersetzen:

S. E. der Generalgouverneur
Isfahan

Herr Bayern, englischer Wissenschaftler, beabsichtigt, die Geschichte, Monumente usw. Ihrer Provinz zu besichtigen und dieselben zu fotografieren.

Hiermit ersuche ich Sie, die nötigen Anweisungen zu erteilen, damit Herr Bayern die erforderliche Unterstützung seitens der zuständigen Behörden erhält.

gez.: MAHMOUD JAM
Stempel: MINISTERIUM DES INNERN

Posaune-von-Raffael erläuterte mir seine Pläne für eine Neugestaltung des Maidan. Die ersten Arbeiten haben ihm bereits Ärger eingebracht, da Marjoribanks das neue Wasserbecken als mögliche Brutstätte von Moskitos ablehnt. Trotzdem wird weitergebaut. Die Arkaden sollen mit Fliesen verziert werden. Und dort, wo die Straße in der Nordostecke vor dem Basareingang entlangführt, soll sie mit großen fliesengeschmückten

* Verballhornung des persischen Namens »Sur-Esrafil« (wörtlich: Esrafils Posaune). (A. d. Ü.)

Bögen überbaut werden. Architekt ist ein Deutscher, der einem Expertengremium untersteht, dem Herzfeld, Godard und andere Fachleute angehören.

Isfahan, 9. März. – Der Maler Muzaffar, der in London ausgestellt und anschließend ein Bild für die Königin gemalt hat, führt einen zurück in die Zeit, als Künstler noch Anweisungen ausführten und nicht auf Selbstverwirklichung aus waren. Muzaffar entstammt Generationen von Malern und hat ihr Selbstverständnis als Handwerker geerbt. Tatsächlich begann er mit dem Dekorieren von Federkästchen. Ich bat ihn, eine Miniatur von mir anzufertigen. Gewiß, sagte er, wenn ich ihm eine Fotografie überlassen könne. Doch genau das lehnte ich ab, denn ich hatte ihm den Auftrag nur erteilt, um zu sehen, ob er ein Bildnis nach dem Leben anfertigen könne. Er kann. Er hat mich porträtiert, und herausgekommen ist ein Bildnis ganz im persischen Stil. Aber ich mußte die Ausführung bestimmen, sollte festlegen, wieviel Raum der Kopf auf dem Papier einnehmen sollte und ob ich einen schlichten oder reich ausgeführten Hintergrund wünschte. Seine Schüler malen Hintergrund und Rand anhand eines Repertoires traditioneller Muster.

Muzaffar ist stolz darauf, daß er im persischen und im europäischen Stil malen kann. Ich habe Miniaturen gesehen, die er nach Fotografien angefertigt hat. Es waren einfach kolorierte Fotos. Neulich zeichnete er ein abscheuliches Reklameplakat mit zwei Pfauen für eine einheimische Zigarettensorte. »Sehen Sie!« rief er stolz. »Ich kann Miniaturen und das hier malen. Rubens hätte nicht beides gekonnt.«

Warum Rubens? Warum gerade Rubens?

Isfahan, 13. März. – Aus Teheran wird gemeldet, daß Christopher inzwischen im Haus des britischen Residenten in Buschehr festgehalten wird. Polizeichef Ayrum schiebt es noch immer auf den Generalstab. Der Außenminister sagt, Ayrum persönlich habe die Anweisung erteilt.

Mrs. Budge Bulkeley, 32 Millionen Pfund schwer, ist in Begleitung einer nicht ganz so reichen Millionärin hier eingetroffen. Die beiden sind untröstlich, weil der Kaviar ausgeht. Alles in allem reisen sie deutlich weniger komfortabel als ich. Zwölf Kuriere (sie haben zwei) wiegen nicht einen Bediensteten auf, der kochen und einen Schweinestall binnen fünf Minuten in ein Schlafzimmer verwandeln kann – so etwas schafft Ali Asgar nämlich.

Jemand aus der Gruppe sagte von Mrs. Moore, die mit dem Flugzeug hierher unterwegs ist: »Reich? Sie könnte uns alle viermal aufkaufen.«

Posaune-von-Raffael gab eine Teegesellschaft für sie. Ich saß zwischen dem englischen Bischof und einem Qadscharenfürsten.

»Was führt Sie denn hierher?« fragte der Bischof unwirsch.

»Ich reise.«

»Worin?«

Isfahan, 16. März. – Gestern war Marjoribanks' Geburtstag. Persischem Brauch entsprechend, gab der Gouverneur am Vorabend einen Empfang.

Auf diese Weise wurde der Chihil Sutun unversehens zu neuem Leben erweckt. Das muffige Sommerhaus verwandelte sich in den prunkvollen Vergnügungspavillon, als der er ursprünglich gedient hatte. Die

Terrasse, mit Teppichen ausgelegt, von Lichtpyramiden erleuchtet und etlichen hundert Personen erfüllt, sah riesig aus. Das bemalte Vordach mit den Holzstützen ragte in den Nachthimmel. Die verspiegelte Nische mit ihren goldschimmernden Filigranarbeiten schien unendlich fern. Die Perser saßen in schwarzen Reihen, die Hände gefaltet und die Füße unter den Stühlen. Dr. Wolff, der deutsche Zahnarzt, trug eine Melone. Vorn standen Tische, auf denen sich Süßigkeiten und Mandarinen türmten. Unablässig wurde Tee gereicht.

Posaune-von-Raffael kam in Smoking und wehendem Regenmantel. Er schien so offensichtlich erfreut, jedermann zu sehen, daß jedermann sich freute, ihn zu sehen. Er schüttelte allen die Hand und war ein richtiger Gastgeber, nicht die steife Amtsperson, die ein englischer Gouverneur abgegeben hätte.

Eine junge armenische Blaskapelle aus Dschulfa spielte auf, und wir traten nach vorn, um das Feuerwerk zu betrachten. Am Wasserbecken wurden Raketen und sprühende Lichträder und derlei Sachen gezündet, bis schließlich zwei goldene Fontänen im schwarzen Wasser niedergingen und am anderen Ende Marjoribanks sich voller Rache in zischende Flammen verwandelte. Die Kapelle spielte die Nationalhymne, und damit war der erste Empfang beendet.

Der zweite war eine exklusivere Angelegenheit. Etwa fünfzig Personen versammelten sich in einem großen überwölbten Saal unter jenen kraftlosen safawidischen Fresken, die mit Omar Khayyam darin wetteiferten, der Welt ein falsches Bild von persischer Kunst und Lebensart zu vermitteln. Als Gastgeberin fungierte die Frau des deutschen Bankdirektors. Eine zweite Kapelle aus Dschulfa spielte Jazz in einem verspiegelten Kabinett. Es gab ein kaltes Buffet, aus großen Schalen

wurde rote Bowle ausgeschenkt. Da sie aus drei Vierteln Arrak und einem Viertel Dschulfa-Wein bestand, war sie nicht so harmlos, wie sie aussah.

Ohne Teppiche würde kein Perser auch nur einen einzigen Gast einladen, von einer Gesellschaft ganz zu schweigen. Als zum Tanz aufgespielt wurde, begann der Fußboden wie ein tosendes Meer zu wogen, doch erst nachdem mehrere Paare Schiffbruch erlitten hatten, wurden die wollenen Brecher mit Hilfe von Nägeln beruhigt. Am Buffet plauderten Qadscharenfürsten mit ihren offiziellen Feinden, dem Gouverneur und dem Chef der Polizei. Angesichts ihrer makellosen Smokings und Cartier-Manschettenknöpfe hätte ich mich in meinem geliehenen Anzug schäbig gefühlt, wären nicht die Deutschen gewesen, die überall dafür sorgen, daß andere Nationen sich garantiert sehr elegant fühlen. Einer von ihnen, ein Zwei-Meter-Hüne, der einen Frack trug, einen zehn Zentimeter hohen Stehkragen und eine lederbraune Jagdweste, bedachte meinen Kummerbund mit unverhohlen spöttischem Blick.

Es war ein schöner Abend, und als Posaune-von-Raffael sich in rührender Weise bei mir erkundigte, ob es mir gefalle, lobte ich aufrichtig seinen guten Geschmack. Nichts Pompöses, keine verkrampfte nationalistische Altertümelei, keine verkrampfte persische Fortschrittlichkeit beeinträchtigte das Vergnügen der Gäste. Perser können in Gesellschaft sehr ungezwungen sein. Durch diese Erfahrung wurde mir das alte Monster, dessen Leben wir gefeiert hatten, geradezu sympathisch. Und außerdem kann nicht jeder von sich sagen, er habe im Chihil Sutun getanzt.

Der ganze Chahar Bagh war hell erleuchtet, als ich auf die andere Seite des Flusses zurückkehrte, wo

Wishaw wohnt. Girlanden von Lampen und Kerzen hingen in den Bäumen, zehn Meter hohe Hochzeitstorten aus Licht, rot drapiert und mit goldenen Spiegeln versehen. Inmitten dieses Lichterschmucks, den die Stadtverwaltung zum Zeichen ihrer Staatstreue sehr aufwendig und für viel Geld installiert hatte, war den Mullahs der Medrese etwas viel Besseres eingefallen. Von der Brüstung des großen Portals hatten sie in aller Ruhe drei flackernde Kronleuchter herabgelassen, in deren blassem Schein vor der schwarzen Leere des Spitzbogens drei Goldfischgläser zu erkennen waren, die zwischen ihnen hingen.

Am nächsten Nachmittag fand ein Umzug statt. Nachdem ich am Vormittag den Wagen der Anglo-Persian dekoriert hatte, schlief ich nach dem Mittagessen ein und verpaßte alles. Wishaw verpaßte ihn auch, weil alle seine Angestellten gegangen waren und er bleiben mußte, um auf das Lager aufzupassen.

Isfahan, 18. März. – Die Schönheit Isfahans teilt sich einem ganz unbewußt mit. Man fährt auf Straßen umher, die von weißstämmigen Bäumen gesäumt sind, unter Baldachinen aus schimmernden Zweigen, vorbei an türkisblauen und frühlingsgelben Kuppeln in einem hellen veilchenblauen Himmel, den Fluß entlang, in dessen trüb-silbrigen Stromschnellen sich das Blau fängt, vorbei an lichten Gärten, in denen alles sprießt, über Brücken aus hellbraunen Ziegeln, Bogen um Bogen zu Pavillons erweitert, in der Ferne die violetten Berge, der höckerförmige Kuh-i-Sufi und die anderen Höhenzüge, die sich zu einer Linie schneeweißer Brandung verbinden – und ehe man sich's ver-

sieht, hat sich Isfahan einem unauslöschlich eingeprägt, sein Bild in die Galerie jener Orte hineingeschmuggelt, die jedermann insgeheim für die schönsten hält.

Das alles geschah ohne mein Zutun. Die architektonischen Sehenswürdigkeiten beanspruchen mich viel zu sehr.

Monatelang könnte man sie studieren, ohne ein Ende zu finden. Vom elften Jahrhundert an haben Architekten und Handwerker die Wechselfälle der Stadt festgehalten, den Wandel von Geschmack, Regierung und Glauben. Die lokalen Verhältnisse spiegeln sich in den Bauwerken. Das macht ihren Reiz aus, den Reiz der meisten alten Städte. Aber einige illustrieren unabhängig voneinander allerhöchste Kunst und stellen Isfahan in eine Reihe mit jenen wenigen Orten, die, wie Athen oder Rom, die ganze Menschheit bereichern.

Die beiden Kuppeln der Freitagsmoschee gehören dazu, gerade weil sie so unterschiedlich sind. Beide wurden etwa zur gleichen Zeit gebaut, am Ende des elften Jahrhunderts. In der größeren, die sich über dem Hauptheiligtum der Moschee erhebt, führen zwölf massive Pfeiler einen titanischen Kampf mit dem Gewicht der Kuppel. Der Kampf überdeckt den Sieg: diesen kann nur wahrnehmen, wer Interesse für mittelalterliche Bautechniken oder den Charakter der Seldschuken mitbringt. Man vergleiche den größeren mit dem kleineren Kuppelraum, der in Wahrheit ein Grabturm innerhalb der Moschee ist. Er ist etwa zehn Meter breit und zwanzig Meter hoch; sein Volumen beträgt vielleicht ein Drittel des Volumens des größeren. Aber während dem größeren die für diese Ausmaße notwendige Erfahrung fehlte, verkörpert der kleinere diesen kostbaren Moment zwischen zuwenig und zu-

viel Erfahrung, in dem die Bauelemente befreit sind von allem überflüssigen Ballast, den Verlockungen überflüssiger Eleganz aber doch widerstehen. So kommt es, daß jedes einzelne Element, wie die Muskeln eines trainierten Sportlers, seine jeweilige Funktion mit Anmut und Präzision erfüllt, dabei nicht die Anstrengung verbirgt, wie das bei Überraffinement der Fall ist, sondern sich in höchstem Maße dem Inhalt anpaßt. Dies ist vollkommene Architektur, Resultat weniger der Form ihrer Elemente – das ist eine Sache der Konvention – als vielmehr der Harmonie ihrer Proportionen. Und dieser kleine Innenraum kommt jener Vollkommenheit sehr viel näher, als ich das außerhalb des klassischen Europas für möglich gehalten hätte.

Schon das Material signalisiert Sparsamkeit: harte, kleine, mausgraue Ziegel, die in ihrer puritanischen Zweckbestimmtheit alles Schmuckwerk von kufischen Inschriften und Stuckarbeiten aufsaugen. Im Rohbau ist dieser Raum ein System von Bögen, in der Mitte jeder Wand ein breiter, zwei schmale neben jeder Ecke, vier kleine in jeder Trompe, acht im Trompenfeld und sechzehn darüber, die zur Kuppel überleiten. Die Innovation von Firuzabad wird immer weiter ausgebaut, bis zum Ende der persischen Architektur im achtzehnten Jahrhundert. Hier erleben wir sie in der Blüte und Kraft ihrer Jugend. Schon wird die Ordnung in vielen andern Bauwerken wiederholt oder variiert: beim Grabturm in Maragha beispielsweise. Doch ich bezweifle, daß es ein zweites Bauwerk in Persien, ja in der gesamten islamischen Architektur gibt, das den reinen Kubus in so dichter, so unmittelbarer Ausführung präsentiert.

Laut Kuppelinschrift wurde der Grabturm im Jahr 1088 von Abdul Ghanaim Marzuban gebaut, dem

Minister von Malik-Schah. Man fragt sich, welche Verhältnisse einen solch genialischen Entwurf hervorbrachten. War es der Einfluß eines neuen zentralasiatischen Denkens auf die alte Zivilisation der Hochebene, ein Produkt nomadischer Energien und persischer Ästhetik? Die Seldschuken waren nicht die einzigen Eroberer Persiens, von denen ein solcher Einfluß ausging. Vor ihnen die Ghaznawiden, nach ihnen die Mongolen und Timuriden, sie alle kamen aus Transoxanien, und jede dieser Dynastien initiierte eine neue Renaissance auf persischem Boden. Selbst die Safawiden, unter denen sich die letzte und kraftloseste Phase der persischen Kunstgeschichte herausbildete, waren ursprünglich Türken.

Es war diese letzte Phase, die Isfahan sein heutiges Aussehen gab und in der merkwürdigerweise sein zweites großes Meisterwerk entstand. Im Jahr 1612 ließ Schah Abbas an der Südflanke des Maidan die Königsmoschee errichten, deren mächtige blaue Ziegelkuppel mit ihrem floralen Dekor ebenjene »orientalische« Atmosphäre schafft, von der Omar-Khayyam-Freunde schwärmen – hübsch anzusehen, meinetwegen, sogar prächtig, aber in einem weiteren Sinne nicht bedeutend. 1618 ließ Schah Abbas an der Südostflanke des Maidan noch eine weitere Moschee errichten, die – nach seinem Schwiegervater – den Namen Scheich-Lutfullah bekam.

Dieses Bauwerk ist hinsichtlich seiner architektonischen Bedeutung das genaue Gegenteil der kleinen Kuppelhalle der Freitagsmoschee. Letztere ist bemerkenswert, weil, einmal abgesehen von ihrer einzigartigen Qualität, diese Qualität von einer Art ist, die den meisten Menschen als Exklusiveigentum europäischen

Geistes gilt. Die Lutfullah-Moschee dagegen ist persisch im märchenhaften Sinn: die Omar-Khayyam-Brigade, der rationale Form ebenso ein Greuel ist wie rationales Handeln, kann nach Herzenslust darin schwelgen. Denn während die Kuppelhalle reine Form ist, keine Farbe hat und ihr Dekor durch architektonische Zielstrebigkeit unkenntlich macht, verbirgt umgekehrt die Scheich-Lutfullah-Moschee jeden Hinweis auf Konstruktion oder dynamische Form unter Kaskaden von kleinen gewölbten Zellen, den zahllosen Abkömmlingen der Urtrompe. Natürlich gibt es die architektonische Form, aber das Auge des Besuchers sieht nicht, wie sie beschaffen ist und worauf sie beruht. Ebendies ist beabsichtigt, denn seine Aufmerksamkeit soll nicht von diesem opulenten Spektakel aus Farbe und Ornament abgelenkt werden. Farbe und Ornament sind Grundelemente der persischen Architektur. Hier allerdings besitzen sie eine Qualität, die den Europäer verblüfft, nicht weil er einen Verstoß gegen sein Monopol wähnt, sondern weil er nicht ahnen konnte, daß abstrakte Ornamente zu solcher Pracht fähig sind.

Und als sollten diese Grundsätze von vornherein verkündet werden, demonstriert die Außenansicht der Scheich-Lutfullah-Moschee in geradezu grotesker Weise ihre Abkehr von jeder Symmetrie. Vom Platz her sind nur Kuppel und Portal zu sehen. Weil aber die Achse der Moschee schräg steht zu derjenigen des Ali Qapu gegenüber, wurde das Portal leicht neben die Kuppel versetzt. Diese hat aber einen so eigenen Charakter, ist so ganz anders als jede andere Kuppel in Persien oder anderswo, daß man die Abweichung kaum bemerkt. Die garnelenfarbene, aus kleinen Ziegeln gemauerte Flachkuppel ist über und über bedeckt mit einem Rosenstrauch, dessen weiße Zweige schwarz

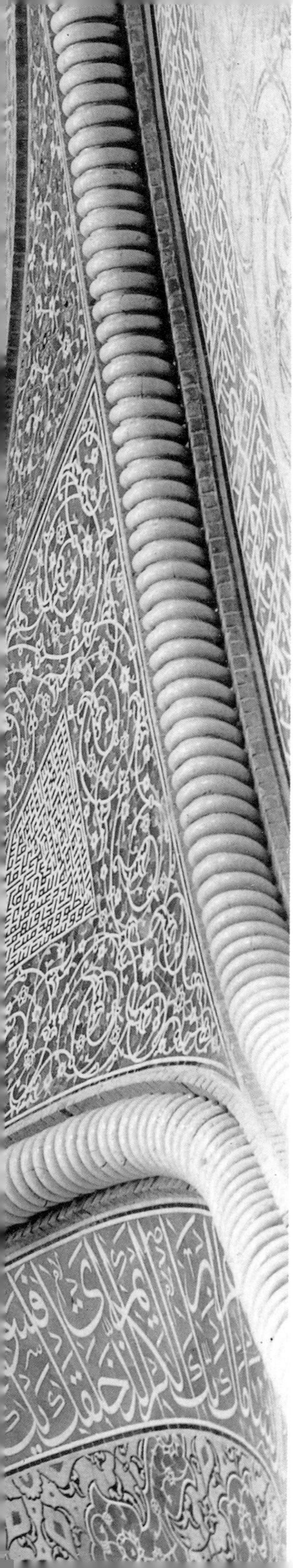

Scheich-Lutfullah-Moschee in Isfahan,
Kuppel des Mihrab

eingefaßt sind. Aus der Nähe erinnert die Linienführung an William Morris, besonders die Dornen, aber insgesamt ist die Zeichnung viel zu streng für einen Präraffaeliten, vergleichbar eher mit einem Genueser Brokat in starker Vergrößerung. Dort, wo sich die Zweige schneiden, aber auch in den Tiefen des Blattwerks lindern die ockerfarbenen und dunkelblauen Ornamente die Strenge der schwarzen und weißen Linien, harmonisieren sie mit dem weichen goldenen Hellrosa des Hintergrunds. Auch die zart hellblauen Blätter tragen hierzu bei. Aber die atemberaubende Wirkung beruht auf dem Spiel der Oberflächen. Das Rankenwerk ist glasiert, der Ziegeluntergrund nicht. So zaubert die Sonne auf die Kuppel ein *gebrochenes* Glanzlicht, dessen Schimmern, das sich mit der Tageszeit verschiebt, dem Ornament eine dritte, dynamische und unerwartete Textur hinzufügt.

Ist das Äußere poesievoll, so ist das Innere majestätisch. Hier schwimmt eine noch flachere Kuppel von etwa zwanzig Meter Durchmesser über einem Kreis von sechzehn Fenstern. Vom unteren Rand der Fenster reichen acht Hauptbögen zum Boden hinab, vier übers Eck, vier an der flachen Wand, so daß als Grundfläche ein regelmäßiges Oktogon entsteht. Zwischen den Bogenspitzen sind acht Pendentifs, die wie Fledermausflügel strukturiert sind.

Die Kuppel ist bedeckt mit einem Netz von zitronenförmigen Zellen, die, von einem stilisierten Pfauenrad ganz oben ausgehend, nach unten immer größer werden, rankengefüllt auf einfachem Stuck. Die Wände, gesäumt von breiten weißen Schriftbändern auf dunkelblauem Grund, sind ähnlich eingefaßt mit tanzenden Arabesken oder barocken Flächen auf dunklem, ockerfarbenem Stuck. Die Farben dieser Ornamente sind

dunkelblau, ein helles Grünblau und eine unendliche reiche Farbe wie Wein. Jeder Bogen wird von türkisfarbenen Korkenzieherwulsten eingerahmt. Der Mihrab an der Westwand ist mit winzigen Blumenmotiven auf einer dunkelblauen Wiese verziert.

Jedes Element der Gestaltung – jede Zelle, jede Wiederholung, jeder Zweig, jede Blüte – ist von dunkler Schönheit. Die Schönheit des Ganzen zeigt sich erst, wenn man sich bewegt. Wieder werden die Glanzlichter gebrochen durch das Spiel von glasierten und unglasierten Ornamenten, die sich bei jedem Schritt neu zu unzähligen glänzenden Mustern ordnen, und selbst das Licht, das durch die Transennen einfällt, zeichnet wegen der Entfernung des äußeren Gitterwerks ständig neue Muster.

Eine solche Pracht hatte ich noch nie gesehen. Andere Interieurs kamen mir in den Sinn – Versailles oder die Porzellanzimmer von Schloß Schönbrunn, der Dogenpalast oder der Petersdom. Alle sind prachtvoll, aber nicht derartig prachtvoll. Ihr Reichtum ist dreidimensional, von der ganzen Kraft des Schattens geprägt. In der Scheich-Lutfullah-Moschee haben wir einen Reichtum ausschließlich von Licht und Oberfläche, von Ornament und Farbe. Die architektonische Form ist unwichtig. Sie hat nichts Rokokoglattes. Sie ist einfach das Werkzeug eines Schauspiels, so wie Erde das Instrument eines Gartens ist. Und plötzlich mußte ich an die heutigen Innenarchitekten denken, jene bedauernswerten Geschöpfe, die da glauben, sie könnten ein Restaurant, ein Kino oder die Villa eines Plutokraten prachtvoll erscheinen lassen, wenn sie nur genügend Geld für Blattgold und Spiegel bekommen. Sie wissen nicht, was für Amateure sie sind. Ihre Auftraggeber leider auch nicht.

Yazd (1250 m), 20. März. – Die Wüste zwischen Isfahan und Yazd erschien mir, trotz der warmen Frühlingssonne, weiter, schwärzer und trostloser als jede andere. Abwechslung boten nur die Ventilationsöffnungen der Qanate, die sich wie aufgereihte Maulwurfshügel zwanzig, dreißig Kilometer hinzogen und in der klaren, schimmernden Luft enorm vergrößert wirkten. Noel hatte mir erzählt, daß nach seiner Schätzung ein Drittel der erwachsenen männlichen Bevölkerung Persiens ständig an diesen unterirdischen Kanälen arbeitet. Seit Generationen verfügen die Leute über so hochentwickelte hydrostatische Kenntnisse, daß sie ohne Instrumente einen fünfzig, sechzig Kilometer langen, leicht geschrägten Kanal in einer bestimmten Tiefe durch nahezu ebenes Terrain legen können.

Heute morgen passierte mir etwas sehr Dummes. Als ich gestern abend zur englischen Mission ging, um mir eine Spritze geben zu lassen, bot man mir freundlicherweise das Zimmer des abwesenden Doktors an. Mitten in der Nacht kam der arme Kerl unerwartet zurück. Angesichts des unbekannten Kopfs auf seinem Kissen sah er sich genötigt, auf dem Sofa zu schlafen. Aber es kam noch schlimmer. Als er sich zuletzt doch in sein Zimmer wagte, um frische Sachen zu holen, erwischte er mich bei einer Orgie mit einer Flasche Wein und einer Zigarre auf seinem Bett. Da ich den ganzen Tag unterwegs sein würde, hatte ich beschlossen, das Mittagessen schon in aller Frühe einzunehmen. Ich tat unbekümmert und bot ihm von dem Wein an, doch sein Eindruck von mir war entschieden negativ.

Bei meiner Ankunft hier war ich etwas besorgt, weil ich kein Empfehlungsschreiben dabeihatte. »Ich selbst

werde Ihr Brief sein«, sagte Ali Asgar würdevoll und wies darauf hin, daß er zehn Jahre lang Diener des jetzigen Gouverneurs von Yezd gewesen sei, als jener noch Bürgermeister von Isfahan gewesen war. Kurz bevor ich Ali Asgar in Schiras angeheuert hatte, hatte der Gouverneur ihn noch gebeten zurückzukommen, was er aber abgelehnt hatte. Und als wir nun das Büro des Gouverneurs betraten, sprang er tatsächlich erfreut aus seinem Sessel. Ali Asgar, der in seinen besten Momenten wie ein ältlicher Pfarrer aussieht, stand mit gefalteten Händen und weichen Knien da, grinste einfältig und schlug die Augen nieder wie ein sittsames viktorianisches Fräulein. Schließlich wandte sich der Gouverneur, wie Ali Asgar prophezeit hatte, in aller Liebenswürdigkeit an mich und fragte, ob er Ali Asgar zum Essen einladen dürfe, er würde gern mit ihm über alte Zeiten plaudern.

Als das geregelt war, hatte ich alle Möglichkeiten, mich in Begleitung eines intelligenten und höflichen Polizeibeamten auf Erkundungstour zu begeben. Eine Besichtigungstour in einer so unberührten Stadt wie Yazd beginnt sinnvollerweise an einem erhöhten Ort, damit man sehen kann, welche Kuppeln oder Minarette aufgrund ihrer Form oder ihres Materials besonders lohnend wirken. Heute fanden sich überall vielversprechende Hinweise, so daß wir am Ende des Tages vor Erschöpfung kaum noch laufen konnten.

Sir Percy Sykes ist der einzige Autor, der die hiesigen Bauwerke bemerkt hat, aber auch bei ihm kommen sie nur kurz vor. Reisen die Leute blind? Daß einem das Portal der Freitagsmoschee entgeht, kann man sich kaum vorstellen. Es ist über dreißig Meter hoch, und der schmale Spitzbogen ist fast so spektakulär wie der Kanzelbogen in Beauvais. Der anschließende Innen-

hof, der an eine kleine Dorfwiese erinnert, enttäuscht ein bißchen. Nicht jedoch das Heiligtum, dessen Mauern, Kuppeln und Mihrab mit sehr gut erhaltenen Mosaiken aus dem 14. Jahrhundert bedeckt sind. Dies ist die schönste Dekoration ihrer Art, die ich seit Herat gesehen habe. Sie ist, anders als jene in Herat, kälter in den Farben, klarer und präziser in der Gestaltung, allerdings nicht so prächtig.

Anschließend lockte uns eine ungewöhnliche Reihe schlichter Mausoleen mit eiförmigen Kuppeln quer durch die Stadt – ungewöhnlich insofern, als man angesichts der lehmfarbenen Mauern nicht überrascht gewesen wäre, wenn sie nur aus Trümmern bestanden hätten. Doch jedesmal waren Mauern, Gewölbe und Kuppeln mit breiten Kufi-Schriftbändern in einem ungeahnt üppigen und beispiellos eigenwilligen Stil geschmückt. Das schönste dieser Mausoleen ist das Vaqt-o-Saat aus dem Jahr 1324. Einige müssen älter sein. Der kufische Fries im Schrein der Zwölf Imame beispielsweise ist ähnlich ausgeführt wie der im Innenraum des Pir Alamdar in Damghan, der aus dem elften Jahrhundert stammt.

Im Basar stießen wir auf eine weitere Sehenswürdigkeit, eines der alten Stadttore, das sogenannte Darwaza Mehriz. Seine massive Holztür wird von Metallplatten verstärkt, auf denen primitive Tierkreiszeichen abgebildet sind. So etwas mutet ungeheuer antik an. Primitive Formen sind indes unzuverlässige Kalender. Vielleicht offenbart sich hier einfach nur mangelndes künstlerisches Talent.

Yazd gleicht keiner anderen persischen Stadt. Keine Gärten, keine kühlen blauen Kuppeln schützen vor der bedrohlichen Wüste ringsum. Aus ihr erwächst die

Portal der Freitagsmoschee, Yaz

Stadt, beide sind von einer Farbe, von einer Substanz, und die hohen Windtürme, Zeugen der Hitze, sehen wie ein natürlicher Wüstenwald aus. Sie verleihen dem Ort eine phantastische Silhouette, allerdings nicht so phantastisch wie die von Haiderabad. Dort weht ständig eine Meeresbrise, die sich in den Vordächern der Türme fängt. Die Türme in Yazd sind eckig, ringsum mit schmalen Schlitzen versehen, durch die der Wind in das Hausinnere geführt wird. Zwei Windschächte erzeugen einen Luftzug, der das ganze Haus kühlt.

Obwohl der Gouverneur ehrgeizige Pläne verfolgt, ist bislang erst eine breite Straße durch das alte Gassengewirr gelegt worden. Freunde des Pittoresken beklagen sich schon, doch für die Einwohner ist es ein Segen. Sie können jetzt spazierengehen, atmen, sich mit den Nachbarn treffen und die Berge in der Ferne betrachten.

Auf dem Weg zur Werkstatt, wo ich eine Fahrgelegenheit nach Kerman zu finden hoffte, kam ich mit einem ehemaligen Abgeordneten ins Gespräch, der mir berichtete, daß Qavam al-Mulk inzwischen aus dem Gefängnis entlassen, über das Schicksal Sardar Assads und der anderen Bachtiaren aber noch immer nichts bekannt sei. Er schien kein Freund von Marjoribanks zu sein, und während ich noch überlegte, was der Grund sein mochte, erzählte er schließlich, daß sein Onkel, ein alter Herr von vierundsiebzig und halb blind, seit zwei Jahren im Gefängnis sitze, weil er sich weigere, seine Reisfelder in Mazdaran an Marjoribanks abzutreten. Dieser unübertreffliche Herrscher hat sich im ganzen Land Grund und Boden angeeignet und auf diese Weise ein Vermögen erworben, weil die anderen Nabobs nicht so widerspenstig waren. Ich staunte über die Offenheit des Mannes. Aber er vermutete bestimmt,

daß ich ihn nicht verrate. Werde ich wohl auch nicht. Dies ereignete sich vor meiner Ankunft in Yazd, und der Mann war kein ehemaliger Abgeordneter.

Bahramabad (1600 m), 22. März. – Nachdem wir die ganze Nacht im Lastwagen verbracht haben, frühstücken wir hier in diesem Ort an der Straße nach Kerman.

Heute ist *Now-Ruz*, »Neuer Tag«, mit anderen Worten: der erste Tag des persischen Jahres, ein Feiertag. Ali Asgar hat, nicht zu Unrecht, gerade eine kleine Beschwerde vorgebracht: »Kein Bad, keine Rasur, keine sauberen Sachen.« Und dann, um es deutlich zu machen: »Now-Ruz persisches Weihnacht, Sahib.«

Ich überreichte das passende Geschenk.

Kerman (1730 m), 24. März. – Bei unserer Ankunft verschwand die Stadt gerade in einem wütenden Sandsturm, der sich jeden Nachmittag zwischen zwei und vier erhebt. Wie gestern auch.

»Aufgrund seiner abgeschiedenen Lage gibt es in Kerman relativ wenige Neuerungen«, belehrt uns Ebtehajs Reiseführer. Doch es gibt mehr als in Yazd. Es gibt einige breite Straßen und sogar eine Droschke, die zu entdecken und für den ganzen Tag zu mieten ich das große Glück hatte. Wir fuhren hinaus zum Dschabal-i-Sang, einem überkuppelten oktogonalen Schrein aus dem zwölften Jahrhundert, der deswegen interessant ist, weil er nicht aus Ziegeln, sondern aus Stein gebaut ist.

Ansonsten fand ich in Kerman, das archäologisch bislang nicht erschlossen ist, nur zwei bemerkenswerte

Bauwerke. Zum einen das Mihrabfeld der Freitagsmoschee, ein Mosaik aus dem vierzehnten Jahrhundert, das offenbar von Künstlern aus Yazd angefertigt wurde. Zum zweiten die Medrese von Ganj Ali Khan, ein unschönes Gebäude, nicht sehr alt, aber es finden sich dort noch Reste von Mosaiken, auf denen Drachen, Kraniche und andere Tiere dargestellt sind, die in der persischen Ikonographie ungewöhnlich sind, Chinoiserien gewissermaßen. Aber wie chinesische Bildvorstellungen bis in diese entlegene Stadt vorgedrungen sein sollen, ist ein Rätsel.

Die Qubba-i-Sabz, bei Sykes erwähnt, einst ein Mausoleum mit einer hohen blauen Kuppel im timuridischen Stil, ist verfallen. Die Überreste sind Bestandteile eines modernen Hauses.

Der hiesige Wein, ein Rotwein, wird von Zoroastriern gemacht. Ali Asgar kaufte eine Flasche, aber ich fand das Zeug zu süß, habe sie dem Hotelbesitzer verkauft.

Ein persischer Bekannter hat mir den Persien-Band aus der *Modern World Series* geborgt. Perser verabscheuen Bücher, in denen sie erwähnt werden, aber dieses ganz besonders, sagt der Mann, weil die Schmeicheleien *allzu* dick aufgetragen seien. Das ist eine große Leistung bei einem Menschen, der so sehr von seiner Integrität überzeugt ist wie Sir Arnold Wilson*.

Mahan (1900 m), 25. März. – Reisende aus Indien, darunter auch Christopher, wähnten sich im Paradies, wenn sie nach Durchquerung der Sandwüste von Belutschistan in Mahan eintrafen. Schon auf der Strecke

* Von 1918 bis 1920 britischer Hochkommissar im Irak. (A. d. Ü.)

von Kerman strahlt diese Wüste etwas Unheilvolles aus. Die Sandverwehungen auf der Straße bedeuten, daß Persien hier zu Ende ist, denn die persischen Wüsten sind steinig.

Das Mausoleum von Schah Neamatollah ist eine unerwartete Abwechslung, eine Wohltat aus Wasser und rauschenden Blättern. In einem großen Teich spiegeln sich die rosafarbenen Kissen der Judasbäume und Konfetti aus frühen Obstblüten. Im nächsten Hof ist ein zweites, kreuzförmiges Wasserbecken, umgeben von strengen Rabatten mit neu gepflanzten Iris. Hier ist es kühler. Schlanke schwarze Zypressen, darüber die wogenden Schirme der schneller wachsenden Pinien, werfen einen tiefen, walddunklen Schatten. Dazwischen leuchten eine blaue Kuppel, überzogen mit schwarzen und weißen Spinnennetzen, und zwei blaue Minarette. Ein Derwisch stolpert heraus. Er trägt einen konischen Hut und einen bestickten gelben Schaffellmantel. Er führt mich, vorbei am Schrein des Heiligen, durch eine große weißgetünchte Halle, in einen dritten und noch größeren Hof, an dessen Ende wieder zwei, diesmal höhere Minarette stehen. Draußen vor dem Portal ein letzter Teich und eine mächtige Platane mit schimmernden jungen Trieben. Überall in der Umgebung sind Weingärten angelegt, Tonkegel begleiten die Reben, ähnlich wie Maulbeeren in der lombardischen Ebene. Am Horizont ein Gebirgszug in einem Kleid aus Schnee und violettem Dunst.

Während die untergehende Sonne gespenstisch kupferrote Streifen an den sandverwehten Himmel zeichnet, haben sich alle Vögel Persiens zu einem letzten Lied versammelt. Mit der Dunkelheit tritt langsam Stille ein, sie lassen sich mit leiser werdendem

Geflatter zum Schlafen nieder, wie ein Kind, das die Bettdecke zurechtzupft. Und nun setzt ein anderes Lied ein, glühend metallisch, melancholisch, erst furchtsam, allmählich mutiger, unablässig schluchzend, und auf einmal, als hätten die zweiten Geigen ihren Einsatz bekommen, wird daraus ein zweistimmiger Gesang, bald diese, bald jene Stimme, und von jenseits des Teichs antwortet eine dritte. Mahan ist berühmt für seine Nachtigallen. Ich persönlich lausche aber lieber den Fröschen. Inzwischen stehe ich auf dem Hof, in der Dunkelheit unter den Bäumen. Plötzlich ist der Himmel ganz klar, der Mond spiegelt sich dreimal, einmal auf der Kuppel und zweimal auf den Minaretten. Gleichzeitig fällt ein bernsteinfarbener Lichtkreis vom Balkon über den Eingang, und ein Pilger beginnt zu singen. Ihm folgt das Glucksen des Wassers, das in die neu angelegten Blumenbeete rieselt. Schließlich liege ich im Bett. Der Raum hat zehn Türen und elf Fenster, durch die der Wind hereinfegt und ein Wirbelsturm von Katzen auf der Suche nach Hühnerknochen. Noch immer rufen die Frösche einander, der laut hallende, schillernde Ton dringt in meinen Schlaf. Ich wache auf und sehe eine Katze, die sich derart wütend an meiner Schachtel mit den Eßsachen zu schaffen macht, daß ich sie, wäre ich ein Safeknacker, sofort als Helferin einstellen würde. Das Bett wird vom Wind geschüttelt. Ich hoffe, Ali Asgar hat es bei den Derwischen wärmer, wage es aber nicht, am Morgen mit ihm zu schimpfen, weil General Sykes ihm vor fünfzehn Jahren tatsächlich erklärt hat, Mahan sei ein Paradies. Der Morgen kündigt sich an, lüftet seine grauen Schleier, ist angekommen – und wie auf das Zeichen eines gestrengen Dirigenten fangen die Vögel wieder an mit einer ohrenbetäubenden, schrillen Ode an die

Sonne, während auf der anderen Seite meines Zimmers eine Krähenschar, um ja nicht vergessen zu werden, sich krächzend auf den Wettkampf einläßt. Dann, und ebenso plötzlich, wird es wieder still, während die ersten Sonnenstrahlen sich auf die Bühne stehlen. Draußen vor der Tür fachen Ali Asgar und der Derwisch ein Holzkohlefeuer an und reden dem Samowar gut zu. Jemand geht vorbei: »Ya Allah!« Der Derwisch antwortet: »Ya Allah!« Der Pilger intoniert auf dem Balkon sein Morgengebet mit langgezogenen, nasalen Halbtönen, die mich an den Berg Athos erinnern. Die blaue Kuppel erstrahlt in einem goldenen Lichtbogen, und der Himmel ist zartrosa übertüncht. Und da bringt Ali Asgar schon den Tee.

Yazd, 28. März. – Nachdem wir abermals die Nacht auf Rädern verbracht hatten, kam uns am frühen Morgen kurz vor Yazd ein zoroastrischer Trauerzug entgegen. Die Träger, angetan mit weißem Turban und langem weiten Gewand, trugen den in ein weites weißes Leichentuch gehüllten Toten zu einem etwas entfernten Hügel, auf dem ein runder, etwa fünf Meter hoher, schmuckloser Turm des Schweigens stand.

Heute nachmittag fuhr ich hinaus zu einem Ort in der Umgebung, um mir einen Garten anzusehen. Der Grundstückswert des Ortes mit seinen 1000 Häusern, einschließlich Wasserversorgung, liegt bei etwa £62500. Die Mieteinnahmen belaufen sich auf £2250, was keine sonderlich günstige Kapitalverzinsung ist. Im Garten blühten Veilchen und Mandelbäume und eine stämmige, weiße, intensiv duftende Iris. Der Besitzer zeigte mir einen Baum, der zweimal veredelt worden

war, so daß nun Pflaumen, Pfirsiche und Aprikosen gleichzeitig blühten. Seine weiteren Schätze waren ein kernloser Granatapfel, nach dem die Botaniker von Kew Gardens suchen, und eine Orangerie in einem tiefer gelegenen Innenhof, acht Meter unter der Erdoberfläche, wo sich der Hauptqanat zu einem Wasserbassin erweitert. Der Mann erzählte von den Pistazien, die er im Sommer aus Ardekan bezieht, wo es wärmer ist als hier und es das brackige Wasser gibt, das Pistazien mögen.

Isfahan, 31. März. – Christopher ist hier.

Er befindet sich einstweilen auf freiem Fuß, um seine Sachen in Teheran abzuholen. So Gott will, werden wir nun gemeinsam nach Afghanistan fahren.

Auf dem Rückweg machte ich in Na'in Station, um mir die Moschee anzusehen, die aus dem neunten Jahrhundert datiert und eine der ältesten Persiens ist. Die in den Stuck geschnittenen Traubenornamente verweisen auf hellenistische Vorbilder, die über die sassanidische in die islamische Kunst eingegangen sind. Weiter nach Ardistan, wo Stuck auf neuartige Weise verwendet wird, nämlich als Filigranschmuck auf Ziegeln. Die Moschee, 1158 errichtet, ist seldschukischen Ursprungs und hat die gleiche Klarheit der Form wie der kleine Kuppelraum der Freitagsmoschee in Isfahan.

Teheran, 2. April. – Kurz hinter Isfahan hatte ein reißender Gebirgsstrom die Straße überflutet. Mit Hilfe von zwanzig Bauern gelang es uns, das Auto durch die hüfthohen Fluten zu schieben. Kaum hatten wir uns

Mihrab der Freitagsmoschee, Ardistan

frische Sachen angezogen, Öl, Benzin und Zündkerzen gewechselt und die Zylinder abgetrocknet, ging das Wasser zurück, und die anderen Autos, die einfach abgewartet hatten, fuhren an uns vorbei. Britischer Unternehmungsgeist sah hier ziemlich töricht aus.

Wir wohnen in der Gesandtschaft. Im Haus wimmelt es von Kindern, die als Elfen und Feen verkleidet sind. Ein Kindertheaterstück wird geprobt.

Teheran, 4. April. – Sardar Assad ist im Hospital von Qasr-i-Qadschar »nach einem epileptischen Anfall« gestorben.

Qasr-i-Qadschar ist eine hoch gelegene Festung, die Teheran beherrscht. Von hier aus schlugen russische Geschütze die konstitutionelle Bewegung vor dem Krieg nieder. Marjoribanks hat ein Modellgefängnis daraus gemacht, und damit seine Verbeugung vor dem Fortschritt auch ja niemandem entgeht, veranstaltete er eine Führung für Ausländer, die sich von der Küche und den sanitären Einrichtungen außerordentlich beeindruckt zeigten. Aber wie ein Amerikaner gestern zu mir sagte: »Die Sterblichkeit unter den Gefangenen aus der Oberschicht ist erstaunlich hoch.«

Gestern war ein aufregender Tag. Es reichte schon, auf der Straße Marjoribanks zu begegnen und seine Untertanen ängstlich klatschen zu hören. Kaum hatte ich das Gesandtschaftsgelände wieder erreicht, kam, von apokalyptischem Donner angekündigt, ein herrenloses Pferd mitsamt Karren die Auffahrt heruntergeprescht und riß dabei die Bänke um, die es für das Kindertheater geliefert hatte. Da mir nicht sonderlich heroisch

zumute war, ging ich dem Gaul aus dem Weg. Der Pförtner schloß das Tor, so daß das Pferd nicht mehr hinauskam, sondern sich wie ein Gorilla gegen das Torgestänge warf und den Karren unter sich zertrümmerte. Das Tier erlitt einen Schock, war aber unverletzt.

Dann fand die Aufführung statt, und anschließend gab es Tee.

RB: »Möchten Sie nicht noch ein Stück Kuchen?«
Schir Ahmad (mf): »Danke nein, ich habe gegessen. *(f)* Ich bin voll, *(matt)* nicht bis hierhin, *(legt den Finger an die Kehle, cresc.)* sondern bis hierhin *(legt den Finger an die Stirn)*. Ich habe *(f)* gegessen, alles gegessen, was auf dem Tisch stand. *(p)* Sie wissen ja, mein Name ist Schir Ahmad. Und Schir bedeutet Löwe. *(Dröhnend, ff)* Wenn ich ANGREIFE, *(flüsternd, pp)* das ist furchtbar.«

Christophers Arrest hat hinter den Kulissen zu einem richtigen Konflikt geführt. Auf wiederholte Anfragen wurde inzwischen auch ein Grund dafür nachgeliefert, der – um den Außenminister zu zitieren – darin besteht, »daß Mr. Sykes Gespräche mit Bauern führt«. Dies kann, vermuten wir, nur eine versteckte Anspielung auf Christophers Gespräch mit Marjoribanks' Gärtner in Darbend sein. Sehr überzeugend ist das nicht, aber für das Foreign Office in London dürfte es Grund genug sein, zu seiner üblichen sklavischen Duldung der Mißhandlung britischer Bürger zurückzukehren. In diesem Fall wurde der Protest so überaus taktvoll vorgebracht, daß die Perser mittlerweile beschlossen haben, Pater Rice in Schiras des Landes zu verweisen. Vielleicht wird der Vatikan energischer für ihn eintreten. Der Nuntius tobt.

Christopher stattete Schir Ahmad heute vormittag einen Besuch ab.

Schir Ahmad (mf): »Sie bleiben lange in Teheran?«

Christopher: »Ich reise in zwei Wochen ab, und abgesehen davon, daß es mir eine Freude ist, Sie zu sehen *(beide verneigen sich)*, wollte ich Sie um ein Visum für Afghanistan bitten.«

Schir Ahmad (zeigt auf die Afghanistan-Karte, dröhnend, ff): »SIE WERDEN FAHREN.«

Christopher: »Das ist sehr freundlich von Ihnen. Aber ich halte es für meine Pflicht, Ihnen zu sagen, daß ich unter dem Verdacht stehe, in Südpersien Spionage betrieben zu haben, und daß das Ergebnis ...«

Schir Ahmad (p): »Ich weiß.«

Christopher: »Das Absurde ist ja ...«

Schir Ahmad (pp): »Ich weiß, ich weiß.«

Christopher: »Wenn man mir früher Bescheid gesagt hätte, wäre ich ...«

Schir Ahmad (pp): »Ich weiß, aber spielt keine Rolle.«

Christopher: »Pardon, Exzellenz, es spielt sehr wohl eine Rolle. Ich bin sehr wütend.«

Schir Ahmad (lacht, mf): »Sie sind wütend, haha – das ist falsch. Ihr Botschafter ist wütend – das falsch. Perser, haha, haben recht, *(cresc.)* Perser haben recht.«

Christopher: »Aber Sie glauben doch nicht ...«

Schir Ahmad: »Perser haben recht. Warum haben Ihnen befohlen, das Land zu verlassen?«

Christopher: »Sie sagen, ich rede mit Bauern.«

Schir Ahmad (triumphierend, f): »Dann haben recht. Ich werde Ihnen sagen, wie recht Perser haben:

In Persien, in Afghanistan, im Irak, im Orient *(pp)* gibt keine Geheimnisse. *(f)* In England, in

Rußland, in Alleman *(pp)* große Geheimnisse. *(f)* In England Geheimnis der Schiffe, in Rußland viele Millionen Menschen, Geheimnis der Armeen, in Alleman, in Frankreich Geheimnis der Kanonen. *(p)* In Afghanistan, in Persien *(heftige wegwerfende Handbewegung)* keine Geheimnisse. Keine Armeen. Keine Schiffe. *(mf)* Das ist Geschichte der Königreiche.«

Christopher: »Aber ich verstehe nicht, warum ...«

Schir Ahmad (mf): »Ich werde Ihnen sagen. Ist ganz einfach. *(cresc.)* Werde Ihnen erzählen:

(mf) War ein alter Esel, armer alter Esel, trägt viele, viele Steine, sehr müde. Eines Tages das Tier mit vielen Haaren, große Nase, viele Zähne – wie heißt? – bellt wie ein Hund.«

Christopher: »Ein Wolf?«

Schir Ahmad (ff): »NEIN, kein Wolf.«

Christopher: »Ein Schakal?«

Schir Ahmad (f): »Schakal! ... Eines Tages kommt Schakal zu dem armen, alten Esel. *(pp)* Esel sehr müde, sehr traurig. *(mf)* Schakal sagt: ›Entschuldigen Sie, mein Herr, wollen Sie König sein, wollen Sie Schahinschah sein, Herrscher über unseren Dschungel?‹

(mp) Esel antwortet: ›Das ist unmöglich.‹

(mf) Schakal sagt: ›Doch, ich will es. Sie müssen auf diesem Hügel stehen.‹

(mp) Esel sagt: ›Ich will nicht. Ich darf nicht König sein. Ich will Steine tragen.‹

(mf) Schakal sagt: ›Keine Sorge. Bleiben Sie immer auf diesem Hügel stehen und tragen Sie dieses Gewand.‹

Schakal gibt ihm Gewand des Löwen. Der Esel zieht es an und steht auf dem Hügel.

(pp) Im Dschungel trifft Schakal *(ff)* den LÖWEN. *(mf)* Sagt: ›Majestät, auf dem Hügel ist anderer Schah, hoher Schah, höher als Majestät.‹

(pp) Löwe sehr zornig. Er antwortet *(brüllt, ff)*: ›Grrr! Wie kannst du wagen? Wo ist er? Ich werde euch alle auffressen!!‹ *(funkelnd, zähnefletschend)*

Löwe geht schnell zum Hügel. Sieht den Esel im Löwengewand. Esel-Löwe ist zu groß. Zu hoch. Löwe hat Angst, geht davon *(lacht, cresc.)*. Dann fallen alle Tiere vor dem Esel nieder. Er ist Schahinschah im Dschungel. *(Pause)*

(pp) Eines Tages kommt ein kleines *(cresc.)* Schwan …«

Christopher: »Ein kleines was?«

Schir Ahmad (mf): »Schwein … haha, Schwein … kommt und schaut Esel-Löwen an. Schwein macht *(grunzend, f)* quiek-quiek. Esel-Löwe sehr zornig. Stampft mit den Füßen wie Schahinschah und schreit *(unbeschreiblicher Laut)* wie Esel. *(ff)* Da sehen alle Tiere, Leoparden, Löwen, große Tiere, daß Schahinschah auf Hügel nur armer alter Esel ist. Bumms! Schluß! Aus! Armer alter Esel ist tot.

Sehen Sie, Mr. Sykes, ich sage Ihnen, im Orient ist es genauso. Afghanistan und Persien zwei alte Esel. Aber persischer Esel trägt das Löwengewand, ist Esel-Löwe. Das ist gut. Persien sehr stolz, sehr hoch. Aber wenn Sie *(cresc.)* mit ihm reden, wie Schwein mit ihm geredet hat, wenn Sie *(ff)* mit ihm REDEN, *(mf)* wird er sehr zornig, weil alle Tiere, alle Menschen sehen, daß er Esel ist. Also müssen Sie fortgehen.«

Schir Ahmad ließ sich noch weiter über den persischen Stolz aus und berichtete dann von einem

Gespräch mit Marjoribanks, das nach der Ermordung eines persischen Polizisten an der afghanischen Grenze stattgefunden hatte.

»*(mf)* Schah sehr zornig. Ich sage: ›Guten Tag, Hoheit. Wie geht es Ihnen? Wie befinden Sie sich?‹

Schah sagt *(ff):* ›Grrr!‹

(mf) Ich sage: ›Hoheit, warum zucken Sie zusammen? *(cresc.)* Hören Sie auf.‹

Schah sagt *(ff):* ›Grrrr!‹

Ich frage: ›Warum sind Sie so zornig?‹

Schah sagt *(ff)*: ›Wo sind die afghanischen Mörder?‹

(mf) Ich antworte: ›Das wissen wir nicht. *(p)* Wir bedauern sehr.‹

(mf) Schah sagt *(ff)*: ›Grrrrrr!‹

(mf) Ich frage: ›Was wollen Sie tun?‹

Schah sagt schlechte Dinge über Afghanen, sagt, er will Soldaten schicken, die Afghanen töten werden.

Ich sage: ›Nein, Hoheit, das ist nicht recht.‹

Schah sagt *(donnernd, ff):* ›Wie bitte? Sie sagen, ich unrecht habe?‹

(mf) Ich sage: ›Majestät, gehen Sie nach Afghanistan. Töten Sie viele Afghanen, *(cresc.)* viele. *(p)* Afghanen sind schlechte Männer. *(mf)* Aber töten Sie erst Ihren Polizeichef, General Ayrum. Ist auch schlechter Mann. Letzte Woche wurden Frau in Naderi von ein paar Männern schlimme Dinge angetan. Dann schnitten sie ihr den Kopf *(grauenvolle Geste, cresc.)* ab und ließen Leiche in ihrem Blut liegen! *(matt)* General Ayrum kann Mörder nicht finden. Wir können Mörder nicht

finden. Er bedauert sehr. Wir bedauern sehr. Also, töten Sie General Ayrum und *(ff)* gehen dann nach Afghanistan. *(mf)* Aber erst muß General Ayrum tot sein, *(cresc.)* tot! Viel Blut auch bei ihm.‹

(mf) Schah lacht. ›Exzellenz, nicht zornig sein. Alles ist gut.‹«

Teheran, 11. April. – Auf dem neuesten Gesandtschaftsfoto sind vierundachtzig Personen abgebildet, einschließlich Kinder, Übersetzer und Boten. Nicht alle wohnen im Haus, aber um die Mittagsstunde sind alle anwesend. Soviel Gewicht hat Persien in unserer Diplomatie.

Young, der Bibliothekar des American College, zeigte uns gestern abend ein Zur-Khane. Von dieser Einrichtung hatte er erstmals gehört, als seine Schüler sich abfällig über schwedische Gymnastik und positiv über den Sport in den Zur-Khanes äußerten. Das Zur-Kahne geht auf vorislamische Zeiten zurück, möglicherweise auf einen zoroastrischen Ritus.

Eine hohe Halle im Basarviertel empfing uns mit Schweißgeruch und einem weißen Licht. Die Wände waren bedeckt mit Porträts, Zeichnungen und vergilbten Fotografien, die dem Raum das gleiche Aussehen gaben wie Dempster's in Eton, dem Sacher in Wien und anderen Treffpunkten der Aristokratie. Dargestellt waren frühere Preisboxer, sogenannte *pahlewan.* Diesen altehrwürdigen Titel tragen so mythologische Heldengestalten wie Rustam, er bezeichnet aber nur Kraft, nicht moralische Tugend. Über den Porträts hingen weitere Souvenirs der Boxchampions, bestickte Röhrenhosen, wie sie von Ringkämpfern getragen werden, oder eiserne Schießbögen, an denen

keine Sehnen befestigt waren, sondern mit Eisenplättchen besetzte Ketten hingen. In einem Nebenraum stapelten sich Holzschläger und eckige Holzschilde.

In der Mitte des Raums befand sich der Kampfplatz, einen Meter tief, zehn mal zehn groß, der Boden festgestampfte Erde, bedeckt mit Stroh. Darauf bewegten sich mehrere Männer verschiedenen Alters, nackt bis auf ein Tuch, das sie sich um die Hüfte geschlungen hatten: die künftigen *pahlewan*. Auf einem Tisch in einer Ecke stand ein Holzkohlebecken, über dem eine Trommel erwärmt wurde, damit sie einen möglichst vollen Klang bekam. Mit den ersten Schlägen erhoben sich die Männer und hockten sich wieder, auf und nieder, immer schneller, bis das Orchester zu singen begann, und plötzlich erklangen abwechselnd Schellen und Trommel, ping ping pom … pomm, pomm … PING PING, und dann war dieser Akt zu Ende.

Nun war Keulenschwingen an der Reihe, jeweils ein Mann trat auf, in jeder Hand eine Keule, aber die Keulen waren so schwer, daß ich sie nur mit beiden Händen anheben konnte. Es folgten gymnastische Übungen. Dann Pirouetten mit ausgestreckten Armen, und zwar so schnell, daß ich das Gesicht des Akteurs gleichzeitig zweimal im Profil und en face zu sehen glaubte. Währenddessen spielte das Orchester – Trommel, Stimme und Schelle –, bald langsam, bald schnell, und die Männer reagierten so lebendig auf die Musik, daß uns der Gegensatz zur schwedischen Gymnastik, die die Hoffnung Europas in gestikulierende Roboter verwandelt, noch schmerzlicher bewußt wurde als Youngs persischen Schülern.

Zuletzt kamen die eisernen Bögen zum Einsatz, die so über den Kopf gehalten wurden, daß die Kette mitsamt Anhänger dem Darbietenden um die Ohren

schwang. Schließlich nahm der Beste dieser Übung seinen Bogen, hüpfte hinein und wieder heraus, wie Tex McLeod mit seinem Lasso, nur daß er wegen des Gewichts seines Instruments am Ende vor lauter Erschöpfung kaum mehr gehen konnte. Unterdessen bereiteten sich Neuankömmlinge für die nächste Runde vor.

Als die erste beendet war, kleideten sich die Männer wieder an. Wir sahen, was für Leute es waren, meistens Händler oder Kaufleute, ein Luftwaffenoffizier war darunter und auch ein Gelehrter, der gegenwärtig mit vier Assistenten die *Encyclopaedia Britannica* übersetzt. Der erste Band wäre unlängst erschienen, hätte der Mann nicht – gerade noch rechtzeitig – bemerkt, daß die Buchstabenfolge des englischen Alphabets sich von der des persischen unterscheidet.

Der Besitzer der Halle, der bei jeder Darbietung anwesend ist, um darauf zu achten, daß sich niemand übernimmt, erklärte uns die Organisation. Zur-Khanes sind Clubs, die meisten befinden sich, wie der von uns besuchte, am Treffpunkt von Basar und Wohnviertel, so daß Geschäftsleute nach Feierabend vorbeischauen können, um zu trainieren. Der monatliche Mitgliedsbeitrag beträgt drei Toman, das sind 7s.6d. Manchmal finden Wettkämpfe zwischen verschiedenen Zur-Khanes statt.

Beim Abendessen lernte ich einen Schweden kennen, dessen teurer Schmuck und dessen Erzählungen vom Familienbesitz mich zu der Frage brachten, warum er in Teheran wohne.

Schwede: »Ich bin in der Verpackungsbranche tätig.«
RB: »Verpackung?«
Schwede: »Für Wurst.«

RB: »Sie meinen Konservendosen?«

Schwede: »Nein. Verpackung für die Würste selbst, aus Schafsdarm. Manche Leute finden diese Branche nicht besonders appetitlich. Ich rede nicht oft darüber.«

RB: »Ich dachte, dafür wird Reispapier oder ein ähnliches Material verwendet.«

Schwede: »Nein, nein. Jede Wurst hat eine Darmhülle.«

RB: »Was machen Sie mit einer Wurst, haha, die fünfzehn Zentimeter dick ist?«

Schwede (ernst): »Wir verwenden nicht nur Schafdarm, sondern auch Ochsendarm. Ochsendarm reicht für die dickste Wurst.«

RB: »Aber hat schwedisches Vieh keinen Darm? Was machen Sie denn in Persien?«

Schwede: »Die persischen Därme sind von guter Qualität. Die beste Ware kommt aus der Kalmückensteppe in Rußland. An zweiter Stelle die Ware aus Australien und Neuseeland. Dann Persien. Für Persien ist es ein wichtiges Geschäft. Nach dem schwedisch-persischen Handelsabkommen zählen Därme zu den wichtigsten Exportartikeln.«

RB: »Und warum haben Sie sich ausgerechnet auf den Handel mit Wurstdarm geworfen?«

Schwede: »Es ist das Geschäft meines Vaters.«

Daher vermutlich also die Ländereien.

Sultaniye (ca. 1800 m), 12. April. – Ein letztes Mal zum Mausoleum des Uljaitu. Es war das erste große Bauwerk, das ich in Persien sah, aber ich hatte seiner-

zeit keinen Vergleichsmaßstab, und so befürchtete ich nun, es werde mich enttäuschen.

Die Sorge war unbegründet.

In der Nähe sind zwei kleinere Mausoleen aus dem dreizehnten Jahrhundert, ein oktogonaler Grabturm, in dem Sultan Cheilabi, und ein oktogonaler Schrein, gedrungener und etwas jünger, in dem Mullah Hassan begraben liegt. Der Backsteinbau des ersteren, mit unversehrter Spitze, als wäre er gestern erst errichtet worden, übertrifft die besten Werke der Niederländer, der Meister der europäischen Backsteinarchitektur. Das zweite Mausoleum zeichnet sich vor allem durch seine überkuppelte, rot und weiß ausgemalte Stalaktitendecke aus.

Zu dem zweiten Mausoleum führte ein schmaler Pfad durch braunes Dornengestrüpp. »Ein Jammer, daß Sie es nicht im Sommer sehen können«, sagte der Bauer, der mich begleitete, melancholisch. »Dann ist der Rosenweg so schön.«

Teheran, 14. April. – Als wir auf dem Rückweg in Qazvin Station machten, entdeckte ich den lokalen Weißwein und kaufte den ganzen Bestand des Hotels. Wie komfortabel mir dieses Hotel jetzt erscheint! Ich erinnere mich noch gut, daß wir den Holzkohlefahrern in Bagdad geraten hatten, das Hotel um jeden Preis zu vermeiden, nachdem wir, von Hamadan kommend, dort übernachtet hatten.

Die meisten Persienreisenden fahren via Rascht oder Hamadan und kommen somit an der Freitagsmoschee

von Qazvin vorbei. Aber abgesehen von Godard, dem französischen Direktor des persischen Antikendienstes, bin ich anscheinend der erste, dem die seldschukischen Stuckverzierungen des Mihrab aufgefallen sind, ein wunderschönes Ensemble aus Feldern, Leisten und dekorativen Friesen, das aus dem Jahr 1113 datiert. Die Inschriften sind allesamt durchwoben mit jenen anmutigen floralen Motiven (Rosen, Tulpen und Iris), die nach allgemeiner Ansicht erst vier Jahrhunderte später von den Safawiden erfunden wurden.

Teheran, 20. April. – Noch immer hier.

Heute morgen sollte es losgehen, aber ein sintflutartiger Wolkenbruch verhinderte die Abreise.

Thrush, ein Lehrer, will ebenfalls nach Kabul, aber auf der Südroute. Auf der afghanischen Botschaft erklärte er, daß er Abenteuer suche, woraufhin Schir Ahmad, hilfsbereit wie eh und je, ihm vorschlug, sich als russischer Spion auszugeben und sich mit einem Brief, den er ihm zu diesem Zweck mitgeben werde, vor dem Erschießungskommando zu retten. Christopher und ich trafen ihn heute morgen, während wir darüber sprachen, wie wichtig es sei, unbedingt komfortabel zu reisen. Unser Lehrer war eher für unbequemes Reisen, er schwärmte geradezu davon. Ich kenne diesen Typus: sie sterben einem weg, weil sie nichts aushalten.

Heute nachmittag besuchte ich Assadi, den Motawalli-Baschi des Heiligtums in Meschhed. Der (vom Hof ernannte) Inhaber dieses Amtes verwaltet die Einkünfte des Heiligtums, die sich auf jährlich £ 60 000

belaufen. Assadi wollte mich unbedingt überreden, das Hospital zu besichtigen, das er aus diesen Mitteln errichtet, mochte mir aber nicht zusagen, mich in das Heiligtum einzuschleusen.*

Von Gouhar Schad persönlich ist mehr bekannt, als ich gedacht hatte.

Teheran, 21. April. – Noch immer da.

Diesmal blieben wir, um Upham Pope zu sehen, der gestern eintraf. Einige meiner Fotografien und Informationen könnten für seinen demnächst erscheinenden *Survey of Persian Art* nützlich sein.

Er kam in einem Flugzeug mit Mrs. Moore, einer würdevollen Dame mit Kopftuch, über siebzig Jahre alt und ebenso viele Millionen schwer. Begleitet wurde sie von ihren beiden Schwestern, drei Dienstmädchen und einem »Manager«. Wir lernten sie beim Tee im American College kennen. Christopher war entsetzt über die Liebedienerei dort, er hat kein Mitleid mit Leuten, deren Arbeit von privaten Zuwendungen abhängt.

* Zum Imam-Reza-Schrein, dem Allerheiligsten des heiligen Bezirks, haben Nichtmuslime keinen Zutritt. (A. d. Ü.)

FÜNFTER TEIL

S*hahi (ca. 900 m), 22. April.* – Der erste Abend unserer lange geplanten Reise.

Lady Hoare und Joseph waren schon in aller Frühe aufgestanden, um mit uns unter der Glyzine zu frühstücken. Der winterliche Eindruck des Gesandtschaftsgeländes, das an eine viktorianische Anstalt erinnerte, war nun unter Blüten und jungen Blättern fast verschwunden. Und beim Wegfahren dachte ich unendlich dankbar an die Liebenswürdigkeit, die ich in diesen häßlichen kleinen Häusern und in der englischen Kolonie ganz allgemein erlebt hatte. Solche Freundlichkeit ist leicht vergessen und unmöglich zu vergelten. Man muß schon ziemlich reich sein, um in England das gleiche Maß an Gastfreundschaft erweisen zu können, wie es in Persien ein frisch bezogenes Bett und ein Bad nach langer Reise sind. Schlimmer noch, Vertreter der schreibenden Zunft reagieren oft mit Kränkungen, in Form politischer Taktlosigkeiten, die den Leuten das Leben schwerer machen, als es ohnehin ist. Doch dies, zugegeben, läßt mich unbeeindruckt, so sehr es aus persönlicher Sicht auch zu bedauern ist. Einen Sonnenuntergang zu verunglimpfen ist heutzutage eine politische Taktlosigkeit, ebenso ihn zu preisen,

wenn im Vordergrund zufällig eine Zementfabrik steht, die man statt dessen loben sollte. Irgend jemand muß im Interesse der Vernunft gegen die Tabus des modernen Nationalismus verstoßen. Der Geschäftsmann kann nicht, der Diplomat will nicht. Also müssen Leute wie wir es tun.

Wieder auf der Straße nach Chorasan, die gepflastert ist mit Erinnerungen! Trotz Frühling schneite es auf der Paßstraße, die von der Hochebene hinunterführt zum Kaspischen Meer. Unter dem weißen Schneesturm kam es zu einer merkwürdigen Verwandlung. Binnen fünf Minuten hatten wir die Welt von Stein und Lehm und Sand und immerwährender Dürre verlassen, die uns seit Damaskus umgeben hatte, und waren eingetreten in eine Welt von Wäldern und Blättern und Feuchtigkeit, wo die Berge mit Büschen bekleidet waren, aus Büschen Bäume wurden und die Bäume, sobald der Schnee aufhörte, sich zu einem leuchtenden Forst von kahlen Stämmen versammelten, deren ausladende Kronen den Himmel verdeckten. Plötzlich fiel das Bedrückende der Hochebene von uns ab. Erst jetzt wurde mir klar, welchen Preis die kahle, sandsturmgepeitschte Wüste, die bedrohlichen Berge und die verwahrlosten Dörfer unserer inneren Verfassung abgefordert hatten. Wir waren richtig erleichtert. Unsere Körper schienen einer anderen Schwerkraft zu gehorchen, der alte Schwung stellte sich wieder ein.

Ein durchdringendes Pfeifen und weiße Zigarrenwölkchen rissen mich aus diesen Gedanken. Unten im Tal mühte sich Marjoribanks' neue Eisenbahn in Richtung Hochebene hinauf. Wenn sie bei Firuzkuh mit Unterstützung eines dreifach gewundenen Tunnels die zweite Stufe des Elburs erklommen hat, dürfte

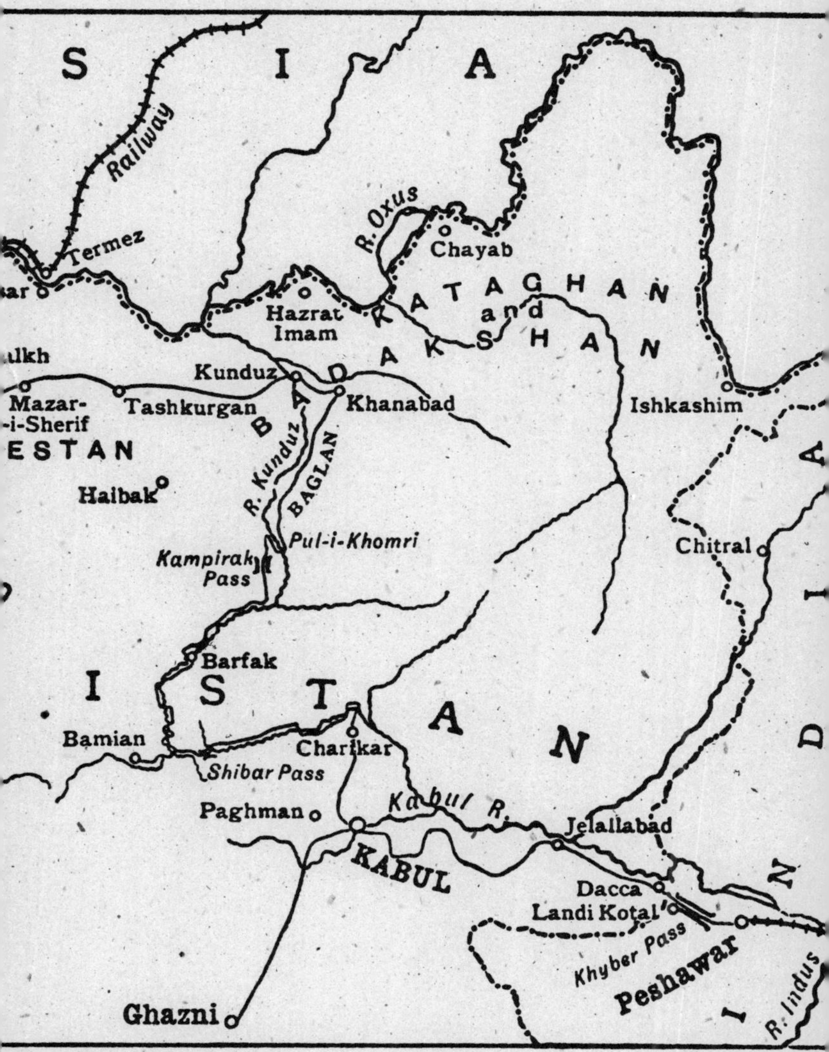

III as far as Herat

Emery Walker Ltd.

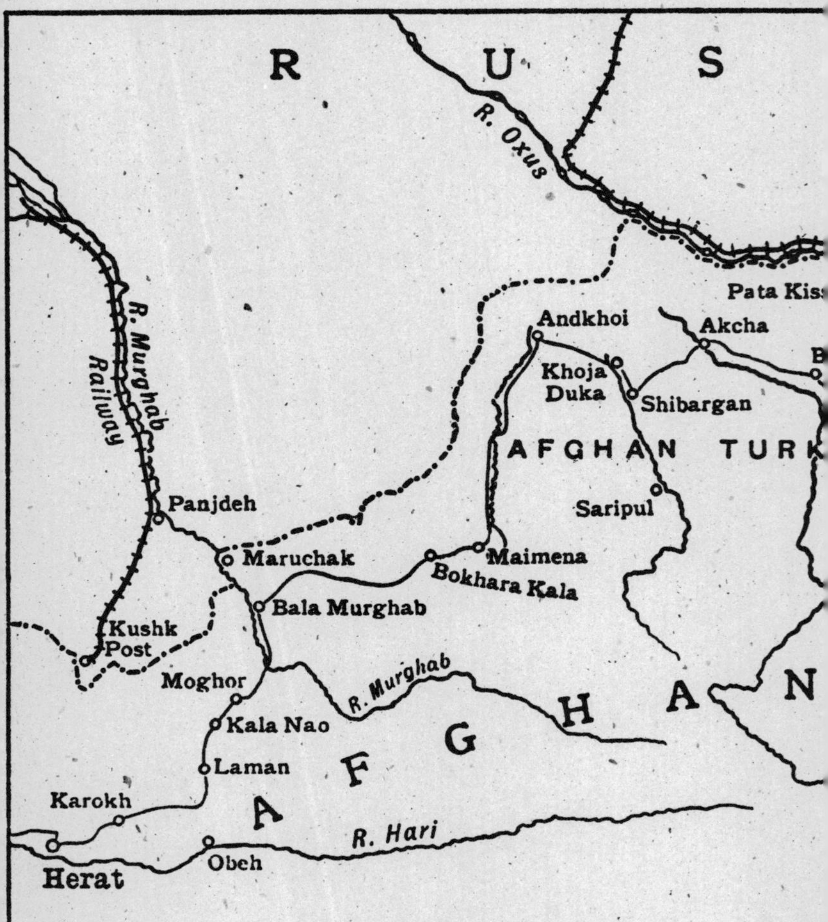

See map to Part

sie in drei Jahren in Teheran eintreffen. Lohnen wird sich das Unternehmen nicht. Die Steuern, die zur Finanzierung der ersten dreihundert Kilometer erhoben wurden, bringen die Bauern schon jetzt um ihren einzigen Luxus, Tee und Zucker. Aber der Zweck dieses Unternehmens ist eher psychologischer als ökonomischer Natur. Für das moderne Persien ist die Eisenbahn das Symbol nationaler Würde; sie gibt dieser unersättlichen Eitelkeit, die seit zweitausend Jahren von den Heldentaten des Dareios lebt, endlich neue Nahrung. Nach allen Strapazen, die uns das Automobil zugemutet hatte, erschien uns das Schnaufen der Lokomotive so altmodisch liebenswert wie das Klappern eines Pferdewagens. Wir fühlten uns doppelt beschenkt – von den Bäumen und der Eisenbahn.

Bei unserer ersten Paßüberquerung hatten mich die Klafterhaufen und die schindelgedeckten Häuser an Österreich erinnert. In der Küstenebene, wo die Felder von Hecken und Büschen geteilt werden und Heidekraut und Nesseln an Grabenböschungen wachsen, konnte man sich vorkommen wie in England an einem regnerischen Nachmittag, bis wir ein Tigerfell vor einem Haus hängen sahen. In dieser ländlichen Umgebung sahen die barfüßigen Mazandarani-Hirtenjungen mit ihren schwarzen Filzhüten irgendwie exotisch aus. Sie haben etwas kraftlos Wildes, vermutlich das Ergebnis des Einflusses einer semitropischen Umwelt auf Menschen, die einmal Nomaden gewesen sein müssen.

Shahi ist eine Pionierstadt, deren Existenz sich der Eisenbahn verdankt. Vier Hauptstraßen treffen sich aus dem Nirgendwo auf einem asphaltierten Platz,

der mit Bürgersteig und Schaufenstern geschmückt ist. Im Hotel wimmelt es von russischen, deutschen und skandinavischen Ingenieuren.

Asterabad (90 m), 23. April. – Von Shahi führt eine Straße nach Asterabad, die aber, seit es die neue Eisenbahn gibt, langsam verfällt. Wir kamen nur bis Ashraf.

Sehenswürdigkeit dieses Ortes sind zwei Lustgärten und ein Schloß, in dem Schah Abbas im Jahr 1627 Sir Dodmore Cotton empfing. Von weitem sieht der Palast auf der waldbestandenen Anhöhe wie ein englischer Landsitz aus, in Wahrheit ist er aber sehr klein, die verwendeten Fliesen sind schlicht, und seine Anlage zeugt von jener ungeschickten Raumnutzung, die man bei persischen Säkularbauten gewöhnlich findet. Bemerkenswert ist vor allem, daß die Fenster an jenen Typus erinnern, den Ruskin aus den Palästen des Florentiner Quattrocento in die Vororte Oxfords verpflanzte. Die beiden Gärten sind romantischer. In langen Kanälen plätschert das Wasser durch das sanft terrassierte Gelände, das durch steinerne Kaskaden im Mogulstil gegliedert ist. Wo immer dieser Stil erfunden wurde, in Persien, Indien oder Oxanien, er gehört in eine ausgedörrte Landschaft. Hier, inmitten von Gras und Farnen, wirkt es leicht übertrieben, wie ein italienischer Garten in Irland.

Der größere Garten verweist auf die gleichen Ideen, wie sie Schah Abbas in Isfahan umgesetzt hat. Von dem Hügel im hinteren Teil, wo hellrosa Orchideen blühten, führt eine zypressengesäumte Straße durch eine ummauerte, etliche tausend Quadratmeter große Fläche, auf der wiederum Zypressen nach Art eines englischen Parks stehen. Parallel zur Straße verläuft der Fluß,

wie in der Villa Lante, zwischen zwei Pavillons, die durch eine überdachte Arkade verbunden sind. Am unteren Ende passiert die Straße ein Torhäuschen, geht dann weiter durch das Dorf und über ein Stück landwirtschaftlich genutzte Ebene, bis das Auge am glitzernden Horizont des Kaspischen Meers schließlich zur Ruhe kommt.

Das Mittagessen beschlossen wir in einem der leeren Becken einzunehmen, die einst das murmelnde Wasser auffingen und deren Rand mit Löchern für kleine Lichter, in Öl schwimmende Dochte, versehen ist. Ich nahm den Picknickkorb und sprang hinunter in das hohe Gras auf dem Boden. Doch da war schon jemand. Eine anderthalb Meter lange zimtfarbene Schlange, zum Glück erschrockener als ich, verschwand blitzschnell an meinen Beinen vorbei in einer Mauerritze.

Als der Zug eintraf, wurde das Auto mitsamt den Bediensteten auf einen Güterwaggon verladen, während wir uns einer Schar Teheraner Ausflügler anschlossen, die gekommen waren, das neue Wunder zu inspizieren. In jedem Waggon informierten fünf Tafeln über die Verhaltensvorschriften für Reisende. In Bandar Shah, dem neuen Hafen und Endpunkt der Eisenbahnlinie, begrüßten Schaulustige den Zug. Unter ihnen befand sich auch der örtliche Polizeikommandant und ein Vertreter des Kriegsministeriums, der sich erkundigte, wohin wir wollten.

Gumbad-i-Qabus?

Aber gewiß! Und wenn wir wollten, könnten wir anschließend auf der neuen Militärstraße via Bujnurd und die turkmenische Steppe nach Meschhed fahren.

Das war eine wunderbare Überraschung. Als ich in Teheran um die Genehmigung zum Besuch des

Gumbad-i-Qabus nachsuchte, hatte Innenminister Dscham persönlich mir mitteilen lassen, ich möge den Antrag zurückziehen, da mein Reiseziel in militärischem Sperrgebiet liege und er die Erlaubnis nicht erteilen könne. Als Pybus, unser Militärattaché, davon hörte, machte er sich anheischig, beim Generalstab für uns zu intervenieren. Doch bei unserer Abfahrt lag noch keine Antwort vor. Wir wollten es auf gut Glück probieren. Diez' Fotografie des Gumbad-i-Qabus hatte mich überhaupt auf die Idee gebracht, nach Persien zu fahren, und eher hätte ich auf jedes andere Bauwerk in diesem Land verzichtet.

Selbst in der Dunkelheit war die Steppe zu spüren. Das Licht der Scheinwerfer verlor sich in der Tiefe, entdeckte nichts, nur ein einzelnes Wildschwein. Ein Duft von süßem Gras lag in der Luft, wie in einer Juninacht in England, bevor das Heu geschnitten wird. In Asterabad wurde Muharram gefeiert, die Leute zogen mit hochgehaltenen dreieckigen Bannern hinter einem bedeckten Sarg durch die Straßen. Viele weinten und klagten, und wer die Hände frei hatte, zerriß seine Kleider und schlug sich auf die Brust, wie Schir Ahmad es beschrieben hatte. Wir sind bei einem alten Türken untergekommen, der früher britischer Vizekonsul war und eine Tigerjagd für uns arrangieren will.

Gumbad-i-Qabus (60 m), 24. April. – Nachdem wir auf der Straße in Richtung Bandar Shah ein Stück zurückgefahren waren, bogen wir rechts ab auf einen heckengesäumten Weg. Hohes Schilfgras verdeckte die Sicht. Plötzlich kamen wir, wie ein Schiff aus der Flußmündung, auf die Steppe hinaus, eine atemberaubend

weite, grüne Fläche. Diese Farbe hatte ich noch nie gesehen. In anderen Grüntönen, Smaragd, Jade oder Malachit, dem dunklen Grün des bengalischen Dschungels, dem traurig kühlen Grün Irlands, dem Salatgrün der mediterranen Weinberge, dem schweren, üppigen Grün englischer Sommerbuchen, herrscht immer ein bläulicher oder gelblicher Ton vor. Dies hier war die pure, unauflösliche Essenz des Grüns, die Farbe des Lebens selbst. Die Sonne war warm, hoch über uns sangen die Lerchen. Hinter uns erhob sich das dunstige Bergblau des waldigen Elburs, vor uns erstreckte sich das leuchtende Grün bis an den Rand der Erde.

Orientierungsmarken, Anhaltspunkte verschwanden, wie sie für einen Ruderbootfahrer mitten auf dem Atlantik verschwinden. Wir schienen uns immer unterhalb des Meeresspiegels der Landschaft zu befinden, gefangen im Wellental einer grünen Dünung. Wenn wir saßen, ging unser Blick vielleicht sechs Meter weit, wenn wir standen, sechzig Kilometer – und selbst in sechzig Kilometer Entfernung war die Erdoberfläche so grün wie die Böschung, die die Kotflügel berührte, so daß man kaum sagen konnte, was was war. Orientierung boten einzig solche Dinge, deren Maßstab wir kannten: Ansammlungen von weißbekrönten Kibitkas, wie verstreute Pilze auf einem Rasen – aber selbst bei ihnen mußte man sich mit einer Anstrengung des Verstandes klarmachen, daß es wirklich keine Pilze waren. Und Herden von Vieh, Stuten mit Fohlen, schwarze und braune Schafe, Kühe und Kamele – aber die Kamele waren täuschend im umgekehrten Sinne: sie wirkten so groß, daß es abermals einer Anstrengung des Verstandes bedurfte, sonst hätte man sie für vorsintflutliche Monster gehalten. Da Hütten

und Tiere unterschiedlich groß waren, konnten wir die jeweilige Entfernung berechnen, einen halben Kilometer, einen Kilometer, zehn Kilometer. Aber nicht dies vermittelte den Eindruck von Weite, sondern die Vielfalt der Nomadenlager, die überall auftauchten, wohin der Blick ging, und doch jedesmal einen oder zwei Kilometer voneinander entfernt waren. Es waren Hunderte, und so schien sich der Blick über Hunderte von Kilometern zu erstrecken.

So wie auf Landkarten Stadtpläne eingefügt sind, so lag eine zweite Landkarte, mit etwas größerem Maßstab, unter unseren Rädern. Hier löste sich das Grün auf, aber nicht in gewöhnliches Gras, sondern in wilden Weizen, Gerste und Hafer, was jenes lebhafte Feuer erklärte, das auf ein Leben innerhalb dieses Grüns hinwies. Und inmitten dieser unzähligen kornbewachsenen Rinnen lebten Blumen – Butterblumen und Mohnblumen, hellviolette Iris und dunkelviolette Glockenblumen und zahllose andere, alle Farben, Formen und Wunder, die ein Kind in seinem ersten Garten entdeckt. Immer wieder ging ein Wind, so daß die Ähren silbern wogten und die Blumen sich neigten, oder ein Wolkenschatten, und alles wurde dunkel, als wollte sich die Welt kurz schlafen legen, auch wenn drei Meter weiter kein Wind ging und kein Schatten war; diese ganze Innenwelt der Steppe war in einem System unendlich kleiner Winkel verzeichnet, und sie hatte genau jene Entfernungsstufen, die die Außenwelt nicht besaß.

Nachdem wir die Hochebene verlassen hatten, hob sich unsere Stimmung. Nun erfaßte uns eine überschäumende Begeisterung. Wir jubelten, hielten an und stiegen aus, um diesen unwiederbringlichen ersten

Anblick auszukosten. In diesem Paradies hatten selbst die Lerchen ihre gewohnte Distanz aufgegeben. Eine wäre in ihrer Neugier fast mit meinem Hut kollidiert.

Wir fanden den Gurgan in einem zehn Meter tiefen Einschnitt, dessen kahle Böschung sich wie eine trostlos klaffende Wunde durch das Grün zog. Der Fluß war hier so breit wie der Severn an seinem Oberlauf, und wir überquerten ihn auf einer alten, aus Ziegeln gemauerten Brücke mit hohen Spitzbögen. Die Tordurchfahrt am Nordufer hatte ein vorstehendes Obergeschoß mit ziegelgedecktem Dach und breiter Traufe, wie man es auf dem Apennin sieht. Von hier verliefen grasbestandene Pfade in alle Richtungen sternförmig über die Steppe, und ohne die gelegentlich vorbeikommenden Reiter auf Pferden und Kamelen und die hochrädrigen Karren hätten wir den Weg kaum gefunden. Es waren ausnahmslos Turkmenen, die Frauen in rotem, geblümtem Chintz, die Männer in einfachem Rot, manchmal auch in wunderbar bunter Seide. Filzhüte waren aber nur selten zu sehen. Die meisten Männer trugen das Ersatzmodell der Marke Marjoribanks oder zumindest einen Pappaufsatz auf ihrer Filzmütze.

Vor uns lag nun ein grünes, ausladendes Tal des Elburs. In der Mitte, etwa dreißig Kilometer entfernt, ragte vor dem Bergblau eine kleine beigefarbene Nadel auf, bei der es sich um den Turm des Qabus handeln mußte. Wir hielten immer auf diesen Punkt zu und erreichten eine Stunde später eine kleine Stadt, deren breite Straßen an die russische Besatzung dieser Region vor dem Krieg erinnern. Der Turm steht nördlich der Stadt auf einem unebenen, künstlich angelegten und sehr alten grünen Hügel.

Auf einem runden Fundament stehend, ragt der zylindrische milchkaffeebraune Backsteinbau fünfzig Meter in die Höhe bis unter ein graugrünes konisches Dach, das wie ein Kerzenlöscher auf dem Schaft sitzt. Der Durchmesser des Fundaments beträgt fünfzehn Meter. Zwischen Fundament und Dach laufen zehn dreieckige, spitz vorspringende Pfeilerkanten, die über zwei schmalen Kufi-Schriftbändern liegen, das eine direkt unter dem Dachaufsatz, das andere über dem schmalen hinteren Tor.

Die verwendeten Ziegel sind lang und dünn und so präzis geformt, daß die Pfeilerkanten einen messerscharfen Schatten werfen und eine außerordentliche Dynamik von Licht und Schatten entsteht. Es ist der Kontrast zwischen der vertikalen Bewegung und den horizontalen Schriftbändern, der den ganz besonderen, unvergleichlichen Charakter dieses Bauwerks prägt.

Das Innere ist leer. Früher hing dort Qabus' Leichnam in einem gläsernen Sarg vom Dach. Qabus starb 1007. Seit über tausend Jahren erinnert dieser Leuchtturm die Nomaden der zentralasiatischen Steppe an ihn und den Genius Persiens. Heute hat er ein größeres Publikum, das sich fragen wird, wie die Ziegeltechnik am Beginn des zweiten nachchristlichen Jahrtausends ein so heroisches Monument und ein so harmonisches Spiel von Oberfläche und Ornament hervorbringen konnte, wie es in diesem Material seitdem nie mehr erschaffen wurde.

[Wenn Reisende sich in Superlativen über Objekte äußern, die sie gesehen, die meisten Leute aber nicht gesehen haben, ist Mißtrauen angebracht. Ich weiß, wovon ich rede, bin selbst nicht ganz unschuldig. Wenn ich heute, zwei Jahre später, dieses Tagebuch noch einmal

Der Turm des Qabus (Gumbad-i-Qabus)

lese, in einer Umgebung, wie sie fremder nicht sein kann (Peking), bin ich aber noch immer der Meinung, die ich vor meiner Persien-Fahrt hatte und an jenem Abend in der Steppe bestätigt fand: der Gumbad-i-Qabus zählt zu den bedeutendsten Bauwerken der Welt.]

Der Militärgouverneur kam zum Abendessen. Er erzählte von der Überlieferung, daß früher auf dem Dach der Turmes etwas blinkte, ein Gegenstand aus Glas oder Kristall, in dem sich vermutlich eine Lampe befand. Die Russen, sagte er, hätten ihn mitgenommen. Er erklärte aber nicht, wie sie dort hinaufgekommen sind. Diese Überlieferung könnte eine Anspielung auf den gläsernen Sarg des Qabus sein, der offenbar tatsächlich existiert hat, da der arabische Historiker Jannabi kurz nach Qabus' Tod davon berichtete.

Hier in dieser Gegend wimmelt es von Altertümern. Wenn wir nur die Zeit hätten, anzuhalten und Ausschau nach ihnen zu halten. Die »Alexander-Mauer« liegt nur wenige Kilometer nördlich von Gurgan, und in den Sümpfen am Fluß weiter östlich sollen lauter unerforschte Ruinen sein. Es gibt auch prähistorische Funde. Unlängst entdeckten Turkmenen-Familien einen Grabhügel voller Bronzegefäße, die sie einsteckten und zum eigenen Gebrauch mit nach Hause nahmen. Aufgrund unglücklicher Vorfälle, die sie auf diese Grabplünderung zurückführten, brachten sie die Objekte zurück und vergruben sie wieder. Man ahnt schon den Ansturm der Professoren, die sich eilends zu diesem archäologischen Klondike aufmachen, wenn sie nur wüßten, wo dieser Ort ist.

Der Gouverneur überbringt uns auch die schlechte Nachricht, daß die Straße nach Bujnurd wegen Regen

und Erdrutschen unpassierbar ist. Wir könnten es vielleicht schaffen, aber ein Lastwagen ist gerade eingetroffen, ein halbes Wrack, nachdem er fünf Tage für die Strecke gebraucht hat. Wir wollen es unserem Auto lieber nicht zumuten, es muß ja noch nach Afghanistan. Also erwägen wir, über die Berge nach Shahrud zu reiten, während das Auto via Firuzkuh zurücktransportiert wird.

Bandar Shah (auf Meereshöhe), 26. April. – Verhaftet! Ich schreibe auf einem Bett in der Polizeiwache.

Wir sind nicht ohne Grund auf der Wache, was die ganze Sache noch ärgerlicher macht. Nachdem wir in Gumbad-i-Qabus bis vier Uhr gewartet hatten und noch immer keine Pferde zur Verfügung standen, beschlossen wir, per Auto zurückzufahren, an Asterabad vorbei, und kamen um zehn Uhr abends hier an. Eine Schlafmöglichkeit gab es nur im Bahnhof, doch der Stationsvorsteher, ein mißmutiger junger Mann, war nicht begeistert über die späte Störung. Heute morgen um sieben sollte der Zug abfahren. Der Stationsvorsteher sagte, das Auto solle um sechs verladebereit am Gleis stehen. Um sechs stand es da. Der Waggon traf aber erst um zehn vor sieben ein, und plötzlich sahen wir, daß der Stationsvorsteher aus Gehässigkeit den Zug ohne uns losgeschickt hatte. Der ganze aufgestaute Ärger von sieben Monaten brach aus uns heraus: wir griffen den Mann an. Lautes Gebrüll, Soldaten eilten herbei, fesselten Christopher, stießen ihm den Gewehrkolben in den Rücken, während der Offizier, der höchstens eins zwanzig groß war und die Stimme eines neapolitanischen Tenors hatte, ihm

mehrmals ins Gesicht schlug. Mir selbst blieb diese demütigende Behandlung erspart, aber wir sitzen beide in der Zelle, zur Verwirrung der Polizei, in deren Augen wir ein Ärgernis sind.

Man droht uns eine »Untersuchung« wegen des »Vorfalls« in Teheran an. Das müssen wir unter allen Umständen verhindern. Es würde Wochen dauern. Ich frage mich, wir beide fragen uns, welcher Teufel uns geritten hat, unsere Reise derart zu gefährden.

Samnan (1200 m), 27. April. – Der »Vorfall« wurde durch Intervention des deutschen Direktors der Werkstatt beigelegt, eines unbeirrbaren alten Herrn, der mit dem Ruf »Was geht hier vor?« in die Polizeiwache kam, einen Händedruck zwischen uns und dem Bahnhofsvorsteher vermittelte und uns dann für die Nacht mit zu sich nach Hause nahm. Das war um so freundlicher von ihm, als Tochter und Schwiegersohn, ein dänischer Bankmanager, unerwartet aus Teheran eingetroffen waren und wir, da es nur ein Gästezimmer gab, im Salon nächtigen mußten.

Heute morgen regnete es, als wir Shahi verließen, und die Straße hinauf zum Paß war rutschig und gefährlich. Aus einer Kurve kam uns ein Lastwagen entgegen, dessen Fahrer die Gewalt über sein Fahrzeug verloren hatte. Wir stießen seitlich mit ihm zusammen, schlitterten auf den Abgrund zu … das war das Ende. Doch nein, wir blieben auf der Straße. Zu beklagen war nur, daß mein Koffer, der auf dem Trittbrett festgebunden gewesen war, neben dem Vorderrad des Lastwagens lag, platt gedrückt zu einem dünnen blauen Sandwich, aus dem Kleidungsstücke, Filme und

Zeichenpapier hervorquollen. Die Versicherung, für acht Monate abgeschlossen, ist letzte Woche abgelaufen.

In Amiriya sagten uns die Leute, daß es seit fünfzehn Tagen ununterbrochen regne und daß sie ein solches Wetter in dieser Jahreszeit noch nie erlebt hätten.

Damghan (1200 m), 28. April. – Noch mehr Katastrophen.

Dreißig Kilometer vor Samnan entfernt brach die Hinterachse. Wir hatten eine Ersatzachse dabei, aber es dauerte fünf Stunden, sie einzubauen, während Christopher und ich, unfähig, irgendwie zu helfen, verloren in der regennassen, schimmernden Wüste herumwanderten und uns mit den gelben Zwergtulpen trösteten, die gerade blühten, und gelegentlich in einem verfallenen Teehaus Rühreier zu uns nahmen.

»Welche Sprache sprecht ihr?« fragte Christopher den jungen Burschen, der den Laden führte.

»Ich spreche Chakapakaru, die Sprache von Samnan. Und ihr?«

Wir nicht. Aber für Philologen könnte sie eine Fundgrube sein.

Es schüttete. Die Straße war meilenweit überflutet, die Wüste ein See und jeder Berg ein Katarakt. Aber durch eine Laune der Natur war ausgerechnet ein Flußbett, das parallel zur Telegrafenleitung verlief und ein gutes Stück tiefer lag als die Umgebung, völlig trocken geblieben.

In einem reißenden Strom saßen schon ein paar Lastwagen hoffnungslos fest. Anwohner halfen uns

weiter, nicht ohne zuvor ihren Bergungslohn gefordert zu haben, ohne den sie das Auto an der tiefsten Stelle hätten stehen lassen. Fortan wurde die Straße allmählich besser, auf gerader Strecke fuhren wir mit sechzig Stundenkilometern, als ein Wasserlauf, einen Meter breit, einen halben tief und von ungeheurer Kraft, unerwartet vor uns über die Straße schoß … das war wieder das Ende. Aber nein, wir wichen aus, flogen in einen Graben und prallten mit voller Wucht gegen einen Schotterhaufen. Doch wir lebten.

Die Vorderräder waren platt wie Entenfüße, aber die Achse hatte gehalten, und wir schafften es gerade noch nach Damghan, wo der Schmied sie jetzt richtet. Hier begegneten wir Pybus' indischem Diener, der uns berichtete, daß sein Herr auf der Rückfahrt von Meschhed kurz vor Damghan steckengeblieben sei. Pybus selbst erschien wenig später, gefolgt von einer Prozession von Leuten, die sein Gepäck trugen. Eine alte Frau, rheumagebeugt und in ein blaukariertes Gewand gehüllt, schleppte mühsam eine dünne Aktenmappe.

Wir trösteten Pybus mit einem Bericht unseres eigenen Mißgeschicks. Drei Flaschen Shahi-Wein, Orangensalat und Wishaws Zigarren gaben uns allen neuen Lebensmut.

Abbasabad (ca. 1000 m), 29. April. – Schon auf meinen beiden anderen Reisen war mir dieses verdammte zugige Kaff, wo Zigarettenspitzen aus grünem Speckstein feilgeboten werden und die Männer rote Hemdblusen tragen, als Gipfel der Trostlosigkeit erschienen. Jetzt müssen wir hier die Nacht verbringen.

Pybus' Wagen, eine neue Limousine, war komplett von den Fluten erfaßt worden. Heute morgen sah sie aus wie Neptuns Höhle. Nachdem es zwei Lastwagen nicht gelungen war, sie mit Ketten herauszuziehen, fuhren wir weiter.

Es regnete und regnete. Hinter Shahrud hatten wir plötzlich weichen Sand unter den Rädern, der als schmieriger Belag an der Windschutzscheibe klebte, so daß ich mit herausgestrecktem Kopf fahren mußte, aber nicht langsamer als fünfzig Stundenkilometer, sonst wären wir steckengeblieben. Die tintenblauen zerklüfteten Berge und der wolkenzerzauste Himmel von Chorasan waren unverändert. Doch eine neue Vegetation war über der schwarzen, wassergesättigten Wüste entstanden: zartgrüner Kameldorn, eigentümliche Narzissen und eine Art Kerbel, gelb, einen Meter hoch und dick wie ein Baumstamm, eine häßliche, unheimliche Pflanze.

Hier hörten wir, daß auf der Straße nach Sabzevar das Wasser anderthalb Meter hoch stehe. Also machten wir Station, und ich bin mit Gosses *Vater und Sohn* zu Bett gegangen. Christopher hat eine rote Hemdbluse erstanden und macht ein Tamtam, als wäre sie von Schiaparelli.

Meschhed, 1. Mai. – »Gerade rechtzeitig für den Ball!« rief Mrs. Gastrell, als wir die Stufen zum Konsulat hinaufwankten.

Reisen alle Leute vom Indian Political Service mit Kostümkoffern durch Asien? Mrs. Gastrell hatte sich mit schwarzen Strumpfhosen und Zylinder als Negerin verkleidet. Der baumlange Gastrell tanzte einen schot-

tischen Reel als Blaubart, er trug ein goldenes Gewand und einen Vollbart. Rose, ebenfalls vom Indian Political Service, trat als Kate-Greenaway-Pennäler auf. Mrs. Hamber war eine Schäferin, Hamber ein vornehmer Buchara-Grande, der in seinem Seidengewand fast versank. Bevor ich sagen konnte, wie sehr ich mich über das Wiedersehen freute, wurde ich in eine Putzfrau verwandelt, während Christopher von den Gastrells geschnappt und in das Gewand eines arabischen Scheichs gesteckt wurde. Die Missionare waren in großer Zahl anwesend. Mr. Donaldson, der sein halbes Leben dem Studium schiitischer Pilger gewidmet hat, hatte sich selbst in einen verwandelt. Als ich ihn fragte, ob es nicht ein ziemliches Opfer sei, sich nur für diesen einen Abend den Schädel rasieren zu lassen, sagte er: »Ach was, es paßt ganz gut. Ich reise immer mit geschorenem Kopf, und morgen begebe ich mich auf eine Reise, ich werde die georgischen Dörfer zwischen Abbasabad und Kuchan besuchen. Die Leute dort sind natürlich Mohammedaner, aber sie sind traditionell noch immer hoch gebildet.«

Die Putzfrau vergaß sich so sehr, daß sie dem Buchara-Granden beim Apache-Tanz den Parasol in den Rücken rammte.

Meschhed, 2. Mai. – Lee, der Bankmensch, sagt, er habe schon lange nicht mehr so viel zu tun gehabt wie in der jüngsten Zeit. Auf meine Frage, ob das an der Ausweisung der Juden aus Afghanistan liege, meinte er, vielleicht.

In den Händen dieser Leute lag der Lammfellhandel, und ich erinnere mich, daß Lee interessiert

zugehört hatte, als ich Weihnachten von ihrem Exodus erzählte. Aber keiner von uns beiden wußte, daß eine offizielle Verfügung erlassen worden war. Sein Interesse hatte damit zu tun, daß früher ein Großteil dieses Handels über Meschhed ging, zum Nutzen der Stadt und der Bank. Doch damit war Schluß, als Marjoribanks seinen wirtschaftlichen Nationalismus begann. Praktisch der gesamte Warenverkehr kam zum Erliegen, bis schließlich die chorasanische Zollverwaltung von den Einnahmen nicht einmal mehr ihre Angestellten bezahlen konnte. Aber nun, da viele dieser Juden nach Persien gekommen sind, lebt der Lammfellhandel vielleicht wieder auf.

Man hört immer vom »Persianer«, und bei meinem früheren Aufenthalt in Afghanistan war mir überhaupt nicht klar gewesen, wie wichtig dieser Handel für das Land ist, obwohl im Herater Basar dauernd von Lammfellen geredet wurde. Persien exportiert zwar selbst, aber der feine Pelz, für den Kürschner in London und Paris bis zu £7 pro Stück zahlen, ist ein Monopol Oxaniens. Das hat mit einem besonderen Kraut zu tun, das in der Oxus-Ebene wächst und für dichteren Wollwuchs sorgt. Das wirklich lukrative Geschäft verteilt sich also auf Rußland und Afghanistan. Warum die Afghanen aber ausgerechnet die Leute hinauswerfen, die das Geschäft für sie betreiben, und persischen Kaufleuten diesen Profit schenken, ist ein Rätsel, das wir noch nicht gelöst haben.

Meschhed, 6. Mai. – Eine mögliche Erklärung lieferte mein alter Freund, der afghanische Konsul. Als wir gestern über die Zeitungsmeldung diskutierten, wonach die afghanische Regierung den Wiederaufbau von

Balch beschlossen habe, fragte ich ihn nach dem Sinn dieser Maßnahme, da Mazar-i-Scharif, Zentrum von Afghanisch-Turkestan und eine blühende Stadt, doch nur dreißig Kilometer entfernt sei. Er antwortete, daß Balch eine historische Stadt sei, die *Heimat der Arier.*

Diese Manie muß von Deutschland ausgegangen sein. Noch vor einem Jahr behaupteten die Afghanen, selber Juden zu sein, die verlorenen Stämme Israels. Aber für den asiatischen Nationalismus ist nichts zu absurd.

Die Tage hier vergehen angenehm. Wir hätten längst weiterfahren sollen, aber zweierlei hält uns fest. Zum einen die Ankunft einer Ersatzachse aus Teheran, zum anderen das Heiligtum. In puncto Farbmosaiken kommt kein persisches Bauwerk, das ich gesehen oder von dem ich gehört habe, an die Herater Musalla heran, außer vielleicht das hiesige Heiligtum, das von derselben Frau gestiftet wurde. Und da es mehr oder weniger intakt erhalten ist, dürfte es das schönste Beispiel für Farbe in der gesamten islamischen Architektur sein. Bei meinem ersten Besuch hier war mir diese Möglichkeit noch nicht klar gewesen. Ich hatte angenommen, daß die Fayencen von Isfahan denen der Musalla gleichkommen oder sie sogar übertreffen könnten. Das ist aber nicht der Fall. Die Scheich-Lutfullah-Moschee ist prächtiger, aber nur so, wie der Petersdom prächtiger ist als der Tempio in Rimini. Es fehlt der jugendliche Elan einer Renaissance. Ich werde hier nicht abreisen, ohne das einzige komplett erhaltene Bauwerk Gouhar Schads besucht zu haben.

Wir haben alles in die Wege geleitet. Zuerst besuchten wir das Krankenhaus, Assadis Augapfel, um ihn bei seiner Rückkehr aus Teheran loben zu können. Dies stimmte ihn freundlich, mehr aber auch nicht.

Er lehnte es weiterhin ab, sich offiziell für die Sicherheit eines Ausländers im Innern des Heiligtums zu verbürgen. Unser Besuch bei ihm vermittelte uns aber indirekt die Bekanntschaft eines liebenswürdigen jungen Lehrers, der Wildlederhandschuhe trug und anbot, uns aus Spaß an der Sache zu helfen – genauer gesagt, um gegen die Kräfte theologischer Finsternis eine Bresche für die Aufklärung zu schlagen. Wir trafen uns gestern abend mit ihm, um alles zu besprechen, nachdem wir uns zuvor im Hotel einquartiert hatten, um unsere Aktion vor dem Konsulat geheimzuhalten. Als der Lehrer eintraf, hatte ich mich bereits in einen Perser verwandelt, jedenfalls hielt er mich für einen, denn er begrüßte mich nach persischer Art und war ganz baff, als der schmierige Orientale, den Blick gesenkt, die Hände in den Ärmeln seines Gewands verborgen, in brüllendes Gelächter ausbrach. Das gab den Ausschlag. Er wird uns heute abend hinführen.

Heute morgen fuhren wir auf der Straße, die zur russischen Grenze bei Aschkhabad führt, nach Tschinaran. Von dort kamen wir auf einem schmalen Pfad bis auf zehn Kilometer an den Turm von Radkan heran. Die übrige Strecke gingen wir zu Fuß, erst auf einer weichen Grasnarbe, die von den Hufen kurzgehalten wird, und dann durch salinisches Sumpfland. Unser Führer war ein lebhafter kleiner Bauer mit einem mächtigen Schnurrbart.

»Kennen Sie den Weg nach Radkan?«

»Natürlich!« rief er empört. Aber er kannte nur den Weg bis ins Dorf, und sein Ärger war grenzenlos, als wir ihn durch das Sumpfland zum Turm schleppten.

Die Mühe hat sich gelohnt: ein massiver runder Grabturm aus dem dreizehnten Jahrhundert, dreißig

Grabturm in Radkan

Meter hoch, mit konischem Dach. Die Außenwand besteht aus aneinandergereihten Rundstäben, jeweils etwa einen halben Meter stark. Das Grätenmuster der rostroten Ziegel verleiht dem Turm etwas seidig Changierendes, das an ein gestriegeltes Pferd erinnert. Anders als der Gumbad-i-Qabus hat dieser Turm innen eine Treppe.

Auf dem Rückweg bogen wir von der Hauptstraße ab und besuchten Tus. Ich sagte zu Christopher, daß er, abgesehen von der alten Brücke und dem Mausoleum auch das Grab Firdausis besuchen müsse, weil es zeige, daß sich auch im modernen Persien ein Hauch von architektonischem Geschmack gehalten habe. Die Worte gefroren mir auf den Lippen: Arbeiter rissen das Grabmal ein. Das Wasserbecken war hinter Eisengittern verborgen. Blumenbeete waren bereit für Canna und Begonien. Und statt der sympathisch unprätentiösen Pyramide, die ich im November bewundert hatte, erhoben sich halbfertige Kopien der Stierkapitellsäulen von Persepolis.

Ich entschuldigte mich für meine Begeisterung, und wir fuhren weiter. Marjoribanks hat offenbar eine Fotografie des ursprünglichen Mausoleums gesehen und es für allzu schlicht befunden.

Meschhed, 7. Mai. – Gestern abend aßen wir im Hotel. Christopher meinte, daß ein aktueller Stadtführer den Satz enthalten könnte: »Touristen, die den Imam-Reza-Schrein besichtigen wollen, speisen gewöhnlich im Hotel de Paris und bereiten sich dort vor.« Zum Nachtisch gab es Vanilleeis, und mit einem elend sauren kaukasischen Burgunder stärkten wir uns. Um acht, als ich gerade das letzte bißchen schwarze

Farbe auf Christophers Hals verrieben hatte, traf unser Freund, der Lehrer, mit einer Armenierin ein, die den Aufbruch der Helden erleben wollte. Sie begleitete sie zu einem klapperigen Einspänner. Dieser fuhr zum Hauptportal des Schreins, wo wir ausstiegen, aber nicht gleich eintraten, sondern rechts die Ringstraße hinaufgingen. »Sind Sie bereit?« fragte der Führer und tauchte in eine dunkle Passage ein. Wir folgten ihm wie Kaninchen, gelangten zu einem kleinen Hof, liefen einen erleuchteten Basar entlang, vorbei an Verkaufsgewölben und Kaufinteressenten, und kamen schließlich im großen Innenhof der Gouhar-Schad-Moschee heraus.

Bernsteinfarbene Lichter funkelten im Nirgendwo, verborgen auf dem mächtigen Bogen vor dem Heiligtum, warfen einen sanften Schein über den golden schimmernden Eingang zum gegenüberliegenden Grabmal und ließen, sobald sich das Auge an die Lichtverhältnisse gewöhnt hatte, einen weiten, arkadengesäumten Hof erkennen. Ein oberes Geschoß lag außerhalb der Lichter, in einer Zone der Unsichtbarkeit, und zeichnete sich dann als schwarze Brüstung vor dem Sternenhimmel ab. Beturbante Mullahs, weißgewandete Afghanen, verschwanden gespenstergleich zwischen den Lichtkreisen, glitten über das schwarze Pflaster, um sich unter dem goldenen Bogen zu Boden zu werfen. Aus dem Heiligtum erklang Gesang, im Dämmerlicht am Fuß des glänzenden Mihrabs hockte eine winzige Gestalt.

Islam! Iran! Asien! Mysteriös, sehnsuchtsvoll, undurchdringlich!!

Man kann einen Franzosen eine solche Dummheit sagen hören – als wäre es eine Opiumhöhle in Mar-

seille. Wir empfanden das Gegenteil, und nur deshalb erwähne ich es. Was wir sahen und hörten, verband sich mit dem Wissen, verbotenerweise an diesem Ort zu sein, zu einer Verschwörung gegen unseren Verstand. Die Botschaft eines Kunstwerks besiegte diese Verschwörung, trat machtvoll aus dem Schatten, beharrte auf Form und Proportionen, auf dem Charakter allerhöchster Qualität und dem intellektuellen Hintergrund. Wie diese Botschaft sich vermittelte, ist schwer zu sagen. Flüchtige Eindrücke von Arabesken, so fließend, so zart verwoben, daß man das Mosaik nicht mehr sah, so wie man bei einem Teppich die einzelnen Knoten nicht mehr sieht, Eindrücke von größeren Ornamenten, die sich im Dunkel über unseren Köpfen auflösten, von Gewölben und Friesen mit prachtvollen Kalligraphien – das waren die Worte der Botschaft. Doch der Sinn war tiefer. Die Nacht gehörte einer Epoche, den Timuriden, Gouhar Schad und ihrem Baumeister Qavam al-Mulk.

»Putzen Sie sich die Nase!« flüsterte unser Führer, an Christopher gewandt.

»Wieso?«

»Ich bitte Sie, putzen Sie sich die Nase, immer wieder. Man darf Ihren Bart nicht sehen.«

Unser Führer war den diensthabenden Mullahs und Polizisten bekannt. Sie grüßten ihn, ohne den abgerissenen Plebejer neben ihm zu beachten oder die schwindsüchtige Gestalt hinter ihm, die sich andauernd schneuzte. Zweimal umschritten wir langsam den Innenhof und verneigten uns jedesmal vor dem Grabmal. Dann gingen wir rascheren Schritts durch die beiden anderen großen Höfe, eine ätherische Vision von silbrig weißen, doppelgeschossigen Nischen.

»Jetzt kommen wir zum Haupttor«, flüsterte unser Führer. »Ich werde beim Hinausgehen mit Ihnen reden, Mr. Byron. Und Sie, Mr. Sykes, putzen sich bitte die Nase und bleiben hinter uns.«

Aufseher und Geistliche erhoben sich respektvoll, als sie ihn kommen sahen. Er schien so völlig konzentriert auf sein Gespräch, das wie ein Putzfrauenmonolog, auf persisch aber so bemerkenswert klang, daß mein Interesse nicht geheuchelt war. »Ich sage also zu ihm, rhabarber rhabarber rhabarber. Rhabarber, sagt er. Rhabarber rhabarber? frage ich, woraufhin er rhabarber rhabarber rhabarber. Rhabarber, sage ich, rhabarber rhabarber ...« Alle verneigten sich. Unser Führer warf einen Blick über die Schulter, um zu sehen, ob Christopher noch bei uns war, und dann waren wir draußen, stiegen in eine Droschke und wuschen uns wenig später im Hotel das Gesicht, bevor wir ins Konsulat zurückkehrten.

Wir bedankten uns tausendmal bei unserem Führer. Aber im gleichen Atemzug mußte ich ihm gestehen, daß nun, nachdem ich schon so viel gesehen hatte, auch nicht die allergrößte Dankbarkeit der Welt mich davon abbringen könne, ihn zu bitten, mich ein zweites Mal bei Tageslicht zu begleiten. Christopher, der sein Zögern bemerkte, bot an, nicht mitzukommen, da sein Bart offensichtlich allzu auffällig war. Unser Führer schien erleichtert. Er versprach, mich heute nachmittag um zwei Uhr abzuholen.

Als ich heute morgen das Hotel betrat, brachte mir der Zimmerdiener unaufgefordert ein Tablett mit Korken und Holzkohle. Sich mit diesem simplen Material für einen Auftritt bei Tag zu schminken war etwas ganz anderes. Mein Schnurrbart sah grün

und nicht schwarz aus und war am Ende gescheckt, die Augen waren noch immer blau, die Lider halbschwarz und wund gerieben. Das Kostüm war allerdings raffiniert: braune Schuhe, eine enggeschnittene schwarze Hose, eine Handbreit zu kurz, eine graue Jacke, eine goldene Kragenkette statt Krawatte, der Regenmantel unseres Dieners und ein schwarzer Pahlevi-Hut, den ich mit einigen Fußtritten auf alt trimmte. All diese Elemente machten mich zu einem perfekten Exemplar von Marjoribanks' Persern. Aber kaum war mein Kunstwerk vollendet, erhielt ich die telefonische Nachricht, daß unser Führer in letzter Minute gekniffen hatte.

Da ich es nicht wagte, allein eine Droschke zu nehmen, mußte ich die zwei Kilometer zum Heiligtum zu Fuß zurücklegen. Die Sonne stand mir im Rücken. Ich schwitzte unter dem Umhang, während ich eine persisch wirkende Gangart nachzuahmen versuchte, kurze rasche Schritte, um auf dem unebenen Weg nicht zu stolpern. Doch niemand beachtete mich. Das Ziel kam näher. Dort war das Haupttor, dort der kleine Tunnel. Ohne mich umzuschauen, war ich eingetreten, stand im Innenhof, sah Bäume und dann, daß der Ausgang von mehreren Mullahs blockiert wurde, meinen potentiellen Entlarvern, die über das Angebot eines kleinen Buchladens diskutierten.

Alles hing von meinen Bewegungen ab. Ich hatte mich für ein Schrittempo entschieden, das ich beibehalten mußte. Jedes Zeichen von Unsicherheit würde mich verraten. Und so bahnte ich mir einen Weg durch die Gruppe der Mullahs wie ein Torpedo durch das Wasser. Als sie mich bemerkten und über soviel Unhöflichkeit brummten, hatte ich ihnen schon längst den Rücken zugekehrt.

Robert Byron in persischem Kostüm

Ich eilte den dunklen Basar entlang, fand die Kuppel, wandte mich nach links und wurde beim Hinaustreten in den Hof von einer solchen Licht- und Farbfanfare begrüßt, daß ich einen Moment wie geblendet stehenblieb. Es war, als hätte jemand eine zusätzliche Sonne eingeschaltet.

Der ganze quadratische Hof war ein Garten in Türkis, Zartrosa, Dunkelrot und Dunkelblau, hier und da Tupfer von Purpur, Grün und Gelb, angepflanzt zwischen Wegen aus einfachen naturfarbenen Ziegeln. Hohe weiße Arabesken wirbelten über den Iwanbögen. In den Iwanen selbst versteckten sich weitere Gärten, schattiger, in der Farbe von Schachblumen – lila und weiß. Die großen Minarette neben dem Heiligtum, um deren Sockel fast mannshohe Kufi-Schriftbänder liefen, waren überladen mit einem Netz aus juwelenbesetzten Rauten. Dazwischen erschien die mächtige ozeangrüne Kuppel, geschmückt mit gelben Ranken. Am entgegengesetzten Ende glitzerte die Spitze eines goldenen Minaretts. Doch das Prinzip der Einheit, der Lebensfunke dieses ganzen atemberaubenden Ensembles, wurde bei aller Vielfalt von zwei großen Schriftbändern angefacht: das eine, ein Fries aus weißer Thuluth-Schrift über einem lichtblauen Feld an der Skyline der gesamten Hoffläche, das andere, eine Leiste in derselben Schriftart, in schönem Weiß und Gelb auf saphirblauem Feld, unterlegt mit türkisgrünem Kufi und den Hauptiwan zwischen den beiden Minaretten einfassend. Dieses Kufi-Schriftband, steht dort zu lesen, wurde angefertigt von »Baisunghar, Sohn von Schah Rukh, Sohn von Timur Gurkani [Tamerlan], im Vertrauen auf Gott im Jahr 821 [1418 n. Chr.]«. Baisunghar war ein

berühmter Kalligraph, und als Sohn Gouhar Schads pries er die Großzügigkeit seiner Mutter mit einer Inschrift, deren Schönheit zeigt, welche Befriedigung die islamischen Architekten erfüllt, wenn sie Fassaden mit kalligraphischen Ornamenten bedecken können.

Das alles wahrzunehmen war eine Sache von Sekunden. Und im nächsten Moment fühlte ich mich unsicher. Eigentlich hatte ich vorgehabt, genau wie in der Nacht, langsam um den Hof zu schreiten, doch zwei Menschengruppen verhinderten dies. Die eine lauschte aufmerksam einem Prediger vor dem Hauptiwan, die andere betete vor dem Grab gegenüber, so daß ich mich zweimal von religiöser Etikette bedroht fühlte. Andere Pilger hockten auf der Erde, darunter viele Afghanen, ganz anders in Kleidung und Haltung als ich in meiner städtisch-persischen Aufmachung, und mir schien, als beobachteten sie mich mit scharfen Blicken, während ich zwischen den beiden Menschengruppen hin und her ging. Und dann war es keine Einbildung mehr: mein staunendes Gesicht fiel auf. Ich zog mich eilends in den Basar zurück. Die Mullahs versperrten nicht mehr den Gang. Draußen auf der Straße stand Christopher und starrte neugierig in die Passage. Ich ging achtlos an ihm vorbei. Jetzt, auf dem Rückweg, schien mir die Sonne ins Gesicht, und die Leute sahen mich an. Irgend etwas stimmte nicht. Was immer es war, Mrs. Gastrell bemerkte jedenfalls nichts. Sie trocknete sich am Kamin das Haar und war höchst ungehalten, als ein wildfremder Perser in ihre Privatsphäre eindrang.

Ich weiß jetzt, was ich wissen wollte. Erstens: die Verwendung von farbigen Fassadenmosaiken erreichte

ihren Höhepunkt während der Timuriden-Renaissance. Zweitens: die Schönheit der Mosaikarbeiten im Heiligtum von Meschhed wird trotzdem übertroffen von den Mosaiken der verbliebenen sieben Minarette in Herat, die noch feiner und reiner und nicht mit naturfarbenen Ziegeln durchsetzt sind. Nach Aussage der wenigen Reisenden, die nicht nur den Imam-Reza-Schrein, sondern auch Samarkand und Buchara besucht haben, gibt es nichts in diesen beiden Städten, was an den ersteren heranreichen könnte. Wenn das stimmt, muß die Gouhar-Schad-Moschee das bedeutendste erhaltene Bauwerk aus dieser Zeit sein, aber die Ruinen von Herat weisen darauf hin, daß es früher ein noch beeindruckenderes gegeben hat.

Mich schauert bei dem Gedanken, daß ich zwei der vier schönsten Bauwerke Persiens – den Gumbad-i-Qabus, den kleinen Kuppelraum der Freitagsmoschee in Isfahan, die Gouhar-Schad-Moschee hier und die Scheich-Lutfullah-Moschee in Isfahan – erst in den letzten beiden Wochen meines Aufenthalts in Persien gesehen habe.

Kariz (900m), 8. Mai. – Wir wollten in Sangbast Station machen, um ein aus dem elften Jahrhundert stammendes Mausoleum mit Minarett zu besichtigen, zwei Kilometer von der Straße entfernt, aber deutlich zu sehen. Doch angesichts des regenverhangenen Himmels fuhren wir weiter nach Turbat-i-Scheikh Jam. Der dortige Schrein war enttäuschend. Unser Mittagessen auch. In Isfahan hatte ich Sandwiches für inakzeptabel erklärt und eine blaue Schüssel gekauft, die Ali Asgar morgens vor dem Aufbruch mit Hühnchen und

Mayonnaise füllte. Heute hatte jemand in Gastrells Küche Hochverrat verübt. Die Schüssel war mit Hammel gefüllt. Und, was noch schlimmer ist, wir haben keinen Wein mehr.

Dann wieder dieser Eindruck, am Ende der Welt zu sein, den ich schon einmal im persisch-afghanischen Grenzgebiet erlebt hatte und der nun auch Christopher packte. Einsame Dörfer, umgeben von Opiumfeldern, deren junge grüne Blätter vor dem gewitterschwarzen Himmel leuchteten. Am Horizont tanzten purpurrote Blitze. Hier hatte es schon geregnet, und draußen in der Wüste konnten wir den aromatischen Kameldorn riechen, als brenne er. Gelbe Lupinen verbanden sich mit dicken Tupfern lila und weißer Iris. In Kariz hing ein überwältigender Geruch in der Luft, bohnenstrauchsüß, aber noch schwerer, noch poetischer. Ich ging ein paar Schritte, um ihn zu lokalisieren. Die Opiumblüten lockten mich, sie glühten in der Dämmerung wie Eislampen, aber der Geruch kam nicht von dort.

Kariz, 9. Mai. – In der Nacht regnete es. Wir wollten aufbrechen, kehrten aber nach fünfhundert Metern um.

Kariz, 10. Mai. – Heute morgen mieteten wir uns Pferde, um die Straße zu inspizieren und unsere Armeesättel auszuprobieren. Ich ritt auf einer rotbraunen, alten, kleinen und klapperdürren Stute, Christopher auf einem weißen, jungen, großen und schielenden Hengst. Der Geschlechtsunterschied sorgte für das Maximaltempo, das aus den beiden herauszuholen war.

Am persischen Posten im Niemandsland fanden wir einen Offizier, der erst zwei Tage zuvor das Kommando übernommen hatte und schon unsagbar deprimiert war von der Gesellschaft seiner wenigen Männer, eines wilden Hundes und eines Hofvolls klappriger Stuten mit ihren neugeborenen Fohlen. Kein Baum, kein Bach, nicht die Spur eines Gartens schützte vor dem gelben Wüstenkerbel. Wir boten dem Offizier von unserem Kuchen an und sagten, daß wir weiter wollten, den schlimmsten Abschnitt der Straße zu inspizieren, dort wo sie durch Sumpfland führt.

Er zögerte, behauptete, daß es unsicher sei, doch als er unsere Entschlossenheit bemerkte, begleitete er uns der Gesellschaft halber, das Gewehr unter dem linken Oberschenkel. Ein paar Soldaten kamen ebenfalls mit, und die ganze Gruppe verteilte sich weiträumig, um alle möglichen Wege auszukundschaften. Wir waren vielleicht einen Kilometer geritten, als mich der Offizier auf einen schlafenden Schäfer hinwies. Wollte mir wohl wieder Angst einjagen, dachte ich, als ich Fliegen, viel zu viele Fliegen auf den nackten Beinen sah. Das Gesicht, kürbisgroß angeschwollen, hing wie eine blaubraune Maske steif nach hinten, die Augen waren geschlossen, die schwarzen Lippen geöffnet.

Der Offizier war bekümmert. Wie konnte der Mann in so großer Nähe des Postens gestorben sein? Wann war er gestorben? Und was war die Todesursache? War er vielleicht von einem Automobil überfahren worden? Wir schauten uns um, blickten über die weite Steppe, die kilometerweit in allen Richtungen flach dalag, erinnerten uns, daß hier im Schnitt ein Lastwagen pro Tag vorbeikam, und schüttelten den Kopf. Damit zerstreuten wir die letzte Hoffnung unseres Persers, diesen, wenn auch entstellten, Toten auf unserem Weg

zumindest als ein Zeichen des Fortschritts ausgeben zu können.

Schließlich nahm er all seinen Mut zusammen, saß ab und hob die Leiche hoch. Ihr Inhalt klapperte. Die Gliedmaßen waren krumm und steif. Sie hatte eine Schußwunde über dem linken Auge und über der linken Brust. Der Mann war ein Kasache. Sein angegrauter Bart war so dünn, daß man die Haare einzeln zählen konnte. Sein knorriger Stock lag dort auf der Erde, wo er hingefallen war, und er sah irgendwie menschlicher aus als der verwesende Körper daneben.

Der Offizier sagte, er müsse sofort zurück und einen Rapport schreiben. Als wir antworteten, selbstverständlich, daß wir unsererseits aber weiterreiten würden, verlor er die Fassung. Das Problem wurde gelöst durch einen einsamen Reiter, der aus Richtung Islamqala am Horizont auftauchte. Christopher und ich ritten ihm entgegen. Murrend folgte uns der Offizier. Der Fremde war ein afghanischer Pferdehändler, der uns berichtete, daß selbst sein Pferd in diesem Sumpfgebiet Schwierigkeiten gehabt habe. Der Schlamm habe ihm bis zum Bauch gereicht, was deutlich zu sehen war. Mehr brauchten wir nicht zu wissen. Nachdem wir im Grenzposten Tee getrunken hatten, verabschiedeten wir uns von dem Offizier, damit er seinen Rapport schreiben konnte, und ritten auf einem anderen Weg zurück.

Dieser führte uns, nach einem Angriff von Hunden eines Nomadenlagers, die nach dem halb blinden Hengst schnappten, so daß er vor Angst schnaubte, zur Garnisonsstadt Yusufabad, wo uns ein Offizier in einem sauberen, tapezierten Zimmer, das an einem Garten voller Akazien und blühendem Ginster lag, mit Süßigkeiten bewirtete. Der Mann war jung und

gutaussehend, machte einen gepflegten Eindruck und besaß die Höflichkeit, sich anerkennend über unser Interesse an der Architektur seines Landes zu äußern.

»Vous avez raison, Messieurs. Cette tour de Gumbad-i-Qabus, je la trouve unique dans le monde entier. Vous avez été à Isfahan? Naturellement. C'est épatant, n'est-ce pas? Il y a encore des antiquités ici … oui, toutes proches.« Und er beschrieb das Minarett von Kerat, das bei Diez abgebildet wird und dessen Lage uns bislang keine Karte und keine Nachfrage verraten hatte. Wenn das zu weit war – und leider war das der Fall –, dann gebe es, nur anderthalb Kilometer entfernt, den Maulana in Tayabad, der 504 Jahre alt sei.

Der Offizier berichtete außerdem von einer Nebenstraße über die Grenze nach Islamqala, die südöstlich von Yusufabad verläuft, bis sie die Anhöhen erreicht und so das Sumpfland umgeht. Vielleicht werden wir sie nehmen, denn es sieht so aus, als ob die übliche Strecke bestimmt drei, vier Sonnentage braucht, bis sie wieder trocken ist. Als wir nach Kariz zurückritten, war der Himmel bewölkter denn je.

AFGHANISTAN: *Herat, 12. Mai.* – Liebes, altes Herat!

Wieder bewohne ich ein quadratisches unmöbliertes Zimmer, weiß getüncht, mit einem blauen Wandpaneel ringsum, die Decke unverputzt. Das Hämmern der Schmiede erinnert mich an düstere Herbsttage, an endloses Warten. Eine kuriose Truppe taucht vor mir auf: die Noels, die Inder, der Ungar, der indische Arzt aus dem Pandschab und die Holzkohlefahrer, sie alle bedroht vom Winter und der bevorstehenden Schließung der Straßen. Nun liegt der Sommer vor

uns, aber die Luft kommt noch kühl durch die geöffneten Türen herein, während ich im Bett liege und das frühmorgendliche Getümmel auf der Straße beobachte. Ein neuer Wagen ist in der Stadt, ein dunkelblauer Chevrolet, Baujahr 1933. Die königliche Kutsche ist auch da. An der Ecke steht der Oberbefehlshaber. Weniger Leute als früher tragen Waffen, aber jedermann hat eine Rose in der Hand oder zwischen den Lippen. Vielleicht haben Rosen den Platz von Gewehren eingenommen. Und von jenen »Unruhen im Frühjahr« ist überhaupt nichts zu spüren.

Ich war gerade unten, um Tee zu holen, und sah vom Flachdach am Ende der Treppe aus die Minarette im Morgenlicht. Dieses Licht hat sich verändert. Vor fünf Monaten war es ein trauriger Schein, der Tag für Tag schwächer wurde und mich noch mehr bedrückte als sonnenlose Tage, an denen der Regen hoffnungslos auf das Blechdach trommelte. Nun wird das Licht jeden Morgen kräftiger. Wir könnten nach Mazar laufen, wenn wir wollten, statt mit dem Wintereinbruch um die Wette zu jagen und das Rennen doch um einen Tag zu verlieren.

Als wir gestern abend hier ankamen, waren unsere Gastgeber ebenso überrascht wie wir. Vormittags gegen halb elf waren wir ganz gemütlich nach Yusufabad geritten, um den Tag im Maulana von Tayabad zu verbringen. Auf dem Rückweg am Vorabend hatten wir mehrere Senken bemerkt, in denen noch so viel Wasser stand, daß ein Durchkommen mit dem Auto unmöglich gewesen wäre. Nun war der Weg fast trocken. Zur gleichen Zeit sahen wir ein neues Gewitter aus Richtung Persien heranziehen. Wenn wir die Grenze jetzt nicht sofort überquerten, müßten wir vermutlich

noch drei Tage warten. Wir hatten bessere Gäule als am Tag zuvor. Christopher galoppierte zurück, um Wagen und Gepäck zu holen. Ich galoppierte weiter, fand den Maulana, der eine wunderschöne Stuckinschrift auf türkisglasiertem Grund hatte, und war eine Minute vor dem Auto in Yusufabad. Ich warf Sattel und Satteltaschen hinein, und dann fuhren wir los, geführt von einem Bauern, der ein langes karminrotes, mit weißen Blättern verziertes Hemd trug und mit seiner Bubikopffrisur wie ein mittelalterlicher Page aussah. Bis Hadschiabad, einem kleinen Weiler unweit der Berge, gab es keinerlei Schwierigkeiten. Doch bald verlief die Piste in weichem Sand, und ohne unseren Führer hätten wir uns nicht mehr zurechtgefunden. Riesige Kerbelpflanzen, die aufrecht mitten auf der Piste wuchsen, zeigten an, daß in dieser Jahreszeit noch kein anderes Fahrzeug hier vorbeigekommen war. Nach einer Weile sahen wir Islamqala vor uns in der Ebene, eine einsame Festung in der blauen Ferne, und kamen schließlich an der Hauptstraße heraus, drei Kilometer hinter der afghanischen Grenze, fuhren aber brav zurück, um unsere Pässe kontrollieren zu lassen. Zur Belohnung gab es für uns pochierte Eier.

Das Hotel in Herat war telefonisch auf die Ankunft von Ausländern vorbereitet worden. Seyid Mahmud stand schon in der Tür. Als er mich sah, fielen ihm fast die Augen aus dem Kopf, und er stimmte einen geradezu antiken Chor an: »Mister-e-Byrron mariz bud, Mister-e-Byrron war krank. Er ist wieder da. War krank, war krank. Ist wieder da, ist wieder da. Mister-e-Byrron war krank, ist wieder da, war krank, ist wieder da«, und immer so weiter, bis Christopher, dem die Formen afghanischer Zuneigung fremd waren, sich

in einem Irrenhaus wähnte. Bin ich eitel? Moosrosen wurden in unsere Knopflöcher gesteckt, die besten Teppiche in unsere Zimmer gebracht und Geranien auf unsere Tische gestellt. Zweierlei Scherbet wurde serviert. Biskuitkuchen und meine Lieblingsmarmelade würden morgen bereitstehen. Das Gepäck wurde im Handumdrehen hinaufgetragen.

»Gepriesen das Land, in dem alles wieder mit Elan angepackt wird«, sagte Christopher.

Daß wir in Kariz so lange aufgehalten wurden, hat immerhin einen Vorteil: Thrush ist schon nach Kandahar weitergefahren. In Seyid Mahmuds Gästebuch hat er sich mit den Worten eingetragen, daß das Hotel aus europäischer Sicht ziemlich armselig, aus afghanischer aber vermutlich nicht zu bemängeln sei. Das schreibt der Mann, der von unkomfortablem Reisen träumt.

Herat, 13. Mai. – Die persische Modernisierungsmanie hat auch dieses Land ergriffen. Mitten auf der Kreuzung steht nun ein kleines Podest für den Polizisten, und sobald eine Droschke gemächlich um die Ecke biegt, fuchtelt er mit einem roten Stab herum und bläst in seine Trillerpfeife, als wollte er die Chicagoer Unterwelt in Angst und Panik versetzen. Auch der Basar wird abgerissen und durch mehrere kleine Plätze für die verschiedenen Gewerbe ersetzt. Das ist wirklich eine Verbesserung. Das alte Gewölbe ist grauenhaft, im Winter unsäglich kalt und von keinerlei architektonischem Wert.

Auch die Natur hat für Veränderungen gesorgt. In Gazargah, wo ich beim letzten Mal Tagetes und Petunien gesehen hatte, ranken sich weiße Rosen, dicht wie

eine Schneedecke, um das Wasserbecken im äußeren Hof; statt des pfeifenden Herbstwinds flattern Tauben über den Pinien, und im zehneckigen Pavillon sitzen Familien beim Picknick. Und von der Terrasse aus präsentiert sich die ganze Ebene zwischen den Bergen und dem Hari-Rud wie ein Meer aus verschiedenen Grüntönen und silbernen Bächen.

Ich wandere hinaus zur Musalla, mit diesem Tagebuch unter dem Arm, auf der Suche nach einem friedlichen Ort, um darin zu schreiben. Ich erkenne jedes Feld, jede Böschung, jeden Graben – aber eben so, wie man einen Menschen in ungewohnter Kleidung wiedererkennt. Selbst die Minarette haben sich verändert. Ihr Blau ist lebendiger, als antworte es auf den Ruf der Landschaft. Die mächtigen runden Sockel, die damals aus der nackten Erde aufstiegen, stehen nun inmitten von üppig smaragdgrünen Weizenfeldern, in deren Tiefen roter Eisenhut blüht, oder von Opiumfeldern mit ihren vollen weißen und graugrünen Kapseln, oder sie sind umgeben von niedrigen Bäumen, die, als ich sie zum ersten Mal sah, golden bestäubt, später dann kahl und bloß waren, als ich abreiste, und sich nun in buschige dunkelgrüne Maulbeerbäume verwandelt haben. Die Sonne am mild blauen Himmel schenkt eine milde Wärme. Und über allem liegt jener undefinierbare schwere Duft, der uns in Kariz empfing, getragen von einem zärtlich sanften Sommerwind.

Auf der anderen Seite des Mausoleums sind Stimmen zu hören. Dort ist eine Plattform, mit Blick zu den Bergen, wo ich mich hinsetzen wollte. Aber ein paar Mullahs haben sie schon okkupiert. Auf dem Boden sind Bücher ausgebreitet, und ein paar Novizen mit

spärlichen Bärten erhalten Unterricht, während zwei andere in der Nähe auf einem Mäuerchen sitzen und lesen. Ein mißbilligender Blick des rezitierenden Mullahs, dessen weißer Turban um eine spitz zulaufende, purpurrote Kappe gewickelt ist, fordert mich auf, Distanz zu wahren. Ich finde einen Platz gegenüber, in respektvoller Entfernung, von wo aus das hohe schwarze Portal und die große blaue melonenförmige Kuppel die versammelte Schar auf der Plattform ganz klein erscheinen lassen. Wie schade, daß sie so konzentriert lernen. Sonst hätte ich sie gefragt, warum sie sich ausgerechnet diesen Ort ausgesucht haben. Womöglich zu Ehren der hier Begrabenen? Und wenn ja, was wissen sie von ihnen? Noch im letzten Jahrhundert wurden hier Geschichten von Gouhar Schad erzählt.

Es ist nicht die Schönheit dieser Frau, die in diesen Geschichten erzählt wird, schon gar nicht ihr Mäzenatentum. Für die Heratis, die sie sechzig Jahre lang erlebten, war sie eine Persönlichkeit. In den Wechselfällen ihres Leben und in ihrem gewaltsamen Tod spiegelte sich ihre Epoche, in der Herat der Mittelpunkt eines Imperiums war, das sich vom Tigris bis nach Sinkiang erstreckte.

Man denkt an unsere Königinnen, Elizabeth und Victoria. Solche Frauen sind selten in den muslimischen Annalen. Vielleicht deshalb wurde Gouhar Schad, wie Mohun Lal feststellt, noch vierhundert Jahre nach ihrem Tod als »die unvergleichlichste Frau auf der Welt« bezeichnet. Die Timuriden indes, obschon Herrscher einer islamischen Gesellschaft, waren durch Geburt und Tradition Mongolen. Ihre Vorstellungen vom häuslichen Leben stammten aus China, diesem Paradies machtbewußter Frauen. Timurs

erste Frau stand ihrem Mann in den abenteuerreichen, schwierigen Anfangsjahren zur Seite. Und von Clavijo* wissen wir, daß später, während der glücklichen Tage in Samarkand, seine anderen Frauen und Schwiegertöchter unabhängig von ihren Männern rauschende Feste veranstalteten, bei denen sie die Männer gern betrunken machten. Gouhar Schad, Tochter eines Tschaghatayfürsten, zog es vor, sich, mongolischem Brauch entsprechend, mit ernsthafteren Dingen zu beschäftigen.

Ihr Vater war der Emir Ghiyas ad-Din, dessen Vorfahre das Leben Dschingis Khans gerettet hatte. Sie heiratete Schah Rukh, wahrscheinlich 1388, ganz sicher aber vor 1394, dem Geburtsjahr ihres Sohnes Ulugh Beg. Es war eine glückliche Ehe, wenn man den Herater Balladen glauben darf, in denen die Liebe besungen wird, die Schah Rukh seiner Gemahlin entgegenbrachte. Von ihren ersten vierzig gemeinsamen Jahren ist, bis auf Gouhar Schads Bauwerke, jedoch wenig bekannt. 1405 ließ sie beispielsweise die Moschee in Meschhed errichten. Im August 1419 besuchte sie das Bauwerk mit Schah Rukh, der die gelungene Ausführung lobte und eine goldene Lampe für das Mausoleum des Heiligen stiftete. Erst später tritt Gouhar Schad in den Vordergrund, zunächst als Gemahlin des alten Schah Rukh, dann als seine Witwe.

Meine Vermutung, daß dieses einzelne Minarett dort drüben Teil ihrer Schule gewesen sein muß, ist richtig. Eine Zeichnung, die Major Durand von der Grenzkommission im Jahr 1885 anfertigte, kurz vor der Zerstörung, zeigt die quadratisch angelegte Schule gleich neben der Musalla und dieses Minarett, das zum Hauptportal gehörte. So stelle ich mir vor,

* Ruy Gonzalez de Clavijo, zu jener Zeit spanischer Botschafter. (A. d. Ü.)

wie die königliche Gründerin und ihre zweihundert Hoffräulein zu jenem Inspektionsbesuch eintreffen, der so angenehme Folgen für die Schüler des Kollegs haben sollte. Weil zu befürchten stand, daß sich die Damen von ihren Gefühlen würden übermannen lassen, hatte man die Studenten fortgeschickt – nur einer war noch da, eingeschlafen auf seinem Zimmer, vielleicht ermattet von dem betörenden Duft, der auch damals in der Luft lag. Als der junge Mann aufwachte und aus seinem Fenster schaute, um festzustellen, woher die Stimmen kamen, erblickte er »ein Fräulein mit rubinroten Lippen«, das zu ihm eilte, sich aber »durch die Aufgelöstheit ihres Gewands und ihres Benehmens« verriet, als sie zur königlichen Entourage zurückkehrte. Um weitere derartige Zwischenfälle zu verhindern, beziehungsweise um sie offiziell abzusegnen, verheiratete Gouhar Schad ihre zweihundert Hofdamen mit den Studenten, denen der Umgang mit Frauen bislang verboten gewesen war. Jeden Studenten stattete sie mit Kleidung, Geld und einem Bett aus. Und sie verfügte, daß Mann und Frau einmal pro Woche zusammenkommen sollten, unter der Bedingung, daß der Mann gewissenhaft studiert. »All das«, fügt Mohun Lal brav hinzu, »tat sie, um dem zunehmenden Ehebruch ein Ende zu bereiten.«

Schah Rukh hatte acht Söhne, von denen Ulugh Beg, der älteste, und Baisunghar, der fünfte, ebenfalls Söhne von Gouhar Schad waren. Intellektuell erfüllten sie das Vermächtnis ihrer Eltern. Sie und ihre Mutter waren die wichtigsten Figuren der Renaissance. Ulugh Beg tauscht die Bühne Herats mit derjenigen Transoxaniens ein. 1419 machte ihn sein Vater zum Vizekönig von Samarkand, und zehn Jahre später besuchte ihn seine

Mutter, um seine neue Sternwarte zu besichtigen. Seine astronomischen Berechnungen ließen ihn eine Kalenderreform in Angriff nehmen und brachten ihm postume Ehrungen in Oxford ein, wo sie 1665 veröffentlicht wurden.

Baisunghar, der bei seinen Eltern in Herat lebte, spielte, abgesehen von seiner Funktion als Chef des väterlichen Kronrats, keine Rolle in der Politik. Er umgab sich mit Dichtern und Musikern und begeisterte sich nicht nur für die Architektur, wie seine Mutter, sondern auch für Malerei und die Herstellung von Büchern. Vierzig Kalligraphen, Buchbinder und Zeichner arbeiteten unter seiner Aufsicht. Er selbst galt als herausragender Kalligraph, und daß er diesen Ruf zu Recht genoß, beweist die Inschrift in Meschhed, die ich irgendwann einmal mit anderen seiner Arbeiten in der dortigen Bibliothek und im Saray von Konstantinopel vergleichen muß.

Wie so viele aus seiner Familie war auch dieser talentierte Prinz nicht imstande, zwischen den Genüssen des Geistes und des Körpers zu unterscheiden. Er starb 1433, aufgezehrt vom Alkohol. Vierzig Tage lang wurde getrauert, und eine riesige Menschenmenge säumte den Leichenzug, der von seiner Residenz, dem Weißen Garten, zur Schule seiner Mutter führte. Dort, im Innenhof, ließ Gouhar Schad ein Mausoleum errichten. Von der Schule existiert nur noch dieses eine Minarett. Aber wenn ich über die Felder blicke, sehe ich, daß das Mausoleum noch immer ein Ort theologischen Lernens ist und daß den glücklichen Studenten, die die Hofdamen Gouhar Schads heirateten, andere folgten, bis auf den heutigen Tag.

Gouhar Schad ging inzwischen auf die sechzig zu und hatte noch ein Vierteljahrhundert zu leben. Es

war ihre Liebe zu Baisunghars Sohn Ala ad-Daula, die sie dazu brachte, sich in die Politik einzumischen. Bis an das Ende ihrer Tage bemühte sie sich, ihn als Thronfolger zu etablieren, letztlich zu ihrem Unglück.

Mit ihrem einseitigen Engagement machte sie sich Feinde. Dazu zählte vor allem ihr zweiter Enkelsohn Abdullatif, Sohn Ulugh Begs, der in Herat am Hof seines Großvaters aufgewachsen war. Verärgert über Ala ad-Daulas Bevorzugung, begab er sich zu seinem Vater nach Samarkand, worüber Schah Rukh, der ihn abgöttisch liebte, untröstlich war. Gouhar Schad beschloß daher, um ihren alten Gemahl zu besänftigen, nach Samarkand zu reisen und Abdullatif zurückzuholen. Mitten im Winter reiste sie auf dem Weg, den wir morgen nehmen werden. Abdullatif hatte vielleicht Gründe für seine Flucht. Denn nachdem die alte Dame ihn heimgeholt hatte, überhäufte sie nunmehr Mohammad Joki, den jüngsten Sohn Schah Rukhs, mit ihrer Gunst, und zwar so sehr, daß er, wie Khondemir schreibt, vor Beschämung starb. Er wurde ebenfalls im Mausoleum beigesetzt.

Zwei Jahre später ereignete sich das Unglück, auf das sie hingearbeitet hatte. Sie überredete ihren Gemahl, ungeachtet seines geschwächten Zustandes, mit einem Heer nach Persien zu ziehen, und begleitete ihn persönlich. Schah Rukh war fast bis nach Schiras gekommen, als er beschloß, den Winter in Ray zu verbringen, unweit des heutigen Teheran. Und dort starb er am 12. März 1447 im Alter von neunundsechzig Jahren. Die erste Phase der Timuriden-Renaissance war vorbei. Denn die Künste können ohne politische Stabilität nicht gedeihen, und in den nächsten zwölf Jahren wurde Herat von zehn Herrschern erobert.

Die Anarchie erwies sich als unvorteilhaft für Gouhar Schad, sie war in die eigene Falle gegangen. Ala ad-Daula, der Enkel, der ihr Vertrauen hatte, saß in Herat. Abdullatif, der Enkel, dem sie mißtraute und den sie gezwungen hatte, auf den Feldzug mitzukommen, um ihn besser beobachten zu können, hatte sie nun in seiner Gewalt, woran er auch keinen Zweifel ließ. Er nahm ihr nicht nur alles Gepäck weg, sondern auch alle Tiere; so daß die Witwe, während der Leichnam des Königs in einer Sänfte nach Herat zurückgebracht wurde, ihm zu Fuß durch die endlosen Weiten Chorasans folgen mußte – »mit einem schlichten Leinentuch über dem Kopf und einem Stab in der Hand«, schreibt Khondemir. Aus dieser Lage errettete sie Ala ad-Daula, der Abdullatif verhaftete und ihn in die Zitadelle warf (dort, wo ich Probleme wegen des Kanonenparks bekommen hatte). Als Ulugh Beg davon erfuhr, der von Samarkand mit einer Armee losgezogen war, um ebenfalls Anspruch auf das Reich zu erheben, verzichtete er zugunsten von Ala ad-Daula auf seinen Anspruch, unter der Bedingung, daß sein Sohn freigelassen werde.

Einstweilen war Gouhar Schads Plan aufgegangen. Aber es kam zum Streit mit Ulugh Beg wegen der restlichen Punkte der Vereinbarung, so daß er seinen Vormarsch auf Herat fortsetzte. Dort erhielt er die Nachricht, daß usbekische Gruppen die Vororte Samarkands überfallen und viele seiner geliebten Kunstwerke zerstört hatten. Um sie zu ersetzen, schaffte er aus Herat viele Kunstschätze fort, darunter auch zwei Bronzetüren von Gouhar Schads Schule. Er nahm auch den Leichnam seines Vaters Schah Rukh aus dem Mausoleum und ließ ihn in Buchara beisetzen. Unterdessen grübelte Abdullatif über die vermeintliche Bevorzugung seines jüngeren Bruders durch den Vater nach – wiewohl er

ohne den Verzicht seines Vaters noch immer im Gefängnis gesessen hätte. Er zog von Balch über den Oxus, besiegte seinen Vater bei Schahrukhiya und ließ ihn von einem persischen Sklaven hinrichten. So starb Ulugh Beg am 27. Oktober 1449, der liebenswürdigste aller Timuriden und der einzige Wissenschaftler unter ihnen.

Sechs Monate später wurde der Vatermörder von einem Diener Ulugh Begs ermordet.

In den nächsten sieben Jahren herrschte Abulqasim Babur in Herat. Auch er war ein Sohn Baisunghars, und er schien mit seiner Großmutter in Frieden gelebt zu haben. Ihr Liebling war aber noch immer Ala ad-Daula, der jüngste Sohn Baisunghars. Und als Abulqasim 1457 starb, genau wie sein Vater an Trunksucht, mobilisierte sie ihre letzten Energien für ihren Urenkel Ibrahim, den Sohn Ala ad-Daulas.

Gouhar Schad war jetzt über achtzig. Im Juli desselben Jahres erschien Abu Said, der Urenkel Timurs und Vorfahr Baburs, vor Herat. Nur die Zitadelle hielt Ibrahim die Treue. Obwohl Abu Said den Angriff persönlich anführte, konnte er sie nicht einnehmen. Aus Zorn darüber und weil er glaubte, daß der Widerstand insgeheim von Gouhar Schad dirigiert werde, ließ er die alte Dame hinrichten.

Sie wurde in ihrem Mausoleum beigesetzt und ihr Grabstein mit der Inschrift »Die Bilkis ihrer Zeit« versehen. Bilkis heißt Königin von Saba.

Ein Jahr später wurden Ala ad-Daula und Ibrahim an ihrer Seite beigesetzt. Aber ein weiterer Urenkel, ebenfalls Abkömmling von Baisunghar, überlebte in der Person Yadgar Mohammads. 1469 lebte er bei Uzun Hassan, dem obersten Turkmenen-Fürsten der Ak-Koyunlu (»weiße Schafe«), als der von Abu Said

Mausoleum von
Gouhar Schad, Herat

angegriffen wurde. Der Angriff schlug fehl. Abu Said wurde gefangengenommen und von Uzun Hassan an seinen Gast ausgeliefert, einem Jüngling von sechzehn Jahren, der die notwendigen Befehle erteilte und sich in sein Zelt zurückzog. Die Hinrichtung Abu Saids wurde sofort vollstreckt. So wurde Gouhar Schad von den Nachkommen Baisunghars gerächt.

Es ist kalt. Die Sonne ist untergegangen. Die Mullahs haben sich mit ihren Schülern in das Innere zurückgezogen. Der Glanz ist von den blauen Minaretten und dem grünen Weizen verschwunden. Ihre Schatten sind verschwunden. Der magische Duft ist verschwunden. Der Sommer ist verschwunden, und in der Abenddämmerung kehrt der Frühling wieder zurück, kalt und ungewiß. Ich muß gehen.

Lebt wohl, Gouhar Schad und Baisunghar. Schlaft weiter unter der Kuppel, die Stimmen der lernenden Schüler bleiben bei euch. Leb wohl, Herat.

Moghor (ca. 1000 m, 180 km von Herat), 17. Mai. – Rauche die letzte von Wishaws Zigarren. Der gute Wishaw! Manchmal wünschte ich, ich wäre wieder in seinem sicheren und komfortablen Domizil, unter den schönen Kuppeln und den schönen fliederfarbenen Bergen. Aber unsere gegenwärtige Situation entschädigt durch Gras und sanfte Hügel. Und immerhin haben wir Kala Nao hinter uns gelassen, so daß wir, Christopher ebenso wie ich, jetzt in einem neuen Land sind.

Vor drei Tagen verließen wir Herat am frühen Nachmittag. Seyid Mahmud hatte uns noch eine Flasche Scherbet mitgegeben. In Karokh wuchs jetzt Gras

unter den Pinien, im Teich schwammen noch immer die Fische, gegen die Strömung, um sich nicht im Netz zu verfangen. Wir spielten mit dem Gedanken, hier zu übernachten, und angesichts der Schäfchenwolken am Himmel wäre das auch sinnvoll gewesen. Da wir aber, wenn wir tatsächlich blieben und es regnete, vermutlich mehrere Tage festgehalten würden, beschlossen wir, den Paß noch in der Nacht zu überqueren. Es war ein Risiko, und wenn mir jemand vor sechs Monaten gesagt hätte, daß ich dieses Risiko ein zweites Mal eingehen werde, hätte ich ihn als verrückt bezeichnet – und nicht mich.

Die Paßstraße, die uns mit dem Lastwagen so viel Mühe bereitet hatte, war in trockenem Zustand gut zu befahren. Wieder begrüßten uns die knorrigen Wacholderbäume und die grandiose Aussicht, wieder hingen Gewitterwolken über Turkestan. Das Schlimmste war nun vorbei, dachten wir, bemerkten dann aber, daß die Nordflanke der Berge noch immer naß war. Einen Kilometer weiter unten blieb der Wagen stecken.

Wir bekamen ihn auch mit vereinten Kräften nicht wieder frei, obwohl das Gefälle vielleicht dreißig Prozent betrug und der Kühler steil ins Tal zeigte. Das Auto saß auf einem Felsbrocken fest. Anderthalb Stunden versuchten wir, bis zu den Knöcheln im Schneematsch, die Felsbrocken wegzuräumen, doch das Auto sank nur noch tiefer ein. Bei Einbruch der Dämmerung kamen zwei Schäfer in weißen Umhängen mit ihrer Herde vorbei. Wir baten sie, uns zu helfen, doch aus Furcht vor den Wölfen wollten sie nicht bei uns bleiben. Einer ließ uns aber unaufgefordert sein Gewehr und zwei Patronen für die Nacht da.

Wir besprachen, was zu tun wäre. Jamshyd, unser Chauffeur, plädierte dafür, daß Christopher und ich ins

nächste Dorf laufen und Hilfe holen, er selbst würde mit dem Gewehr beim Auto bleiben. Christopher fand, daß wir alle ins Dorf gehen sollten. Ich wußte aber, daß es sieben Kilometer bis ins nächste Dorf waren, und gab zu bedenken, daß eine solche Strecke furchtbar langweilig wäre, daß die Bewohner des fraglichen Dorfes schon bei Tag wenig gastfreundlich seien und um so weniger, wenn man sie aus dem Schlaf reißen würde, und daß sie uns in jedem Fall erst am nächsten Morgen helfen würden, Christopher hielt es für Unsinn, anzunehmen, daß die Wölfe sich von den Scheinwerfern oder dem laufenden Motor würden abschrecken lassen, und war davon überzeugt, daß sie sich, wenn wir im Wagen blieben, durch die Seitenvorhänge beißen und uns mit Haut und Haar auffressen würden. Darauf erwiderte ich, daß wir, ob unsinnig oder nicht, im Wagen eine bessere Chance hätten als im Freien und daß ohnehin die Hunde im Dorf noch schlimmer seien als Wölfe. »Herrgott noch mal«, sagte ich, »wir steigen jetzt ein, trinken den Whisky und machen es uns gemütlich.«

So geschah es dann auch. Steppdecken und Schaffelle ersetzten unsere schlammdurchweichten Sachen. Die Sturmlaterne, die an einer Verdeckstrebe hing, beleuchtete unser Dinner, das aus kaltem Lamm und Tomatenketchup in der blauen Schüssel bestand, dazu gab es Eier, Brot, Kuchen und warmen Tee. Anschließend machte es sich jeder von uns mit einem Charlie-Chan-Kriminalroman in seiner Ecke bequem. Jamshyd, der vorne saß, nickte ein. Ich lauschte eine Weile dem Wind, der in den Wacholderbäumen rauschte, und einer Eule, die in der Ferne heulte. Dann schlief auch ich ein. Christopher, das Gewehr auf den Knien, blieb wach und vermutete bei jedem Rascheln einen Wolf oder Straßenräuber.

Um halb drei weckte er mich mit zwei Wörtern, die unheilvoller waren als jeder Wolf: »Es regnet!« Ein leises Geräusch auf dem Verdeck, das sich zu regelmäßigem Trommeln verstärkte. In der Frühe machte sich Jamshyd auf, um Hilfe zu holen.

Wir frühstückten, noch immer in unseren Decken, strichen Butter und etwas Herater Marmelade auf Brotstücke. Als wir aufsahen, erblickten wir einen Berittenen. Es war der Schäfer mit dem Gewehr. Wir gaben ihm seine Waffe und die Patronen zurück und bedankten uns. Er sagte kein Wort, verschwand einfach hinter den dunklen, regennassen Bäumen.

Jamshyd kam mit einem Trupp beturbanter Männer zurück, die wegen eines erwarteten Besuchs von Abdul Rahim losgeschickt worden waren, um die Straße zu reparieren. Es goß in Strömen. Wohin man auch sah, das ganze Gebirge war hinter einem Regenvorhang verschwunden. Es war, wenn überhaupt, noch viel schlimmer als im November. Damals war es unterhalb der Schneegrenze zumindest noch trocken gewesen. Doch nun, auf dem schmalen Felssims – die roten Zinnen über uns verschwanden in den Wolken, weiter unten tauchten ganze Berghänge aus den tiefhängenden Wolken auf –, setzte das Auto seine qualvolle Fahrt fort, es widersetzte sich so ziemlich jedem Steuerversuch, stand oft quer und immer hart am Abgrund. Einmal versperrte ein roter, durch den Regen losgelöster Felsbrocken die Piste, so daß wir eine kleine Rampe bauen mußten, um weiterzukommen. Schließlich erreichten wir das Zelt der Straßenarbeiter. Ab dort, sagten sie, sei die Straße gut – das heißt, frisch gegraben, denn das entspricht hier dem, was wir unter einem neuen Straßenbelag verstehen. Sie führte uns hinaus ins Freie, über Hänge, die nun mit Weideland bedeckt waren. Immer weiter

schlitterten und rumpelten wir durch den endlosen Regen, gruben das Auto alle fünfhundert Meter aus Furchen, die normalerweise ein halbes Dutzend Männer verlangt hätten, jetzt aber so rutschig waren, daß ein Spaten und unser kraftloses Schieben genügten.

Den größten Teil der Strecke ging ich zu Fuß, sah dabei Blumen im hohen Gras am Straßenrand, kleine rote Tulpen, winzige Iris, beige und gelb, eine purpurrote Zwiebelblume, die ich mir ins Knopfloch steckte, von wo mir ihr fauliger Fleischgeruch in die Nase stieg, Mohnblumen, Glockenblumen und eine merkwürdige Pflanze mit Blättern wie bei einer Tulpe, in der Farbe von hellrosa Pudding, deren eckige Blütenblätter kelchförmig wuchsen. Klee und Weizen standen noch so niedrig wie in England zu dieser Jahreszeit. Das Dorf Laman war schon zu sehen, als das Auto in einen Graben rutschte, aus dem wir es ohne Hilfe unmöglich herausbekamen.

In dieser Jahreszeit sah das Dorf sehr schön aus mit seinen schattenspendenden Pappeln, dem rauschenden Bach, den roten Felsen, auf denen grünes Gras wuchs. Ganz anders als damals im weißen Nebel eines Dezembermorgens. Christopher war schon vorausgegangen und sehr unfreundlich empfangen worden. Doch als ich ankam, hatte sich der Dorfvorsteher bereits telefonisch beim Gouverneur von Kala Nao über uns erkundigt. Er nahm uns gastfreundlich auf und machte mitten im Zimmer ein Feuer, an dem wir unsere Sachen trocknen konnten. Noch am selben Abend ließ uns der Gouverneur von Kala Nao durch einen Berittenen ein Pilau überbringen.

Heute morgen war nicht ein Wölkchen am Himmel. Wir ließen der Piste noch ein, zwei Stunden zum Trock-

nen und brachen dann auf, überquerten alle zehn Minuten den Fluß und mußten danach fast jedesmal die Lichtmaschine trocknen. Auf halbem Weg begegneten wir dem Governeur von Kala Nao auf seinem grauen Pferd, gefolgt von einer malerischen Entourage, an deren Ende ich den Sekretär erspähte, der so erpicht auf meinen Füllfederhalter gewesen war. Er sagte, er habe ein Zimmer für uns herrichten lassen. Wir lehnten dankend ab und sagten, daß wir am Abend noch Murghab erreichen wollten.

Das Tal öffnete sich. Auf den Wiesen standen die gleichen Zeltlager, deren Herden uns behinderten, deren Hunde uns anbellten und deren Kinder uns auslachten. Mir fiel auf, daß die Salukis noch immer so struppig waren. Das Gras, selbst hoch oben auf den Felsen, war gefärbt von zinnoberroten Mohnblumen, und der königsblaue Borretsch, der hier und da am Straßenrand wuchs, sah irgendwie künstlich aus, als wären beide aus Patriotismus gepflanzt worden. In Kala Nao tranken wir etwas Milch, verabschiedeten uns endgültig vom Fluß und fuhren durch eine sanfte Hügellandschaft, kamen gut voran und waren guter Hoffnung, vor Einbruch der Dunkelheit unser Ziel zu erreichen. Auf der Straße wimmelte es von Schildkröten, die Jamshyd als Hummer bezeichnete. Auch zwei Schlangen begegneten wir. Sie waren einen guten Meter lang, hellgrün und wahrscheinlich harmlos. Aber mit wahrem indischem Haß hielt Jamshyd an und ermordete sie gewissenhaft.

Dreißig Kilometer hinter Kala Nao kollidierte die Vorderachse mit einem Erdhügel. Wir spürten eine leichte Erschütterung, und dann gab der Motor seinen Geist auf.

Es folgte eine dieser unangenehmen, sorgenerfüllten Pausen, in denen wir schraubten und drehten, die Zündspule austauschten, in die Batterie pinkelten und alles auf Entladungen überprüften. Der Motor rührte sich nicht. Es dämmerte schon, niemand war mehr unterwegs, und diese Strecke war berüchtigt wegen räuberischer Überfälle. In diesem Moment bog ein blaubeturbanter Herr auf einem schwarzen, hochgewachsenen Pferd um die Ecke, begleitet von zwei Dienern, die Gewehre auf dem Sattel trugen. Einer hatte einen Bart, das Gesicht des zweiten war verschleiert.

»Wer sind Sie?« fragte der Anführer.

»Ich kenne den Herrn«, rief der Unverschleierte und zeigte auf mich. »Er war im Winter in Kala Nao und wurde dort krank. Ich hoffe sehr, Agha, daß Gott Ihnen Gesundheit geschenkt hat.«

»Ich bin bei guter Gesundheit, gelobt sei Gott. Ich erinnere mich an Sie. Sie stehen im Dienst des Gouverneurs von Kala Nao, Sie brachten mir zu essen, als ich krank war.«

Dieses gegenseitige Erkennen bewirkte, daß sich die beiden Gruppen vertrauensvoller näherten. Christopher erklärte unsere Lage.

»Mein Name ist Hadschi Lal Mohammad«, erklärte der Mann mit dem blauen Turban. »Ich bin Pistazienhändler. Ich hatte in Murghab zu tun und kehre jetzt wieder nach Indien zurück. Auf dieser Straße sollte man nach Einbruch der Dunkelheit lieber nicht unterwegs sein. Kürzlich wurde einem Mann hier die Kehle durchgeschnitten. Bis zum nächsten Robat ist es nur ein Farsakh. Wenn Sie auf den Pferden dieser beiden Herren mitreiten wollen, werden wir Sie dorthin bringen und die Leute bitten, Pferde für Ihren Chauffeur und das Gepäck loszuschicken.«

Wir saßen auf, und die beiden Diener mit ihren Gewehren stiegen hinter uns in den Sattel. Das verschleierte Rätsel legte die Arme auf meinem Bauch.

»Was halten Sie von ihm?« fragte Hadschi Lal.

»Ich weiß nicht, was ich von einem Mann halten soll, dessen Gesicht ich nicht sehen kann.«

»Haha, er ist sehr jung, aber ein ausgezeichneter Killer. Schon fünf Männer hat er umgebracht. Zu jung für so viele, finden Sie nicht?« Das verschleierte Rätsel kicherte und kitzelte mich in den Rippen.

»Ich nehme an, Sie sind Anhänger von Jesus«, sagte Christophers Sozius.

»Ja.«

»Und Sie waren vor drei Tagen in Herat?« fiel Hadschi Lal ein. »Dann können Sie mir sagen, wie der Wechselkurs von Kabuli und indischen Rupien steht. Und der Preis von Karakulis.« Damit waren Lammfelle gemeint.

»Sind Sie verheiratet?« fuhr er fort. »Wie viele Kinder haben Sie und wieviel Geld? Manchmal überlege ich, London zu besuchen. Wieviel kostet dort eine Nacht?«

»Das kommt darauf an«, sagte Christopher, »was für eine Sorte Nacht Sie sich vorgestellt haben.«

Das erinnerte Hadschi Lal an eine dringendere Angelegenheit. »Haben Sie Medikamente in Ihrem Gepäck?«

»Ja.«

»Geben Sie mir etwas? Ich möchte etwas, damit die Damen in Herat zufrieden mit mir sind.«

»Ich weiß nicht, ob wir solche Medikamente dabeihaben.«

Schweigend trotteten wir dahin.

»Ihr Wagen«, sagte Hadschi Lal nach einer Weile, »was ist das Problem mit Ihrem Wagen?«

»Das weiß ich nicht.«

»Wird er wieder fahren?«
»Das weiß ich nicht.«
»Was werden Sie machen, wenn nicht?«
»Weiterreiten.«
Wieder Schweigen.
»Würden Sie ihn verkaufen?« fragte Hadschi Lal.
Das war Musik in Christophers Ohren. Aber er ließ sich nichts anmerken.

Nach einstündigem Ritt erreichten wir den Robat Moghor. Robat ist die afghanische Bezeichnung für Karawanserei, wird aber auch als Entfernungsangabe verwendet, da an den Hauptverkehrswegen alle vier Farsakh beziehungsweise dreißig Kilometer ein solcher Robat liegt. Es ist der übliche Innenhof mit Ställen, über dem Eingang mehrere Zimmer. Brüstungen und Schießscharten dienen allerdings nicht dekorativen Zwecken, und die Tore werden früher geschlossen als in Persien.

Die Leute vom Robat fanden auch, daß die Landstraße zu dieser Tageszeit nicht der richtige Ort für Jamshyd und das Gepäck sei, und schickten Pferde los.

Moghor, 18. Mai. – Christopher hat Hadschi Lals Offerte angenommen. Er bietet etwa fünfzig Pfund für das Auto. Er selbst hat nur sechzig bezahlt. Einer der Männer ist nach Kala Nao geritten, um einen Teil des Geldes zu besorgen, der Rest wird in Säcken aus den umliegenden Dörfern herangeschafft. Unser Freund muß kreditwürdig sein. Zehn Pfund werden für das schwarze Pferd abgezogen, an dem Christopher einen Narren gefressen hat. Ich werde mir eines mieten, vielleicht finden wir später eine Mitfahrgelegenheit.

In einem Lastwagen mit Ziel Herat kam gerade der Sekretär des russischen Konsulats in Maimena vorbei. Als er unser Auto sah, das von Ochsen abgeschleppt wurde, ließ er anhalten und fragte, ob er helfen könne, was sehr nett von ihm war. Er sagte, daß von Maimena fast täglich Lastwagen nach Mazar-i-Scharif gingen.

Nachdem er weitergefahren war, kam ein Afghane ins Zimmer und redete mich mit »Towarisch« an. »Du lieber Himmel«, sagte ich, »bitte nicht diese Anrede. Ich bin Engländer.« Es dauerte eine ganze Weile, ihn davon zu überzeugen, daß nicht alle blonden Menschen Russen sind. Schließlich stellte sich aber heraus, daß er aus Rußland geflohen und auf die Bolschewisten nicht gut zu sprechen war.

In der Nähe des Robat ist ein Fluß, in dem wir abends unsere Teller wuschen. Da wir auf der anderen Seite ein Dorf gesehen hatten, fragten wir einen vorbeikommenden Burschen, ob er uns etwas Milch besorgen könne. Er könne, sagte er, benötige aber ein Gefäß, also gaben wir ihm unsere Thermoskanne. Aber statt loszugehen, blieb er mit großen Augen stehen, betastete den glitzernden Gegenstand, bis wir mit dem Abwasch fertig waren. Und als wir in den Robat zurückkehren wollten, lief er hinter uns her, nahm den Turban vom Kopf und überreichte ihn uns als Sicherheit für die Thermoskanne.

Später. – Jeder findet, daß Christopher übers Ohr gehauen wurde. Das Auto scheint hierzulande sehr viel mehr wert zu sein, als wir gedacht hatten. Den kuriosesten Teil des Geschäfts habe ich noch gar nicht erwähnt. Wir sollten Hadschi Lal nämlich ein Empfehlungsschreiben mitgeben, das ihm den Besuch

der öffentlichen Gebäude in Neu-Delhi erleichtern sollte. Ich habe mein Bestes getan, aber ich kenne niemanden in der dortigen Bauverwaltung.

Bevor man auf eine solche Reise geht, sollte man einen Erste-Hilfe-Kursus absolvieren. Gerade war ein Mann bei uns, der wegen eines verstauchten Daumens um Hilfe bat, ein anderer wegen Würmer. Wenigstens sollte man so tun, als könne man sie behandeln. Aber statt sich als Wunderheiler aufzuführen, wäre es schöner, wenn man wüßte, daß diese Leute geheilt werden.

Bala Murghab (500 m, ca. 60 km von Moghor), 20. Mai. – Vor sechs Tagen haben wir Herat verlassen. Wären wir morgens aufgebrochen und nicht erst am Nachmittag, wären wir wahrscheinlich noch am selben Tag hier angekommen.

Die Karawane, mit der wir in Moghor aufbrachen, bestand aus sechs Pferden – drei für das Gepäck, eines für mich, eines für den »Revolverhelden«, der uns begleitete, und Christophers Schwarzer. Letzterer erwies sich als bemerkenswerter Paßgänger, der abwechselnd die linken und rechten Beine in maschinengewehrartigem Tempo nach vorn warf. Wir verließen die Straße, ritten querfeldein über die Ebene, kamen in höher gelegenes Bergland, das noch immer grasbedeckt war, aber gesprenkelt mit Felsen und gelegentlichen Pistaziensträuchern, die ich für wilde Feigenbäume hielt, bis ich die Dolden der rötlichen Nüsse sah. Von dort oben warfen wir einen letzten Blick auf den Paropamisos, der sich hinter uns halb in Regenwolken versteckte. Vor uns, und näher, ragten die zentralen Gipfel des Band-i-Turkestan auf.

Davor erstreckte sich ein breites Tal, heiß und steinig, die Wüstenflora begegnete uns wieder, und ein einsamer Reisender, der uns von weitem sah, versteckte sich in einer Bodensenke, bis wir vorbeigeritten waren. Und während wir uns auf einen neuen Anstieg vorbereiteten, kam auf der anderen Seite des Tals ein Fluß in Sicht, der zu unserem Erstaunen direkt auf die Bergwand zufloß. Dies erklärte sich durch zwei steinerne Tore, jedes mit einem Wachturm bekrönt, die ihm einen Weg durch das Gebirge boten. Wir folgten ihm und gelangten über eine verfallene Brücke, von deren zwei Steinbögen einer weggespült und durch eine Holzkonstruktion ersetzt worden war, vom westlichen auf das östliche Ufer. Über diese Brücke geht auch die Straße, die den Fluß weiter südlich erreicht haben dürfte. Nach Ansicht des Russen, der uns in Moghor angesprochen hatte, sind Brücke und Türme von Alexander errichtet worden.

Der fragliche Fluß ist der Murghab, der im Hindukusch entspringt und sich in der Wüste bei Merw verliert. Hier war er so breit wie die Themse bei Windsor, aber die Strömung war stärker, er floß zwischen flachen Grasufern, die von Schilf und hellrosa Geißbart gesäumt wurden. Auf der anderen Seite waren schwarze Zelte über die grünen Hügel verstreut.

Da wir fast fünfzig Kilometer geritten und es bis Murghab noch fünfzehn waren, beschlossen wir, in einem Robat zu übernachten. Die Leute dort waren dumm und unfreundlich. Unser Zimmer war eine stickige Zelle, in der es von Fliegen wimmelte, was uns bewies, daß wir zu früh am Tag gekommen waren. Erleichtert brachen wir heute morgen wieder auf. Wir ließen das Tal endgültig hinter uns und kamen in

Schwarze Zelte am Murghab

eine kultivierte Ebene, die von grasgrünen, sanften Hügeln eingerahmt wurde. Hier war es viel wärmer. Das gestutzte Gras am Straßenrand hatte sich schon braun verfärbt, und das Getreide stand hoch, durchsetzt mit violetten Wicken. Doch auf einigen Anhöhen waren pflügende Bauern bei der Arbeit, vielleicht für eine zweite Ernte. Wie üblich sah die Stadt aus der Ferne wie ein Wäldchen aus, aber sobald wir sie betreten hatten, erinnerte sie mich an einen irischen Marktflecken. Die Türen der eingeschossigen Häuser liegen direkt zur Straße hin, so daß man, statt der üblichen nackten Mauern und Innenhöfe, flüchtige Eindrücke vom Leben im Innern gewinnt.

Hier beginnt Zentralasien. Tatarische Laute drangen an unser Ohr, Unterhaltungen schlitzäugiger und zottelhaariger Männer, die gestreifte und geblümte Kaftane trugen. Turkmenen in Fellmützen und roten Gewändern gingen umher, die meisten von ihnen Flüchtlinge, die über die nur dreißig Kilometer entfernte russische Grenze gekommen sind. In einem offenen Hof sahen wir eine Gruppe turkmenischer Frauen beim Essen, alle in verschiedenen Rottönen gekleidet, und mit ihren hohen Mützen, die sich hin und her bewegten, erinnerten sie an ein Beet mit Geranien und Bartnelken. Zu unserer Überraschung sahen wir auch einige Juden seelenruhig vor ihren Geschäften sitzen.

Unser Revolverheld brachte uns zum Haus des Gouverneurs, das in einem ummauerten Garten am Fluß steht. In der Nähe, auf einem Felsen über dem Wasser, thront die alte Festung, die heute als Sitz einer kleinen Garnison dient. Von dort bis zum Garten ist das Flußufer gesäumt von Maulbeerbäumen, unter

denen die Männer sitzen, plaudernd, lesend, betend, sich waschend und ihre Pferde weidend. Christopher gesellte sich mit seinem Schwarzen zu ihnen.

Der Gouverneur war beim Essen, lud uns aber sofort ein, seine Gäste zu sein. Wir haben ein Zimmer hinter dem Büro seines Sekretärs. Er soll siebzig Jahre alt sein, hat einen langen weißen Bart und genießt hohes Ansehen, weil er die Straßenräuberei bekämpft. Einige der Banditen stiefelten auf der anderen Seite des Gartens in Fußfesseln umher, sie machten einen durchaus unbeschwerten Eindruck. Er scheint die Würde eines Erbkhans innezuhaben und vielleicht der letzte Vertreter dieser zahlreichen unabhängigen Herrscher zu sein, die zwischen Oxus und Hindukusch regierten, bis der Emir Dost Mohammad vor achtzig Jahren ihre Herrschaftsgebiete dem afghanischen Staat einverleibte. Sein Sohn, der wie ein spanischer Aristokrat aussieht und Reitstiefel trägt, einen Jagdanzug, steifen weißen Kragen und einen Turban, verwegen über einem Auge, nimmt die Ehrenbezeugungen der Leute wie ein Kronprinz an. Die ganze Atmosphäre mutet patriarchal an. Ständig kommen Turkmenen, Tadschiken und Usbeken beiderlei Geschlechts den Garten herauf, um am Fenster des Sekretärs ihr Anliegen vorzubringen.

Ein schwarzer Labrador-Retriever und ein dubioser Spaniel laufen ebenfalls im Garten herum, beides russische Züchtungen.

Maimena (900 m, ca. 160 km von Murghab), 22. Mai. – Turkestan!

Seit drei Tagen lese ich Proust (und stelle fest, daß sich Details zügellos und infektionsartig in dieses Tagebuch einschleichen). Seine Schilderung, welch

hypnotisierende Wirkung der Name *Guermantes* auf ihn hatte, erinnerte mich daran, wie mich der Name *Turkestan* hypnotisierte. Es begann im Herbst 1931. Die Wirtschaftskrise war in vollem Gang, die Stimmung in Europa unerträglich düster, man fragte sich, ob der Kommunismus die Lösung sei, und der einzige Ausweg schien mir eine Villa in Kashgar zu sein, in der mich die Post nicht erreichen würde. Ich erkundigte mich in der London Library, der Bibliothek der Central Asian Society und der School of Oriental Studies; architektonisch und historisch schien das russische Turkestan, obschon abgelegen, mehr zu bieten als das chinesische. Ich gab Kashgar auf, freundete mich mit einem russischen Botschaftssekretär an, stellte eine mögliche Expedition zusammen und fuhr nach Moskau, um die Genehmigung einzuholen. Umsonst. In jedem Ministerium wurde mir entgegengehalten, daß ich nach Buchara fahren könne, sobald man russische Wissenschaftler, ja auch nur einen einzigen Teeverkoster nach Indien lasse. 1932 besann ich mich auf den ursprünglichen Plan, stellte eine zweite Truppe auf und bat das India Office, die Straße über Gilgit in Richtung Kashgar befahren zu dürfen. Dieser Antrag, der mir übrigens einen kuriosen Einblick in die Art der Angaben gestattete, die dem India Office von Indienreisenden anvertraut werden, wurde nach Delhi und Peking weitergereicht. Doch bevor die Antwort kam, stürzte die Regierung in Kashgar, in Sinkiang brach ein Bürgerkrieg aus, und die Straße über Gilgit wurde für Reisende gesperrt. Es gab noch ein drittes Turkestan, ein afghanisches. Dafür wurde nun eine dritte Expedition zusammengestellt, die es aber im letzten Moment vorzog, Studien über die Eignung von Holzkohle als Motorkraftstoff zu betreiben. Ich versuchte es allein,

hatte Pech, probiere es nun ein zweitesmal und male mir Erfolgschancen aus. Die Provinzgrenze haben wir zwar schon passiert, aber bis nach Mazar ist es noch mehr als die Hälfte der Strecke.

Als Proust seiner Herzogin tatsächlich begegnete, war sein Bild von ihr erschüttert. Er mußte sich ein zweites erschaffen, das der Frau und nicht dem Namen entsprach. Mein Bild hat sich bestätigt, verstärkt. All das Fremdartige und Romantische, das in dem Wort Turkestan steckt, hat sich in den letzten beiden Tagen bewahrheitet. Schon ein ganzes Kapitel des Geschichtsbuchs hat sich dem inneren Auge übertragen. Dieses Glück verdanke ich der Jahreszeit. Proust war enttäuscht von Madame de Guermantes' Erscheinung. Wir haben Turkestan in der ganzen Pracht des Frühsommers vorgefunden.

Drei Automobile standen im Garten des Gouverneurs in Murghab: die leblose Karosserie eines grauen Ford-Coupés sowie zwei neue, dunkelrote Vauxhalls, geschlossene Limousinen. Als es regnete, wurden sie mit Planen abgedeckt. Am frühen Morgen nach unserer Ankunft fuhren der Gouverneur und sein Sohn in den beiden Vauxhalls nach Merutschak an der russischen Grenze. Wir blickten melancholisch auf den Motor des Ford, dessen Einzelteile auf den Gemüsebeeten lagen, und bestellten Pferde.

»Wenn Sie wollen, kann ich Sie im Auto nach Maimena bringen«, sagte ein persischer Junge namens Abbas, der aus einem Gebüsch gerade den Kühler hervorzerrte. »In einer Stunde fahren wir los.«

Die Wahrscheinlichkeit, in diesem Fahrzeug mehr als fünf oder sechs der noch verbleibenden hundert-

fünfzig Kilometer zurückzulegen, erschien uns dermaßen gering, daß wir keine der üblichen Vorkehrungen trafen. Wir bereiteten keinen Proviant vor, verzichteten darauf, und sei es nur aus Höflichkeit gegenüber dem Fahrer, die Ersatzteile zu zählen, und trugen sogar unseren sogenannten Sonntagsstaat. Das Gepäck wurde hinten bis unter das Dach verstaut. Als Christopher und ich vorn einstiegen, gab das Chassis ein gutes Stück nach, als wären wir die Schwiegermutter in einem Slapstick. Abbas drehte die Kurbel, plötzlich flog sein Arm in die Höhe, der nunmehr zusammengebaute Motor erzeugte ein ohrenbetäubendes Geknatter, und schon schossen wir über die Blumenbeete des Gouverneurs, während Abbas eilends die Verfolgung aufnahm und gerade noch rechtzeitig das Lenkrad zu packen bekam, um uns durch das Gartentor zu manövrieren. Auf der Hauptstraße stoben die Leute auseinander. In einer Minute hatten wir die Stadt durchquert und fuhren ein einsames Tal entlang. Das Gepäck fiel aus den offenen Fenstern. Der Kühler, der Fontänen in den Himmel schoß, neigte sich erst der Erde zu, kippte dann nach hinten über den Motor, verhedderte sich im Gebläse, bis wir ihn mit unserer Bettzeugkordel festzurrten. Das Geräusch des Motors bekam etwas Apokalyptisches, er klapperte und zischte ohne jeden Rhythmus, bis er schließlich mit einer letzten ohrenbetäubenden Kanonade seinen Geist ganz und gar aufgab, woraufhin Abbas uns mit dem Gesichtsausdruck eines Dirigenten anstrahlte, der am Ende einer umjubelten Symphonie den Taktstock niederlegt. Ein mitfühlender Knall, wenn auch leicht verspätet, verriet uns, daß der Reifen rechts hinten ebenfalls Pause machen wollte. Wir hatten fünfzehn Kilometer zurückgelegt.

Ein Ersatzrad gab es nicht. Abbas las die Reifenfetzen auf und holte irgendwoher Flickzeug hervor, während Christopher und ich, in unverändert festem Vertrauen auf die schützende Hand des Schicksals, uns in einiger Entfernung in unseren Anzügen auf dem Gras ausbreiteten. Die nachmittäglichen Schatten wurden schon länger. Nun mußte nur noch der Motor wiederbelebt werden, doch das geschah recht schnell mit ein paar wahllosen Hammerschlägen, so wie man ein Kind schlägt, und wir sprangen gerade noch rechtzeitig hinein. Allmählich wurde uns klar, daß die Känguruhsprünge unseres Autos, das zwar nicht so komfortabel war wie der alte, dahingleitende Chevrolet, uns auf einer Straße voranbrachten, die der Chevrolet nie und nimmer geschafft hätte.

Das Tal, das wir entlangfuhren, war etwa drei Kilometer breit. Westlich von uns verlief ein Fluß in einem Einschnitt. Auf beiden Seiten des Tals stiegen rosafarbene Hügel an, deren weiche, grüne Umrisse, sanft abgerundet und vom Wetter poliert, so glänzten wie die Flanken eines Pferds; die westlichen Hänge fielen kurz vor dem Talboden steil ab und trafen dort als nackte Felsen auf, an denen die grüne Vegetation keinen Halt fand. Goldgrüne Weiden bedeckten Tal und Hügel, die so üppig waren, daß man fast glauben konnte, sie seien eigens angesät worden. Doch die Getreidefelder, zu denen wir dann kamen, waren im Vergleich dazu eigentümlich dünn. Dieser herrliche Landstrich, in dem kein Steinchen Pflug oder Saatkorn behinderte, war kaum bewohnt.

Auch auf der Straße fand sich kein einziges Steinchen. Als wir das Tal verließen, bestand die Piste, die nun nicht mehr in nördlicher, sondern in nordöstlicher Richtung verlief, bloß aus zwei Fahrrinnen, die sich, zu

diesem Zweck gegraben, durch die Talsenken wanden. Das Gras, das aus der Ferne so eben ausgesehen hatte, war voller Löcher und Erdhaufen, und jede Erschütterung drohte uns zu vernichten. Aber unmerklich verringerte sich die Entfernung nach Maimena, und wir waren etwa sechzig Kilometer weit gekommen, als Abbas beim Anblick von zwei Erdsäulen am Straßenrand vorschlug, hier zu übernachten, obwohl seine Scheinwerfer nichts zu wünschen übrigließen. Da wir fanden, daß wir das Schicksal für diesen einen Tag schon genug herausgefordert hatten, willigten wir ein.

Ein Pfad führte von diesen beiden Säulen über mehrere Brücken zu einem einsamen Haus in einem Pappelhain. Der Besitzer, ein mittelgroßer Mann in weißem Gewand und weißem Turban, kam heraus und begrüßte uns, sein Lächeln, eingerahmt von einem dunkelbraunen buschigen Bart, hatte die Unschuld eines Kinderlächelns. Er führte uns in einen mit Teppichen ausgelegten Raum, der ein Schiebefenster hatte, einen Kamin und viele alte Bücher in einer Nische über der Tür. In einer anderen Nische stand eine Schale mit Rosenblüten, es roch wie in einem englischen Salon. Kinder schleppten das Gepäck herbei. Andere brachten Tee hinaus ins Freie, wo wir im Gras saßen und die kühlen, verschlungenen Schatten zwischen den grünen, goldschimmernden Hügeln betrachteten, über denen abrupt die lila Gipfel des westlichen Hindukusch aufragten.

Bis zum Abendessen trafen Reiter aus den benachbarten Dörfern ein, um ihre Leiden behandeln zu lassen. Einer hatte Fieber, ein anderer eine entzündete Nase, die man ihm zur Strafe zerschnitten hatte, einer klagte über Kopfschmerzen und morgendliches

Erbrechen, einer hatte, seit einem Jahr, auf dem ganzen Rücken einen Ausschlag, der nach Syphilis aussah, aber was konnten wir für ihn schon tun. Wir verteilten Aspirin, Chinin und Salben, unseren kompletten Vorrat, und gaben uns nun bewußt als Wunderheiler, sagten, daß die Medizin, zumindest im Fall der Entzündungen, nur wirke, wenn die betreffende Stelle wiederholt mit abgekochtem Wasser gewaschen werde – jawohl, abgekochtem Wasser, flüsterten wir, als handelte es sich um Krötenleber. Heute morgen hatten sich noch mehr versammelt.

Nach dem Frühstück ging ich im Pappelhain spazieren. Sperlinge zwitscherten in den Baumkronen. Unter den Zweigen war es schattig und feucht, es roch nach englischem Wald, daß mich Heimweh überkam. Dann begleitete uns unser Gastgeber auf einem Rundgang durch seinen ummauerten Garten, einen Weinberg mit Aussichtsturm in der Mitte, auf dem er sitzt und die Aussicht genießt und beobachtet, wer vorbeikommt. In einer feuchten Ecke wuchsen üppige blutrote Rosen, von denen er uns jeweils einen Armvoll pflückte.

Wir fragten, ob wir für die Unterkunft bezahlen dürften, zumindest aber für das Essen. »Nein«, sagte er. »Mein Haus ist kein Kaufmannsladen. Außerdem haben Sie den Leuten Ihre Medikamente geschenkt.«

»Er ist ein Heiliger«, erklärte Abbas, als wir wegfuhren. »Er bewirtet alle Reisenden, die hier auf dieser Straße vorbeikommen. Deshalb hat er diese Dinger aufgestellt« – er zeigte auf die Erdsäulen –, »damit man sein Haus erkennt. Der Ort heißt Kariz.«

Das ganze Auto duftete nach Rosen, als wir die Grenze nach Turkestan überquerten.

Die Straße war nun wieder frisch gegraben, bot aber fürchterliche Hindernisse auf dem Weg durch die Berge. Wir überquerten zwei Flußbetten, hundert Meter breit, spielten Reise nach Jerusalem mit den Steinen. Die Böschung des ersten führte so steil aufwärts, daß wir mit fünfzig Stundenkilometern rückwärts ins Wasser polterten. In jedem Einschnitt hatte der Regen mächtige Risse in der weichen Erde hinterlassen. Schließlich waren wir wieder auf dem alten Reitweg, der von keinerlei Ansätzen straßenbaulicher Verbesserungsmaßnahmen zeugte. Er überfiel uns vielmehr mit einem richtigen Loch, in das der Ford wie ein Tennisball fiel und wieder heraussprang.

Zwanzig Kilometer vor Maimena, in der Ebene von Buchara-Kala, hielten wir an einem Teich und einer Baumgruppe, um einen Steinhuhnkampf zu beobachten. Die Zuschauer standen im Kreis, die Vögel wurden aus ihren Weidenkäfigen freigelassen, doch einer riß nach einer Weile aus, zwängte sich durch unsere Beine, entfloh in die Landschaft und wurde von uns allen verfolgt. Auf der Straße war jetzt mehr Betrieb. Die meisten Männer ritten auf kleinen Jagdpferden, die wie Kreuzungen von chinesischen und arabischen Rassen aussahen. Mit ihren bunten Turbanen, ihren Rauschebärten, den geblümten Gewändern, den eingerollten Teppichen hinter sich konnte man sie für Figuren in einer Timuriden-Miniatur halten, wenn nicht die Gewehre gewesen wären, die sie auf dem Rücken trugen. Es gab auch viele Tiere, Schlangen und Schildkröten, indische Eichelhäher, bunt wie Eisvögel, die aus ihren Löchern flatterten, als wir vorüberritten, und eine Art Bodeneichhörnchen, von hellbrauner Farbe, dessen buschiger, nur fünf Zentimeter langer Stummelschwanz sehr gut zu einem Land

ohne Wälder paßte. Vor Maimena war das Hügelland stärker kultiviert, und überall dort, wo der Pflug vorgedrungen war, wuchsen Mohnblumen, oft bis hinauf zum obersten Rand eines jeden grünen Walls, und selbst das Goldgrün der Gipfel war scharlachrot getupft.

Der Gouverneur von Maimena hatte sich nach Andkhoi begeben, aber sein Stellvertreter bewirtete uns zunächst mit Tee, russischem Gebäck, Pistazien und Mandeln und führte uns dann zu einer Karawanserei am großen Basar, einem toskanisch anmutenden Gebäude, von Holzbögen umgeben, in dem wir jeweils ein Zimmer haben, Teppiche, so viele wir wollen, kupferne Schüsseln zum Waschen und ein bärtiges Faktotum in hochhackigen Stiefeln, der sein Gewehr beiseite gelegt hat, um beim Kochen zu helfen.

Es wird ein besonderes Essen sein. In diesem Land der Fülle überkommt uns Wohlbehagen. Schüsseln mit Milch, Pilau mit Rosinen, Fleischspieße, gut gesalzen und gepfeffert, Pflaumenmarmelade und frisch gebackenes Brot wurden bereits vom Basar herbeigeschafft. Wir steuern ein paar Leckereien aus unserem eigenen Bestand bei, Tütensuppe, Tomatenketchup, Pflaumen in Gin, Schokolade und Ovomaltine. Der Whisky dürfte noch eine Weile reichen. Aber in der Bibliothek sind leider nur noch Klassiker. Ich lese jetzt Thukydides in Crawleys Übersetzung, während Christopher sich wieder unseren arg zerfledderten Boswell vorgenommen hat.

Wir haben auch *The Gates of India* dabei, ein Werk von Sir Thomas Holdich, das einen Überblick über die Erforschung Afghanistans bis 1910 gibt und die Reise von Moorcroft beschreibt, der 1825 in Andkhoi starb. Auf Seite 440 heißt es: »Die Bücher Moorcrofts (dreißig

Bände) wurden aufgefunden, eine Aufstellung ihrer Titel würde jeden modernen Reisenden überraschen, der auf leichte und bequeme Ausrüstung schwört.« Wenn man bedenkt, daß er fünf Jahre unterwegs war, überrascht mich eher, daß er nur so wenige Bücher mitführte. Leicht und bequem! Man kennt diese modernen Reisenden, diese wichtigtuerischen Präfekten und langweiligen Pseudowissenschaftler, die von Versammlungen bedeutungsloser Amtsträger entsandt werden, zu prüfen, ob Sanddünen singen und Schnee kalt ist. Sie verfügen über unbegrenzte Geldmittel, staatliche Unterstützung jedweder Art, sie durchdringen noch die entlegensten Winkel des Erdballs und stellen fest, daß Sanddünen singen und Schnee kalt ist. Und was beobachten sie sonst noch, was die Menschheit bereichert?

Nichts.

Überrascht das? Für ihre körperliche Gesundheit wird gesorgt, sie bringen sich in Form, sie gehorchen Vorschriften, um sich abzuhärten, und sind beladen mit Medikamenten, die sie wieder gesund machen, wenn sie infolge dieses Abhärtungsprozesses zusammenbrechen. Aber niemand denkt an ihre seelische Gesundheit und daran, wie wichtig dies für eine Reise sein kann, die der Forschung dient. Ihr leichtes und bequemes Gepäck enthält Nahrungsmittel für einen Wolkenkratzer, Instrumente für ein Schlachtschiff und Waffen für eine Armee. Ein Buch darf es nicht enthalten. Ich wünschte, ich wäre so reich, daß ich einen Preis für vernünftiges Reisen ausschreiben könnte: zehntausend Pfund für denjenigen, der als erster die Reise Marco Polos unternimmt und dabei pro Woche drei Bücher liest, und noch einmal zehntausend Pfund, wenn er außerdem täglich eine Flasche Wein

trinkt. Dieser Mensch wäre vermutlich imstande, uns etwas über seine Reise zu erzählen. Vielleicht ist er ein geborener Beobachter, vielleicht auch nicht. Zumindest aber würde er offenen Auges reisen und es nicht für erforderlich halten, die Ergebnisse in packende Geschichten zu kleiden, die nicht passiert sind, und in Erkenntnisse, die so flach sind wie ihr Jargon.

Damit will ich nur sagen, daß ich, wenn ich statt des Thukydides noch ein paar Kriminalromane und statt des lauwarmen Whiskys ein paar Flaschen Bordeaux hätte, wahrscheinlich für immer hier bliebe.

Maimena, 24. Mai. – Der Hof unseres Robat verwandelt sich morgens in einen Marktplatz. Wir werden geweckt von Pferdegetrappel, dem Abladen von Stoffballen und Gefeilsche in Persisch und Turksprachen. Unter unserem Balkon wogt ein Meer von Turbanen, weiß, tiefblau, rosa und schwarz, manche flach und breit, manche eng anliegend und kürbisförmig, manche nachlässig um den Kopf geschlungen, als wären sie gerade aus der Mangel gekommen. Diese Händler sind mehrheitlich Usbeken, adlergesichtig, graubärtig, alle in langen Mänteln aus Chintz oder Seide, mit Blumenmustern oder Streifen oder jenen großen knalligen Effekten in Rot, Purpur, Weiß und Gelb, die früher in Buchara hergestellt wurden und heute als altmodisch gelten. Die Lederstiefel sind vorn gebogen wie ein Kanu, haben hohe Absätze und sind am oberen Schaftende bestickt. Außerdem drängen sich auf dem Basar: Afghanen aus dem Süden, persisch sprechende Tadschiken, Turkmenen und Hazara. Die Turkmenen kommen aus der Oxus-Region und unterscheiden sich

von den westafghanischen Stämmen durch die Kopfbedeckung: statt der schwarzen Fellmütze tragen sie eine spitz zulaufende Lammfellkappe mit braunem Pelzbesatz, der, wie wir hören, aus dem Fell des *sag-abi* (Wasserhund) gemacht wird – ist das ein oxanischer Otter? Die mongolischstämmigen Hazara gehen auf Timurs Armeen zurück und leben hauptsächlich in den Bergen, angeblich in großer Armut. Diejenigen, die wir hier gesehen haben, sehen wohlhabend aus, wohlgestalte Leute mit schönen, ovalen Gesichtern chinesischen Typs, sie tragen bestickte Jäckchen, wie sie vor hundert Jahren in der Levante üblich waren. Einzelne exotische Gestalten bahnen sich einen Weg durch die Menge: ein Hindu-Kaufmann, ein Derwisch mit einer lebenden, anderthalb Meter langen giftigen schwarzen Schlange um den Hals, ein kleiner Mann in grobem Leinenanzug und schwarzer Stoffmütze, der russische Konsul. Die Frauen sind, wie üblich, unsichtbar, aber die jungen Mädchen tragen Saris und Nasenschmuck nach indischer Art. Selbst die Soldaten passen ins Bild. Heute morgen marschierte ein Regiment durch den Basar, knochige, schauerliche Gestalten, wenn sie keinen Turban tragen; doch in fast jedem Gewehr steckte eine Rose. Vielleicht war Nur Mohammad unter ihnen. Es gibt hier eine große Garnison, zu der er zurückkehren wollte, als ich mich an jenem Morgen in Kala Nao von ihm verabschiedete.

Architektonisch hat die Stadt nichts zu bieten. Ihre einzige Sehenswürdigkeit ist eine verfallene Festung. Im Innern erhebt sich ein Erdhügel, auf dem früher Bauwerke gestanden haben müssen, wie die Ziegelhaufen beweisen. Heute ist dort nur noch ein einzelnes Heiligengrab zu sehen.

Vor der Stadt, am Ende des Basars, erstreckt sich vor einer Linie von Pappeln am Horizont eine große Wiese, die wie ein englisches Kricketfeld aussieht. Jeden Abend spielt hier eine Blaskapelle vor der Villa des Oberbefehlshabers, einem eingeschossigen Lehmhaus hinter einer Rosenhecke. In den Teehäusern an der Straße spielt jemand Gitarre. Die Männer setzen die Gläser ab und singen leise ein melancholisches Lied. Ein Bach treibt eine kleine Mühle an, unter einer Platane am Ufer hat sich eine Schar weißer Tauben versammelt. In der Ferne spielt wieder die Kapelle.

Männer mit Rosen zwischen den Lippen schlendern über das Gras, um den Ringern zuzuschauen. Jeder Ringer trägt ein Käppchen und behält den langen Mantel an, hat sich aber ein rotes Tuch um die Hüfte geschlungen, damit der Konkurrent ihn packen kann. Bevor der Kampf zu Ende ist, wird ein Steinhuhnkampf bekanntgegeben, und die Männer bilden nun einen Ring um die Vögel. Schließlich entwischt einer, woraufhin alle Zuschauer, junge und alte gleichermaßen, dem Tier mit gerafftem Gewand aufgeregt hinterherlaufen.

Gegen das Dunkel eines nahenden Gewitters erleuchtet der blaßorangefarbene Sonnenuntergang die grünen Hügel, die silbrigen Pappeln, die sich im Wind wiegen, und die bunten Gewänder der sportbegeisterten Bevölkerung.

Andkhoi (400 m, 120 km von Maimena), 25. Mai. – Wir haben einen Lastwagen gemietet, der uns nach Mazar-i-Scharif bringen soll. Es ist ein neuer Chevrolet, dessen Zubehör, Starter, Tachometer usw. funktionieren. Wir breiten unsere Sachen auf den Sitz-

bänken aus, Proviant, Wasserflaschen, Fotoapparate, Bücher und Tagebücher, das schwere Gepäck wird auf dem Dach verladen. Der Chauffeur ist ein Inder, ein Peschawari, folglich überaus ehrerbietig, aber er stottert, und wenn er und Christopher gemeinsam stottern, geht die Unterhaltung nur sehr langsam voran. Begleitet werden wir außerdem von unserem gestiefelten Kater aus Maimena mit seinem Gewehr und zwei Turkmenen, von denen der eine wie ein Gardeoffizier aussieht, der andere wie ein etruskischer Apoll.

Zum Reisen trägt der gestiefelte Kater eine braune Lammfellmütze, einen Kaftan aus schwarzem Filz und Pluderhosen aus demselben Material, die vorne nicht zugeknöpft sind. Er trägt zwar noch eine zweite Hose darunter, aber die Wirkung ist verblüffend. Er heißt Ghapur.

Von Herat nach Maimena verlief die Straße meist in nordöstlicher Richtung. Ab Maimena ging es in nördlicher Richtung weiter, ein Tal entlang, wie man es in Wiltshire findet, die Dörfer lagen in dichter Folge an einem kleinen, namenlosen Fluß, der sich durch Gärten und Felder schlängelte, in diesem Fall Maulbeer- und Aprikosenhaine, blaßblaue Flachsfelder. Nach Faizabad, dem größten Dorf, waren die Berge nicht mehr so hoch, der Boden war ausgedörrt, die Luft wärmer; wir schlingerten nun auf einer Sandpiste dahin. Vor uns öffnete sich ein flacher Horizont, ein unangenehm heißer Wind schlug uns entgegen, und der Himmel wurde bleiern. Wir hatten die Oxus-Ebene erreicht und ahnten die Nähe des Flusses, siebzig Kilometer entfernt, so wie man das Meer ahnt, bevor man es sieht. Schließlich erblickten wir einen flachen Hügel mit einem häßlichen Backsteinbungalow

darauf, zu dem eine von gelben Gipslöwen bewachte steile Treppe führte. Hier fanden wir den Gouverneur von Maimena, einen hünenhaften Mann mit Brille, kleinem schwarzen Bart und femininer Stimme, dem wir einen Brief von Schir Ahmad übergaben.

»Ja«, sagte er, »von hier bis Mazar ist das Land völlig erschöpft, aber in der Nähe des Dscheihun wird es wieder grün.« So nannte er den Oxus – Amu Darya, die von uns verwendete Bezeichnung, war ihm nicht bekannt. Er gab Anweisung, daß wir in Andkhoi untergebracht werden sollten, drei Kilometer weiter.

Andkhoi ist das Zentrum des Lammfellhandels. Im Basar, in dem es auch reichliche Vorräte an russischem Benzin und galvanisierte Eimer gab, sahen wir, wie die Häute in einer Lösung aus Gerste und Salz behandelt, zum Trocknen auf den Dächern ausgebreitet und zum Transport in Ballen gestapelt werden. Der Direktor berichtete, daß die hiesigen Juden nach Herat ausgewiesen worden seien, um den Handel aus der Hand von »Ausländern« zu befreien. Die Herden gehörten meist Turkmenen. Felle aus Andkhoi seien die besten, solche aus Akcha fast ebenso gut, diejenigen aus Mazar, wo die Mutterschafe drei, vier Wochen später ihre Jungen werfen, nicht so gut. Jedes Jahr schicke er einen Lakh Felle (7500 Stück) nach London.

Christopher fragte ihn, ob er welche kaufen könne. Beste Qualität, natürlich. »Diese Qualität hier«, sagte der Mann und griff nach einem Fell, das gerade mal für zwei Puppenmanschetten gereicht hätte, »kostet siebzig Afghani (£ 1.15 s.). Beste Qualität, sagen wir für eine anständige Mütze, kostet Hundert. Aber davon bekommen wir nicht viel.«

Es ist Freitagabend, die Leute feiern den Festtag an Tischen unter den Maulbeerbäumen vor dem Basar. Ich sitze dabei und schreibe, trinke Whisky mit Schnee und warte auf ein Pilau.

Mazar-i-Scharif (360 m, 190 km v. Andkhoi), 26. Mai. – Ich muß gestehen, unsere Ankunft gestern abend war ein feierlicher Moment für mich. Im August letzten Jahres war ich mit zwei Hoffnungen zu meiner Reise aufgebrochen: ich wollte erstens die Bauwerke Persiens sehen und zweitens diese Stadt erreichen. Beides war nicht übermäßig schwierig, es hat nur einige Zeit gedauert.

Um fünf Uhr morgens verließen wir Andkhoi. Als wir kurz nach Sonnenaufgang eine Schafherde sahen, baten wir den Fahrer anzuhalten, und gingen hinüber, auf dem spärlich bewachsenen, ausgedörrten Weideland, das für besonders dicht gelocktes Fell sorgt. Der Schäfer, ein Usbeke, wollte erst nichts mit uns zu tun haben, da er uns für Russen hielt. Später entschuldigte er sich für seine unhöfliche Begrüßung mit der Erklärung, die Russen hätten ihm vor drei Jahren sechzigtausend seiner besten Schafe gestohlen, so daß wir uns fragten, ob die vertriebenen Juden eventuell an einer solchen Transaktion beteiligt gewesen waren. Seine Herde bestand aus zwei Sorten, Karakulis, die das feinere Fell geben, und Arabis. Der Mann fing einen Widder von der einen und ein Muttertier von der anderen Sorte und zeigte uns, wie man die beiden Rassen am Schwanz unterscheidet. Beides sind Fettschwanzschafe. Während die Arabis einen runden oder nierenförmigen Schwanz haben, baumelt bei den Karakulis ein Gehänge in der Mitte.

Usbekischer Schäfer

Wenig später stießen wir auf ein Turkmenenlager. Die Männer waren abwesend, aber die Hunde attackierten uns, und da die Frauen sie nicht zurückriefen, mußten wir uns zwanzig Minuten lang bemüht furchtlos zeigen, bis sich die zähnefletschenden Bestien schließlich zurückzogen. Zwei alte Hexen, wahrscheinlich Witwen, kamen herbei, um uns zu begrüßen. Sie trugen weite, häßliche Gewänder aus graublauem Sackleinen und die hohe Kopfbedeckung. Die jüngeren Frauen, die Abstand wahrten, waren ein wunderbarer Anblick, wie sie in hellrot-weißen Gewändern zwischen den schwarzen Bienenkörben hin und her eilten, schamhaft verborgen hinter langen safrangelben Schleiern, die von ihren hohen rosaroten Hüten fielen. Diese Schleier sind oft wie Mäntel geschnitten. Später kamen wir an einigen Frauen vorbei, auch sie in Rot gekleidet, das Gesicht umrahmt von kornblumenblauen, blumenbestickten Schleiern.

Ich näherte mich einer Mutter mit zwei Kindern, die sofort in eine Kibitka flüchteten, woraufhin ich mich einer jüngeren Frau von wunderbarer Statur zuwandte, die ein Baby in den Armen hielt. Sie setzte es hinter einen Binsenschirm auf die Erde, nahm einen Stock, zog damit einen Kreis in den Sand und kam wie ein mittelalterlicher Ritter mit zornerregtem Gesicht auf mich zu. Ihre Beschimpfungen hatten einen Unterton, der mir unangenehm war, als wollte ich die Abwesenheit ihres Mannes schamlos ausnutzen. Die beiden alten Hexen feixten. Aber unser Beschützer, ein neuer Mann, der uns seit Andkhoi begleitete, schämte sich und sagte, daß Afghanistan so sei. Er trug einen modernen europäischen Mantel und bediente sich ständig aus einem silbernen Schnupftabakgefäß mit rubingeschmücktem Deckel.

Eine Kibitka war leer, ein Gästehaus vielleicht, und wir konnten sie gefahrlos inspizieren. Der untere Teil der Zeltwand war innen mit einem geflochtenen Weidengitter, außen mit Bastmatten verkleidet. Der Filzstoff war über einen Bugholzrahmen gespannt, oben in der Spitze war eine Art runder Korb eingesetzt, der als Rauchabzug diente. Unter dem Korb hing eine Girlande aus schwarzen Troddeln. In einem massiven Holzrahmen saßen verzierte Doppeltüren. Auf dem Boden lagen Filzdecken, an Mobiliar gab es kunstvoll geschnitzte und bemalte Truhen. Der Gesamteindruck war alles andere als ungepflegt oder nachlässig. Beim Verlassen des Lagers sahen wir dem Abbau einer Kibitka zu. Das zusammengelegte Zeltgestell glich einem Haufen dünner Skier. Doch der wagenradgroße Kaminkorb schwankte unsicher auf dem Rücken des Kamels.

Es war ein unangenehmer Tag, schwül und bleiern. Oxanien wirkte auf mich so farblos und vorstädtisch wie Indien. Ein Stück grünes Weideland bei Khoja Duka lockte uns, wieder anzuhalten, eine Herde Zuchtstuten mit ihren Fohlen zu beobachten, unter denen ein knochiger alter Hengst von etwa eins sechzig herumsprang, was für diese Gegend groß ist. Eine Horde zerlumpter Kinder, die auf einem Mäuerchen saßen, erinnerte Christopher an Sledmere. Dann kamen wir nach Schibargan, einem verfallenen Ort, der von einer Festung überragt wird. Von dort zweigt eine Straße in südlicher Richtung nach Saripul ab. Unweit von Saripul war Ferrier ein sassanidisches Felsrelief aufgefallen. Sagt er. Wir haben zwischen Maimena und Andkhoi aber keine Bestätigung dafür erhalten, und Ferrier ist viel zu unzuverlässig, als daß wir uns einfach so auf die Suche gemacht hätten.

Akcha war lebendiger. Wir sahen einen Eiskremwagen unterhalb der Festung, dessen Besitzer uns für das Mittagessen einen Tisch auf den Lastwagen packte und einen Eimer Schnee zum Kühlen unserer Getränke brachte.

Hinter Akcha bekam die bleierne Landschaft etwas Aluminiumfarbenes, bleich und tödlich, als hätte die Sonne seit Jahrtausenden alles Lebendige aufgesaugt. Denn wir waren nun in der Ebene von Balch, und Balch, so heißt es, ist die älteste Stadt der Welt. Die paar Bäume, die fontänenartigen Grasbüschel zeichneten sich fast schwarz vor dieser Farbe ab. Hin und wieder sahen wir ein reifes Gerstenfeld und Turkmenen, bis zur Hüfte nackt, die das Korn mit Sicheln schnitten. Aber es war nicht braun oder golden, kündete nicht von Ceres, von Fülle. Es schien vorzeitig weiß geworden zu sein, wie das Haar eines Verrückten – schien seine innere Kraft aufgebraucht zu haben. Und in diesen bewirtschafteten Totenhemden, erst nördlich, dann südlich der Straße, erhoben sich die verwitterten, grauweißen Umrisse einer untergegangenen Architektur, Erdhügel, regenzerfurcht und sonnengebleicht, ermatteter als jede andere menschliche Schöpfung, die ich gesehen habe: eine gewundene Pyramide, eine spitz zulaufende Terrasse, Zinnen, ein sich duckendes Monster, alles Vertraute der baktrischen Griechen und von Marco Polo, der später kam. Sie hätten längst verschwunden sein sollen. Doch die Sonne hat die Beharrlichkeit des aschfarbenen Lehms wachgerufen und auf diese Weise einen unauslöschlichen Funken der Erscheinungsform konserviert, wie ihn kein römischer Wall und kein grasbewachsener Hügel kennt, einen Funken, der

weiterflackert in einer helleren Welt, müde, wie nur ein verhinderter Selbstmörder müde sein kann.

Doch allmählich wurde das Land grüner, Weiden bedeckten die gnadenlose Erde, die Bäume wurden zahlreicher, und plötzlich ragten grobe, verfallene Mauern vor uns aus dem Boden und besetzten den Horizont. Nach ein paar Schritten fanden wir uns in einer weitläufigen Metropole voller Ruinen wieder, die sich in nördlicher Richtung erstreckte. Südlich der Straße war das leuchtende Grün der Maulbeerbäume, der Pappeln und der stattlichen Platanen Balsam für die Augen, denen sich das ungeheure Alter der Landschaft schmerzhaft eingebrannt hatte. Wir waren in Balch, der Mutter aller Städte.

Angesichts der Ruinen, die mehr oder weniger seit Dschingis Khan in diesem Zustand sind, bemerkte unser Beschützer: »Es war schön hier, bis die Bolschewiken diesen Ort vor acht Jahren zerstört haben.«

Nach einem weiteren Kilometer erreichten wir den bewohnten Teil der Stadt, einen Basar, Läden, Sarays und eine Straßenkreuzung. Hinter den Bäumen im südlichen Teil erhob sich eine schlanke Rippenkuppel, mondlichtblau gegen die grünen Weiden und das schieferfarben drohende Gewitter über dem Hindukusch. Wir gingen näher, während der Fahrer nach Zimmern suchte, und als wir heraustraten auf einen weiten offenen Platz, sahen wir zu unserem Erstaunen unseren Freund, den Gouverneur von Maimena. In seiner Nähe stand ein Europäer, dessen polierte erbsenförmige Glatze ihn als Deutschen auswies. Vier Soldaten standen auf der einen Seite, etliche Offiziere und Sekretäre auf der anderen. Dazwischen, vor einem Zelt,

vor dem Teppiche ausgebreitet lagen, hielt der Deutsche einem würdevollen Mann mit Pelzmütze, sauber gestutztem schwarzen Bart, offenem Krickethemd und drei Füllfederhaltern in der Brusttasche einen Lagevortrag.

Dieser Mann, dem ich vom Gouverneur von Maimena vorgestellt wurde, war Mohammad Gul Khan, der Innenminister von Turkestan. Er war aus Mazar gekommen, um sich über den Wiederaufbau der Stadt zu informieren. Pflöcke steckten in der Erde, und zwischen der Fassade des überkuppelten Schreins und dem verfallenen Bogen einer Schule gegenüber sind bereits die ersten Häuser abgerissen worden. Der Deutsche erklärte uns, er sei seit drei Jahren in Afghanistan und seit sechs Monaten in Mazar, wo er sich als Mädchen für alles um Brücken, Kanäle, Straßen und das gesamte Bauwesen kümmere.

Das Gewitter näherte sich. Mohammad Gul meinte noch, daß der beklagenswerte Zustand der Straße hoffentlich nicht allzu schlimm für uns gewesen sei, bestieg sein Automobil und fuhr davon. Da er ein Hotel in Mazar erwähnt hatte, in dem wir uns gewiß wohl fühlen würden, beschlossen wir, ihm zu folgen, statt in Balch zu übernachten. Bis Mazar waren es noch gut zwanzig Kilometer. Die Sintflut und die Dunkelheit brachen über uns herein, als wir die Hauptstadt erreichten.

»Wo ist das Gasthaus?« fragten wir und verwendeten dabei die übliche persische Bezeichnung.

»Kein Gasthaus, sondern Hotel. Hier entlang.«

In der Tat. Jedes Zimmer hat ein eisernes Bettgestell mit Federkernmatratze sowie ein dazugehöriges gekacheltes Badezimmer, in dem wir uns mit Wasser aus einer Kanne waschen und die Füße an einer Matte abtrocknen, auf der BATH MAT steht. Im Speisesaal

wartet ein langer Eßtisch, der mit englischem Besteck und Fingerschalen gedeckt ist. Das Essen ist persisch-afghanisch-anglo-indisch im jeweils schlechtesten Sinn. Die Toilettentüren lassen sich nur von außen verschließen. Ich wollte den Hoteldirektor darauf aufmerksam machen, doch Christopher gefallen sie, und er findet, sie sollten so bleiben.

Wir bezahlen siebeneinhalb Shilling pro Tag, was für hiesige Verhältnisse nicht wenig ist. Nach der Aufregung des Personals zu urteilen, müssen wir die ersten Gäste sein, die hier je gewohnt haben.

Mazar-i-Scharif, 27. Mai. – Diese Stadt verdankt ihre Existenz einem Traum.

In der Zeit von Sultan Sanjar, der in der ersten Hälfte des zwölften Jahrhunderts herrschte, gelangte ein indischer Bericht nach Balch, daß sich das Grab von Hazrat Ali, dem vierten Kalifen, unweit von Balch befinde. Dies wurde von einem der dortigen Mullahs bestritten, der, wie die meisten Schiiten noch heute, glaubte, daß Ali in Nadschaf auf der arabischen Halbinsel begraben liege. Daraufhin erschien Ali diesem Mullah im Traum und bestätigte den Bericht. Das Grab wurde gefunden, und Sultan Sanjar ließ einen Schrein darüber errichten, der im Jahr 1136 fertiggestellt wurde und den Kern der heutigen Stadt bildet.

Dschingis Khan zerstörte diesen Schrein. 1481 wurde das Bauwerk auf Anordnung von Hussein Baikara, der im Jahr zuvor einen Feldzug in Oxanien unternommen hatte, durch einen neuen Schrein ersetzt. Mazar, fortan ein Pilgerort, verdrängte allmählich die fiebergetränkten Ruinen von Balch als wichtigste Stadt der Provinz, so wie Meschhed die Stadt Tus in Chorasan verdrängte.

Schrein des Khoja Abu Nasr Parsa, Balch

Von außen ist von Hussein Baikaras Bauwerk nicht viel zu sehen. Die beiden Flachkuppeln, die auf ein inneres und ein äußeres Heiligtum verweisen, legen die Vermutung nahe, daß hier die Musalla von Gouhar Schad kopiert werden sollte. Die Außenmauern wurden im vergangenen Jahrhundert völlig renoviert, mit neuen Fliesen in einem groben geometrischen Mosaik, weiß, hellblau, gelb und schwarz. Und auch seit Niedermayers Besuch wurde noch einiges hinzugefügt. Die italienischen Balustraden aus türkisfarbener Keramik auf den Hauptbrüstungen sind auf seinen Fotografien nicht zu sehen. Gleichwohl ist das ganze Ensemble nicht unschön. Man könnte es als Mittelding zwischen dem Markusdom in Venedig und einem blaugefliesten elisabethanischen Landhaus bezeichnen.

Vor dem großen Schrein stehen die Ruinen von zwei kleineren. Ihre Kuppeln sind eingestürzt, aber beide Tamboure weisen noch Mosaikfelder auf, die wegen übertriebener Verwendung eines rosafarbenen Ockers nicht sehr schön sind. Wie das Mausoleum in Herat, enthält der östliche Schrein eine Innenkuppel, eine flache Zwischenstruktur, die auf der Galerie im Tambour ruht. Darüber sind noch immer die leicht gekrümmten Stützpfeiler zu sehen, die die äußere Kuppel trugen.

Wie in Meschhed wurden auch hier die Häuser rings um das Heiligtum abgerissen, so daß es schon von weitem zu sehen ist und die Blickachse mehrerer Straßen abschließt. Überhaupt wurde die gesamte Stadt in der letzten Zeit verschönert. Der Basar ist neu und weiß getüncht, die Dächer ruhen auf Säulen, so daß Licht und Luft eindringen können. In der neuen Stadt, wo sich das Hotel und die Behörden befinden, sind die Straßen mit hübsch gemauerten Gehsteigen

versehen. Der Verkehr verteilt sich auf indische Gharrys mit Segeltuchdach und russische Droschken mit dem hohen Holzjoch über dem Nacken des Pferds. Nach Murghab und Maimena haben wir das Gefühl, wieder in Kontakt mit der Außenwelt zu stehen, und bedauern, nicht länger in diesen Orten geblieben zu sein. Doch es wäre kindisch, zu leugnen, daß die Stadt durch diese Maßnahmen gewonnen hat. In unserem Hotel fühlen wir uns jedenfalls wohl.

Unser geplanter Abstecher zum Oxus scheint nicht erwünscht zu sein. Der Gouverneur und der Mudir-i-Kharija sind gegenwärtig in Haibak, so daß wir mit dem Stellvertreter des letzteren vorliebnehmen müssen, einem arroganten Grünschnabel, der sich unsere Vorschläge geringschätzig anhörte, aber offenkundig keine Entscheidungsbefugnis hat. Wir müssen den Wesir, wie Mohammad Gul hier genannt wird, um Unterstützung bitten.

Mazar-i-Scharif, 28. Mai. – Vor dem Hotel liegt ein öffentlicher Park, in dem Bartnelken, Löwenmäulchen, Stockrosen und Nachtkerzen wachsen. Zwischen den Beeten sind kleine Bänke aufgestellt und die beliebten Binsenmatten ausgelegt, auf denen Leute sitzen und zu Musikklängen Tee trinken. Es gibt zwei Orchester. Das eine steht in der Sonne, mehrere alte Männer mit Blechblasinstrumenten; sie kennen drei europäische Melodien und werden begleitet von zwei jungen Männern, die hinter ihnen mit Triangel und Trommel den Takt schlagen. Das andere, mit Gitarre, verschiedenen Trommeln und einem kleinen Harmonium, sitzt ermattet auf einem Podium unter einem Baum und spielt indische Musik. Wir hören in unseren Zimmern

mit, deren Terrassentüren auf eine Veranda hinter dem Garten hinausgehen.

Nachmittags, wenn sich die Wolken an den Bergen versammeln, senkt sich eine überwältigende Mattigkeit herab. Das Zimmer wird von Fliegen und einer stickigen Hitze erfüllt. Bei dem Geräusch gluckender Steinhühner träume ich von einem englischen Septembernachmittag, bis mir einfällt, daß sie auf den Beginn eines Kampfes warten. Warum diese Wolken? Es ist heiß, aber der Sommer hätte schon vor sechs Wochen beginnen sollen. So ein Jahr hat man hier noch nie erlebt. Nach dem Regen, der in der Nacht unserer Ankunft fiel, wird die Straße nach Kabul einen Monat lang unpassierbar sein; bei Haibak ist ein ganzes Dorf in die Schlucht gestürzt. Wenn wir von hier aus weiterreiten, was erforderlich sein könnte, müssen wir im Freien kampieren, aber bislang waren wir so faul, daß wir uns, bis auf zwei Moskitonetze, noch nicht um eine Ausrüstung gekümmert haben. Das Hauptproblem bei einer solchen Reise ist das Wasser, da die Halssyphilitiker, die es hier zahlreich gibt, vorzugsweise in die Brunnen spucken.

Unsere Hoffnungen, den Oxus zu sehen, haben einen weiteren Dämpfer erhalten.

Der Muntazim des Hotels, ein dicker und unsympathischer älterer Mann, betätigt sich als Aufpasser. Heute morgen folgte er uns, als wir in Mohammad Guls Büro vorsprachen und erfuhren, daß der Wesir bis elf Uhr schlafe. Um elf folgte er uns abermals dorthin. Der Wesir schlief noch immer. In der Hitze folgte er mir dann keuchend und schwitzend zum Telegrafenbüro, und je mehr er keuchte, desto schneller ging ich. Der Muntazim-i-Telegraf, von dem mir sein Kollege in Herat berichtet hatte, erklärte mir, er habe vor lauter

Anstrengung, Russisch sprechen zu müssen, sein ganzes Englisch verlernt – ein Russe war gerade in seinem Büro. Er empfahl mir, den Doktor aufzusuchen. Unterwegs zum Krankenhaus sprang ich in eine Droschke und ließ den Muntazim-i-Hotel auf der Straße stehen. Seinen Bericht über meine Unternehmungen wird wohl der Kutscher vervollständigen müssen.

Der Doktor, Abulmajid Khan, der in Cambridge studiert hat, erwies sich als reizender und kultivierter Mensch, dessen natürliche Zurückhaltung, so selten bei Indern, bald zu Liebenswürdigkeit aufblühte. Er ist seit acht Jahren hier, und als er mein überraschtes Gesicht sah, erzählte er, daß er seinen Dienst im indischen Gesundheitswesen wegen eines Zwischenfalls im Zusammenhang mit der Boykottbewegung quittieren mußte. Er sprach recht wehmütig von dieser jugendlichen Unvorsichtigkeit, die das Ende seiner Karriere bedeutet hatte, und fügte hinzu, daß die Bewegung tot sei, als wollte er damit andeuten, daß der Einsatz, der ihn so teuer zu stehen gekommen war, einer verlorenen Sache gegolten hatte. In seiner Stimme lag jedoch keine Verbitterung und auch nicht dieser peinliche Trotz, den indische Nationalisten gegenüber Engländern oft an den Tag legen. Ich versuchte, ihm zu vermitteln, ohne dabei anbiedernd zu wirken, daß die Nationalisten meine Sympathie besäßen und die von sehr viel mehr Engländern als noch vor zehn Jahren. Auch über Afghanistan sprach er frei von Verbitterung. Er liebt die Menschen und seine Arbeit, was ihn von den anderen Indern unterscheidet, die ich hierzulande kennengelernt habe.

Seine Arbeit ist nicht leicht. Für das Krankenhaus stehen ihm jährlich zehntausend afghanische Rupien

zur Verfügung, das entspricht zweihundertfünfzig Pfund Sterling. In einem schattigen Garten voll zwitschernder Vögel stehen zwei, drei flache Bettenbungalows. Sie sahen primitiv, aber sauber und ordentlich aus. Grauer Star, Steine oder Syphilis sind die hauptsächlichen Krankheiten.

Ich erzählte dem Doktor von unserem Wunsch, den Oxus zu sehen, und von unseren Versuchen, Mohammad Gul zu sprechen. Er meinte, die Schlafkrankheit, die jenen befallen habe, sei nur ein höflicher Hinweis, daß er über diese Angelegenheit nicht mit uns sprechen wolle. Auf meine Frage, was wir denn noch unternehmen könnten, schlug er vor, dem Wesir einen Brief auf englisch zu schreiben, allerdings so gewunden formuliert, daß er die übersetzerischen Fähigkeiten des Muntazim-i-Telegraf übersteige. In diesem Fall werde einer der hiesigen indischen Händler vorgeladen, der ein gutes Wort für uns einlegen könne.

Dieser Vorschlag führte zu folgendem Ergebnis:

Seine Exzellenz Mohammad Gul Khan,
Innenminister von Turkestan

EXZELLENZ,

da wir aus eigener Erfahrung wissen, daß Ihr Tag schon für das öffentliche Wohl viel zu kurz ist, haben wir uns, in Anbetracht der Tatsache, daß sich der Wali und der Mudir-i-Kharija in Halbak aufhalten, nach langem Zögern erlaubt, Ihnen eine unbedeutende persönliche Anfrage zu unterbreiten.

Die Reise, die uns von England nach Afghanisch-Turkestan geführt hat und deren Mühsal und Strapazen durch den Anblick Ihrer menschenfreundlichen Verwaltung schon dreifach gelohnt wurden, haben wir vor allem deswegen unternommen, um mit

eigenen Augen den Amu Darya zu sehen, diesen Strom, der in Geschichte und Literatur als Oxus berühmt und das Thema eines gefeierten englischen Gedichts aus der erhabenen Feder Matthew Arnolds ist. Heute, nach siebenmonatiger Vorfreude, sind wir nur noch vierzig Meilen von seinen Ufern entfernt.

Da uns der Sekretär des Mudir-i-Kharija darüber in Kenntnis gesetzt hat, daß für die Reise dorthin eine besondere Genehmigung erforderlich ist, ersuchen wir hiermit um eine solche Erlaubnis für uns, und wir sind überzeugt, daß Sie nicht der Versuchung erliegen werden, der natürlichen Neugier gebildeter Menschen ein politisches Motiv zu unterstellen.

Der Umstand, daß andere, weniger kluge Personen diesem Irrglauben erliegen mögen, ruft uns in Erinnerung, daß Afghanistan und Rußland nicht die einzigen Länder auf der Welt sind, die einen gemeinsamen Grenzfluß haben. Wir erlauben uns die Bemerkung, daß ein Afghane, der Frankreich oder Deutschland bereist, keiner Vorschrift begegnen wird, die es ihm versagt, die Schönheiten des Rheins zu bewundern.

Allerdings gibt es Länder, in denen das Licht des Fortschritts noch nicht durch die Nacht mittelalterlicher Barbarei gedrungen ist und der ausländische Besucher gewärtigen muß, daß ihm aufgrund eines unangebrachten Mißtrauens Hindernisse in den Weg gelegt werden. Während unseres Aufenthaltes in Persien tröstete uns jedoch der Gedanke, daß wir bald in Afghanistan sein würden und uns vor einem Haufen eitler und hysterischer Frauen zu einem aufrechten und mannhaften Volk würden retten können, das gefeit ist gegen lächerliche Besorgnis und diese

Freiheit, die es zu Recht für sich fordert, bereitwillig auch Fremden zugesteht.

Hatten wir recht? Und werden wir auch nach der Rückkehr in unsere Heimat erklären können, daß wir recht hatten? Die Antwort, Exzellenz, liegt bei Ihnen. Gewiß, wir werden vom Hotel in Mazar-i-Scharif berichten, das über allen Komfort verfügt, den man in den großen Metropolen des Westens kennt, von einer Stadt, auf deren Modernisierungsmaßnahmen selbst London neidisch wäre, von Basaren, in denen es alle Errungenschaften der Zivilisation zu kaufen gibt. Aber sollen wir dann hinzufügen, daß Ihre Hauptstadt zwar alles besitzt, was den Besucher erfreut, die bedeutendste, die einzigartige Attraktion der Provinz ihm freilich vorenthalten wird? Daß, kurzum, wer nach Mazar-i-Scharif kommt, als Spion, als Bolschewik, als Ruhestörer behandelt wird, wenn er darum bittet, die Gestade jenes Flusses betreten zu dürfen, an dem Rustam einst kämpfte? Wir sind der Überzeugung, Exzellenz, daß Sie, besorgt um den guten Ruf Ihres Landes, derlei Feststellungen mißbilligen würden. Wir glauben auch, daß dies nicht nötig sein wird, wenn Sie diesen Brief gelesen haben.

Wir hatten ursprünglich gehofft, von Patta Hissar aus den Fluß entlang nach Hazrat Imam zu reiten. Sollte dies unratsam sein, wären wir zufrieden, von hier aus einfach nach Patta Hissar und zurück zu reiten oder zu fahren. Uns liegt nur daran, einen Blick auf den Oxus werfen, und zu diesem Zweck wäre uns jeder Ort recht, wenn Sie einen anderen vorschlagen. Patta Hissar haben wir nur deshalb erwähnt, weil es der nächstliegende Ort ist und man von dort aus die Ruinen des antiken Termez auf dem gegenüberliegenden Ufer sehen kann.

Wir bitten um Vergebung, Euer Exzellenz mit einem so langen Brief in einer fremden Sprache behelligt zu haben, und verbleiben

etc. etc.

Die Abfassung dieses grotesken Schriftstücks bereitete uns fast zuviel Vergnügen. Mohammad Gul muß dümmer sein, als er aussieht, wenn er sich in seiner Eitelkeit davon täuschen läßt.

Mazar-i-Scharif, 29. Mai. – Der Brief hat immerhin eine Reaktion bewirkt. Eine negative.

Es sieht so aus, als wäre Mohammad Gul in diesem Fall nicht einfach unfreundlich. Es geht um hohe Politik, und die besagt, daß Ausländer, die den Oxus besuchen wollen, in Kabul eine Genehmigung beantragen müssen. Mohammad Gul könnte also, selbst wenn er wollte, uns nicht ohne einen Briefverkehr ziehen lassen, der einen Monat beanspruchen würde, da die Telegrafenverbindung in Haibak unterbrochen ist. Außerdem gibt es noch ein lokales Hindernis. Im letzten halben Jahr haben größere Banden von Turkmenen aus Rußland den Oxus überquert und sich im Dschungel auf dem Südufer niedergelassen. Allein schon ihre Gesetzlosigkeit würde einem Ritt nach Hazrat Imam entgegenstehen. Sie könnte auch bolschewistischen Agenten als Deckung dienen, die es für ihre Pflicht halten, zwei Engländer am Erkunden des Grenzgebiets zu hindern. Dieser letztgenannte Grund könnte von überbordender Phantasie zeugen, wenn er nicht den Informationen entspräche, die wir in Meschhed erhielten.

Nach Meinung des Doktors, der vor einigen Jahren in Taschkent war und dort nicht besonders freundlich aufgenommen wurde, wird uns nichts entgehen, wenn wir Patta Hissar nicht sehen, das aus zwei Zelten besteht, einem für den Zollbeamten und einem für den Grenzwächter. Früher gab es ein paar Gebäude, die jedoch vom Hochwasser weggerissen wurden. Der Doktor findet aber auch, daß ein Ritt nach Chayab oder Hazrat Imam interessant wäre. Wir kämen durch eine wunderschöne Landschaft, die für Fasane bekannt ist, allerdings gibt es dort keine Tiger, wie ich angenommen hatte.

Trotzdem hätte ich die Ruinen von Termez gern gesehen. Nach Yates Beschreibung müssen sie vom Südufer aus sehr eindrucksvoll aussehen. Es gehört auch ein frühes Minarett dazu, das von Sarre geschildert wird. Aber es ist wohl genau Termez, das wir nach Ansicht dieser Agenten nicht sehen dürfen. Die Eisenbahn von Buchara endet dort, und der Ort wird von einem Regiment aus dem europäischen Rußland gehalten. Es ist das Peschawar von Russisch-Turkestan.

Die russischen Truppen stehen nicht zum Vergnügen am Oxus. Als Amanullah gestürzt wurde, marschierten sie tatsächlich nach Afghanistan ein. Es war keine richtige Invasion, aber doch Grund genug für die Bemerkung unseres Aufpassers in Balch. Die ganze Truppe bestand aus etwa dreihundert Mann, drei Geschützen und einer kleinen Sanitätseinheit. Zeitweilig waren sie im Fort von Dehdadi eingeschlossen, einer großen befestigten Anlage, die uns an der Straße von Balch nach Mazar aufgefallen war, weil sie nicht zerfallen, sondern in einem guten Zustand war. Dort wurden die Russen von Scharen von Turkmenen belagert, die sie in Schach hielten, indem sie ihre

Geschütze von einer Brüstung zur anderen schafften. Doch die Turkmenen, angeblich mehr als 20000 Mann, kämpften unerschrocken.

Man kann sich vorstellen, welche Hysterie die Regierung von Indien erfaßt haben muß, als sie von diesem Einfall hörte, auch wenn die Russen, soweit ich sehe, nur das taten, was wir alljährlich in der Nordwest-Provinz tun: Stammesunruhen ersticken, bevor sie die andere Seite der Grenze erreichen. Bei entsprechender Gelegenheit hätten die russischen Truppen gewiß in Amanullahs Interesse gehandelt, so wie die unseren, unter ähnlichen Bedingungen, im Interesse König Nadirs gehandelt hätten. Aber das eigentliche Problem ist klar. Wenn die Afghanen ihr Haus nicht in Ordnung halten können, werden die Russen das im Norden für sie tun, so wie wir es im Süden tun. Das haben sie seinerzeit demonstriert, und im letzten November, als ich in Herat war, wären sie bereit gewesen, es abermals zu demonstrieren. Kein Wunder, daß die Afghanen nervös sind, besonders hier in dieser Region. Dieser Teil von Turkestan gehört erst seit acht Jahren zum afghanischen Staat. Von Kabul aus sind die Straßenverbindungen wegen des Hindukusch schwierig. Die hiesigen Turkmenen, verstärkt durch unzufriedene Flüchtlinge, sind in den Augen der Russen ein potentiell antibolschewistischer Infektionsherd. Der wahre Schutz der Provinz ist natürlich der Umstand, daß die Russen sich nicht mit den Briten anlegen wollen, und ein intaktes, ruhiges Afghanistan für beide Mächte ein nützlicher Puffer ist. Für die Afghanen ist dies jedoch eine demütigende Vorstellung. Trotzdem wissen sie sehr wohl, daß sie die Russen am besten auf Distanz halten, wenn sie für friedliche Verhältnisse im eigenen Land sorgen, und das erreichen sie am besten mit

Telegrafen und Straßen – das eine, um Truppen anzufordern, das andere, um sie zum Schauplatz möglicher Unruhen zu transportieren. Wir haben gesehen, welche Anstrengungen in dieser Hinsicht unternommen werden, doch es bedarf noch erheblicher Verbesserungen, bis die Kommunikationsverbindungen im Land nicht mehr der Gnade des Wetters ausgeliefert sind.

Wie wir nach unserem Gespräch mit dem usbekischen Schäfer vermutet hatten, war es die Sorge vor einem wirtschaftlichen, wenn nicht militärischen Vordringen Rußlands, was im letzten Winter zur Vertreibung der Juden führte. In Afghanistan hat es immer einige Juden gegeben, unkultivierte Leute, ärmlich und bedeutungslos. Die sind geblieben. Einige von ihnen sahen wir in Murghab. Diejenigen, die mir in Kala Nao in solcher Not begegneten, waren Juden aus Buchara (jedenfalls nach meinem Eindruck), die erst nach der Revolution nach Afghanistan geflohen waren, mit Hilfe eines afghanischen Konsuls in Taschkent, der gegen Bestechungsgelder Visa erteilte. Sie hielten aber, wie alle Juden, die sich in einem anderen Land niedergelassen haben, Kontakt zur Gemeinde in der alten Heimat, weshalb die Afghanen befürchteten, daß ein großer Teil des Gewinns aus dem Lammfellhandel heimlich nach Rußland transferiert werden könnte, ganz zu schweigen von den Schafen selbst. Die Juden waren nicht die einzigen, die diese Sorte Neid zu spüren bekamen. Vor zehn Jahren gab es rund vierhundert indische Händler in und um Mazar. Seitdem, vor allem aber seit dem Amtsantritt von Mohammad Gul, wurden sie systematisch aus dem Geschäft verdrängt, bis nur noch fünf oder sechs übrig waren. Die Regierung von Indien, die diesen Leuten nicht geholfen hat, gilt nun als altersschwach.

Armes Asien! Alles läuft auf diesen unvermeidlichen Nationalismus hinaus, das Streben nach Autarkie, den Wunsch, in der Welt eine gute Figur zu machen und nicht mehr wegen fehlender Toiletten als malerisch bezeichnet zu werden. Der afghanische Nationalismus ist nicht so würdelos wie der persische, weil die Beamten dank Amanullahs Melone gelernt haben, daß das Volk, in dem sie dieses Feuer entfachen wollen, immer noch kämpft, bevor es die Tradition für das Eintopfgericht der Technik wegwirft. Aber er geht stumm seinen Weg, manchmal vernünftig in Richtung öffentlicher Dienste wie Straßen und Post, manchmal in diejenige so extravaganter Launen wie das hiesige Hotel und der Wiederaufbau von Balch. Dies sind Mohammad Guls private Projekte. Sie lassen den extremen Nationalisten erkennen, dem Symbole wichtiger sind als Gemeinnutz, den afghanischen de Valera, der sogar bereit wäre, die Amtssprache Persisch durch Paschtu zu ersetzen. Trotzdem ist Mohammad Gul mehr als nur ein Schaumschläger: in Balch haben wir einen bemerkenswerten Menschen kennengelernt. Er erhielt seine Ausbildung in der Türkei, war ein Vertrauter Enver Paschas und mit ihm in Buchara, als jener von den Russen ermordet wurde. In seinem Land gilt er als einzigartig unbestechlich und uneigennützig. Das ist das Geheimnis seiner Macht, die über Turkestan hinausreicht. Und deswegen, hört man, wird er auch in Turkestan gehalten.

Mazar-i-Scharif, 30. Mai. – Heute waren wir den ganzen Tag in Balch.

Der Schrein im bewohnten Teil der Stadt wurde zur Erinnerung an Khoja Abu Nasr Parsa errichtet, den Sohn eines noch berühmteren Heiligen, Khoja

Mohammad Parsa, der als Fünfjähriger den Dichter Jami zum Islam brachte und 1419 in Medina starb. Khoja Abu Nasr unterrichtete Theologie in Herat, an der Schule von Firuza Begum, der Mutter Hussein Baikaras. Später ließ er sich offenbar in Balch nieder, denn dort riet er Babur, dem Sohn Baisunghars, im Jahr 1452 davon ab, den Oxus zu überschreiten und gegen Abu Said zu marschieren. Er starb 1460.

Der Schrein ist ein schlichtes Ziegeloktogon, allerdings verborgen hinter und unter einer gefliesten Fassade und flankiert von glitzernden Korkenziehersäulen. Über dem Oktogon erhebt sich die fünfundzwanzig Meter hohe Rippenkuppel. Ebenfalls auf dem Oktogon, zwischen Kuppel und Fassade, stehen zwei Minarette.

Die Fassade beschränkt sich auf Weiß, Hell- und Dunkelblau, verstärkt durch dezente Tupfer in Schwarz. Die Abwesenheit von Lila und anderen warmen Tönen erzeugt diesen silbrigen Effekt, der uns bei unserem ersten Besuch so beeindruckte. Diese Wirkung setzt sich auf der Kuppel fort, deren dicke runde Rippen mit kleinen, türkisgrün glasierten Fliesen bedeckt sind. Ganz oben, wo diese Fliesen abgebröckelt sind, sind die Rippen weiß und sehen aus, als wäre gerade Schnee gefallen. Wie die anderen Kuppeln dieses Typus in Herat und Samarkand, hat auch diese etwas Monumentales, Stolzes. Insgesamt aber ist das Bauwerk substanzlos und romantisch. Seine Aufwärtsbewegung scheint sich einer unbekannten Kraft zu verdanken. Das Ergebnis ist unwirklich, manchmal, bei entsprechendem Licht, von überirdischer Schönheit.

Das Innere konnten wir nicht betreten, doch als wir in eine der sechzehn Fensteröffnungen rings um den Tambour kletterten, drangen Klänge wie von einem

probenden Kirchenchor an unser Ohr. Es waren, wie üblich, ein Mullah und seine Schüler.

Vor dem Ostportal steht ein zweites Heiligtum, der Schrein von Khopa Aghatscha. Wer die heilige Aghatscha war, entzieht sich meiner Kenntnis. Hussein Baikara hatte drei Mätressen und Babur eine Frau dieses Namens. Sie alle kamen aus einer usbekischen Familie.

Der Schrein ist uninteressant. Die Kuppel ist verschwunden. Um den Tambour läuft ein glasiertes Kufi-Schriftband. In der Nähe befindet sich eine dieser geduckten Terrassen, denen Balch seine archäologische Bekanntheit verdankt.

Das Mittagessen nahmen wir unter einer Platane ein, umringt von beturbanten Arbeitern. Der Entwurf der neuen Stadt ist so ehrgeizig wie Canberra, aber niemand kommt freiwillig aus Mazar hierher in dieses ungesunde Klima. Genausogut könnte man Ephesos wiederaufbauen, in der Hoffnung, es werde Smyrna verdrängen. Später, als ich den Schrein zeichnete, trat eine schwarzbärtige Gestalt in Kabuler Kleidung hinzu, erkundigte sich flüsternd nach meinem Befinden und erklärte, daß man fotografieren, nicht aber zeichnen dürfe und daß meine Skizze folglich ihm gehöre. Da packte mich eine solche Wut, daß ich minutenlang kein Wort herausbrachte. Als ich wieder sprechen konnte, nahm mir einer der Hotelangestellten die Worte aus dem Mund, er stellte den übereifrigen Kerl zur Rede und erfuhr, daß er bei den Wiederaufbauarbeiten beschäftigt war. Als sie ihren Streit schließlich beigelegt hatten, waren meine Zeichnung und ich aus ihrem Blickfeld verschwunden.

Heute abend kam Dr. Abulmajid, um mir eine Spritze zu verpassen. Er brauchte dafür eine Genehmigung, und er hielt es für sinnvoll, nicht mit uns zu essen. Wir konnten ihm aber zumindest gekühlten Whisky mit Soda anbieten, da wir in einem Fotoatelier vier Flaschen Sodawasser aufgetrieben und sie in einem Eimer mit Schnee kalt gestellt hatten. Es war ein Triumph für uns alle. Ich merkte aber, daß ihn das Glas in der Hand schmerzlich an seine Jugend und seine Hoffnungen erinnerte. Vorgestern hatte ich ihn besucht, er wohnt in einem der üblichen Lehmhäuser, und gesehen, daß Stühle und Sofa nach englischer Art mit blumengemusterten Chintzüberwürfen bedeckt waren.

Er erzählte uns, daß noch bis vor wenigen Jahren die alten graeco-baktrischen Münzen hier im Umlauf waren, ehe Foucher alles aufkaufte. Seitdem halten sie die Leute für furchtbar wertvoll und verlangen das Zwanzig- oder Dreißigfache des Sammlerwertes.

Die Obstsaison hat begonnen: es gibt köstliche Aprikosen und Kirschen, allerdings Schattenmorellen, die so sauer sind, daß wir sie zu Marmelade verarbeiten ließen.

Mazar-i-Scharif, 1. Juni. – Gestern vormittag sprach Christopher im Büro des Mudir-i-Kharija vor, um die Genehmigung für einen Besuch im russischen Konsulat einzuholen. Seine Erklärung war, daß wir Visa benötigen, die natürlich nie erteilt würden, doch die Vorstellung, daß es von Termez bis Buchara nur fünfzehn Stunden mit dem Zug sind, kann einem den Schlaf rauben. Christopher hatte aber keine Chance, seine Ausrede vorzubringen, denn selbst der Stellvertreter des Mudir-i-Kharija ist für uns nicht zu

sprechen. Auch er schläft. Also ging Christopher einfach so zum Konsulat, drängte sich an den afghanischen Posten vorbei, die ihm ihre Bajonette entgegenhielten, und wurde schließlich zu Monsieur Bouriachenko vorgelassen, einem kleinen Intellektuellen, der unter einem Baum saß und las.

»Sie wollen Visa für Samarkand?« sagte Monsieur Bouriachenko. »Selbstverständlich. Ich werde augenblicklich nach Moskau telegrafieren, daß zwei Oxforder Professoren für islamische Kultur« – (keiner von uns, Gott möge uns verzeihen, hat das Studium jemals abgeschlossen) – »hier eingetroffen sind und auf die Genehmigung warten, den Amu Darya zu überqueren. Nein, in Termez gibt es nichts zu sehen. Ich empfehle Ihnen Anau. Professor Semjonow hat soeben ein Buch über die timuridischen Baudenkmäler dort veröffentlicht. Am liebsten würde ich Ihre Visa sofort ausstellen, aber es wird wohl eine Woche dauern, bis eine Antwort eintrifft. Jedenfalls sind Sie ja noch ein Weilchen hier, das ist die Hauptsache. Das müssen wir feiern. Kommen Sie?«

Vor lauter Überraschung vergaß Christopher, sich zu bedanken, und fragte nur: »Wann?«

»Wann? Ich weiß nicht, wann. Ist das so wichtig? Heute abend? Würde Ihnen das passen?«

»Wunderbar. Um wieviel Uhr?«

»Um wieviel Uhr? Sieben? Wäre Ihnen das recht? Oder sechs? Oder zwischen vier und fünf? Wenn Sie wollen, können wir sofort anfangen.«

Es war halb zwölf, ein glühendheißer Vormittag. Christopher sagte, daß es abends vielleicht netter wäre.

Um halb sieben schlichen wir auf Zehenspitzen aus dem Hotel, damit der Muntazim uns ja nicht

hörte, gelangten zum Konsulat, wo die Soldaten, wie schon zuvor, ihre Waffen auf uns richteten, und betraten schließlich mehrere Höfe, in denen Bäume Schatten spendeten. Im ersten standen einige Lastwagen und Automobile, darunter auch ein roter Vauxhall. Monsieur Bouriachenko empfing uns in einem kühlen Raum, der kein einziges Lenin- oder Marxporträt aufwies und über einen eigenen Stromgenerator beleuchtet wurde. Ob er aus der Ukraine komme, sagte ich, sein Name scheine mir darauf hinzudeuten. »Ja, aus Kiew, meine Frau ist aus Riazin.« Sie trat ein, eine junge Frau in einem schlichten purpurroten Kleid, mit einem sympathischen Gesicht, das Haar in der Mitte gescheitelt. Es folgten ein Mann von enormer Leibesfülle, leicht parfümiert, aus dessen zerfurchtem Gesicht eine ganz sanfte Stimme kam, seine Frau, eine Blondine mit roten Lippen, das goldene Haar streng nach hinten gekämmt, Bouriachenko junior, fünf Jahre alt und Schaljapin wie aus dem Gesicht geschnitten, ein Junge und ein Mädchen, die Kinder des zweiten Paars, der Doktor, ein rundlicher, kleiner schnurrbärtiger Mann, der etwas von einem Metzger an sich hatte, eine weitere Dame, dezent geschminkt, das blonde Wuschelhaar hochgesteckt, der dicke Blonde, den ich im Telegrafenbüro gesehen und der mir erzählt hatte, er sei während des Krieges Funkoffizier in Canterbury gewesen, zwei junge Burschen, die gerade aus Kabul eingetroffen waren (wegen Regen hatten sie zwei Wochen für die Strecke gebraucht), und schließlich die Tochter der geschminkten Dame, eine Vierzehnjährige, die gewiß einmal Ballettänzerin wird, so anmutig waren ihre Bewegungen.

Nach russischen Maßstäben, im Unterschied zu unseren, war das Essen nicht besonders üppig. Wie

auch. Obwohl sie – für viel Geld, wie wir später feststellten – die letzten Sardinen in Mazar aufgetrieben hatten. Aber alles *wirkte* großzügig, hatte diese Atmosphäre, mit der sich Russen so gern umgeben, und während immer neue Gäste eintrafen und Tische und Stühle hereingebracht wurden und die Kinder irgendwelchen Leuten auf den Schoß hüpften, gingen unablässig Platten herum mit Sardinen aus Indien, Paprika aus Rußland, frischem Fleisch mit Zwiebelsalat und Brot. Eine Karaffe mit gelbem Wodka, in dem irgendwelches Obst schwamm, wurde ständig aufgefüllt. Die Russen, die das Zeug tassenweise kippten, beschwerten sich heftig über unser zögerliches Nippen. Aber nur zu Anfang.

Die beiden jungen Männer aus Kabul hatten aus Peschawar diverse neue englische Schallplatten mitgebracht, aber das Unwetter bei Haibak, dem ihr Lastwagen zum Opfer gefallen war, hatte auch die Platten ruiniert. Ein tragischer Verlust für diese isolierte Gemeinschaft, doch sie entschuldigten sich dafür in einer Weise, daß man annehmen konnte, sie hätten die Platten nicht für sich, sondern etxra für uns bestellt. Also wurde abwechselnd Tango und Jazz gespielt, dann wieder *Scheherazade, Boris Godunow* und *Eugen Onegin.* Wir tanzten, wir sangen, wir setzten uns und aßen, wir tanzten wieder. Die Unterhaltungen wurden auf persisch geführt, und noch verrückter war, daß wir dabei die unvermeidlichen persischen Gesten machten, den Kopf neigten, mit den Lidern flatterten, die Hand aufs Herz legten und eine generelle Demut annahmen. Bouriachenko und der Mann mit der sanften Stimme redeten uns mit »Sahib« an. Vielleicht erschien ihnen das egalitärer als die persischen »Exzellenzen« und »Hoheiten«, die wir für sie verwendeten.

Die Stunden flogen dahin, der Wodka floß, der Telegrafenmensch wurde hinausgetragen, ich wurde immer schläfriger, die Russen begannen, ihren Gefühlen freien Lauf zu lassen, und als ich aufwachte, sah ich Christopher unter der Inbrunst der Anwesenden stöhnen. Es war zwei Uhr, Zeit zu gehen. Das Hotel war nur ein paar hundert Meter entfernt, doch Monsieur Bouriachenko rief nach dem »Konsulski Vauxhall« und bestand darauf, uns persönlich zu bringen. Das war ein Akt wahrer Freundschaft. Denn ganz gleich, ob wir noch gehen konnten oder nicht, es wäre unklug gewesen, von den Afghanen dabei beobachtet zu werden – was uns klar wurde, als ein Posten sein Gewehr durch das Autofenster stieß.

Der heutige Morgen war noch schlimmer als der übliche Morgen danach. Nach dem Tee machten wir einen Besuch im Konsulat, ohne Blumen, aber mit ein paar Kisten Zigarren. Alle saßen draußen in einem Hof, der wohl als Sportplatz dient, ausgestattet mit einer Schaukel und einem Barren und einem hohen Netz, über das beliebig viele Leute, aufgeteilt in zwei Mannschaften, einen weichen Fußball mit der Faust schlagen können. Für uns wurde auch tatsächlich ein Spiel arrangiert, drei, vier Männer kamen noch dazu, proletarische Grobiane, die hier als Chauffeure und Mechaniker arbeiten. Der Telegrafenmensch sah alt aus.

Monsieur Bouriachenko erzählte uns, daß sich außer ihnen nur vier Russen in diesem Landesteil aufhalten, Heuschrecken-Bekämpfer, die in Khanabad und Umgebung leben. Die Heuschrecken sind eine neue Plage hier. Sie kamen vor einigen Jahren aus Marokko, vermehren sich auf der Nordseite des Hindukusch und brechen von dort über Turkestan herein, wo sie die Baumwollfelder bedrohen.

Da von hier eine Straße nach Khanabad führt und von dort eine nach Kabul, so daß man die Schlucht von Haibak umgeht, haben wir beschlossen, doch nicht zu reiten. Der Umweg wird uns zweihundert Kilometer weiter östlich bringen, bis an den Rand von Badakhschan, aber diese Gelegenheit, die sich wegen des Erdrutsches bei Haibak bietet, sollten wir uns nicht entgehen lassen. Christopher bedauert den Verzicht auf die Reittour, aber ich glaube, der Umweg wird interessanter sein.

Robat vor Kunduz (330 m, 150 km von Mazar-i-Scharif), 3. Juni. – Noch vor der Abreise aus Teheran hatten wir beschlossen, nicht in Kunduz Station zu machen, wenn es sich irgendwie vermeiden ließ. Moorcroft starb an einem Fieber, das er sich dort in den Sümpfen eingefangen hatte. Laut Volksmund ist eine Reise nach Kunduz praktisch Selbstmord. Und so liegen wir hier in einem Maulbeerhain, neben einem stehenden Gewässer, beides unwiderstehliche Attraktionen für den tödlichen Moskito. Und an weiteren Plagen ist kein Mangel. Gestern abend schlug ich mein Bett unweit einer Mauer auf. Sofort entdeckte ich ein Wespennest, und die Leute erklärten, daß sie sowieso von Skorpionen wimmele. Als ich vorschlug, in einen benachbarten Garten umzuziehen, hieß es, daß es dort von Schlangen wimmele. Zum Glück haben wir in Mazar die Moskitonetze gekauft. Ich habe meines über das Kamerastativ gebreitet. Christopher hat einen halben Maulbeerbaum ruiniert, um sich ein Gestell zu machen. Die Frösche im Teich stimmen ihre Blasmusik an. Im Südosten haben schneebedeckte Bergzüge das erste Mondlicht erwischt. Unsere beiden Aufpasser laden

vor dem Schlafengehen ihre Gewehre, und eine Katze macht sich über die Milch des nächsten Tages her. Zum Abendessen gab es Rühreier mit Zwiebeln. Christopher hatte daran gedacht, die Zwiebeln im Hotel kleinschneiden und braten zu lassen, so daß wir sie nur aufwärmen mußten. Eine geniale Erfindung.

Der Tag, der uns zu diesem Paß brachte, war wegen der Auswirkungen einer zweiten russischen Party von vornherein etwas schwierig. Es war zwar nur ein Zakuska-Abend, aber wieder tanzten wir, und wieder nahmen uns die russischen Seelen in Beschlag. Wenn zwei große Nationen, rief Monsieur Bouriachenko, wie zwei Berge nicht aufeinander zugehen können, sei das noch lange kein Grund, weshalb die Angehörigen dieser Nationen das nicht tun sollten. Er selbst liebe England und hoffe für uns, daß es dort bald eine Revolution geben werde. Und warum wir nicht in Mazar bleiben könnten, statt in dieser absurden Eile weiterzufahren, der Konsul werde in wenigen Tagen mit einem Vorrat an anständigem Brandy wieder zurück sein, und außerdem rechne er fest damit, daß unsere Visa genehmigt werden.

Diese Hoffnung hatte ich nicht. Aber mir wurde klar, daß die von Rußland und England verfolgte Politik, die Angehörigen des jeweils anderen Staates nicht nach Turkestan beziehungsweise Indien zu lassen, allmählich sinnlos wird. Wenn ich mir unsere Gastgeber ansehe, ruhige, kultivierte Männer und Frauen, die ihr Geld für klassische Musik ausgeben, scheint es absurd, ihnen sogar Transitvisa für Indien zu verweigern. Und uns dämmerte, daß die Interessen Rußlands und Englands in Asien nicht mehr kollidieren, sondern inzwischen fast identisch sind, vor allem in bezug auf die Puffer-

staaten, deren außenpolitisches Selbstverständnis darin besteht, sich durch Sticheleien gegen die mächtigeren Nachbarn zu behaupten. Wenn die Russen sich nur bereit erklärten, den Strom an Geld und Ideologie einzudämmen, der als Lippenbekenntnis zur marxistischen Theorie der Weltrevolution weiterhin nach Indien einsickert, dann wäre diese Übereinstimmung der Interessen klar zu erkennen. Eine Konferenz des Gouverneurs von Taschkent und des indischen Vizekönigs zum Thema Persien, Afghanistan, Sinkiang und Tibet würde beiden Seiten sehr viel mehr nützen als das Festhalten an revolutionärer Propaganda einerseits und die Angst davor andererseits.

Als wir die Party verließen, wieder im Konsulski Vauxhall, brachte uns die ganze Gesellschaft ans Tor, wünschte uns eine gute Reise und winkte uns hinterher.

Heute morgen sahen wir gleich hinter Mazar einen Drachen. Er war einen guten Meter lang, auf der Unterseite gelb und auf seinen vier kleinen Chippendale-Beinen ziemlich hoch. Er schlug wütend mit dem Schwanz um sich und verschwand in einem Loch. In der Nähe fanden wir ein Flughuhnnest mit drei Eiern darin.

In Taschkurgan, wo die Hauptstraße nach Haibak abbiegt, machten wir halt, um zu frühstücken. Ich war gerade dabei, Aufnahmen von der Festung zu machen, einem chinesisch anmutenden Bauwerk über einem Bergfluß, als der ältere unserer beiden Aufpasser, ein mütterlicher Bursche in weißkariertem Kaftan mir erklärte, daß Fotografieren hier »unnötig« sei. Wenn er das tatsächlich fände, antwortete ich, solle er besser nach

Mazar zurückkehren, in unserem Lastwagen sei ohnehin nicht viel Platz. Als ich später von einem höher gelegenen Punkt aus die Oxus-Ebene fotografieren wollte, zupfte er mich wieder am Arm. Da brüllte ich ihn an, daß ihm der Kinnladen und das Gewehr herunterfielen. Als ich das nächste Mal zur Kamera griff, schwieg er.

Wir fragten uns, warum die Behörden in Mazar uns nicht nur einen, sondern zwei Begleiter mitgegeben haben. Nun haben die Männer selbst zugegeben: Sie sollen uns am Fotografieren hindern. Die armen Kerle sind ziemlich deprimiert, daß sie ihrer Pflicht nicht nachgehen können, aber wir können ihnen wirklich nicht helfen.

Das Land war noch immer kahl, aber die metallische Ödnis der Ebene vor Mazar wich nun einem schillernden Glühen. Auf den wenigen Weiden wuchs trockener stachliger Klee. Es gab keine Bäume und wenig Leben. Alle fünfundzwanzig Kilometer kamen wir an einem einsamen Robat vorbei. Einmal sahen wir eine Schar Geier, die sich zur Konferenz um einen Teich versammelt hatten. Manchmal surrten Schwärme von Heuschrecken vorbei. Die Ausläufer der Schadian-Berge, die die Ebene von Turkestan im Süden begrenzen, machten nun einen Bogen nach Norden. Allmählich ging es höher. Hundertzwanzig Kilometer hinter Mazar hörte der Anstieg plötzlich auf, die Straße fiel dreihundert Meter steil in die Tiefe. Unter uns mühten sich mehrere Kamele bergan, jedes beladen mit zwei Holzgehäusen, in denen Frauen saßen. Unter ihnen erstreckten sich die glitzernden Sümpfe von Kunduz und die Provinz Kataghan. Weit in der Ferne zeichneten sich durch den Dunst die Berge von Badakhschan ab, so daß ich in meiner Phantasie

schon den Wakhan-Korridor hinaufstieg, vor mir das Pamir-Gebirge und dann China.

Am Fuß der Paßstraße wartete ein Lastwagen vor einer Brücke, die aus ein paar Holzbrettern bestand, die in drei Meter Höhe einen Fluß überspannten. Unser Fahrer wollte schon überholen, als der andere Lastwagen plötzlich losfuhr. Die Bretter bebten und gaben nach. In einer Wolke aus Staub und Holzsplittern, begleitet von Schreien und dem Geräusch von krachendem Holz, stürzte der Lastwagen mit einem langsamen Purzelbaum in den Fluß, landete mit dem Dach in den Fluten, das Fahrgestell obszön entblößt, während die Räder sich hilflos weiterdrehten. Die Passagiere waren schon abgesprungen, und der Chauffeur, dessen Führerhaus sich zum gegenüberliegenden Ufer neigte, kletterte unversehrt heraus. Doch als irgend jemand rief, daß Frauen darin säßen, stürzten Christopher und ich uns mit überflüssigem Heldenmut auf das Wrack, hackten wie wild auf die Seile ein, die alles festhielten, zerrten die Stoffballen heraus, nur um zu entdecken, daß niemand im Innern war. Und während die Ballen aus dem reißenden Wasser gerettet wurden, nahm das ganze Land eine fröhliche Farbe an, Rabatten aus Chintz, Obstgärten aus hellroten Satinkappen und Wiesen aus Teppichen, alles zum Trocknen ausgebreitet.

Schon war ein Schwarm halbnackter Männer aus den Feldern herbeigeeilt, um zu sehen, welche Katastrophe sich ereignet hatte. Und nun kam der Gouverneur von Kunduz auf einem schnellen grauen Paßgänger herbeigeritten, ein rotbärtiger, jähzorniger Mann, der die Leute mit der Peitsche antrieb und ihnen befahl, den Lastwagen herauszuziehen und die Brücke bis zum nächsten Morgen zu reparieren. Unser Gepäck

wurde auf Pferde verladen und zu einem Robat auf der anderen Seite des Flusses geschafft, doch dort war es so voll, daß wir es vorzogen, im Freien zu schlafen.

Unter den Passagieren des verunglückten Lastwagens war auch ein hochgewachsener Mann, der einen europäischen Straßenanzug und einen mächtigen schwarzen Bart trug und Deutsch sprach. Er sagte, er sei einer der Sekretäre des Königs und unternehme diese Fahrt, um ein Reisebuch über Afghanistan zu schreiben. Da saß er nun am Flußufer, emsig von rechts nach links schreibend, und warf mißtrauische Blicke auf unseren Whisky, aber wir haben inzwischen gelernt, ihn in der Öffentlichkeit als »Scherbet« zu bezeichnen.

Khanabad (1100 m, 40 km vom Robat vor Kunduz), 4. Juni. – Die Brücke war mittags repariert, unser Lastwagen gelangte wohlbehalten hinüber. Es stellte sich heraus, daß Seyid Jemal, unser Chauffeur, der Bruder des anderen Fahrers ist. Er knüpfte ein Stahlseil an das Wrack, die nackten Männer halfen mit Stangen nach, und dann zog er das Lastauto ans Ufer. Es war, bis auf ein paar Lackkratzer, unbeschädigt, der Motor sprang sofort an, und im nächsten Moment fuhr es vor uns die Straße entlang.

Eine Sandpiste durch hohes Schilfgras führte zu einem freien Uferstück des Kunduz, dort, wo sein schmutzigbraunes Schneewasser, zwanzig Meter breit, mit der Geschwindigkeit eines Expreßzugs um eine Biegung geschossen kam. Am Strand wimmelte es von Volk. Der schimmernde Sand war glühend heiß, vor dem klaren rötlichblauen Himmel zeichneten

sich, einander störend, die Silhouetten einer Kamelreihe und einer Weidenreihe ab. Als wir dort ankamen, legte gerade die Fähre vom anderen Ufer ab, überfüllt mit Männern, Pferden und Lasten. Das Boot bestand aus zwei einfachen Kähnen mit hohem Heck, in der Mitte verbunden durch eine Plattform, die ringsum mit einer Reling versehen war. Die Fähre wurde von der Strömung erfaßt. Gleichzeitig schwammen mehrere Männer, die sich an einem Seil festhielten, quer über den Fluß, während einer der Fährleute ein breites Paddel als Ruder benutzte. Dank der Flußbiegung erreichte die Fähre schließlich einen halben Kilometer weiter unten unser Ufer. Weiter oben führten weitere Schwimmer Pferde und Vieh durch das Wasser. Als sie ans Ufer kamen, sahen wir, daß viele dieser professionellen Wassermänner sich große Flaschenkürbisse auf den Rücken gebunden hatten. Ihre Haut war sonnengegerbt, und manche ihrer Gesichter erinnerten an den servilen Ureinwohner. Aber niemand konnte uns sagen, ob sie einer besonderen Volksgruppe angehörten. Nur unser Respekt vor den strengen afghanischen Sitten hinderte uns daran, mit ihnen die Rückreise zu unternehmen.

Die Fähre mußte nun wieder flußaufwärts bis zur Biegung geschleppt werden, wo unser Lastwagen auf die Plattform fuhr. Wir näherten uns dem gegenüberliegenden Ufer mit zehn Knoten, und ich stellte mich schon darauf ein, um mein Leben zu schwimmen, als wir mit einem geschickten Manöver einigermaßen sanft am flachen Ufer aufsetzten. Die Menge war ebenso erregt wie die in Putney am Tag der Ruderregatta. Die dunkelhäutigen nackten Schwimmer, stattliche Usbeken in geblümten Gewändern, gedrungene Turkmenen mit spitzen Pelzmützen, Hazara mit schwarzen,

wagenradgroßen Turbanen und einige blondbärtige Männer, die wir für Kafiren hielten, halfen uns ans Ufer. In ihrer Mitte schritt, wie ein schottischer Hochländer, der rotbärtige Gouverneur von Kunduz, der mit seiner Peitsche die ganze Prozedur gewissenhaft überwachte.

Ein Verteidigungswall, weiß, verfallen und alt wie die Erdhügel von Balch, kündete die Stadt Kunduz an. Wenig später kamen wir durch eine ansteigende grüne Ebene, die uns näher zu den mächtigen Schneegipfeln im Südosten heranbrachte, so daß wir einzelne Felswände und Spalten erkennen konnten. Auf dem Weideland, das aus jenem eigentümlich stachligen Klee bestand, dessen Blüten, zartrosa mit lila Spitzen, wie Kleeblüten aussahen, während die Blätter eher an Stechpalmen erinnerten, stand hier und da eine Kibitka, binsenverstärkt und ungepflegt, in der Nachbarschaft weidende Pferde- und Viehherden. Gelbe Narzissen *(Erymurus luteus)* tauchten auf, einen Meter hoch, zunächst nur einzelne Exemplare, dann größere Flächen, und schließlich verwandelte sich die ganze Steppe in ein Meer von sattem Kadmiumgelb, dem die goldene Röte des Sonnenuntergangs einen warmen Ton verlieh.

Die Leute von Khanabad bezeichnen diese gelben Finger als »Sikh«, und aus den grünen Beeren machen sie eine Art Faden.

Unterhalb der Berge stießen wir auf die Straße nach Kabul, deren zwei Telefonleitungen eine neue politische Bedeutung hatten, wenn sie, wie wir annahmen, bis zum Eingang des Wakhan-Tals reichen, dieses schmalen Zipfels, der sich wie ein Keil zwischen die drei großen asiatischen Staaten Rußland, China und

Indien schiebt. Plötzlich ging es bergab, hinunter zur Stadt, deren Mudir-i-Kharija sich als achtzehnjähriger Bursche herausstellte, der durch eine Blinddarmentzündung vorzeitig gealtert ist. Die englischen Wörter »boots«, »programme«, »sugar« und »motah-van« tauchten immer wieder in seinem persischen Vokabular auf. Er brachte uns zum Tee in den Audienzsaal des Gouverneurs, einen dreißig Meter langen Raum, dessen Stirnseite ein orangefarbener Vorhang mit dem Staatswappen in Schwarz-weiß schmückte.

Müde und verdreckt erkundigten wir uns nach Zimmern. Aber statt zu dem erwarteten Gasthaus, das kürzlich eingestürzt ist, führte er uns zu einem Hain voller rauschender Platanen, groß wie Ulmen, die, wie er sagte, »aus der Zeit der Mirs« stammten, mit anderen Worten, aus der Zeit vor der Eroberung Badakhschans durch den Emir Dost Mohammad. Hier waren Zelte aufgebaut, Teppiche ausgelegt, Tische und Stühle und Lampen empfingen uns. Man hätte alles noch viel schöner hergerichtet, sagte er, wenn er von unserer Ankunft gewußt hätte, aber zwischen Khanabad und Mazar gebe es kein Telefon.

Für uns heißen unsere beiden Aufpasser »der Vikar« und »der Kaplan«. Da mir nicht bekannt war, daß sich in einem dritten Zelt im Hintergrund eine eigens gegrabene Latrine befand, fragte ich den Vikar, wo die Toilette sei. Er verstand mich zuerst nicht, obwohl ich das übliche persische Wort verwendet hatte, ahnte dann aber, was gemeint war. »Ah«, rief er, »Sie meinen den *jawab-i-tschai* – die Antwort-auf-Tee.«

Eine hübsche Umschreibung für dieses unerläßliche Örtchen.

Khanabad, 5. Juni. – Heute vormittag besuchten wir den Gouverneur, Schir Mohammad Khan, einen vernünftigen Mann, der unsere Fragen umstandslos beantwortete und nicht so tat, als müsse er den ganzen Tag schlafen.

»Nein«, sagte er mit leiser, bedauernder Stimme, »nach Hazrat Imam können Sie nicht fahren, weil es am Oxus liegt. Und aus demselben Grund können Sie auch nicht die heißen Quellen in Chayab besuchen. Der Fluß ist die Grenze, und es wäre unklug, Sie dorthin zu lassen. Was die Straße nach Chitral betrifft, so ist der Durah-Paß noch zwei Monate wegen Schnees gesperrt. Und ohnehin müßte in allen drei Fällen erst eine Genehmigung aus Kabul vorliegen.«

Wegen Hazrat Imam tut es mir leid, denn der Mudir-i-Kharija hat erzählt, daß der Schrein mit schönen Fliesen ausgestattet sei.

Also werden wir morgen, nach zehnmonatiger Reise, umkehren und wieder nach Hause fahren.

Abgesehen von unserem wunderbar schattigen Camp, gibt es nur wenig Interessantes hier. Die Brücke über den Fluß wurde vom Hochwasser weggerissen. Die indischen Bohnensträucher, die den Garten des Gouverneurs mit ihrem Duft erfüllen, sollen aus Rußland kommen. Im Basar wird Eis statt Schnee verkauft.

Bamiyan (2500 m, 300 km von Khanabad), 8. Juni. – Vorgestern waren wir in Khanabad gerade in den Lastwagen geklettert, als der Mudir-i-Kharija herbeigelaufen kam und uns bat, noch eine Stunde zu warten, er wolle zwei neue Begleiter suchen, die mit uns fahren sollten. Die Aussicht, den Vikar und den Kaplan zu verlieren, rief bei Christopher vehementen Protest

hervor, ich stampfte auf, der Vikar murmelte dem Mudir-i-Kharija ins Ohr, daß wir gefährliche Burschen seien, die man nicht aus den Augen lassen dürfe, Seyid Jemal rief fluchend, er werde keine Sekunde länger warten, und schon schnappten wir unsere beiden Aufpasser und fuhren los. Sie freuen sich über die Spritztour, da sie noch nie in der Hauptstadt waren, sind aber etwas nervös bei dem Gedanken, was ihnen nach der Rückkehr in Mazar eventuell bevorsteht. Ich weiß nicht, warum wir soviel Wert auf ihre Begleitung legen; sie sind eher komisch als nützlich. Sooft der Vikar etwas für uns erledigen soll, wiederholt er die Bitte mehrmals in seinem Singsang, preist ausgiebig sein unendliches Bedürfnis, uns zu helfen, beschwört uns, zu glauben, daß sein Glück und das unsere identisch seien, bleibt aber untätig. Der Kaplan ist erklärtermaßen faul. Man muß ihn heftig schütteln, damit er sich überhaupt in Bewegung setzt. Aber wenigstens behindern sie uns nicht mehr, wenn wir fotografieren oder uns irgend etwas ansehen wollen, was neue Aufpasser vermutlich tun würden.

Dreißig Kilometer hinter Khanabad stießen wir wieder auf den Kunduz-Fluß, der sich dort einen Eingang in das Gebirge sucht, und hier, in Bamiyan, begleitet er uns noch immer; überhaupt kann man sich ohne diesen Fluß nicht recht vorstellen, wie jemals eine Straße über den Hindukusch gebaut werden konnte. Zunächst erwies er sich jedoch als Ärgernis beziehungsweise als Urheber eines solchen. Ein kleiner Nebenfluß, angeschwollen durch die Schneeschmelze, zwang uns, mitten in der Ebene von Baghlan anzuhalten.

Wir konnten nur warten und den Wasserstand mit Steinen markieren, um zu sehen, ob er zu- oder ab-

nahm. Das kühle Weideland, auf dem wir uns niederließen, bot bis auf die Grasbüschel keinerlei Schatten. In der Nähe erhob sich ein kleiner kugeliger Hügel, darauf ein paar Gräber und ein Schrein, die sich vor den mächtigen schneebedeckten Gipfeln im Osten abzeichneten. Nach einer Weile traf ein Lastwagen bei uns ein, dessen Insassen einen Schießwettbewerb veranstalteten, bei dem eine Konservendose als Ziel diente. Der Vikar, der Kaplan und Seyid Jemal machten sofort mit. Christopher und ich nahmen ein Bad, aber das Wasser war dergestalt, daß wir uns hinterher mit einer Kleiderbürste abschrubben mußten. Als der Abend hereinbrach, schlugen wir unsere Betten neben dem Lastwagen auf. Adlergroße Moskitos versammelten sich, als hätte eine Glocke zum Essen gerufen.

Früh am nächsten Morgen, ich lag noch im Bett, näherte sich ein alter Herr auf einem rotbraunen Pferd. Er trug einen ausgebleicht schokoladenbraunen, rosengesprenkelten Mantel, das Ende seines Turbans hatte er sich um das Gesicht, über den eisgrauen Bart geschlungen. Quer über dem Sattel lag ein braunes Lamm. Hinter ihm ging sein Sohn, zwölf Jahre alt, in einem wehenden geranienroten Gewand und einem weißen Turban, der so groß war wie er selbst, in der Hand einen Stock, mit dem er ein schwarzes Mutterschaf und ihr schwarzes Junges antrieb.

Nachdem sich die Gruppe an der Furt versammelt hatte, begann das Überqueren. Zuerst ritt der Alte in den Fluß, lenkte sein Pferd mit Mühe und Not durch die Strömung, und setzte das braune Lamm auf der anderen Seite ab. Während er zurückkehrte, fing sein Sohn das schwarze Lamm und reichte es seinem Vater. Der packte das Lamm an einem Lauf, so daß es

losbrüllte, und stieg wieder in das Wasser. Das Muttertier stimmte aus Sympathie in das Geblöke ein und trabte hinterher. Aber die Strömung riß es um und warf es wieder zurück ans Ufer. Das Junge, das inzwischen wohlbehalten bei dem braunen Lamm angelangt war, schrie pausenlos. Wieder kehrte der Alte um und half seinem Sohn, das nasse und zitternde Muttertier zu einer Stelle etwa hundert Meter oberhalb der Furt zu treiben. Wieder wurde es von der Strömung erfaßt, landete diesmal aber genau auf der anderen Seite der Furt, wo es von beiden Lämmern auf das herzlichste begrüßt wurde. Der Junge setzte einen Fuß auf den Stiefel des Vaters, schwang sich hinauf und prüfte, während sie durchs Wasser ritten, mit seinem Stock die Beschaffenheit des Grundes. Am anderen Ufer stieg er ab, reichte dem Vater das braune Lamm, scheuchte Muttertier und das schwarze Junge auf und schritt wehenden Gewands aus, gefolgt von dem Braunen des Alten, und bald war die Prozession am Horizont verschwunden.

Nun stellte sich die Frage, ob wir ebenfalls per Pferd weiterreisen sollten. Doch das Wasser war in der Nacht knapp zehn Zentimeter zurückgegangen, und Seyid Jemal war wild entschlossen, seinen Job zu retten. Dreißig Männer wurden aus einem unsichtbaren Dorf zusammengetrommelt, die einen zogen vorn mit Seilen, die anderen schoben. Der Lastwagen erreichte die Böschung, segelte kopfüber ins Wasser, warf die Männer um und hätte sie fast unter sich begraben, aber die Strömung hatte ihn in zehn Sekunden schon weit an der Furt vorbeigerissen. Er wirbelte herum und schoß mit fünfzig Stundenkilometern flußabwärts, verfolgt von einer Menge bärtiger halbnackter Männer mit Käpp-

chen, die es gerade noch schafften, das Lastauto bei einer zweiten Furt an Land zu bugsieren. Der Motor hatte keinen einzigen Tropfen Wasser abbekommen.

Baglan bestand aus einer Ansammlung von Dörfern am Südrand der Ebene, umgeben von Feldern, in denen das Getreide schon geerntet und zu Garben aufgestellt war. Bei Pul-i-Khumri überquerten wir erneut den Kunduz auf einer alten Backsteinbrücke, an der kleinblütige Nelken auf hohen Stengeln wuchsen. Die Straße war nun anständig gebaut, mit sanften Steigungen, auf Dämmen oder durch Einschnitte. Aber in diesem sandigen Terrain gab es keinerlei Befestigung der Straßenarbeiten, der Regen hatte sie wie Käse zerschnitten. Statt das Vorankommen zu erleichtern, machten sie meist einen Umweg durch Gelände erforderlich, in dem es überhaupt keine Straße gab.

Wir bedauerten sehr, nicht per Pferd unterwegs zu sein, denn nun begann der schönste Teil der ganzen Reise. Die Straße wandte sich vom Fluß ab und setzte zum Frontalangriff auf den Hindukusch an, kletterte die grünen Bastionen empor, nicht in Serpentinen, sondern über steil ansteigende Sättel, die von Bergkamm zu Bergkamm führten. Unter uns und über uns, so weit das Auge reichte, waren die Hänge mit unglaublicher Pracht geschmückt, gelbe und weiße und purpurne und zartrosa Blumen, so kunstvoll arrangiert, nicht zu dicht, nicht zu verstreut und nie auf eine Sorte beschränkt, daß es schien, als habe irgendein gartenbegeisterter Fürst, ein orientalischer Bacon, diese ganze Gebirgslandschaft gestaltet. Blaue Zichorie, hohe blaßrote Rosenmalven, zitronengelbe Kornblumen auf kräftigen braunen Knubbeln, kleine weiße jasmin-

artige Ähren, große Steinbrechpflanzen mit getupften Blättern, kleine buttergelbe Blumen, braun gefüllt wie die Moschusblume, blaue und rosa Nesseln mit stachellosen Blättern, buschig verästelte rosafarbene Krebsblumen und noch viele andere blinzelten uns von den weiten Wiesen entgegen, eingerahmt von den Wolken über uns und den zurückweichenden Hügelketten Turkestans in der Ferne, manchmal versteckt unter Pistazienbüschen, während wir, den barbarischen Lastwagen verfluchend, mit kochendem Motor den Kampirak-Paß hinaufröhrten.

In schneller Fahrt ging es über das grüne Hochland, und bald gelangten wir zu einer schmalen, drei Kilometer langen Schlucht. Hier verwandelte sich die Straße in ein Flußbett voller Geröll und Felsbrocken, zwischen denen wir nur mit Mühe vorankamen. Als sich die Schlucht öffnete, lag der Kunduz wieder unter uns. Mächtige Schneegipfel ragten auf der anderen Seite auf. Der Fluß führte nun nach Westen, trieb seine weißen Flußpferde das Tal entlang, bis uns die einbrechende Dunkelheit zwang, in einem Dorf haltzumachen, das Tala oder Barfak hieß, manchmal auch Tala-Barfak.

Heute morgen wurde uns klar, daß wir Zentralasien verlassen hatten. Stämme aus dem Süden kamen uns entgegen, richtige Afghanen, dunkelhäutig und fast indisch gekleidet, die mit zwei-, dreihundert Kamelen nach Norden zogen. Verfallene Burgen und Festungsmauern bekrönten die Höhen. Wohl vor Empörung über sein allmähliches Schwinden stürzte der Fluß wutschäumend aus einer Schlucht hervor, deren Felswände senkrecht in den blauen Himmel aufstiegen. Diese For-

mation, die gelegentlich durch kultivierte Täler unterbrochen wurde und uns sechzig Kilometer begleitete, beschrieb zunächst einen Zweidrittelkreis. Acht- oder neunmal überquerten wir auf Holzbrücken den Fluß. Granatapfelbäume in scharlachroter Blüte und hellrosa Geißbartbüsche säumten das Ufer. Schließlich führte uns eine weitere Brücke von der Straße weg, in westlicher Richtung in das Tal von Bamiyan.

Ungefähr zweitausend Meter waren wir nun über der Oxus-Ebene, und die Farben dieses außergewöhnlichen Tals – das Rhabarberrot der Felswände, das Indigoblau der Berge unter glitzernden Schneekappen und das harte, metallische Grün des jungen Getreides – leuchteten in der klaren Bergluft doppelt so intensiv. In den Seitentälern erblickten wir Ruinen und Höhlen, die Felsen schienen blasser. Und plötzlich sahen wir die beiden kolossalen Buddhafiguren und ringsum die unzähligen wespennestartigen Felshöhlen der buddhistischen Mönche.

Hoch über dem anderen Flußufer begrüßte uns ein europäisches Haus mit Blechdach. Der Gouverneur war nicht da. Sein Stellvertreter, ein asthmatischer Schnabelfisch in blauem Schlafanzug, verwirrt durch unser unangemeldetes Erscheinen, telefonierte sogleich mit Kabul. Wir traten hinaus auf den Balkon, schauten hinunter auf die leuchtendgrünen Felder, den graublauen Fluß, die chromgrünen Pappeln an seinem Ufer und die roten Pfade, die Bauern mit ihren Tieren – und dann sahen wir die beiden Buddhas, einen Kilometer entfernt, zu uns herüberschauen, als wollten sie einen kleinen Nachmittagsbesuch machen. Gelbviolette Blitze fielen aus den Wolken, das Tal zitterte, und nach einem heftigen Regenschauer ging das Gewitter richtig los.

Eine Stunde lang wurde das Haus geschüttelt, dann war alles vorbei, und die indigoblauen Berge waren frisch mit Schnee überstäubt.

Schibar (ca. 3000 m, 36 km hinter Bamiyan), 9. Juni. – In Bamiyan möchte ich nicht lange bleiben. Die Buddhas sind unlebendig. Als Huan Tsang nach Bamiyan kam, waren die Statuen vergoldet, damit sie wie Bronze aussahen, und fünftausend Mönche wohnten in den Höhlen. Das war im Jahr 632. Im selben Jahr starb Mohammad, und vor dem Ende des Jahrhunderts kamen die Araber nach Bamiyan. Aber erst hundertfünfzig Jahre später wurden die Mönche endgültig vertrieben. Man kann sich vorstellen, was die Araber von ihnen und ihren Götzenbildern in diesem blutroten Tal gehalten haben. Nadir Schah dürfte es ähnlich ergangen sein, als er tausend Jahre später die Beine des größeren Buddhas brach.

Dieser Buddha ist 53 Meter hoch, der kleinere 35 Meter, sie stehen 400 Meter auseinander. Der größere weist Spuren einer Gipsoberfläche auf, die rot bemalt war, vermutlich als Grundierung für den Goldauftrag. Keine der beiden Monumentalfiguren ist künstlerisch wertvoll. Aber das könnte man noch ertragen; abstoßend ist ihre Leere, ihre stumme Kraftlosigkeit. Selbst das Material ist unschön, denn der Felsen besteht nicht aus festem Stein, sondern aus lockerem Konglomeratgestein. Heerscharen von Arbeitern bekamen eine Hacke in die Hand gedrückt und mußten irgendeine grauenhafte hellenistisch inspirierte Darstellung aus Indien oder China kopieren. Das Ergebnis besitzt nicht einmal die Würde der Arbeit.

Die Nischen der beiden Figuren sind vergipst und bemalt. In der kleineren hängt eine Triumphszene, rot, gelb und blau, in der Hackin, Herzfeld und andere sassanidischen Einfluß erkennen, doch den eigentlichen Schlüssel liefert Masson, der hier vor hundert Jahren eine Pahlevi-Inschrift entdeckte. Die Gemälde rings um den größeren Kopf sind besser erhalten, man kann sie aus der Nähe betrachten, wenn man auf dem Kopf des Buddhas steht. Im oberen Teil der Nischenwände finden sich jeweils fünf Medaillons von etwa drei Meter Durchmesser, die Bodhisattva-Darstellungen zeigen. Die Figuren haben eine weiß-gelb-blaue Aura und rötlich getöntes Haar. Zwischen den Medaillons wachsen drei Lotuszweige. Das war zumindest unsere Interpretation, in einer anderen Umgebung könnte man vielleicht von einer geweihten Gaslampe mit drei Glaszylindern sprechen. Das Feld darüber ist mit völlig unproportionierten Karos bedeckt, das nächste mit pompejanischen Vorhängen, die mit Bordüren aus Pfauenfedern geschmückt sind. Darüber kommen wieder zwei Reihen Bodhisattvas vor Aureolen und Thronen, wobei die letzteren mit juwelenverzierten Decken versehen sind. Dazwischen stehen große Becher auf Stengeln, die an Taufsteine und aufsteigende Engel erinnern. Das Feld über dem Kopf fehlt. Die Farben sind die üblichen Freskenfarben – Schiefergrau, ein rötliches Gelb, ein rostrotes Schokoladenbraun, ein mattes Blaurot und ein helles Glockenblumenblau.

Die Bildthemen deuten darauf hin, daß in Bamiyan im fünften und sechsten Jahrhundert persische, indische, chinesische und hellenistische Einflüsse aufeinandertrafen. Es ist interessant, ein Zeugnis dieses Zusammentreffens zu haben, aber das Ergebnis ist nicht sehr ansehnlich – ausgenommen die untere Reihe

der Bodhisattvas, die laut Hackin älter sind als die anderen. Sie besitzen jene würdevolle, wenn auch leere Ruhe, die man bestenfalls von der buddhistischen Ikonographie erwarten kann.

Die Felskammern enthalten Zeugnisse zeitgenössischer Architekturideen. Die Mönche mußten ihren Versammlungsräumen eine gewisse Form geben. Aber von allen Konventionen, die ihnen zur Verfügung standen, dürfte der Innenraum der indischen Steinkuppel am wenigsten geeignet gewesen sein für eine Nachbildung in Felsen. Und doch wurde sie hier kopiert, mit ihren massiven Konsolen, den schweren gekreuzten Balken und der kleinen Kuppel. Der sassanidische Einfluß führte zu überzeugenderen Ergebnissen. Eine geräumige Halle erinnert stark an die Kuppelsäle von Firuzabad, und ihre Höhlungen, die über den Stützbögen in eine Art Erker auslaufen, zeigen vielleicht, in welcher Weise sassanidische Stuckformen ursprünglich verwendet wurden. In anderen Felshöhlen sind Kuppeln zu sehen, die auf runden und oktogonalen Mauern ruhen, teilweise exquisit ausgearbeitet, eine weist einen arabeskengeschmückten Fries auf, der ein Prototyp jenes Frieses in der Freitagsmoschee in Kazvin sein könnte, die sechs Jahrhunderte später errichtet wurde. Doch der bemerkenswerteste Bezug zur islamischen Architektur (ein Beweis für deren unmittelbaren Rückgriff auf die Erfindungen der Feueranbeter) findet sich in einer quadratischen Höhle, in der die Kuppel auf vier Stützpfeilern ruht, die jeweils aus fünf konzentrischen Bögen bestehen. Diese ungewöhnliche Technik erscheint auch in einem Mausoleum in Kassan in Turkestan, das aus dem vierzehnten Jahrhundert stammt.

Die französischen Archäologen haben die Höhlen in gutem Zustand hinterlassen, den bemalten Gips

restauriert, wo erforderlich Treppen hinzugefügt und sinnvolle Erklärungen auf französisch und persisch für all diejenigen angebracht, die nicht die Gelegenheit hatten, ihre wissenschaftlichen Berichte zu studieren: *»Groupe C; Salle de Réunion«*, *»Groupe D; Sanctuaire, influences iraniennes«* usw.

Die Straße nach Kabul, die wir dann wieder erreichten, begleitete weiterhin einen kleinen Zufluß des Kunduz, der uns zum Schibar-Paß führte, in kahles, braunes Bergland, das nur stellenweise mit grünem Getreide gesprenkelt war. Dort begegneten wir einem Mann, der erzählte, daß die Straße jenseits des Passes wegen eines Erdrutsches nicht passierbar sei. Für eine Inaugenscheinnahme war es zu spät. Wir sind daher nach Schibar zurückgekehrt, einer trostlosen Ansammlung von Häusern unterhalb der kahlen Gipfel.

Als Christopher heute morgen, in Bamiyan, mit seinem Dolch Eier verrührte, ging das Feuer aus. Daraufhin bat er den Kaplan, Holz zu beschaffen. Er wiederholte seine Bitte. Und half dann ein wenig mit dem Dolch nach. Jetzt, in Schibar, wollten der Vikar und der Kaplan in unserem Zimmer schlafen. Wir sagten, es sei nicht groß genug. Der Kaplan, der eine solche Behandlung nicht gewohnt ist, hielt eine Ansprache. Gewiß hätten wir unsere europäischen Sitten. Wir sollten uns aber klarmachen, daß in Afghanistan alles auf Freundschaft beruhe. Wenn er etwas für uns tue, dann nur deswegen, weil wir seine Freunde seien, nicht, weil wir ihn beauftragt hätten. Er sei Angestellter der Regierung, nicht unser Diener. Er hoffe, daß wir für den Rest der Reise gute Freunde blieben, damit er das eine oder andere für uns tun könne. Und so weiter.

Daß wir keinen Diener haben, ist nicht unsere Schuld. Seit Herat haben wir in jeder Stadt versucht, jemanden zu engagieren. Und jedesmal erklärten uns die Behörden, daß die als Eskorte bereitgestellten Personen als Diener fungieren würden. Wenn wir also etwas grob mit dem Kaplan umgesprungen sind, stützen wir uns nur auf diese Zusicherung. Gleichwohl beschämten uns seine Worte.

Nach dem Abendessen gaben die Dorfbewohner ein Konzert.

»Nur in Afghanistan, Persien, England und Indien gibt es gute Musik«, sagte der Kaplan.

»Und Rußland?« fragte Christopher.

»Rußland? Russische Musik ist hundsmiserabel.«

Charikar (1600 m, 110 km von Schibar), 10. Juni. – Nicht ein Erdrutsch, sondern ein ganzes Dutzend verhinderte, daß wir heute Kabul erreichten. Es sind nur noch sechzig Kilometer, und eine Eisenbrücke kündete schon von der Zivilisation im Umkreis der Hauptstadt. In der hiesigen Karawanserei haben wir an einem Tisch gegessen und auf Stühlen gesessen, und plötzlich fiel uns wieder ein, daß unsere Reise bald zu Ende ist. Die letzte Woche war recht hektisch. Aufstehen um vier, über einem Holzfeuer Porridge kochen, Proviant für unser dürftiges Picknickzeug in der zerbeulten persischen Blechdose beschaffen, nachsehen, ob die Lampen gefüllt sind, falls eine Übernachtung im Freien nötig wird, an jeder Quelle herausspringen und die Wasserflaschen füllen, jeden zweiten Tag die Stiefel putzen und den Männern Zigaretten zuteilen, damit sie zufrieden sind, wurde bald Routine, und der Gedanke,

daß morgen alles vorbei sein soll, stimmt uns ein wenig melancholisch.

Der Schibar-Paß liegt in einer Höhe von dreitausend Metern, und wir waren unweit der Schneegrenze, als wir das letzte Rinnsal des Kunduz verließen, der von hier oben seine Reise zum Oxus und Aralsee beginnt. Und fünf Minuten später begann ein zweites Rinnsal seine Reise in Richtung Indus und Indischer Ozean. Geographie kann manchmal sehr aufregend sein.

Einen Kilometer hinter dem Paß erreichten wir die ersten Erdrutsche, Unmengen von Schlamm und Geröll, die mächtige Felsen unter sich begruben. Hier war ein Trupp von richtigen Straßenarbeitern am Werk. Aber fünfzehn Kilometer weiter, beim zweiten und noch viel eindrucksvolleren Hindernis, fand ich nur ein paar verwirrte Dorfbewohner, die wie Kinder im Schlamm herumgruben, so daß ich in die Rolle eines Vorarbeiters schlüpfen mußte, der ihren Operationen ein wenig Methodik verlieh. Die Feldfrüchte unterhalb der Straße, von der Schlammlawine ohnehin schon halb vernichtet, wurden nun von einer weiteren Flut bedroht, und aus dem nächsten Dorf liefen aufgeregte Frauen mit Sicheln herbei, um das wenige zu retten, woraus man Heu machen konnte. Die Dorfbewohner sahen es als ihre Pflicht an, die Straße wieder passierbar zu machen, anders die Maultiertreiber, die in diesem Moment ankamen und sich weigerten, zu derlei Arbeit eingespannt zu werden. Doch angesichts der Prügel, die Seyid Jemal austeilte, und des Gewehrs, das der Vikar im Anschlag hielt, gaben sie erschrocken nach.

Der Fluß, der neue Fluß, der bis nach Indien fließt, wurde gesäumt von hellroten Rosen und weißem Geiß-

bart. Die Täler wurden fruchtbarer. In den Dörfern standen Nußbäume, indische Händler mit fröhlichen Turbanen saßen vor ihren Läden. Und dann, wie ein Schlag ins Gesicht, kam die Eisenbrücke von Charikar.

Kabul (1800 m, 50 km von Charikar), 11. Juni. – Von Herat bis Kabul waren wir knapp tausendfünfhundert Kilometer unterwegs, davon siebzig zu Pferd.

Eine gewundene Straße führte von Charikar hinunter in eine kleinere, von Gebirgszügen eingefaßte Ebene. Bäche und Wellblech glitzerten zwischen den Bäumen. An der Stadtgrenze von Kabul mußten der Vikar und der Kaplan zu ihrem großen Bedauern ihre Gewehre abgeben; da sie Turban trugen, glaubte ihnen niemand, daß sie Staatsbedienstete waren. Wir fuhren zum Außenministerium, wo knallrote englische Rosen sich an Eisengittern hochrankten, zum Hotel, wo in jedem Zimmer eine Mappe mit Schreibpapier lag, zur russischen Gesandtschaft, wo man keine Antwort auf Monsieur Bouriachenkos Telegramm hatte, zum deutschen Laden, wo man uns ohne Bescheinigung des Handelsministeriums keinen Wein verkaufen wollte, und schließlich zur britischen Gesandtschaft, wo wir auf Einladung des Missionschefs, Sir Richard Maconochie, bleiben können. Es ist ein weißes Gebäude mit imposanten Säulen und eingerichtet wie zu Hause, ohne Moskitonetze oder Ventilatoren, die einen daran erinnern würden, daß man im Orient ist. Christopher findet es seltsam, in einem Zimmer zu sein, dessen Wände nicht gleich einstürzen.

In der Gesandtschaft sind alle der Meinung, daß es töricht sei, den russischen Diplomaten in Kabul kein

Transitvisum für Indien zu erteilen. Sobald sie sich der Grenze auch nur bis Jelalabad nähern, legt die indische Regierung offiziellen Protest ein. Das Ergebnis ist eine informelle Vereinbarung zwischen den beiden Gesandtschaften und der afghanischen Regierung, wonach die Engländer nicht in den Norden und die Russen nicht in den Süden des Landes reisen. Deshalb haben uns die Behörden in Mazar nicht an den Oxus fahren lassen, aber natürlich war von einem solchen Grund nie die Rede, weil das auf ein Eingeständnis beschränkter Macht hinausgelaufen wäre. Wir können von Glück sagen, daß wir überhaupt in die Nähe des Oxus gekommen sind, zumal Hadschi Lal Mohammad, der Käufer unseres alten Wagens, und Jamshyd Taroporevala, unser Fahrer, anscheinend das Gerücht verbreitet hatten, wir seien englische Geheimagenten, die an einer neuen Landkarte arbeiteten. Wenn ich das nächste Mal eine solche Reise mache, werde ich vorher Spionageunterricht nehmen. Da man die Nachteile dieses Berufs ohnehin in Kauf nehmen muß, kann man auch gleich die Vorteile nutzen, sofern es welche gibt.

Die britische Diplomatie in Kabul hängt zur Zeit von den Rosen unseres Gesandten ab. Bei der Feier zum Geburtstag des Königs am 3. Juni standen sie in voller Blütenpracht, und die Afghanen, allesamt Rosenliebhaber, hatten noch nie so schöne, regelmäßige Blüten gesehen. Am nächsten Morgen flatterten Visitenkarten des Hofministers von den schönsten Büschen, sein Gärtner hatte sie in der Nacht dagelassen. Nun wollen auch die anderen Minister Ableger haben, und sie sind auch ganz aufregt wegen der Pfingstrosen, die ihnen für nächstes Jahr versprochen worden sind.

So prachtvoll diese Rosenstöcke sind, ich persönlich finde den afghanischen Rosenbaum schöner, der am Eingangstor steht. Er ist fünf Meter hoch und trägt so viele weiße Blüten, daß man kaum ein grünes Blatt sieht.

Kabul, 14. Juni. – Ereignislose Tage.

Der Garten hier ist so schön, daß man gar nicht weggehen möchte. Zwischen Terrassen, Rasenflächen und schattenspendenden Bäumen sind Bartnelken, Glockenblumen und Akeleien angepflanzt. Hier kann man sich wie in England fühlen, bis man den purpurfarbenen Berg hinter dem großen weißen Haus bemerkt. Insgesamt neunzig Personen gehören zur Gesandtschaft; heute nachmittag beim Tennis standen sechs uniformierte Balljungen bereit. Es wird darüber geklagt (nicht daß ich darin einstimme), daß unsere Botschaften und Gesandtschaften, gestützt auf Lord Salisburys Anweisung, es für ihre Pflicht halten, Reisenden nicht zu helfen. Als Reisender könnte man den Eindruck gewinnen, daß die hiesige Gesandtschaft nur zu diesem einen Zweck existiert. Und nicht nur als englischer Reisender. Amerikaner, die hierher kommen, geraten im allgemeinen in irgendwelche Schwierigkeiten, und da sie keine eigene Vertretung haben, wenden sie sich an die unsere um Hilfe, die sie auch bekommen.

Ghazni (2200 m, 150 km von Kabul), 15. Juni. – Viereinhalb Stunden waren wir unterwegs, auf einer guten, befestigten Straße durch die Wüste Top, die mit einem Iristeppich bedeckt war.

Die berühmten »Siegestürme«, am Weg in Richtung Rozah, stehen siebenhundert Meter auseinander: zwei achteckige Stumpen mit sternförmigem Grundriß, einundzwanzig Meter hoch, inzwischen mit einem Blechdach versehen, um weiterem Verfall vorzubeugen. Vignes Zeichnung aus dem Jahr 1836 zeigt, daß der runde Aufbau mehr als doppelt so hoch war. Errichtet wurden sie als Gedenktürme, weniger für religiöse Zwecke, denn in der Umgebung finden sich keinerlei Überreste einer Moschee. Solche Türme entsprachen sassanidischem Brauch, an dem die Perser auch nach der islamischen Eroberung festhielten, bis in das vierzehnte Jahrhundert hinein. Die Minarette von Damghan und Sabzevar, und viele der Isfahaner Minarette, stehen ähnlich allein.

Wer diese Türme errichten ließ, ist nicht zweifelsfrei geklärt. J. A. Rawlinson veröffentlichte 1843 die Inschriften, wobei er den größeren und prächtigeren Turm Mahmud, dem Sohn von Sabaktagin, zuschrieb, dem Gründer des Ghaznawidenreichs und Förderer Firdausis und Avicennas. Rawlinson muß in seinen Aufzeichnungen aber etwas durcheinandergebracht haben, denn 1925 stellte der Inschriftenforscher Flury anhand von Fotografien fest, daß die auf Mahmud bezogene Inschrift sich auf dem kleineren Turm befand, während der größere Turm den Namen seines Nachfolgers Masud III. trug, des Sohnes Ibrahims. Der kleinere Turm muß also vor 1030 errichtet worden sein, der größere zwischen 1099 und 1114.

Die beiden Türme unterscheiden sich durch ihren Umfang. Der Durchmesser des größeren beträgt (oberhalb des Steinsockels) etwa 7,50 Meter, der des kleineren etwa 6,70 Meter. Beide sind aus rötlichockerfarbenem Backstein und mit Terrakottaornamenten in derselben

Die beiden »Siegestürme«, Ghazni, vorne das Minarett von Masud III.

Farbe geschmückt. Jede der acht Wandvertiefungen zwischen den Sternspitzen ist in acht unterschiedlich hohe Reliefzonen aufgeteilt. Die dritte und vierte, die fünfte und sechste sowie die sechste und siebte Zone werden durch Holzbalken unterbrochen.

Abgesehen von der Zickzackführung der Ziegel beschränkt sich der Schmuck des kleineren Turms auf zwei schmale Terrakottabänder in der Mitte und auf die sechzehn Kufi-Schriftfelder ganz oben, in denen Mahmud folgendermaßen beschrieben wird: »Der hochgeehrte Sultan, der König des Islam, der rechte (Arm) des Staates und Zuverlässige der Nation, Abu-l-Muzaffar, der Beistand der Muslime, der Helfer der Armen, Abu-l-Qasim Mahmud – möge Gott seinen Beweis leuchten lassen! –, Sohn des Subaktagin, der Eroberer der Eroberungen, der Beherrscher der Gläubigen, hat den Bau dieses herrlichen, hohen Amah befohlen, das in Glück und Segen vollendet wurde.« Der größere Turm ist üppiger, die Ziegel sind dichter verfugt, und alle acht Zonen sind mit exquisiten Ornamenten gefüllt, manchmal mit kleineren Inschriften umsäumt. Die sechzehn Felder rings um die Spitze verkünden die Titel Masuds. Dort ist die Kufi-Schrift schlanker und eleganter, die Buchstaben heben sich aus der Ornamentfülle ab wie Soldaten aus einer Menschenmenge. Wenn man zwei stilistisch ähnliche, aber unterschiedlich alte Bauwerke miteinander vergleicht, erweist sich die Schlichtheit des älteren meist als attraktiver. Hier ist das nicht der Fall. Die Schönheit der Ziegel und die ausgesuchte Ornamentierung erfüllen eine Funktion. Sie verleihen dem Turm Gewicht und damit jene Stärke, die notwendig war, um den hoch aufragenden Schaft zu tragen. Eine alte Fotografie in der britischen Gesandtschaft,

aufgenommen um 1870, zeigt diesen Schaft im Detail. Die ersten sieben Meter waren schlicht und zur Entstehungszeit des Turms wahrscheinlich hinter einer Holzgalerie verborgen. Erst später kamen Ornamentrippen hinzu, abwechselnd gewölbt und flach, darüber dann acht Paare schmaler, hoher Nischen und ein Fries, der möglicherweise eine Kufi-Inschrift enthalten hat.

Man vergesse nicht, daß dieses Minarett im selben Jahrhundert gebaut wurde wie der Gumbad-i-Qabus. Beide sind monumental, außerordentlich eindrucksvoll. Der Unterschied zwischen der Üppigkeit des einen und der Schlichtheit des anderen macht aber deutlich, daß in der persischen Architektur jener Zeit zwei verschiedene Ideen Ausdruck fanden. Die seldschukische Architektur, die dann folgte, war das Ergebnis dieser Ideen, sie hat beider Genius geerbt und eine vollkommene Harmonie von Ornament und Funktionalität erreicht.

Das Grab von Sultan Mahmud, einen Kilometer weiter im Dorf Rozah gelegen, hat mehr Reisende angelockt als die Türme. Ibn Battuta schreibt in der Mitte des vierzehnten Jahrhunderts, daß sich über dem Grab ein Hospiz befunden habe. Babur schaute selbstredend vorbei und besichtigte die Gräber der Sultane Ibrahim und Masud in der Nähe. 1836 erschien Vigne und sechs Jahre später eine englische Armee, die die Türen des Grabmals abtransportierte, weil irgendein bescheuerter Historiker – ich glaube, es war Ferishta – sie als die Türen des Hindutempels von Somnath in Gujarat bezeichnet hatte, die Mahmud während seiner Brandschatzung des Ortes dort gestohlen habe. Auf wundersamen Transportwegen (die

Türflügel messen fünf mal vier Meter) wurden sie nach Agra gebracht, während Lord Ellenborough die indischen Fürsten darauf aufmerksam machte, welche Anerkennung die britische Regierung verdient habe, »die Eure Ehre als die ihre betrachtet, die ihrer Armee aufgetragen hat, die Türen des Tempels von Somnath zurückzuschaffen, die seit langer Zeit an Eure Unterwerfung durch die Afghanen erinnern«. Angesichts des Spottes, den diese Worte ernteten, beschloß man, die Türflügel für immer im Fort von Agra verschwinden zu lassen, wo sie sich noch heute befinden. Sie sind aus afghanischer Deodara-Zeder gearbeitet, eine Inschrift auf dem Türsturz erbittet Allahs Segen für Abu-l-Qasim Mahmud, den Sohn Subaktagins. Die Legende von ihrem indischen Ursprung hält sich aber bis heute in den Schulbüchern. Die indische Regierung könnte damit eigentlich aufräumen und die Türen zurückgeben. Ihr Raub wurde nie offiziell gerechtfertigt durch eine wissenschaftliche Beschreibung der Schnitzarbeiten, die in der islamischen Kunst ohne Beispiel sind.

Als Niedermayer nach dem Krieg hierher kam, lag das Grab unter freiem Himmel. Wir fanden es unter einer großen Kuppel, umgeben von einem Arkadengang und einem Rosengarten.

Drei alte Männer rezitierten aus einem großen Koran, während unsere Führer sich über eine Holzbrüstung lehnten, um das schwarze Grabtuch wegzuziehen, und die Rosenblätter, die darauf lagen, auf ein Häufchen schüttelten. Nun sahen wir eine Art steinerne Wiege mit gabelförmigem Ende, anderthalb Meter lang und fünfzig Zentimeter hoch, auf einem breiten Unterbau. Das Material ist weißer, durchscheinender Marmor. Auf der Mekka zugewandten Seite

findet sich eine zweizeilige Kufi-Inschrift, die »Gott um gnädige Aufnahme des edlen Fürsten und Herrn Nizam ad-Din Abu-l-Qasim Mahmud ibn Sabaktagin« bittet. Auf der anderen Seite steht auf einem kleinen dreiblättrigen Feld: »Er starb … am Abend des Donnerstags, als vom Monat Rabi al-Thani des Jahres 421 noch sieben Nächte blieben.« Also am 18. Februar 1030.

Die Schönheit dieses Grabmals beruht auf der Intensität und dem Reichtum der Ornamentierung, auf dem Leuchten des vom Alter verschönten Marmors und vor allem auf der zentralen Inschrift. Die kufische Schrift hat eine funktionale Schönheit. Ihre besondere Gestalt hat etwas Rhetorisches, scheint hörbare in sichtbare Sprache zu transponieren. Ich habe viele Beispiele in den letzten zehn Monaten gesehen. Aber keines kann es mit diesen hohen, rhythmischen, mit tanzenden Ranken untermalten Chiffren aufnehmen, die noch neun Jahrhunderte später in der Hauptstadt, in der er regierte, den Tod Mahmuds betrauern, des Eroberers von Indien, Persien und Oxanien.

Die Menge, die uns in den Garten gefolgt war, durfte, während wir das Grabmal betrachteten, den Schrein nicht betreten, worüber sich ein Mann empörte, der hier beten wollte. »Warum laßt ihr diese Ungläubigen hinein?« rief er. »Sie verunreinigen das Heiligtum.« Die Menge ergriff Partei für ihn, erhob lautes Geschrei und näherte sich drohend unseren Begleitern. Den Vorschlag zum Besuch des Schreins hatten sie gemacht. Der Außenminister in Kabul hatte telegrafiert, daß wir alles besichtigen dürften.

Kabul, 17. Juni. – Auf dem Rückweg von Ghazni haben wir ein Rätsel gelöst.

An einem Bach neben der Straße wuchsen kleine weidenähnliche Bäume. Seyid Jemal hielt an, damit sein Helfer ein paar Zweige pflücken konnte, die er auf die Ladefläche warf. Als sie zu unseren Füßen landeten, verströmten sie jenen mysteriösen Geruch, der uns seit der afghanischen Grenze begleitete und nun, in seiner überwältigenden Süße, die Erinnerung an die Minarette von Herat wachrief. Er stammte von Dolden kleiner gelbgrüner Oleasterblüten, die man von weitem nicht erkennt, die mich aber, wenn ich ihrem Geruch je wieder begegne, an Afghanistan erinnern werden, so wie ein Kleiderschrank aus Zedernholz mich an meine Kindheit erinnert.

Seyid Jemal hat gehört, daß zwei Lastwagen kurz nach uns in demselben Fluß in der Ebene von Baglan verunglückt sind, der uns wegen Hochwasser aufgehalten hat, und daß die Fähre bei Kunduz gekentert ist und fünf Frauen mit in den Tod gerissen hat.

Wir wohnen jetzt im Hotel, das von Indern geführt wird und ganz anständig ist. Sie haben gerade einen Anbau hinzugefügt und nach einem deutschen Koch telegrafiert. Kabul hat eine angenehm unprätentiöse Atmosphäre, etwas Balkanisches im positiven Sinn. Die Stadt verteilt sich um ein paar kahle Felshügel, die unvermittelt aus der grünen Ebene aufragen und als Verteidigungsanlage fungieren. Schneebedeckte Berge schmücken den Horizont, das Parlament steht in einem Getreidefeld, lange Alleen führen in die Stadtmitte. Im Winter, auf zweitausend Meter Höhe, mag das Klima unangenehm sein, aber im Moment haben wir

herrliches Wetter, heiß, aber immer frisch. Kinos und Alkohol sind verboten. Der Gesandtschaftsarzt mußte auf Drängen der Kirche die Behandlung von Patientinnen beenden; allerdings kommen sie manchmal als Jungen verkleidet. Die ganze Politik einer forcierten Modernisierung zeigt nur bedingt Wirkung. Dennoch gibt es eine Entwicklung, und man gewinnt den Eindruck, daß die Afghanen vielleicht den Mittelweg gefunden haben, nach dem Asien sucht. Noch der nationalistischste Afghane hebt sich angenehm von der affektiert-anmaßenden Art der modernen Perser ab.

Heute vormittag lernte ich in der Gesandtschaft einen Colonel Porter kennen, der mich fragte, was ich so triebe. Ich erzählte ihm von meinem Interesse an islamischer Architektur.

»Wissen Sie«, sagte er, »ich habe eine ganze Menge islamischer Architektur gesehen, in Palästina, Ägypten und Persien, und viel darüber nachgedacht. Ich kann Ihnen verraten, was der Schlüssel zu dem Problem ist, wenn es Sie interessiert.«

»Ach ja? Nämlich?«

»Die ganze Geschichte ist *phallisch*«, flüsterte er geheimnisvoll.

Ich war zuerst überrascht, mitten in Afghanistan auf Freudsche Einflüsse zu stoßen, stellte aber bald fest, daß für Colonel Porter das ganze Universum phallisch war.

Am Nachmittag fuhr uns Fletcher von der Gesandtschaft hinaus nach Dar-al-Aman und Paghman, den unvollendeten Träumen Amanullahs. Ersteres sollte ein neues Delhi werden, letzteres ein neues Simla,

errichtet mit den britischen Geldern, die Amanullahs Vater Habibullah Jahr für Jahr bezog, aber nie ausgab. Dar-al-Aman ist mit Kabul durch eine der prächtigsten Alleen der Welt verbunden, sechs Kilometer lang, schnurgerade und so breit wie die Great Western Road und gesäumt von hohen weißstämmigen Pappeln. Vor den Pappeln fließen kleine Bäche, die von schmalen Grasrabatten eingefaßt sind. Dahinter sind schattige Wege angelegt und Rosenbüsche, gelb und rot, die gerade in schönster Blüte stehen und üppig duften. Und dann taucht, o Graus, die turmbesetzte Ecke (nicht einmal die Fassade) eines französischen Verwaltungsgebäudes auf, umgeben von einem französischen Stadtpark und völlig verwaist. Weiter unterhalb, das sechs Kilometer lange Tal beherrschend, steht eine deutsche Zündholzfabrik im Eisen-Beton-Bauernhaus-Stil.

Paghman, das Simla, liegt auf einem waldbestandenen Hang etwa achthundert Meter über der Ebene, Wiesen zwischen Pappeln und Walnußbäumen, ein Orchester von Gebirgsbächen spielt, und durch die Bäume scheint der Schnee unerwartet nahe. Auf jeder Lichtung steht ein Haus oder Büro oder Theater, das so scheußlich aussieht, auf so unangenehme Weise an ein deutsches Kurhaus und die Seitenstraßen von Pimlico erinnert, daß man sich kaum vorstellen kann, wo Amanullah die Architekten gefunden hat, die so etwas bauen, und sei es nur aus Jux. Aber es ist natürlich kein Jux. Die Gebäude sind leer, kitschig und obszön, sie verschandeln Wälder und Bäche und den Blick in die Ebene, wo sich schmale, schattige Wege durch die unregelmäßigen Felder schlängeln. Der Gipfel dieser Pseudozivilisation ist eine gerade mal kricketfeldgroße Trabrennbahn, auf der Elefanten durch die engen Kurven gejagt wurden.

Heute abend habe ich etwas Lapislazuli gekauft, nicht weil er billig oder von schöner Farbe war, sondern weil er aus den berühmten Minen bei Ischkaschim in Badakhschan kommt, mithin der authentische Stein ist, aus dem die alten Meister ihr Blau gewonnen haben. Der Verkauf ist ein staatliches Monopol, und der ganze Export der Minen geht nach Berlin.

Christopher hat sich mit einem deutschen Lehrer auf ein Bier getroffen, während ich, wie Martha, gepackt und schon bezahlt habe. Es ist Mitternacht.

INDIEN: *Peschawar (400 m, 302 km von Kabul entfernt), 19. Juni.* – Dank meiner Tugendhaftigkeit stand das Gepäck schon vor der Tür, als Seyid Jemal am nächsten Morgen um fünf vorfuhr, wie üblich mit zwei Stunden Wartezeit rechnend, und so erreichten wir noch am Abend Peschawar. Selbst ein Tourenwagen braucht normalerweise zwei Tage für die Strecke. Es war eine wilde Fahrt durch die kahlen schwarzen Berge hinunter in den grauen Dunst von Indien. Um eins waren wir in Jelalabad, wo wir eine Melone kauften und sofort weitereilten in Richtung Khyber-Paß, durch eine Wüste, deren ödes Geröll in der Hitze tanzte. In Dacca, einem winzigen Flecken mit ein paar Läden, einer Tankstelle und einen Baumstumpf auf einem Felsen über dem nun breiten Kabul-Fluß, waren die Grenzformalitäten rasch erledigt. Die Berge drängten näher. Voller Stolz bemerkte Seyid Jemal, daß er ein Afridi* sei. Noch einmal wurden unsere Pässe von einem Trupp Afghanen kontrolliert, die unter zwei

* Die Afridi sind eine im Grenzgebiet am Khyber-Paß ansässige Untergruppe der Paschtunen. (A. d. Ü.)

Bäumen hockten. Und dann, hinter der nächsten Kurve, tauchte ein geöffneter Schlagbaum auf, ein Posten mit Stahlhelm und ein Meilenstein, der Britisch-Indien ankündigte, als wäre es der nächste Parkplatz. Die Paßkontrolle fand in einem Bungalow in einem Garten voll blühender Sträucher statt. Wir saßen auf einer Bank und aßen zum letzten Mal Geflügelsalat aus der blauen Isfahaner Schüssel, während der Grenzbeamte vorschlug, wir sollten, da es Viertel nach vier sei, also zu spät für einreisende Europäer, einfach sagen, daß wir den Paß schon um halb vier erreicht hätten.

Im Vergleich zu anderen Pässen ist der Khyber erstaunlich sanft. Aus diesem Grund ist er Schauplatz so spektakulärer Arbeiten. Die Pisten Zentralasiens, die einfachen Telefonleitungen mit ihren Holzmasten weichen Kommunikationslinien von geradezu römischer Extravaganz. Nicht eine, sondern zwei Straßen winden sich die Schlucht hinauf, eine asphaltiert, so eben wie Piccadilly und gesäumt von flachen Böschungen, die andere, ältere, den Kamelen überlassen, gleichwohl eine Fernstraße, wie wir sie seit Damaskus nicht mehr gesehen hatten. Zu diesen beiden kommt eine dritte, größere Verbindung, eine Eisenbahnlinie, die zur Paßhöhe führt und bald weitergebaut wird, von Tunnel zu Tunnel, deren schwarze Öffnungen, eingerahmt von rotem Mauerwerk, sich in der dunstgrauen Ferne verlieren. Straßen- und Eisenbahndämme sind in das Berggestein gehauen, sie kreuzen einander und spannen sich auf eisernen Viadukten über Täler, Bündel von Telefonleitungen, mit glitzernd weißen Isolatoren an Metallmasten befestigt, rote und grüne Signale schimmern im sengenden Dunst, Wassertröge, die an antike Sarkophage erinnern, und Kilometer-

steine, die alle dreißig Meter verkünden, daß L, J und P (Landi Kotal, Jamrud und Peschawar) wieder etwas näher gerückt sind – all das vervollständigt den Eindruck, den die gepflegten, grauen Blockhäuser auf jedem Felssaum und jedem Gipfel vermitteln: Sollten sich die Engländer genötigt sehen, Indien zu verteidigen, dann wird das mit einem Minimum an persönlichen Einschränkungen geschehen. Das war unser Gefühl. Es war der sichtbar gewordene gesunde Menschenverstand, der uns inmitten dieser grauenhaften Hitze, den Adlerhorsten der Stammesvölker und den uralten Gedanken an Pilger und Eroberer begeisterte, ein Schaustück, das zu eindrucksvoll war für einen selbstzufriedenen, stolzen Patriotismus.

Seyid Jemal war völlig überdreht. »Sarrah bisyar harab! Was für eine verfluchte Straße!« rief er grinsend über die glänzende Teerdecke. »Heute abend in Khyber müssen Sie meine Gäste sein.« Wir kamen durch Landi Kotal, wo Hambers Gurkha-Regiment Hockey spielte, sahen aber keine Offiziere bis auf diejenigen, die in Tennissachen und in einem Morris an uns vorbeiflitzten, so daß wir Hambers Botschaften nicht ausrichten konnten. In Khyber, einem typischen Dorf dieser Berggegend, wo jedes Haus einer Festung mit eigenem Wachturm glich, hielt Seyid Jemal, und im nächsten Moment kletterte eine Horde skrofulöser Kinder in das Lastauto, über uns und unser Gepäck hinweg, um ihren Vater zu begrüßen. Der Besitzer des Fahrzeugs, ein strammer Kapitalist, kam aus seinem Haus herbei, um zu sehen, wie sich sein Eigentum auf den afghanischen Straßen gehalten hatte. Seyid Jemals Assistent hob den Vordersitz hoch, wo er einen Vorrat an russischem Zucker, in Mazar gekauft, versteckt

hatte. Auch seine Familienangehörigen kamen herbei, und bald hatte sich das ganze Dorf versammelt, um die verlorenen Söhne nach dreimonatiger Abwesenheit zu begrüßen.

Gern hätten wir Seyid Jemals Einladung angenommen. Es wäre witzig gewesen, am nächsten Tag zur Kaserne in Landi Kotal zu schlendern und beiläufig zu erwähnen, daß wir im Haus unseres Chauffeurs übernachtet hätten. Aber wir sind nicht sicher, ob wir die *Maloja* in Bombay erwischen. Seyid Jemal, freundlich wie immer, sagte seinen Leuten adieu und fuhr mit uns weiter. Die Berge öffneten sich, vor uns erstreckte sich die endlose Weite Indiens. Um halb acht waren wir in Dean's Hotel und tranken in der marmornen Lounge Gin Fizz.

Wir verabschiedeten uns mit aufrichtigem Bedauern von Seyid Jemal. Von Mazar bis Peschawar waren es insgesamt 1344 Kilometer, die er uns gefahren hat. Er war nie schlecht gelaunt oder deprimiert wegen irgendwelcher Schwierigkeiten, sondern immer ruhig und fröhlich, pünktlich, höflich und zuverlässig. Während der ganzen Fahrt, über die schwierigsten Strecken, die man sich für ein Motorfahrzeug nur denken kann, haben wir nicht einmal erlebt, daß der Werkzeugkasten geöffnet oder ein Reifen gewechselt wurde.

Der Lastwagen war ein Chevrolet.

The Frontier Mail, 21. Juni. – Wir haben in Delhi übernachtet, und am nächsten Morgen, noch vor Sonnenaufgang, standen wir unter Lutyens' Gedenkbogen. Ein paar Dinge sind hinzugekommen, seit der Vizekönig hier residiert: Jaggers assyro-Cartiersche

Elefanten, ein Stadtplan in Gold auf dem Sockel der Jaipur-Säule sowie Statuen von Irwin und Reading, die den Palast vulgarisieren. Ich schlug Lord Irwin vor, sich von Epstein darstellen zu lassen. Er antwortete: »Ich wußte, daß Sie das sagen«, und entschied sich für Reid Dick. Was die Steigung des King's Way angeht, so ist es nicht meine Schuld, wenn Baker wegen bewußter Böswilligkeit in Vergessenheit gerät.

Es war eigenartig, im Kutb Ornamente im seldschukischen Stil nicht in Stuck, sondern in Stein gearbeitet zu sehen. In diesem Material verliert sich die Wirkung, sie wird indisch und minuziös und verliert ihre Freiheit.

Der Zug verließ Peschawar nur fünfzehn Stunden später als wir, so daß uns nicht viel Zeit blieb.

MS Maloja, 25. Juni. – Ein großes Schiff, 20000 BRT, durch ein pechschwarzes Meer stampfend. Gischtwolken; Salz und Schweiß und Langeweile allerorten. Das Geräusch von Würgen und ein leerer Speisesaal.

Nach der Erfahrung einer wirklich munteren Reise auf einem vollbesetzten P&O-Dampfer war ich mit einiger Besorgnis an Bord gegangen. Aber das war vor vier Jahren gewesen, als die italienische Konkurrenz gerade erst begonnen hatte. Jetzt stelle ich fest, daß sich in puncto Manieren und Zuvorkommenheit einiges gebessert hat. Das Schiff ist auch nur zur Hälfte belegt, so daß wir dem Gemeinschaftsleben einer Pension entgehen. Dennoch ist es eine fürchterliche Strafe. Zwei Wochen des Lebens vergeudet, noch dazu für viel Geld.

MS Maloja, 1. Juli. – Wir haben uns mit Mr. und Mrs. Chichester und Miss Wills angefreundet. Als sie Christopher in Shorts und dem roten Hemd herumschlendern sah, das er in Abbasabad gekauft hat, fragte sie: »Sind Sie Forschungsreisender?«

»Nein«, antwortete Christopher, »ich war in Afghanistan.«

»Ah, Afghanistan!« sagte Chichester. »Das ist in Indien, nicht wahr?«

Savernake, 8. Juli. – In Marseille ging Christopher von Bord. Er will nach Berlin weiterreisen, um Frau Wassmuss zu besuchen. Vom Zug aus wirkte England trostlos und häßlich, es hat lange nicht geregnet. In Paddington erfaßte mich eine Beklommenheit – angesichts des Endes der Reise, des bevorstehenden Konflikts zwischen elf Monaten Bewegung und der Unbeweglichkeit eines geliebten Zuhauses. Der Konflikt trat ein. Vor 19½ Tagen haben wir Kabul verlassen. Unsere Hunde begrüßten mich. Und dann meine Mutter – der ich diese nunmehr beendeten Aufzeichnungen übergebe. Was immer ich gesehen habe, ich verdanke es ihr – sie hat mir das Sehen beigebracht, und sie wird mir sagen, ob es sich gelohnt hat.

RB

ABBILDUNGEN

Alle Fotografien bis auf das *Porträt*, Seite 1, stammen von Robert Byron. Die Abbildungsrechte liegen bei Courtauld Institute of Art, London, für die Abbildungen *Felsendom,* Seite 26/27, und *Das achämenidische Grabhaus,* Seite 226/227, bei Robert Byrons Schwester Lucy Butler.

INHALT

Dritter Teil

Vierter Teil

Fünfter Teil

UNTERWEGS
MIT DER ANDEREN
BIBLIOTHEK

Amos Elon: *Nachrichten aus Jerusalem. 1968 bis 1994.* Aus dem Englischen von Matthias Fienbork. Frankfurt am Main 1995 (AB 132).

Peter Fleming: *Tataren-Nachrichten. Ein Spaziergang von Peking nach Kaschmir.* Aus dem Englischen von Reinhard Kaiser. Frankfurt am Main 1996 (AB 134).

Richard Swartz: *Room Service. Geschichten aus Europas Nahem Osten.* Aus dem Schwedischen von Jörg Scherzer. Frankfurt am Main 1996 (AB 142).

Henri Michaux: *Ein Barbar auf Reisen.* Aus dem Französischen von Dieter Hornig. Frankfurt am Main 1998 (AB 161).

Ryszard Kapuściński: *Afrikanisches Fieber. Erfahrungen aus vierzig Jahren.* Aus dem Polnischen von Martin Pollack. Frankfurt am Main 1999 (AB 177).

William Howard Russell: *Meine sieben Kriege. Die ersten Reportagen von den Schlachtfeldern des 19. Jahrhunderts.* Aus dem Englischen von Matthias Fienbork. Mit 24 zeitgenössischen Photographien und sieben Karten. Frankfurt am Main 2000 (AB 186).

Hans Christoph Buch: *Blut im Schuh. Schlächter und Voyeure an den Fronten des Weltbürgerkriegs.* Frankfurt am Main 2001 (AB 204).

Eric Newby: *Ein Spaziergang im Hindukusch.* Aus dem Englischen von Matthias Fienbork. Frankfurt am Main 2002 (AB 206).

Jan Stage: *Niemandsländer. Reportagen aus vier Erdteilen.* Aus dem Dänischen von Jörg Scherzer. Frankfurt am Main 2002 (AB 209).

Stefan Sullivan: *Sibirischer Schwindel. Zwei Abenteuerromane.* Aus dem Amerikanischen von Ulrich Blumenbach. Frankfurt am Main 2002 (AB 210).

Peter Haffner: *Grenzfälle. Zwischen Polen und Deutschen.* Frankfurt am Main 2002 (AB 213).

Edward Gibbon: *Der Sieg des Islam.* Aus dem Englischen von Johann Sporschil. Mit einem Essay von Reinhard Schulze. Frankfurt am Main 2003 (AB 220).

Marie-Luise Scherer: *Der Akkordeonspieler. Wahre Geschichten aus vier Jahrzehnten.* Frankfurt am Main 2004 (AB 230).

Hans Christoph Buch: *Tanzende Schatten oder Der Zombie bin ich.* Romanessay mit zwei Photobogen aus Haiti. Frankfurt am Main 2004 (AB 235).

ROBERT BYRON, ein Nachkomme Lord Byrons, geboren 1905, studierte in Oxford, brachte es aber nie zu einem akademischen Grad. Seine umfassenden Kenntnisse in der Kunst- und Architekturgeschichte erwarb er auf eigene Faust, indem er mit der Kamera in der Hand durch Europa und den Orient reiste. Gelegentlich arbeitete er als Journalist, später auch als Kriegskorrespondent. Er starb wie sein berühmter Vorfahr mit 36 Jahren: ein deutsches U-Boot torpedierte 1941 in der Bucht von Biskaya das Schiff, auf dem er im Auftrag des britischen Geheimdienstes unterwegs war.

Zu seinen Veröffentlichungen zählen: *Europe in the Looking Glass* (1926), The Station: Athos, Treasures and Men (1928), *The Byzantine Achievement* (1929), *The Birth of Western Painting* (1930), *An Essay on India* (1931), *The Appreciation of Architecture* (1932), *First Russia, then Tibet* (1933), *Innocence and Design,* mit Christopher Sykes (1935).

MATTHIAS FIENBORK, geboren 1947, hat Musik und Islamwissenschaft studiert und lebt in Berlin. Er ist Übersetzer von Eric Ambler, Pat Barker, Michael Frayn, Amos Elon, Eric Newby u. a. m.

DER WEG NACH OXIANA von Robert Byron ist im September 2004 als zweihundertundsiebenunddreißigster Band der *Anderen Bibliothek* im Eichborn Verlag, Frankfurt am Main, erschienen.

Die englische Erstausgabe stammt aus dem Jahr 1937; sie wurde unter dem Titel *The Road to Oxiana* bei Macmillan in London publiziert.

Die deutsche Übersetzung besorgte Matthias Fienbork. Das Lektorat lag in den Händen von Anette Selg.

DIESES Buch wurde in der Korpus Bulmer Antiqua von *Buchflink* Rüdiger Wagner in Nördlingen gesetzt und bei der Fuldaer Verlagsagentur auf 90 g/m² holz- und säurefreies mattgeglättetes LuxoCream-Bücherpapier von Schneidersöhne, Kelkheim gedruckt. Den Einband besorgte die Buchbinderei G. Lachenmaier, Reutlingen. Ausstattung & Typographie von franz.greno@libero.it

1. bis 7. Tausend, September 2004. Von diesem Band der *Anderen Bibliothek* gibt es eine handgebundene Lederausgabe mit den Nummern 1 bis 999; die folgenden Exemplare der limitierten Erstausgabe werden ab 1001 numeriert. Dieses Buch trägt die Nummer:

* 7307

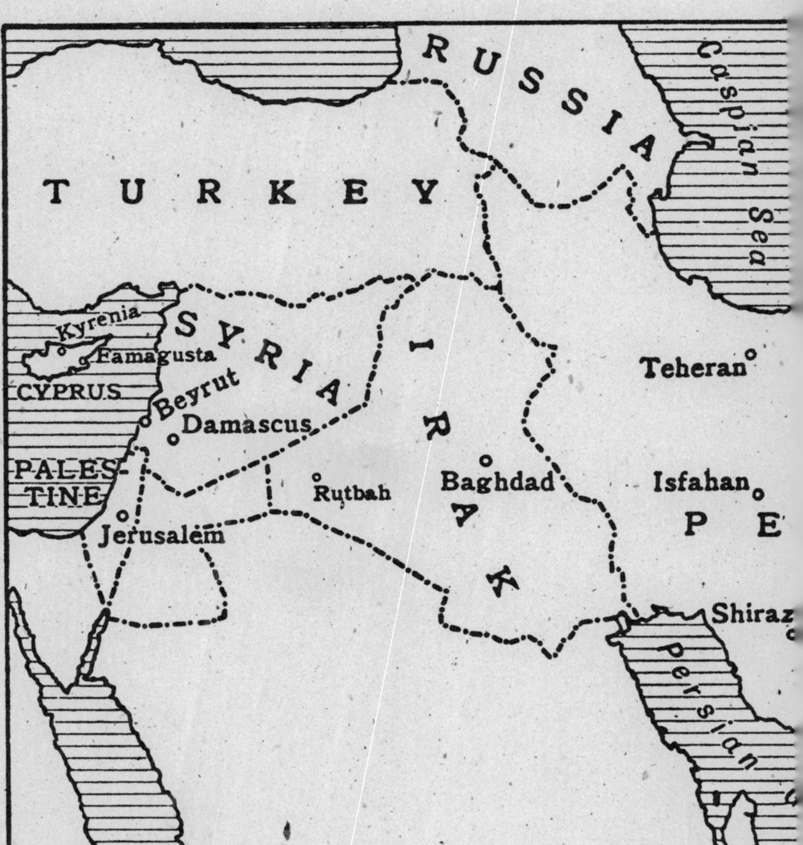
RUSSIA
Caspian Sea
TURKEY
SYRIA
IRAK
Kyrenia
Famagusta
CYPRUS
Beyrut
Damascus
PALES-TINE
Jerusalem
Rutbah
Baghdad
Teheran
Isfahan
PE
Shiraz
Persian
Scale of Miles
0 50 100 200 300 400 500